更好地把青年团结组织动员起来
如何做好新时代共青团工作

吴 庆◎著

人民日报出版社

·北京·

图书在版编目（CIP）数据

更好地把青年团结组织动员起来 / 吴庆著. --北京：人民日报出版社, 2024.10. --ISBN 978-7-5115-8493-9

Ⅰ.D432.62

中国国家版本馆 CIP 数据核字第 2024CN2472 号

| 书　　名：更好地把青年团结组织动员起来
| GENGHAODE BA QINGNIAN TUANJIE ZUZHI DONGYUAN QILAI
| 作　　者：吴　庆
| 出 版 人：刘华新
| 责任编辑：周海燕
| 封面设计：爱群工作室
| 出版发行：人民日报出版社
| 地　　址：北京金台西路 2 号
| 邮政编码：100733
| 发行热线：（010）65369527　65369509　65369512　65369846
| 邮购热线：（010）65369530　65363527
| 编辑热线：（010）65369511
| 网　　址：www.peopledailypress.com
| 经　　销：新华书店
| 印　　刷：廊坊市长岭印务有限公司
| 法律顾问：北京科宇律师事务所　（010）83622312
| 开　　本：710mm×1000mm　1/16
| 字　　数：475 千字
| 印　　张：27.5
| 版次印次：2025 年 1 月第 1 版　2025 年 1 月第 1 次印刷
| 书　　号：ISBN 978-7-5115-8493-9
| 定　　价：88.00 元

导　读

如何做好新时代共青团工作？最核心的是要回答好在新的征程上共青团如何更好地把青年团结起来、组织起来、动员起来，为实现第二个百年奋斗目标、实现中华民族伟大复兴的中国梦而奋斗这个重大课题，回答这个问题也是本书研究写作的初衷。

本书是一本共青团工作和共青团改革的研究和指导之书。本书集中了我对做好新时代共青团工作的思考和我为团干部讲授的一些课程讲稿，体现了我的教学和研究思想。本书可供各级团干部推动工作参考，也可供团校教师和团干部讲授团课时使用。

一、本书总体结构

全书包含七章共三十六节：

第一章：党旗所指　团旗所向
第二章：学习团史　遵守团章
第三章：改革从严　重塑形象
第四章：培养团干　助力成长
第五章：主责紧守　主业做强
第六章：联系青年　彰显力量
第七章：放眼世界　理论担当

这七个篇章，分别对应着党的方向，共青团的基本传承（团史和团章），当前的改革重点任务，共青团团干部队伍建设，共青团职能发挥，团组织建设，共青团工作的国际视野和学术视野等，构成了对共青团工作的立体思考。书中的三十六节从根本要求到具体工作，从理论研究到实践创新，从中国做法到世界经验，你可逐篇阅读，也可挑感兴趣的课程跳读。期待这些讲稿能在共青团走向新时代的改革关头，给大家一份规律的把握、思想的解放和工作的推动。

二、七个篇章的具体内容和重点问题

本书的第一章解决的是方向问题。

共青团工作是中国特色社会主义群团发展道路的重要组成部分，深刻理解中国特色社会主义群团发展道路是做好共青团工作的前提条件。习近平新时代中国特色社会主义思想是我们开展工作的根本指导思想，理解习近平总书记关于新时代青年群众工作的重要论述是我们理解共青团改革深度问题的关键所在。而对于党代会报告的深层青年解读是我们理解新时代青年工作方位的根本遵循。

本书的第二章研究的是共青团发展最为稳定的部分，即团史和团章。

透过历史的视角和制度的视角，我们可以看到这个组织发展的过去、现在及未来宏观方向。在讲述历史的时候没有全面展开，而是选择了利益分析的视角，让大家看到团的历史发展的内在深层机理，对五四运动的分析也重点解释了青年视角的五四。而对团章的总体说明和思想政治工作的专项说明，能使大家看到团章的变迁，懂得当前自己工作的方位所在，重点所在。无论共青团如何改革，我们会发现历史的规律总会保持不变，这就是我们观察现实的最好的工具。

第三章是这本书中理论思考比较深的一部分。

共青团的本质功能，共青团改革的过程及核心分析是我们在推动改革过程中必须认识清楚的问题。基层为什么强不起来？开出了八论的"处方"。什么是从严治团？从政治文化建设角度做了学理的分析，指出了从严治团和从严治党的关系。针对当前加强组织力的工作重点分析了凝聚力这个问题，从理论和实践包括评估上都给予了说明，而"共青团改革与青年发展""破解制约共青团发展的思维定势"这两节是对共青团改革较为深入的分析，其中许多观点应该讲都是比较新的，具有较强的开放性，做个靶子抛出来让大家思维更加活跃，思考更加深入。

第四章解决的是工作骨干问题，主要是团干部队伍建设。

团干部队伍建设要放在党的青年干部成长的规律角度去审视，所以开头和大家一起探讨了青年干部的成长规律。然后才从团干部队伍建设现状与发展、团干部作风建设、做好团干部教育培训的方面深入分析。在团干部队伍建设现状与发展中，对专职和挂兼职团干部的情况都做了分析，也在这两类团干部工作动机分析中给出了对策。这一部分最后一节是对团干部专业能力的思考，青年群众工作应该成为共青团工作的核心专业，建议大家重点阅读。团干部的流动性强，更需要稳定的专业能力支撑，共青团工作更要做专业的事情，稳定的品牌工作，这是对共青团发展长期观察得出的结论。

第五章解决的是共青团的职责功能问题。

即在新时代如何开展思想政治工作，如何组织青年建功立业，如何开展服务青年工作，如何开展维护青年权益工作。其中如何将中国梦在青年中传播和如何学习党代会精神是思想政治引领的重点工作，书中给出了一些立足基层开展工作的具体方法；促进青年成才是组织青年建功立业的重点工作，笔者提出了"成才树"的理论作为指导工作的理论框架；分析青年需要和落实发展规划是服务青年和维护青年权益的重点工作，都做了一些深入思考，特别是对服务青年婚恋的品牌分析，对权益维护工作的政治空间分析，对青年规划执行的青年主体性分析和政策执行分析都包含着这些工作的深层原理。

第六章解决的主要是组织建设的问题。

这一部分的前四节——新社会阶层的问题、共青团基层覆盖问题、团支部建设问题、农村乡村团委建设问题，都是当前组织建设大难题。在新社会阶层工作中，提出了强化"代表"思维，扩大对新社会阶层青年的有效覆盖问题。在建设更加现代化的共青团组织中，提出了再组织化、一体化、开放性的思路。在我看来目前一些组织建设的做法是封闭的，也是低效的，还需进一步解放思想。对于全团基层细胞团支部建设，提出了开放—创新型的建设思路。对农村的基层组织建设，提出要建立与流动性相符的组织形态。这些问题都是在现实工作中的老大难问题，我们要知难而上，开拓创新。这一部分的后三节是对建设学习型、服务型、创新型组织的思考，这三个概念虽然在团的文件中有所提及，但深入思考并不多，提出一些观点激发大家的思考。"三型"组织建设非常重要，组织的文化品格恰恰决定了组织的张力，应该是组织的基础工程，不断强化才是。

第七章是本书的最后一章。给大家的是一个国际视野和学术视野。

当中国正大步走向世界的时候，构建走向世界的中国青年工作体系已经变得越来越迫切，借鉴全世界的经验，认识到组织发展的普遍性问题，共青团可以大有作为。而多学科视角与共青团工作是对共青团工作理论的阶段性的思考，在共青团的学科建设上我们要继续探索，期待共青团工作走在科学的大路上。

三、期待理论和实践的碰撞

本书中我的观点有的是围绕实际工作进行阐述，但更多的则是自己基于问题意识对团的问题的深度思考，期待与团的实践工作者一起讨论，一起研究，真正推动共青团改革工作的开展。

自从我 2016 年出版《共青团改革对话录》后，有的同志说我是青年工作研究的"对话派"，我乐于接受这样的称呼，将理论和实践对话到底是我追求的学术风格。但我深知，理论和实践的结合绝非易事，学者的思想往往走得比较快，而思想在现实的落脚却往往需要诸多的条件，因此能达成理论和实践的和谐共赢牵手确为幸事。在这方面我还要继续努力，一是不断更深刻地把握社会科学的主流理论，二是不断在实践中寻找到滋养学术的养分。期待自己的研究和思想能更快地转化为推动政党青年工作的实践动力。

　　谢谢大家对我的支持和垂爱。我个人虽努力，然毕竟还有很多不足，书中一些观点一定有不成熟的甚至错误的地方，诚恳地欢迎团干部和各界朋友提出批评指正意见。

　　从 1988 年我参加共青团第十二次全国代表大会计票工作到今天，时间一晃已过 36 年。这一路对中国共青团的观察，一路的陪伴，一路的祝愿，更期待共青团组织发展走向科学，组织越来越有力量，越来越让青年喜欢，越来越让政党满意，成为一个充满生机活力、充满力量感的伟大组织，真正在中华民族走向伟大复兴中发挥更大的作用，为政党赢得青年，赢得未来。

吴庆

2024 年 10 月 1 日于五四斋

代序

如何讲好团课

2003年7月,在参加团中央团十五大报告起草工作之后,我第一次登上了中央团校的培训讲台,为全国的团市县委书记们讲了我的第一堂团课《共青团十五大辅导报告》,迄今已经20多年过去了。本书集中了这些年来特别是2015年共青团改革之后我为全团团干部讲授的主要课程的讲稿,供各级团干部和团课教师学习及讲授课程时参考使用。

难忘20多年讲授团课的经历。在这些课程中,我陪伴着一拨又一拨的不同级别、不同类型的团干部成长,有了师生的缘分,留下了难忘的授课经历,结识了不少优秀的青年才俊,期待着在我给他们的授课过程中团干部得启发,快成长。这些讲稿包含了我多年对共青团工作理论的深层思考,集中了我的教学和研究思想。这七级课程,从根本要求到具体工作,从理论研究到实践创新,从中国做法到世界经验,你可逐篇阅读,也可挑感兴趣的课程跳读。期待这些讲稿能在共青团新时代的改革关头,给大家一份规律的把握、思想的解放和工作的推动。

各级团干部和团课教师都承担着为团员干部讲团课、开展政治宣讲的重要任务。如何讲好团课?根据我这些年的经验,一定要回答好六个问题。

第一个问题是:方向把准了没有?就是团课要讲政治,有明确的政治方向,这是合格团课的最关键标准。第二个问题是:问题解决了没有?就是要强化我们课程的问题导向。问题导向非常重要,因为培训课更多的是要指导学员解决实际问题,有明确的实践导向,不能关起门来空讲理论,哪怕是理论问题,也有理论困惑的重点方向。第三个问题是:理论讲清了没有?就是所授主题课程的基本规律表达得是否充分明确清楚,要用学术讲政治。第四个问题是:做现场吸引了没有?就是整个传授的现场要吸引学员的注意力,产生较好的教学互动体验。第五个问题是:感情表达了没有?就是课程基于党性和青年性的要求是否表达了情感和态度。最后一个问题是:个性突出了没有?没有一模一样的团课教师讲授模式,每个教师都有自己的个性天赋,应该在课堂中很好地表达出来。

所以我提了这六个问题,叫方向把准没、问题解决没、理论讲清没、现场吸引没、感情表达没、个性突出没。团课教师要解决这六个问题。

方向把准没

作为一个优秀的团课教师,表达清楚政治性是根本,这也是优秀团课教师的首要基本功。要达到这个要求确实需要我们不断提高修炼,不断坚定政治方向,不断提高对总书记思想的理解、对党中央政策的理解,熟悉党的政治表达,掌握马克思主义理论的经典表达,这方面是要见功底的。这些年,我带着一些团课教师读马列经典原著,读现实党的文件,尝到了越来越多的甜头。好多时候知道课程往哪里走、边界在哪里、哪些是错误的提法、哪些是可以自由发挥的空间。毫无疑问,学员能通过课程听出你基本的政治概念、政治方向、政治态度、政治思维、政治结论。我们日常和团干部交流,他们有时候告诉我们对许多深层次的思想政治问题认识还有模糊地带,也不敢大胆去讲,团课教师也一样,只要方向坚定了,理论自信了,就会在课堂上收放自如,这是一个不断修炼的过程,在理论上修炼,在实践中修炼,在和广大青年接触的实践中修炼。在刚开始的阶段,一个团课教师要善于把握基础底线,在这个基础上再进行深度扩张,要找到不出"红线"跳舞的感觉。应该来讲,在讲政治方面,党团校教师要比一般大学的教师强很多,这也是学校性质的要求,可不能像有些教师五湖四海,海阔天空,毫无底线,这是团课教师的口碑。一旦有这个问题,即使别的方面很好,也无法在团课讲堂上立足,因此团课教师要高度重视这个问题。

问题解决没

作为一个优秀的团课教师,每节课都应该对学员进行需求分析,这是很关键的。现在培训过程当中有时候这个环节缺乏,应该及时补上。我接触过一些团校,在培训之前有一个非常详细的学员分析、学员统计、学员关心的问题,提供给教师,我觉得这个环节是非常好的。如果我们每次上课根本不知道学员在想什么就去上,那就会质量不高。干部培训和高等教育教学不一样,我们讲本科生、研究生的课,一学期大概 18 周,可以慢慢和学生去磨,培训课程就那两三小时,讲完就完了,没对上就没对上,对上就对上了,很多学员就见一次,很难补上。所以对上课学员的要求和问题能对上是一门课成功的关键。如何了解对象的需求?这需要我们对团的工作的方方面面的了解和多年对团工作问题的研究。这些年来,我在上课前一直都会去做一些了解对象的工作,有时是让受培训方给我一个基础材料，有的是我自己去找我认识的此类型的团干部深度了解，甚至提前进入准备上课的学员群里让他们课前就和我互动，现在网络很发达，做这项工作并不是难事。在教学实践中，我喜欢对象比较集中的班级，一个班什么类型的团干都有，这个课要上好就很难了，因为它很难有较强的针对性和聚焦。所以我也建议培训的举办方在排班的时候尽量能够按着分级分类的原则，这样方能提高授课质量。总之，所谓课讲得好与不好，能不能对上学员的问题至关重要。所有的学员都是带着问题来的，他一听一点头你给我启发了，他一听一点头你给我解决了迷惑，无论是他心中理论还是实践的困惑都有所回应和关照，那就是好课。团干部们每天都想着怎么把工作干好，他在课堂上接受的东西一定会指向实践和问题，如果这种链接建立不了，一门团课很难获得大家好评。

理论讲清没

作为一个优秀的团课教师，要能够用学术讲政治，而学术就是要将理论和规律讲清楚。举个简单的例子，我们经常说共青团工作要关照青年的需求和特点，什么是青年的需求和特点？这个变化的规律掌握了没有？如果讲这方面的课程，这个规律当然应该表达出来。否则你是用什么在指导团干部们的行为呢？为什么我鼓励一些年轻的团课教师去读博士，不是为了文凭，而是获得掌握研究深度的一套方法。如果我们上课没有自己的研究，没有对规律的进一步探讨，而只是传递知识，那迟早会被机器人取代。其实有时候，团干部很希望学者能给他们出点子，但我知道这是一件很不容易的事，只有让规律落地还有现实操作性，才能真正产生实践的硕果，而这个首先还是规律的把握，得让真规律指导工作实践，大家愿意听专家的话就是因为他讲的东西是必然的而不是偶然的，是普遍的而不是特殊的。近年来，团建理论建设是滞后了，远远落后于党的理论建设，我们要加紧努力。团课教师要善于在团的发展历史中找到团的工作的规律，并通过课堂传授给学员。在课堂上，还要注意严守课堂的学术逻辑线。现在有的教师讲课很是热闹，讲完了学生说，他到底讲啥了？他到底给了我什么了？有时候真将学生侃晕了，其实这种课往往不是好团课。只有掌握了学术主线，还要围绕这条主线添砖加瓦，课程才会越来越厚，就像拉手风琴一样，时不时拉开，但最终还要收回，这样才能拉出美的旋律和音符来。基本概念、基本关系、基本规律，讲团课是不能离开这些的，只有这样，课程才有深度和力度。

现场吸引没

作为一个优秀的团课教师，要能够在讲课现场通过现场的感染、思想的流动、气氛的营造的因素吸引学生，使得学员更好地接受教师要传递的教学目标。教学现场是一个复杂的系统，教学艺术的追求永无止境。举个简单的例子，就是教师是坐着讲还是站着讲？坐在怎样的讲台上讲都会对培训效果有影响。当你上课看不到学生的时候，教学效果往往不好。你要找到现场教学的最佳位置，这看似小问题，但课堂的影响恰恰是这些小的方面积累而成。比如，教师能不能脱稿讲，能不能放开讲，能不能站着讲，能不能走动着讲这都影响到教学效果，还有很多细节会构成上课的立体影响，比如，现在上课经常用幻灯片，怎样的幻灯片学生能感觉好？一个基本的经验就是每页的字不能太多，不能把书稿移到幻灯片上。比如，音频的使用和艺术，都需要仔细斟酌。还比如，讲课中手势的利用，好的手势能够很好地传递讲课的内容，增强课程的感染力。有时候一个教师能把学员讲哭，讲动情，我经常想到底是什么拨动了学员的内心产生这么深度的共鸣，实质上一门课都是在人生发展中的你的灵魂和众多灵魂的对话，这就要求我们大大提升每门课程的境界并使用合适的方式表达出来。我是一个喜欢背景音乐的人，每次课前和课间我都会放一些背景音乐，时尚的、大气的、使命感强的、生活气息重的都可以有。我想人生就像歌，青春就像歌一样，我们需要在理解人生的过程中推进我们的课程。但团课本身还应该洋溢着青春的活跃气氛，它总体上不应该是死气沉沉、过分拘谨的。现场吸引方面高等教育师范专业都会仔细地告诉我们是什么因素影响了课上的教学，我们可以不断加以研究改善。

感情表达没

作为一个优秀的团课教师，要能够表达感情，最大限度地和学员共情，最大限度地传递在课上要表达的感情。最生动的课就是要打动人心，要考虑学员到底在想什么，他们的苦恼是什么，他们的困惑是什么，理解他们的发展，跟他们共情特别关键。大家在日常生活中可以多关注那些感动你的地方，动情语言、动情故事、动情行为等，都可以记录下来，在课堂中使用。一个教师既要做思想者，也要做有情怀的人。什么叫有情怀？比如，爱青年是我们的情怀，爱党是我们的情怀，我们怀抱着这种情感，永远不变。有了这种上课的感染，学员感觉是不一样的。如果教师上课就是为了完成任务，那它怎么可能让学员有深刻的感知呢？

多年的团课教学让我认识到团课更多的不是一个知识，它应该是对青年群众的那份感情基础上所产生的行动；团干部的培训不是教会他们工作，而是要给他们一生的群众工作立场、观点和方法，教会他们一辈子的为人和生活态度。传递青春是所有团课教师应该努力追求的事情，团课教师要永葆青春，用永远的活力感染学员。什么是青春？有理想，有活力，有奋斗。要用青春去理解人生，我们这群人就是应该用这样的态度走过我们的一生。热爱是最好的教学，真情是最好的课件。

个性突出没

作为一个优秀的团课教师，要能够发挥自己的特长禀赋，塑造有个性的团课。天下没有一样的团课，向别人学习是必要的，但有时也是学不来的，因为每个人天生条件、后天优势都不尽相同。这就像个头矮的没法学个头高的一些教学方式，男教师没法学女教师的一些教学方法一样。在课程的内容之后，每个人都可以打造出个性化特色出来。比如，我是一个比较喜欢唱歌的人，大学时也是校园歌手，所以课上通过歌曲去说明一些问题是我常用的教学方法。比如，我讲改革开放40年，我说改革开放40年，你知道1979年唱什么歌、2018年唱什么歌吗？1979年流行的歌是《我们的事业比蜜甜》，2018年则是《沙漠骆驼》，大家听听这两首歌曲能一样吗？我放出来，学员感受很深，从《我们的事业比蜜甜》到《沙漠骆驼》，40年青年的变化就看得很明显。有条件时还可以和学员一起唱唱歌，他们是真心地和我融在了一起。最近我喜欢唱《你不来，我不老》，我对我的学生说，我的愿望就是活到新中国成立100周年，那一年我80岁，我希望行进在天安门广场前100年游行的队伍里，走不动了，你们来推我，好不好？你不来，我不老！学生们当时很是感动，这是我的真心愿望，我也在为此而努力，歌曲让我找到了我的思想的另一种表达方式，做一个学者，也做一个歌者，这是我愿意打造的人生角色。

不好意思，在书的序言就不知不觉给大家上了一课。在大家去讲团课的时候，我的这点经验希望能给大家一些帮助，让你成为团干团员和青年喜欢的团课教师。

最后，还是按照我上课经常开头的方式结束我的这个讲授吧。

同学们，这些年我一直在致力自己的培训教学改革，请你们配合我的教学。一是要从传递知识走向传递情感态度，当你们听我讲课时，请注意我传递的情感和态度，而不光是知识。二是从单向教学走向互动教学，教学相长，希望你们参与我的课堂，积极回答问题，积极提问，积极参加讨论，告诉我你们的想法，我讲授的课程最精彩的部分是我的思想和你们的思想碰撞的那一部分。三是从课堂教学到网络教学，有缘分碰到你们，也可以说今天教学刚刚开始，这堂课以后的教学可以在一些网络平台上进行，请关注微信公众号"吾爱青少年"，喜马拉雅号"青春与魅力"等。

还要把我最喜欢的一句话送给所有的团干部：今日青年领袖，明朝社会精英！各位亲爱的团干部，你们是走在打造领导力，培养群众工作本领，走在聚人成事的大路上吗？我衷心地祝福你们每一位。

目录

第一章　党旗所指　团旗所向

第一节　中国特色社会主义群团发展道路 …………………………… 3
第二节　为党做好青年群众工作 ………………………………………… 29
第三节　党的事业与青年发展 …………………………………………… 42

第二章　学习团史　遵守团章

第四节　中国共青团的历史发展 ………………………………………… 55
第五节　五四运动及其现实意义 ………………………………………… 66
第六节　学习贯彻团章，建设新时代更加强大的共青团 ……………… 71
第七节　遵循落实团章，把握思想政治工作主责主业 ………………… 94

第三章　改革从严　重塑形象

第八节　政党青年组织功能与中国共青团发展 ………………………… 121
第九节　共青团改革历程和关键问题 …………………………………… 128
第十节　使基层真正强起来 ……………………………………………… 147
第十一节　政治文化建设与从严治团 …………………………………… 160
第十二节　提升共青团组织的凝聚力 …………………………………… 174
第十三节　共青团改革与青年发展 ……………………………………… 192
第十四节　破解制约共青团发展的思维定势 …………………………… 201

第四章　培养团干　助力成长

第十五节　青年干部成长的理论和实践 ………………………………… 215
第十六节　团干部队伍建设现状与发展 ………………………………… 224
第十七节　团干部作风要强起来 ………………………………………… 234

| 第十八节 | 如何做好团干部培训 | 240 |
| 第十九节 | 共青团干部的群众工作本领 | 250 |

第五章　主责紧守　主业做强

第二十节	中国梦与青年梦	261
第二十一节	如何学习党代会精神	265
第二十二节	新时代共青团思想政治工作	274
第二十三节	促进青年成才，建功伟大新时代	282
第二十四节	新时代共青团服务青年工作	290
第二十五节	青年需要和共青团工作	303
第二十六节	新时代共青团维护青年权益工作	307
第二十七节	落实青年发展规划，促进青年发展	315

第六章　联系青年　彰显力量

第二十八节	新社会阶层青年发展与共青团工作	333
第二十九节	建设更加现代化的共青团组织	350
第三十节	做好团支部建设	361
第三十一节	乡村振兴，团委争先	387
第三十二节	努力建设学习型团组织	394
第三十三节	努力建设服务型团组织	399
第三十四节	努力建设创新型团组织	406

第七章　放眼世界　理论担当

| 第三十五节 | 世界政党青年组织发展 | 411 |
| 第三十六节 | 多学科视角与共青团工作 | 420 |

第一章

党旗所指　团旗所向

第一节
中国特色社会主义群团发展道路

2015年1月，中共中央印发了《关于加强和改进党的群团工作的意见》（中发〔2015〕4号），深刻阐述了新形势下加强和改进党的群团工作的重要性和紧迫性。党的十八大提出"两个一百年"奋斗目标，提出实现中华民族伟大复兴的中国梦，描绘了国家富强、民族振兴、人民幸福的美好前景。在这样的新形势下，为了实现我们党确定的宏伟目标，根本上要靠全体人民的劳动、创造、奉献，必须加强和改进党的群团工作，更好地组织动员群众、教育引导群众、维护群众合法权益，充分激发蕴藏在人民群众中的巨大创造力。群团事业是党的事业的重要组成部分，群团工作是巩固和加强党的执政基础和群众基础的重要内容，是党治国理政的一项经常性、基础性工作，是党组织动员广大人民群众为完成党的中心任务而奋斗的重要法宝。该意见指出："领导干部要加强对群团工作理论政策的学习研究。党校、行政学院、干部学院、社会主义学院应该开设党的群团工作理论政策课程。""加强群团工作学科建设，群团工作研究列入国家哲学社会科学研究规划。"这从理论上明确了中国特色社会主义群团发展道路的建设意义。

一、中国特色社会主义群团发展道路理论的历史发展

中国特色社会主义群团发展道路理论是指导中国共产党群团工作的理论体系。

在中国共产党的理论体系中，"群团"这个政治概念在新时代得到了丰富和明确。长期以来，在党代会报告、国家法律法规和党中央、国务院文件中，对工会、共青团、妇联等团体组织有"人民团体""群众团体""群众组织""群团组织"等不同称谓，使用中没有明确界限。"人民团体"主要突出了这些组织的政治性，范围较小；"群众组织"主要突出了这些组织的群众性，范围太宽；"群众团体"或"群团组织"的属性界定和指代范围相对适中，也有一定的开放性。因此采用"群团组织"的简称，包括"工会、共青团、妇联等人民团体和其他

群团组织"。

群团组织与人民团体的区别是什么呢？我们回顾历史，人民团体是1949年前后在共产党领导下建立起来的统一战线组织，成员基本涵盖了各种当时主要统战对象。人民团体特指中国人民政治协商会议组成单位中的八个：中华全国总工会、中国共产主义青年团、中国科学技术协会、中华全国工商业联合会、中华全国妇女联合会、中华全国归国华侨联合会、中华全国台湾同胞联谊会、中华全国青年联合会。此外，经国务院批准免于登记的社会团体，为中国人民政治协商会议界别中的中国作协、中国文联所属10个文艺家协会、新闻工作者协会、中国人民对外友好协会、外交学会、贸促会、全国残联、宋庆龄基金会、法学会、中国红十字会总会、中国思想政治工作研究会、欧美同学会、黄埔同学会、中华职教社等亦属于人民团体。在党的十九届四中全会中强调坚持社会主义协商民主的优势，统筹推进政党协商、人大协商、政府协商、政协协商、人民团体协商、基层协商以及社会组织协商。可以看出人民团体在群团组织中是更具有民主参与性质的组织，在我国的政治格局中具有更加独特的政治性功能。

从2006年中组部、人事部（后并入人力资源和社会保障部）联合印发《工会、共青团、妇联等人民团体和群众团体机关参照〈中华人民共和国公务员法〉管理的意见》中的相关表述可以看出，群团组织应该是人民团体和群众团体的统称。2015年《中共中央关于加强和改进党的群团工作的意见》中，对群团组织与人民团体的关系也有一定的表述：群团组织是党和政府联系人民群众的桥梁和纽带。群团组织特别是人民团体是广大群众依法、有序、广泛参与管理国家事务和社会事务、管理经济和文化事业的重要渠道。从该意见可以看出，群团组织包含人民团体，并强调人民团体是群众参与管理国家事务和社会事务、管理经济和文化事业的重要渠道，突出了人民团体在群团组织中的重要地位。

根据中央编办官网可知中央编办管理机构编制的群众团体机关有22家，包括：中华全国总工会、中国共产主义青年团中央委员会、中华全国妇女联合会、中国文学艺术界联合会、中国作家协会、中国科学技术协会、中华全国归国华侨联合会、中国法学会、中国人民对外友好协会、中华全国新闻工作者协会、中华全国台湾同胞联谊会、中国国际贸易促进委员会（中国国际商会）、中国残疾人联合会、中国红十字会总会、中国人民外交学会、中国宋庆龄基金会、黄埔军校同学会、欧美同学会（中国留学人员联谊会）、中国思想政治工作研究会、中华职业教育社、中华全国工商业联合会、中国计划生育协会。

党的十九届四中全会决定中"第一个坚持"：坚持和完善党的领导制度体系，提高党科学执政、民主执政、依法执政水平。在健全为人民执政、靠人民执政各项制度中，提出健全联系广泛、服务群众的群团工作体系，推动人民团体增强政治性、先进性、群众性，把各自联系的群众紧紧团结在党的周围。决定中提到群团工作体系，也就是说，群团组织要健全联系广泛、服务群众的工作体系，成系统地开展群众工作。

决定中同时强调推动人民团体增强政治性、先进性、群众性，这是回归人民团体的内涵和基本职责，2004年修订后的《中国人民政治协商会议章程》总纲规定："中国人民政治协商会议是中国人民爱国统一战线的组织，是中国共产党领导的多党合作和政治协商的重要机构，是我国政治生活中发扬社会主义民主的重要形式。团结和民主是中国人民政治协商会议的两大主题。"人民团体是中国人民政治协商会议组成单位，人民团体的基本职责就是执行《中国人民政治协商会议章程》。在这样的背景下，强调增强人民团体的政治性、先进性、群众性是对人民团体更高的要求。

在新时代，推进基层社会治理新格局，要更大力度地发挥群团组织、社会组织的作用，充分利用这些组织的群众性特点在基层激活群众的自治能力，夯实基层社会治理基础。

综上所述，群团组织与人民团体相比是一个更大的概念，而人民团体是中国特色社会主义制度下，坚持和完善党的领导制度体系，提高党科学执政、民主执政、依法执政水平的重要组织。在推进国家治理体系和治理能力现代化的进程中，使用"增强人民团体的政治性、先进性、群众性"这个表述更加准确。

中国特色社会主义群团发展道路理论是马克思主义在中国的新发展。马克思主义政党一直把党领导的群众组织作为夺取和巩固政权的重要力量。马克思、恩格斯说，历史活动是群众的事业，随着历史活动的深入，必将是群众队伍的壮大。列宁把党领导的工会等群众组织形象地比作无产阶级政权体系的"传动装置"和"杠杆"，功能是把党和劳动群众联系起来。早在1919年毛泽东同志就在《湘江评论》上发表文章提出："什么力量最强？民众联合的力量最强。"群众工作是党的一项根本性、基础性的工作。由于党的群众工作对象众多、层次多样，党需要建立旨在广泛联系各方面群众的群团组织来帮助党做群众工作。这是我们党的一大创举，也是我们党的一大优势。群团事业是党的事业的重要组成部分。党的群团工作是党通过群团组织开展的群众工作，是党组织动员广大人民群众特别是工人阶级主力军、青年生力军、妇女"半边天"为完成党的中心任务而奋斗的重要工作。党的群团工作包括两方面内容：一方面指党怎样领导群团组织、依靠群团组织、支持群团组织做好群众工作，另一方面指群团组织在党领导下如何依法案章程独立自主创造性地开展工作。有一个成语叫"众星拱月"，如果说"月"是党,"众星"就是包括群团组织在内的党领导下的各种组织。做党的群众工作,就要月明星灿,不能月明星稀,工会、共青团、妇联等群团组织更要星光灿烂。

在群团组织中,工会、共青团、妇联的作用最为重要。我国工运事业是党的事业的重要组成部分,工会工作是党治国理政的一项经常性、基础性工作。要坚持党对工会工作的领导,团结动员亿万职工积极建功新时代,加强对职工的思想政治引领,加大对职工群众的维权服务力度,深入推进工会改革创新,勇于担当、锐意进取、积极作为、真抓实干,开创新时代我国工运事业和工会工作新局面。青年一代有理想、敢担当、能吃苦、肯奋斗,国家就有前途、民族就有希望。代表广大青年、赢得广大青年、依靠广大青年是我们党不断从胜利走向胜利的重要保证。中华民族伟大复兴的中国梦终将在一代代青年的接力奋斗中变为现实。新时代的青年工作要毫不动摇坚持党的领导,坚定不移走中国特色社会主义群团发展道路,紧紧围绕、始终贯穿为实现中国梦而奋斗的主题,让广大青年敢于有梦、勇于追梦、勤于圆梦。做好党的妇女工作关系团结凝聚占我国人口半数的妇女,关系为党和人民事业发展提供强大力量。要加强党对妇女工作的领导,坚持中国特色社会主义妇女发展道路,把握实现中华民族伟大复兴的中国梦这一当代中国妇女运动的时代主题,促进男女平等,发挥妇女在各方面的积极作用,组织动员妇女走在时代前列,在改革发展一线建功立业。

中国特色社会主义群团发展道路理论是在中国共产党的长期实践中形成的。长期以来,中国共产党有着丰富的群团工作实践,形成了群团工作的重要思想。

在革命、建设、改革各个历史时期,党始终高度重视群团工作,加强群团组织建设,发挥群团组织特殊优势,团结带领广大人民群众共同为实现党在各个时期的历史任务而奋斗。在新民主主义革命时期,党领导工会、农会、青年团组织动员起民众千千万万,汇聚起推翻"三座大山"的滚滚洪流。在社会主义革命和建设时期,群团组织积极响应党的号召,组织动员广大人民群众向生产力进军、向困难进军、向荒原进军、向科学进军,激发起投身建设新中国的巨大热情。改革开放以来,群团组织贯彻党的十一届三中全会以来的理论和路线方针政策,激发起广大人民群众推进改革开放的社会主义现代化建设的积极性、主动性、创造性,为坚持和发展中国特色社会主义注入了生机活力。事实充分说明,当年党带领人民闹革命、打天下,群团组织不可或缺;现在,党带领人民搞改革、求发展,群团组织依然不可或缺。新形势下,党的群团工作只能加强、不能削弱,只能改进提高、不能停滞不前。

1989年,中国共产党发布了《中共中央关于加强和改善对工会、共青团、妇联工作领导的通知》（中发〔1989〕12号）。这是当时指导群团工作的纲领性文件。同时，2015年1月中国共产党通过了《中共中央关于加强和改进党的群团工作的意见》（中发〔2015〕4号），这对群团组织建设来讲，有了最新的组织发展依据，是新常态下指导群团工作的纲领性文件。该文件是1989年发布的《中共中央关于加强和改善党对工会、共青团、妇联工作领导的通知》之后的又一部重要文件。从1989年12号文件到2015年4号文件，群团工作走过了26年的发展历程，比较1989年12号文件，2015年4号文件在群团工作的论述上更加完整、更加具体，措施更加务实；在加强和改进群团工作的意义上，添加了中国梦的奋斗目标，集中阐述了中国共产党面临的挑战和保持党同人民群众的血肉联系的极端重要性，提出了群团工作存在的不足；在群团工作理论上，新提出了中国特色社会主义群团发展道路及其具体内涵。在过去也有的方向"加强党组织对群团工作的统一领导""推动群团组织在思想政治教育中的作用""支持群团组织加强服务群众和维护群众合法权益工作""支持群团组织在社会主义民主中发挥作用""推动群团组织改革创新增强组织活力""加强群团组织干部队伍建设"等论述上根据新形势增加了新的、实在的、更细的内容。增添了"推动群团组织团结动员群众围绕中心任务建功立业""支持群团参与创新社会治理和维护社会稳定""加大对群团工作的支持保障力度"等内容。突出了中国梦、社会主义核心价值观、民族团结教育、基层服务型组织建设、志愿者、协商民主、社会治理、政府购买、网络发展、提高法治化水平、吸收优秀社会人才、克服机关化与娱乐化等一些新的内容。结合这部文件，群团组织能否把工作深化和创新中形成的好做法好经验上升为制度，着力抓好意见的落实，是实现群团工作科学化、规范化发展的关键。

中国特色社会主义群团发展道路理论明确回应了时代的发展要求。走进新时代，党的十八大提出"两个一百年"奋斗目标，习近平总书记提出实现中华民族伟大复兴的中国梦，描绘了国家富强、民族振兴、人民幸福的美好前景。实现我们党确定的宏伟目标，根本上要靠全体人民的劳动、创造、奉献，必须加强和改进党的群团工作，更好地组织动员群众、教育引导群众、联系服务群众、维护群众合法权益，充分激发蕴藏在人民群众中的巨大创造力，凝聚起实现"两个一百年"奋斗目标和中国梦的磅礴力量。人民是国家的主人、改革的主体。做好改革发展稳定各项工作，必须依靠人民群众支持和拥护，必须加强和改进党的群团工作，充分发挥群团组织作用，调动人民群众的积极性、主动性、创造性。这些年，党的群团工作在继承创新中不断加强，但与新形势新任务的要求相比仍存在许多不适应的问题。有的地方和部门党组织对群团工作重视不够，对群团工作的特点和规律缺乏深入研究，对发挥群团组织作用缺乏有力指导和支持。群团组织基层基础薄弱、有效覆盖面不足、吸引力凝聚力不够问题突出，特别是在非公有制经济组织、社会组织和各类新兴群体中的影响力亟待增强；有的群团组织工作和活动方式单一，进取意识和创新精神不强，存在机关化、脱离群众现象；群团干部能力素质需要进一步提高，作风需要改进。各级党委必须高度重视做好新形势下党的群团工作，全面提高工作水平，切实解决问题，不断开创党的群团工作新局面。因此为满足政党事业发展的需要和解决当前群团工作面临的问题，亟须发展群团工作理论。

中国特色社会主义群团发展道路理论集中反映了习近平总书记对群团工作的理论思考。习近平总书记一直密切关注群团组织工作。党的十八大以来，多次在不同场合就工会、共青团、妇联等群团组织工作做出指示，也多次在考察调研中与工人、青年等基层群众面对面交流。2014年12月29日，在中共中央政治局会议上，习近平总书记指出，"坚定不移走中国特色社会主义群团发展道路"，"把群团自觉接受党的领导、团结服务所联系群众、依法依章程开展工作高度统一起来"，"充分发挥群团组织联系人民群众的桥梁纽带作用"，"最广泛地把群众组织起来、动员起来、团结起来，奋力推进中国特色社会主义伟大事业"。从前进路径到工作方法，从自身定位到目标任务，习近平总书记的要求，饱含着推动党和国家事业发展的责任担当，彰显着治国理政的战略眼光，贯穿着为了群众、依靠群众的工作路线，体现着共产党人的为民情怀。正是在这次会议上，《关于加强和改进党的群团工作的意见》审议通过，成为指导和推动党的群团工作不断开创新局面的指导文件，对加强和改进党对群团组织的政治领导、思想领导、组织领导，发挥群团组织作用、推动群团组织改革创新提出了明确要求和一系列政策举措。2015年7月6日，党中央召开党的群团工作会议，习近平总书记在讲话中指出，由党中央召开党的群团工作会议，这在党的历史上还是第一次。习近平总书记指出，群团组织开展工作和活动要以群众为中心，让群众当主角，而不能让群众当配角、当观众。这次会议分析研究了新形势下党的群团工作面临的新情况新问题，贯彻落实《关于加强和改进党的群团工作的意见》，总结成功经验，解决突出问题，推动改革创新，努力开创党的群团工作新局面。在这次会议上，中国特色群团发展道路理论得到全面确立，对党的群团工作理论创新、实践创新、制度创新进行了总结，提出了坚定不移走中国特色社会主义群团发展道路的理论观点，意味着党的群团工作掀开了新的篇章。

2017年8月，习近平总书记再次作出重要指示指出，党的群团工作是党的一项十分重要的工作，群团改革是全面深化改革的重要任务。要推动各群团组织结合自身实际，紧紧围绕增强"政治性、先进性、群众性"，直面突出问题，采取有力措施，敢于攻坚克难，注重夯实群团工作基层基础。中央书记处要加强对群团改革的指导，中央改革办要加强对群团改革方案落实的督察，各级党委要负起组织推进群团改革的责任，正确把握方向，及时了解情况，认真解决难题，以改革推动群团组织提高工作和服务水平，努力开创党的群团工作新局面。

二、坚定不移走中国特色社会主义群团发展道路

中国特色社会主义群团发展道路，是对党的群团工作长期奋斗历史经验的科学总结。这条道路是中国共产党开展群众工作、推进党的事业的伟大创造，是党领导群众实现共同梦想的历史选择，是群团组织与时俱进、发展壮大的必由之路。

中国特色社会主义群团发展道路，是中国特色社会主义道路在群团工作领域的具体展开。改革开放以来，在党中央坚强领导下，在各级党委和群团组织、人民群众的共同努力下，中国共产党探索符合中国国情、反映时代要求、不同于西方的群团工作新路子。这条道路是在党探索中国特色社会主义工会发展道路、中国特色社会主义青年运动方向、中国特色社会主义妇女发展道路的长期实践中形成和发展起来的，符合我国国情和历史发展趋势，成为中国共产党群团工作的理论创新。

中国特色社会主义群团发展道路基本特征是各群团自觉接受党的领导、团结服务所联系群众、依法依章程开展工作相统一，主要内容是"六个坚持"。

"三个统一"是群团发展道路的基本特征，它是我国政治文明建设必须遵循的方针在群团工作中的体现。坚持党的领导、人民当家作主、依法治国有机统一是社会主义政治发展的必然要求。这是我们推进政治文明建设必须遵循的基本方针，也是我国政治文明建设区别于资本主义政治文明建设的本质特征。党的领导是核心，人民当家作主是本质，依法治国是保证。

群团组织要自觉接受党的领导。坚持党对一切工作的领导。党政军民学，东西南北中，党是领导一切的。必须增强政治意识、大局意识、核心意识、看齐意识，自觉维护党中央权威和集中统一领导，自觉在思想上、政治上、行动上同党中央保持高度一致，完善坚持党的领导的体制机制，坚持稳中求进工作总基调，统筹推进"五位一体"总体布局，协调推进"四个全面"战略布局，提高党把方向、谋大局、定政策、促改革的能力和定力，确保党始终总揽全局、协调各方。

群团组织要团结服务所联系的群众，这是体现人民当家作主的重要方面。坚持人民当家作主。必须坚持中国特色社会主义政治发展道路，坚持和完善人民代表大会制度及中国共产党领导的多党合作和政治协商制度、民族区域自治制度、基层群众自治制度，巩固和发展最广泛的爱国统一战线，发展社会主义协商民主，健全民主制度，丰富民主形式，拓宽民主渠道，保证人民当家作主落实到国家政治生活和社会生活之中。

群团组织要依法依章程开展工作。坚持全面依法治国。全面依法治国是中国特色社会主义的本质要求和重要保障。必须把党的领导贯彻落实到依法治国全过程和各方面，坚定不移走中国特色社会主义法治道路，完善以宪法为核心的中国特色社会主义法律体系，建设中国特色社会主义法治体系，建设社会主义法治国家，发展中国特色社会主义法治理论，坚持依法治国、依法执政、依法行政共同推进，坚持法治国家、法治政府、法治社会一体建设，坚持依法治国和以德治国相结合，依法治国和依规治党有机统一，深化司法体制改革，提高全民族法治素养和道德素质。

"六个坚持"是群团工作的主要内容，分别是：

（1）坚持党对群团工作的统一领导。党的领导是做好群团工作的根本保证。各级党组织必须从党和国家工作大局出发负起政治责任，加强对群团组织的政治领导、思想领导、组织领导，把党的理论和路线方针政策贯彻落实到群团工作各方面、全过程。群团组织必须坚持正确政治方向，把自觉接受和服从党的领导作为政治方向、政治原则、政治规矩、政治纪律来遵循。贯彻党的意志和主张，严守政治纪律和政治规矩，在思想上、政治上、行动上始终同以习近平同志为核心的党中央保持高度一致，不断增强中国特色社会主义道路自信、理论自信、制度自信、文化自信。

要坚持党委统一领导、党政齐抓共管、部门各负其责、党员干部带头示范、群团履职尽责的工作格局。各级党委和政府要为群团组织开展工作创造有利条件。要深入把握党的群团工作规律，完善党委领导群团组织的制度，提高党的群团工作科学化水平。各级要明确对群团工作的领导责任，健全组织制度，完善工作机制，从上到下形成强有力的组织领导体系。

要加大对群团工作的支持保障力度。各地要统筹管好用好现有群众活动阵地和设施，整合用好社会资源，纳入现代公共文化服务体系，坚持公益属性，真正发挥作用。主要新闻媒体要加强对群团工作的舆论宣传。新闻出版等部门要加强对群团组织所办报刊、出版社、网站的指导管理，确保正确舆论导向。

（2）坚持发挥桥梁和纽带作用。群团组织是党和政府联系人民群众的桥梁和纽带。各级党组织要重视依靠群团组织推动党的理论和路线方针政策在群众中的贯彻落实，更好地践行群众路线，做好群众工作。群团组织要经常深入群众，倾听群众呼声、反映群众意愿，深入做好群众的思想政治工作，把党的决策部署变成群众的自觉行动，把党的关怀送到群众中去。

要推动群团组织引导群众自觉培育和践行社会主义核心价值观。群团组织是群众自我教育、自我管理的重要平台。各级党委要推动群团组织引导所联系群众继承和弘扬中华优秀传统文化，自觉培育和践行社会主义核心价值观。把社会主义核心价值观内化为人民群众的价值观，群团组织大有可为。

（3）坚持围绕中心、服务大局。为党和国家工作大局服务，始终是群团工作的价值所在。各级党组织要重视发挥群团组织团结动员群众干事创业的重要作用，指导群团组织紧紧围绕中国特色社会主义经济建设、政治建设、文化建设、社会建设、生态文明建设，围绕外交工作大局和祖国统一大业，找准工作的结合点和着力点，团结动员所联系群众为完成党和国家中心任务贡献力量，推动群团组织团结动员群众围绕经济社会发展的中心任务建功立业。群团组织要坚持在大局下思考、在大局下行动，明确职责定位、展现自身价值，更好地促进改革发展、维护社会和谐稳定，把深化改革开放、推动科学发展、促进社会和谐作为发挥作用的主战场，把工人阶级主力军、青年生力军、妇女"半边天"作用和"人才第一"资源作用，转化为促进经济社会发展的强大力量。

（4）坚持服务群众的工作生命线。群团组织是党直接领导的群众自己的组织，为群众服务是群团组织的天职。各级党组织要推动群团组织贯彻党的群众路线，为群团组织服务群众创造条件。群团组织要增强群众观念，强化服务意识，提升服务能力，挖掘服务资源，坚持从群众需要出发开展工作，更多地把注意力放在困难群众身上，努力为群众排忧解难，多为群众办好事、解难事，维护和发展群众利益，不断增强自身影响力和感召力，成为群众信得过、靠得住、离不开的知心人、贴心人。

群团组织服务群众、维护群众，就是在维护全国人民总体利益的同时更好地维护各自所联系的群众的具体利益。支持群团组织加强服务群众和维护群众合法权益工作。群团组织服务群众要盯牢群众所急、党政所需、群团所能的领域，重点帮助群众解决日常工作生活中最关心、最直接、最现实的利益问题和最困难、最操心、最忧虑的实际问题。群团组织要着眼党和国家工作大局，在大局下思考，在大局下行动，同时立足职责定位、立足所联系的群众，寻找工作结合点和着力点，既要围绕党和国家工作大局搞好"公转"，又要聚焦服务群众搞好"自转"，做到"顶天立地"，推动群团组织职能与时俱进。

要支持群团组织参与创新社会治理和维护社会稳定。群团组织是创新社会治理与维护社会和谐稳定的重要力量。各级党委和政府要合理配置职能和资源，支持群团组织依法参与社会事务管理，把适合群团组织承担的一些社会管理服务职能按照法定程序转由群团组织行使；支持群团组织立足自身优势，以合适方式参与政府购买服务。

（5）坚持与时俱进、改革创新。改革创新是群团工作发展进步的不竭动力。各级党组织和群团组织要把握时代脉搏，适应社会发展变化，尊重基层首创精神，不断推进群团工作和群团组织建设理论创新、实践创新、制度创新，始终与党和国家事业同步前进。各级党委要推动群团组织勇于改革创新，通过创造性工作增强发展活力、赢得群众信任。解决覆盖面不足、吸引力凝聚力不够、活动方式单一、进取和创新精神不足等问题。

要加强群团组织领导班子和干部队伍建设。各级党委要加强群团组织领导班子建设，努力打造政治坚定、团结务实、群众拥护的坚强领导集体。坚持德才兼备、以德为先，按照信念坚定、为民服务、勤政务实、敢于担当、清正廉洁的好干部标准，选拔群众工作经验丰富、在所联系群众中威信高的同志，推荐作为群团组织主要负责人人选。

各级党委要坚持德才兼备、五湖四海，加强群团干部培养管理，选好配强群团领导班子，提高群团干部队伍整体素质。广大群团干部要加强思想道德修养，坚定理想信念，严格要求自己，自觉践行"三严三实"，自觉抵制和纠正"四风"问题。

（6）坚持依法依章程独立自主开展工作。尊重群团组织性质和特点是做好群团工作的重要原则。各级党组织要支持群团组织发挥各自优势、体现群众特点，创造性开展工作。群团组织要大胆履责、积极作为，依法依章程开展活动、维护群众权益，最广泛吸引和团结群众。

支持群团组织在社会主义民主中发挥作用。群团组织特别是人民团体是广大群众依法、有序、广泛地参与管理国家事务和社会事务、管理经济和文化事业的重要渠道。各级党委要重视发挥群团组织在社会主义民主中的作用，更好地保证人民当家作主。发挥好群团组织推荐到人大、政协代表的积极作用，积极参与协商民主，按照中国共产党《关于加强社会主义协商民主的意见》做好工作，推动基层民主健康发展。

三、努力做好新时代群团工作

做好新时代群团工作，最重要的是写好"五论"，即领导论、职能论、组织论、资源论、领袖论。

1. 领导论

加强党委对群团工作的组织领导。

从全世界来看，西方政党都有自己影响控制的外围组织，各种协会、智库、基金会、青年组织、俱乐部、媒体都是它们吸收选民、争取选票的重要渠道。它们不是不做群众工作，而是很会做。各级党组织要用极大精力来做党的群团工作。

要明确对群团工作的领导责任，健全组织制度，完善工作机制，从上到下形成强有力的组织领导体系。群团组织要实行分级管理、以同级党委领导为主的体制，工会、共青团、妇联受同级党委和各自上级组织双重领导。地方党委要建立和完善研究决定群团工作重大事项制度。地方党委有关工作会议应该请工会、共青团、妇联等群团组织主要负责人参加或列席。把群团建设纳入党建工作总体部署。群团组织中的党组要充分发挥领导核心作用。领导干部要加强对群团工作理论政策的学习研究。

党委对工会、共青团、妇联的工作要尤为重视。各级党委和政府要贯彻党的全心全意依靠工人阶级的方针，保证工人阶级的主人翁地位。要加强和改进党对工会工作的领导，注重发挥工会组织作用，及时研究职工群众和工会工作遇到的重要问题，推动建设一支高素质专业化的工会干部队伍，支持工会依法依章程创造性开展工作。坚持党的领导必须全面地、有效地贯彻落实到工会工作全过程和各方面。要坚定维护党中央权威和集中统一领导，始终在思想上政治上行动上同以习近平同志为核心的党中央保持高度一致。要坚持不懈用习近平新时代中国特色社会主义思想凝心铸魂，持续推动理论武装走深走实，不断增强学习践行党的创新理论的思想自觉和行动自觉。要牢记"国之大者"，找准工会工作与党的中心任务的结合点、切入点、着力点，推动党中央决策部署在工会系统落实落地。各级政府要发挥好政府和工会联席会议作用，积极帮助工会解决职工群众的实际困难和问题。

青年工作，抓住的是当下，传承的是根脉，面向的是未来，攸关党和国家前途命运。各级党委（党组）要坚持党管青年工作原则，关注关心青少年成长，为他们成长成才、施展才华创造良好条件。各级党委要拿出极大精力抓青年工作、抓共青团工作，切实尽到领导责任。加强对共青团工作的领导和支持，建立和完善在党的领导下各部门齐抓共管青年发展事业的工作格局，支持共青团创造性开展工作。各级领导干部要倾注热忱做青年朋友的知心人、青年群众的引路人。

各级党委要对妇女工作高度重视。妇女事业和妇联工作要始终坚持正确政治方向，与党同心同行。要坚持党的全面领导，坚决维护党中央权威和集中统一领导，始终同党中央保持高度一致。各级党委要坚持党管妇女工作原则，贯彻男女平等基本国策，加强对妇联工作的领导，及时研究解决妇联工作中的重要问题，为妇联组织开展工作提供支持、创造条件。各级政府妇儿工委要切实发挥职能作用，加强组织协调和指导督促，落实好党中央关于妇女儿童事业发展的各项决策部署。各级党委要加大重视、关心、支持、保障力度，重视培养妇女干部，重视妇联干部队伍建设，为妇女事业健康发展、为妇联组织开展工作创造良好条件。

2. 职能论

更好地发挥动员、引导、服务、维权、参与社会治理和维护社会稳定的五大职能。

（1）建功立业——推动群团组织团结动员群众围绕中心任务建功立业

要重视发挥群团组织团结动员群众干事创业的重要作用。群团组织要把深化改革开放、推动科学发展、促进社会和谐作为发挥作用的主战场，把工人阶级主力军、青年生力军、妇女"半边天"作用和"人才第一"资源作用，转化为促进经济社会发展的强大力量。要积极主动宣传改革和依法治国，组织引导群众理解改革、支持改革、参与改革、推进改革，积极投身社会主义法治国家建设，促进形成最广泛的合力。

群团组织要紧紧结合自身职责，深入开展群众性劳动竞赛、技能比武、科技创新、科学普及等活动，动员群众立足岗位创新创业创优。积极开展对所联系群众的知识技能培训，促进能力素质提高。大力宣传生态文明理念，广泛发动群众，共建美丽中国。完善应急动员、公益募捐等行动机制，在保障重大任务、支援抢险救灾、应对重大突发事件中发挥积极作用。

群团组织要广泛开展民族团结进步宣传教育，动员所联系群众旗帜鲜明地反对民族分裂、维护祖国统一，促进各民族群众手足相亲、守望相助。加强同香港同胞、澳门同胞、台湾同胞和海外侨胞的往来和交流，推进国家现代化建设和祖国和平统一。多领域、多渠道、多层次开展民间对外交流，增进中国人民同各国人民友谊，维护国家核心利益。

对于工会，完成党提出的目标任务，必须充分发挥工人阶级主力军作用。

要把广大职工群众紧密团结在党的周围，为实现党的中心任务而团结奋斗。我国广大职工要牢牢把握为实现中国梦而奋斗的时代主题，把自身前途命运同国家和民族前途命运紧紧联系在一起，把个人梦同中国梦紧密联系在一起，把实现党和国家确立的发展目标变成自己的自觉行动，爱岗敬业、争创一流，以不懈奋斗书写新时代华章，共同创造幸福生活和美好未来。要围绕贯彻立足新发展阶段、新发展理念、构建新发展格局，推动高质量发展，建设现代化经济体系，引导职工以"当好主人翁、建功新时代"为主题，广泛深入开展各种形式的劳动和技能竞赛，激发广大职工的劳动热情、创造潜能，在各行各业各个领域充分发挥主力军作用。劳动模范是民族的精英、人民的楷模。大国工匠是职工队伍中的高技能人才。工会要协同各方面为劳动模范、大国工匠发挥作用搭建平台、提供舞台，培养造就更多劳动模范、大国工匠。要大力弘扬劳模精神、劳动精神、工匠精神，发挥好劳模工匠示范引领作用，激励广大职工在辛勤劳动、诚实劳动、创造性劳动中成就梦想。要围绕深入实施科教兴国战略、人才强国战略、创新驱动发展战略，深化产业工人队伍建设改革，加快建设一支知识型、技能型、创新型产业工人大军，培养造就更多大国工匠和高技能人才。

对于共青团，把党的中心任务作为中国青年运动和青年工作的主题和方向，这是100多年来中国青年运动和青年工作的一条基本经验。共青团作为党的助手和后备军，必须紧紧围绕党确定的新时代新征程党的中心任务来开展工作，把住方向，奋发有为。实现强国建设、民族复兴宏伟目标，需要全党全国各族人民包括广大青年团结一致、全力以赴，继续爬坡过坎、攻坚克难。共青团要把牢新时代青年工作的主题，最广泛地把青年团结起来、组织起来、动员起来，激励广大青年增强历史责任感和使命感，激发强国有我的青春激情，在强国建设、民族复兴伟业中勇当先锋队、突击队。要坚持围绕中心、服务大局，广泛动员青年建功新时代，围绕统筹推进"五位一体"总体布局和协调推进"四个全面"战略布局，主动对接国家重大战略和重大任务，组织动员广大青年立足本职岗位，积极投身中国式现代化建设，在科技创新、乡村振兴、绿色发展、社会服务、卫国戍边等各领域各方面工作中争当排头兵和生力军，展现青春的朝气锐气。动员广大青年把报国之志转化为实际行动，努力成为担当民族复兴大任的时代新人。

对于妇联，要紧紧围绕贯彻落实党的战略部署，找准工作着力点，把党中央决策部署转化为妇联工作的具体任务。要围绕统筹推进"五位一体"总体布局、协调推进"四个全面"战略布局，开展富有女性特色的建功立业活动，最大限度地调动妇女积极性、主动性、创造性。要激励广大妇女在贯彻新发展理念、构建新发展格局、推动高质量发展、实现高水平科技自立自强、全面推进乡村振兴中发挥自身优势和积极作用。

（2）思想引领——推动群团组织引导群众自觉培育和践行社会主义核心价值观

群团组织是群众自我教育、自我管理的重要平台。各级党委要推动群团组织引导所联系群众继承和弘扬中华优秀文化，自觉培育和践行社会主义核心价值观。

群团组织要从所联系群众的实际出发，设计务实管用的载体，把社会主义核心价值观转化为生动活泼、特色鲜明、富有成效的群众性实践。引导广大职工弘扬劳模精神、劳动精神、工人阶级伟大品格，增强主人翁意识，打造健康文明、昂扬向上的职工文化。加强对青年的理想信念教育，引导广大青年把社会主义核心价值观的根扎牢植正。加强和改进未成年人思想道德建设，开展好少先队组织教育、自主教育和实践活动，帮助少年儿童养成好思想、好品格、好习惯。引导广大妇女弘扬传统美德和自尊自信自立自强精神，培育良好家风，推进家庭文明建设。引导科技工作者发挥示范作用，弘扬科学精神，推动形成崇尚科学、追求进步的社会氛围。推动文学艺术、新闻宣传、法律、教育、社会公益等领域工作者积极发挥作用，引领全社会崇德向善、敬业诚信、遵纪守法、互助友爱、文明和谐。

群团组织要坚持广泛发动，利用遍布城乡的组织网络和基层阵地，深化群众性精神文明创建活动，把社会主义核心价值观教育做细做实。加强正面引导，大力宣传弘扬社会主义核心价值观的新风正气，及时批评违背社会主义核心价值观的模糊认识、错误观点、不良风气，引导群众明辨真假、是非、善恶、美丑。搞好典型引路，发挥各行各业先进典型、道德模范、"最美人物"等的示范带动作用，激发全社会学习先进、追赶先进、争当先进的持久内生动力。

对于工会：要加强思想政治引领，做好职工思想政治工作，教育引导广大职工坚定不移听党话、跟党走，确保工人阶级始终是我们党最坚实最可靠的阶级基础。要忠诚于党的事业，通过扎实有效的工作把坚持党的领导和我国社会主义制度落实到广大职工群众中去。要认真落实新时代党的建设总要求，坚决维护党中央权威和集中统一领导，始终在政治立场、政治方向、政治原则、政治道路上同党中央保持高度一致。要完善学习制度，深入开展习近平新时代中国特色社会主义思想的学习培训，增强对党的基本理论、基本路线、基本方略的政治认同、思想认同、情感认同，不断提高运用马克思主义立场、观点、方法分析解决问题的能力和水平。要深刻领会党中央关于工人阶级和工会工作重要论述的精神实质，结合实际落实到工会工作全过程和各方面。要把执行党的意志的坚定性和为职工服务的实效性统一起来，把党的路线方针政策和决策部署落实到工会各项工作中去，把党的意志和主张落实到广大职工中去。

对于共青团：要着力加强对广大青年的政治引领，党旗所指就是团旗所向。要在广大青年中加强和改进理论武装工作，引导广大青年运用马克思主义立场、观点、方法观察分析问题，从而坚定正确政治方向，增强道路自信、理论自信、制度自信、文化自信，坚定听党话、跟党走的人生追求。青年人有理想、敢担当、能吃苦、肯奋斗，中国青年才会有力量，党和国家事业发展才能充满希望。要加强对广大青年的理想信念教育，引导广大青年树立共产主义远大理想，坚定中国特色社会主义共同理想，坚定听党话、跟党走的政治信念，在强国建设、民族复兴的历史潮流中确立正确的人生目标，为一生的奋斗奠定基石。共青团要把加强对广大团员和青年的政治引领摆在首位，努力培养社会主义建设者和接班人，源源不断为党输送健康有活力的新鲜血液。要引导团员和青年认真学习领会习近平新时代中国特色社会主义思想，努力掌握这一科学思想的世界观和方法论，善于运用贯穿其中的立场观点方法分析问题，提高对党的基本理论、基本路线、基本方略的领悟力。

对于妇联：要承担好代表和维护妇女权益、促进男女平等和妇女全面发展的重要任务。做好引领、服务、联系工作，要始终保持政治上的清醒和坚定，牢牢把握我国妇女事业的政治属性和妇联组织的政治定位，加强妇女思想政治引领，坚持不懈用习近平新时代中国特色社会主义思想凝心铸魂，引导广大妇女坚定不移听党话、跟党走。要引导妇女深入学习贯彻习近平新时代中国特色社会主义思想和党代会精神，开展理想信念教育，增进对党的基本理论、基本路线、基本方略的政治认同、思想认同、情感认同，坚定听党话、跟党走的信念信心。要把思想政治引领贯穿于妇联开展的各种活动，引导妇女增强中国特色社会主义道路自信、理论自信、制度自信、文化自信，自觉为中国特色社会主义共同理想而奋斗。要多做统一思想、凝聚人心、化解矛盾、增进感情的工作，引导妇女坚定不移朝着正确方向和理想目标持续奋进。

（3）服务群众——支持群团组织加强服务群众和维护群众合法权益工作

群团组织服务群众要盯牢群众所急、党政所需、群团所能的领域，重点帮助群众解决日常工作生活中最关心、最直接、最现实的利益问题和最困难、最操心、最忧虑的实际问题。有针对性地开展创业就业、心理疏导、大病救助、法律援助、婚恋交友、居家养老等服务，特别是要做好对困难职工、留守老人妇女儿童、归难侨、残疾人等群体的帮扶，对高等学校毕业生、留学回国人员、农民工的服务。制定服务型基层组织建设意见，打造符合群众需求的工作品牌，推动构建覆盖广泛、快捷有效的服务群众体系。通过项目招聘、购买服务等方式吸引社会工作人才、专家学者、社会组织等力量参与服务群众工作。广泛开展志愿服务，完善组织管理，提升志愿服务水平。

维护群众合法权益是群团组织的重要工作。各级党委和政府要把群团工作纳入党政主导的维护群众权益机制,支持群团组织在维护全国人民总体利益的同时更好地维护各自所联系群众的具体利益。群团组织维权工作应该主动有为,哪里的群众合法权益受到侵害,哪里的群团组织就要帮助群众通过合法渠道、正常途径,合理伸张利益诉求,促进社会公平正义。要主动代表所联系群众参与相关法律法规和政策的制定,推动建立健全协调劳动关系等方面制度机制,从源头上保障群众权益、维护群众利益。善于运用法治思维和法治方式维权,注重通过集体协商、对话协商等方式协调各方利益,通过信访代理、推动公益诉讼、依法参与调解仲裁等方式为利益受到损害或侵犯的群众提供帮助。同时,要引导群众识大体、顾大局,依法理性表达诉求,自觉维护社会和谐稳定。

各级党委、人大、政府及有关部门研究制定涉及群众切身利益的政策措施、法律法规、发展规划、重大决策,应该请相关群团组织参与调研和论证,充分听取意见、吸收合理建议,充分考虑相关群体利益。建立健全重大决策社会稳定风险评估机制,应该吸收群团组织参加。支持群团组织切实履行代表维护职能,推动落实男女平等基本国策,健全妇女、未成年人、残疾人等合法权益保护机制。

对于工会:工人阶级和广大劳动群众是社会财富的主要创造者,推动全体人民共同富裕取得更为明显的实质性进展,首先要体现在亿万劳动者身上。工会作为职工利益的代表者和维护者,要认真履行维权服务基本职责,着力解决关系职工群众切身利益的实际问题,重视维护新就业形态劳动者的合法权益。要加强企事业单位民主管理,畅通职工诉求表达渠道,引导职工依法维护自身权益,推动构建和谐劳动关系。

要坚持以职工为中心的工作导向,抓住职工群众最关心、最直接、最现实的利益问题,认真履行维护职工合法权益、竭诚服务职工群众的基本职责,把群众观念牢牢根植于心中,哪里的职工合法权益受到侵害,哪里的工会就要站出来说话。要做好城市困难职工解困脱困工作,及时做好因各种原因返贫致困职工的帮扶救助,为广大职工提供具有工会特点的普惠性、常态性、精准性服务。

对于共青团:要更好地联系服务青年,扩大团的工作覆盖面,强化服务意识、提升服务能力,千方百计为青年排忧解难,做广大青年信得过、靠得住、离不开的贴心人,增强团的吸引力和凝聚力。要落实好国家中长期青年发展规划。

对于妇联:保障妇女儿童合法权益、促进男女平等和妇女儿童全面发展,是中国式现代化的重要内容。各级妇联组织要积极主动作为,着力推动解决影响和侵害妇女儿童权益的突出问题。要把握妇女对美好生活的向往,有针对性地做好联系妇女、服务妇女各项工作,为她们做好事、解难事、办实事。把更多注意力放在最普通的妇女特别是困难妇女身上,要关爱帮扶低收入妇女、老龄妇女、残疾妇女等困难妇女，配合有关部门做好流动儿童、留守儿童的关爱服务。维护妇女儿童权益的工作要做在平常、抓在经常、落到基层。要坚持男女平等基本国策，维护妇女儿童合法权益。长期以来，男女平等、尊重妇女的观念越来越深入人心，同时针对妇女的歧视依然存在。解决这些问题，需要从国家层面治理，对严重侵犯妇女权益的犯罪行为要坚决依法打击，对错误言论要及时予以批驳。妇联要主动作为，哪里的妇女合法权益受到侵害，哪里的妇联组织就要站出来说话，依法依规为妇女全面发展营造环境、扫清障碍、创造条件。

（4）推动民主——支持群团组织在社会主义民主中发挥作用

群团组织特别是人民团体是广大群众依法、有序、广泛参与管理国家事务和社会事务、管理经济和文化事业的重要渠道。各级党委要重视发挥群团组织在社会主义民主中的作用，更好地保证人民当家作主。

按照协商于民、协商为民的要求，拓宽人民团体参与政治协商的渠道，规范人民团体参与协商民主的内容、程序、形式。政府可通过召开会议或其他适当方式，定期向人民团体通报重要工作部署和相关重大举措，加强决策之前和决策实施之中的协商。各级政协要充分发挥人民团体及其界别委员在密切联系群众、增进社会各阶层和不同利益群体和谐中的作用，密切各专门委员会与人民团体的联系。

党委、人大要支持人民团体在县、乡人大代表换届选举中，依法按程序提名推荐代表候选人。县以上人大代表、政协委员人选的提名推荐，应该加强与人民团体的沟通协商，落实好有关人选的比例规定和政策要求。选任人民陪审员、人民监督员、人民调解员，落实人民建议征集制度，应该重视发挥人民团体作用。

群团组织应该加强对经济社会发展等方面政策的研究，提高参政议政水平。依照党的政策和国家法律法规，积极代表和组织所联系群众参与协商民主，通过多种方式反映群众意见。积极参加城乡基层群众自治和企事业单位民主管理，引导所联系群众正确行使民主权利，推动基层民主健康发展。

（5）社会治理——支持群团组织参与创新社会治理和维护社会稳定

群团组织是创新社会治理和维护社会和谐稳定的重要力量。各级党委和政府要合理配置职能和资源，支持群团组织依法参与社会事务管理，把适合群团组织承担的一些社会管理服务职能按照法定程序转由群团组织行使；支持群团组织立足自身优势，以合适方式参与政府购买服务。群团组织承接政府转移职能要试点先行，承接职能后应该建立符合公共服务特点的运行机制，确保能负责、能问责；参与政府购买服务，要严格管理、规范实施，做到政府放心、社会认可、自身有活力。

各级党委和政府要支持群团组织在党组织领导下发挥作用,加强对有关社会组织的政治引领、示范带动、联系服务。群团组织要通过服务来引导和促进社会组织健康有序发展。推动政府治理和社会自我调节、基层群众自治良性互动,促进多元治理主体协同协作协调、互促互补互融。组织群众主动参加社会治安综合治理、基层社区网格化管理、平安创建,积极协调化解矛盾纠纷和利益冲突。

各级党委和政府要重视发挥群团组织在全面推进依法治国特别是法治社会建设中的积极作用。支持群团组织开展群众性法治文化活动,引导群众自觉守法、遇事找法、解决问题靠法。支持群团组织参与群众普法教育,推动建设普法和法律服务志愿者队伍。建立健全群团组织参与社会事务、维护公共利益、救助困难群众、帮扶特殊人群、预防违法犯罪的机制和制度化渠道。发挥群团组织对其成员的行为导引、规则约束、权益维护作用。

工、青、妇要在社会治理中发挥作用。以妇联为例:做好家庭工作,发挥妇女在社会生活和家庭生活中的独特作用,是妇联组织服务大局、服务妇女的重要着力点。家庭和睦、家教良好、家风端正,子女才能健康成长,社会才能健康发展。做好妇女工作,不仅关系妇女自身发展,而且关系家庭和睦、社会和谐,关系国家发展、民族进步。要讲好家风故事,引导广大妇女发挥在弘扬中华民族传统美德、树立良好家风方面的独特作用,营造家庭文明新风尚。要注重家庭、注重家教、注重家风,认真研究家庭领域出现的新情况新问题,把推进家庭工作作为一项长期任务抓实抓好。要坚持以社会主义核心价值观为统领,引导妇女既要爱小家,也要爱国家,带领家庭成员共同升华爱国爱家的家国情怀、建设相亲相爱的家庭关系、弘扬向上向善的家庭美德、体现共建共享的家庭追求,在促进家庭和睦、亲人相爱、下一代健康成长、老年人老有所养等方面发挥优势、担起责任。要引导妇女带动家庭成员,发扬尊老爱幼、男女平等、夫妻和睦、勤俭持家、邻里团结等中华民族传统美德,抵制歪风邪气,弘扬清风正气,以好的家风支撑起好的社会风气。要帮助妇女处理好家庭和工作的关系,做对社会有责任、对家庭有贡献的新时代女性。要引导妇女发扬爱国奉献精神,自尊自信自立自强,以行动建功新时代,以奋斗创造美好生活,在祖国改革发展的伟大事业中实现自身发展,在人民创造历史的伟大奋斗中赢得精彩人生。要积极培育新型婚育文化,加强对年轻人婚恋观、生育观、家庭观的引导,促进完善和落实生育支持政策,提高人口发展质量,积极应对人口老龄化。

3. 组织论

推动群团组织组织完善、改革创新、增强活力。

推动群团组织勇于改革创新,通过创造性工作增强发展活力、赢得群众信任。研究群团组织自身建设的途径和方法，针对群团组织基层基础薄弱、有效覆盖面不足、吸引力凝聚力不够、群团组织工作和活动方式单一等问题采取改革措施。

基层组织是做好群团工作的基础和关键。工会、共青团、妇联等群团组织要以提高吸引力、凝聚力、战斗力和扩大有效覆盖面为目标，在巩固按行政区划、依托基层单位建立组织、开展工作的同时，创新基层组织设置、成员发展、联系群众、开展活动的方式。立体化、多层面扩大组织覆盖，重点向非公有制经济组织、社会组织、城乡社区等领域和农民工、自由职业者等群体延伸组织体系。加强高等学校群团组织建设，更好地联系、引导、服务青年学生和教师。

群团组织要牢固树立以群众为本的理念，健全依靠所联系群众推进工作制度。以群众喜闻乐见、便于参加的形式和方法开展工作，组织活动请群众一起设计，部署任务请群众一起参与，表彰先进请群众一起评议。完善群团组织代表大会制度和委员会制度，建立重大事项报告制度，代表和委员履职述职制度和直接联系群众、接受群众评议制度。完善群团组织事务公开制度，主动接受群众和社会监督。

打造网上网下相互促进、有机融合的群团工作新格局。群团组织要提高网上群众工作水平，实施上网工程，建设各具特色的群团网站，推进互联互通及与主流媒体、门户网站的合作。加强网宣队伍建设，综合运用维权热线和网络论坛、手机报、微博、微信等新媒体平台进行网上引导和动员。站在网上舆论斗争最前沿，主动发声、及时发声，弘扬网上主旋律。逐步建立统一的群团组织基础信息统计制度。

适应完成党的中心任务和基层工作、群众工作需要，改革和改进机关机构设置、管理模式、运行机制，充分体现群团组织的政治性、群众性特点，防止机关化、娱乐化倾向发生。

对于工会：要继续深化工会改革和建设，牢固树立大抓基层的鲜明导向，夯实基层基础，激发基层活力，不断增强基层工会的引领力、组织力、服务力。要健全已有的组织基础，扩大工会组织覆盖面。要创新工作方式，努力为职工群众提供精准、贴心的服务。工会干部要践行党的群众路线，深入调查研究，及时了解职工所思所想所盼，不断增强服务职工本领，真心实意为职工说话办事。工会改革是全面深化改革的重要组成部分。党对群团组织改革提出了新的要求，工会要认真贯彻落实，构建联系广泛、服务职工的工会工作体系。要坚持眼睛向下、面向基层，把力量和资源向基层倾斜投放，把广大职工凝聚在党的周围。要加强对工会干部的教育、管理、监督，完善联系职工群众的制度机制，深入基层一线,加强调查研究,坚决防止"四风"特别是形式主义、官僚主义,让职工群众真正感受到工会是职工之家,工会干部是最可信赖的娘家人、贴心人。要引导职工群众听党话、跟党走,巩固党执政的阶级基础和群众基础,是工会组织的政治责任。时代变化了,但从群众中来、到群众中去的工作方法不能变。工会要适应新形势新任务,加强和改进职工思想政治工作,多做组织群众、宣传群众、教育群众、引导群众的工作,多做统一思想、凝聚人心、化解矛盾、增进感情、激发动力的工作,更好地强信心、聚民心、暖人心,使广大职工在理想信念、价值理念、道德观念上紧紧团结在一起。要最大限度地把农民工吸收到工会中来,使他们成为工人阶级坚定可靠的新生力量。要坚持以社会主义核心价值观引领职工,深化"中国梦·劳动美"主题教育,打造健康文明、昂扬向上、全员参与的职工文化。要把网上工作作为工会联系职工、服务职工的重要平台,增强传播力、引导力、影响力。

对于共青团:要顺应全面从严治党的要求,坚持问题导向,敢于刀刃向内,纵深推进团的改革,全面从严管团治团,坚定不移走好中国特色社会主义群团发展道路,不断保持和增强政治性、先进性、群众性,不断提高团组织的引领力、组织力、服务力。加强共青团系统党的建设,坚决维护党中央权威和集中统一领导,旗帜鲜明抵制各种歪风邪气,保持清风正气和良好形象。要坚持夯实基层的鲜明导向,推动改革举措落到基层,使基层真正强起来。不断扩大团组织的覆盖面,提升青年群众工作能力。广大团干部要倍加珍惜为党做青年工作的宝贵机会,不断提升政治能力、理论素养、群众工作本领,心无旁骛干好本职工作,用实打实的业绩赢得党的信任、赢得社会尊重、赢得青年口碑。共青团是党联系青年群众的桥梁和纽带,要紧紧围绕这个职责定位来谋划改革,出实招、出真招,不掩饰问题,不讳疾忌医,对症下药,刮骨疗伤,真正从思想上、工作上、制度上把这个问题解决好。政治上要严,坚持以政治建设为统领,

对于妇联:妇联是党和政府联系妇女群众的桥梁纽带。要围绕保持和增强政治性、先进性、群众性,继续深化妇联组织改革,着力补短板、强弱项、打基础、增活力,全面加强妇联党的各项建设。要以更实的举措推进妇联改革,要树立大抓基层的鲜明导向,深入调查研究,了解基层妇女所思所盼和妇女工作所急所需,推动资源和服务更多向基层倾斜。要加大在新经济组织、新社会组织、新就业群体等新领域建立妇联组织的力度,实现全覆盖,走好网上群众路线,夯实党执政的妇女群众基础。要加强高素质专业化妇联干部队伍建设,不断增强推动妇女事业高质量发展、服务广大妇女群众、防范化解妇女领域风险的本领。要转变机关干部工作作风,提高服务能力,加大攻坚克难力度,确保改革在基层落

地。要把联系和服务妇女作为工作生命线，成为妇女信得过、靠得住、离不开的娘家人。

4. 资源论

加大对群团工作的支持保障力度。

统筹管好用好现有群众活动阵地和设施，整合用好社会资源，纳入现代公共文化服务体系，坚持公益属性，真正发挥作用。主要新闻媒体要加强对群团工作的舆论宣传。新闻出版等部门要加强对群团组织所办报刊、出版社、网站的指导管理，确保正确舆论导向。

完善群团工作经费保障制度。依法足额收缴工会经费，由财政拨款支持的群团组织工作经费列入同级财政年度预算并予以保证。各级财政加大对革命老区、民族地区、边疆地区、贫困地区的支持力度，对基层群团组织的经费补贴应该落实到位，按人头划拨的经费重点向基层倾斜。基层单位应该根据需要合理安排群团工作经费。规范群团组织资产管理使用制度，任何组织和个人不得侵占、挪用或任意调拨群团组织资产。

鼓励群团组织在国家法律和相关规定许可范围内，通过多种方式筹措事业发展资金，依法享受扶持政策。群团组织应该建立健全社会资金募集、管理、使用全过程公开制度，建立第三方监督评价机制，提高社会公信力。

强化群团工作法治保障，提高群团工作法治化水平。推进涉及群团组织工作的立法，加强群团工作相关法律法规的实施和执法检查。

5. 领袖论

加强群团组织领导班子和干部队伍建设。

要高度关注领导班子和干部队伍建设的选拔、培训、任用、考评的具体方法。对群团干部能力素质和作风建设等问题进行集中论述。

加强群团组织领导班子建设，努力打造政治坚定、团结务实、群众拥护的坚强领导集体。坚持德才兼备、以德为先，按照信念坚定、为民服务、勤政务实、敢于担当、清正廉洁的好干部标准，选拔群众工作经验丰富、在所联系群众中威信高的同志，推荐作为群团组织主要负责人人选。领导班子成员人选的考察推荐应该广泛听取群众意见，结构要合理优化，工会、共青团、妇联负责人中基层一线代表人士的兼职比例应该适当增加。尊重群团组织民主选举结果，保持领导干部任期内稳定。健全县级以上群团组织领导班子中心组理论学习、党员领导干部民主生活会、新进班子成员任职培训等制度。坚持"严"字当头，加强党风廉政建设。探索建立符合群团工作特点的群团组织领导班子和领导干部综合考评机制。

群团干部是党的干部队伍的重要组成部分。各级党委要重视抓群团干部培养，全面加强群团干部队伍建设。将群团干部培训纳入干部教育培训总体规划，分级负责、分系统落实。重视推动群团干部到火热的实践一线摸爬滚打、锻炼成才，注重从企业、农村、城乡社区等基层一线选拔优秀人才充实群团干部队伍。选好配强基层群团组织负责人，更多地采用兼职、聘用等方式吸引优秀社会人才加入群团工作队伍。推进群团干部跨系统多岗位交流，加强群团组织与党政部门之间干部双向交流，把群团工作岗位作为提高干部做群众工作能力的重要平台。改进群团干部参照公务员法管理工作，支持群团组织根据自身工作特点按规定考录和遴选机关工作人员。群团干部要自觉加强学习，增强党性修养，提高能力素质。

坚持从群众中来、到群众中去，建好群众之家、当好群众之友。群团组织领导机关要带头践行党的群众路线，把密切联系群众作为根本的工作作风，把工作重心放在最广大的普通群众身上。健全防止和克服"四风"问题的长效机制，坚持定期分析检查、公开承诺整改等制度，经常开展下基层接地气、请群众评机关等活动，坚决克服机关化、脱离群众现象。群团组织领导机关干部要带头树立经常联系群众、直接服务群众、真心同群众交友的好作风，竭诚为群众服务。

对于工会：各级党委要加强对工会和工会工作的领导，选好配强工会领导班子，热情关心和严格要求工会干部，重视培养和使用工会干部。要加强对工会干部的教育、管理、监督，完善联系职工群众的制度机制，深入基层一线，加强调查研究，坚决防止"四风"特别是形式主义、官僚主义，让职工群众真正感受到工会是职工之家，工会干部是最可信赖的娘家人、贴心人。

对于共青团：团的干部队伍建设要严，政治上、思想上、能力上、担当上、作风上、自律上要强，做到对党忠诚，敢于挑急难险重的担子，敢于到条件艰苦、环境复杂的岗位锻炼，脚踏实地、一步一个脚印干。团员队伍建设也要严，在团员标准要求上严起来，从把好入团质量关入手，抓好入团以后的教育实践，带动广大青年一起前进。

对于妇联：要加强妇联干部队伍建设，努力培养高素质妇联干部队伍。要把作风建设摆在更加重要的位置，大兴调查研究之风，畅通联系妇女的渠道。

四、青年生力军作用及共青团组织在群团中的地位

青年是国家发展的生力军，赢得青年才能赢得未来，这是中国共产党鲜明的

政党青年观。

1. 青年是推动社会发展进步的生力军

赢得青年才能赢得未来。习近平总书记在庆祝中国共产党成立95周年大会上的讲话中指出:"青年是祖国的未来、民族的希望,也是我们党的未来和希望。中国共产党的创始人之一李大钊同志说过,青年要'为世界进文明,为人类造幸福,以青春之我,创建青春之家庭,青春之国家,青春之民族,青春之人类,青春之地球,青春之宇宙,资以乐其无涯之生'。95年来,我们党取得的所有成就都凝聚着青年的热情和奉献。"在庆祝中国共产党成立100周年大会上,习近平总书记指出:"未来属于青年,希望寄予青年。"青年的力量值得政党和社会给予积极的肯定。习近平总书记在不同场合高度赞扬了青年的这种力量。"展望未来,我国青年一代必将大有可为,也必将大有作为。这是'长江后浪推前浪'的历史规律,也是'一代更比一代强'的青春责任。""青年是国家和民族的希望,创新是社会进步的灵魂,创业是推动经济社会发展、改善民生的重要途径。青年学生富有想象力和创造力,是创新创业的有生力量。""青年最富有朝气,最富有梦想,是未来的领导者和建设者。""时间之河川流不息,每一代青年都有自己的际遇和机缘,都要在自己所处的时代条件下谋划人生、创造历史。青年是标志时代的最灵敏的晴雨表,时代的责任赋予青年,时代的光荣属于青年。"

自古英雄出少年,青出于蓝而胜于蓝,一代又一代的青年不负重托完成了自己的责任担当,我们更把希望投向新时代中国青年。习近平总书记也在不同的场合表达了对青年是国家的未来的信心。"历史和现实都告诉我们,青年一代有理想、有担当,国家就有前途,民族就有希望,实现我们的发展目标就有源源不断的强大力量。""我相信,当代中国青年一定能够担当起党和人民赋予的历史重任,在激扬青春、开拓人生、奉献社会的进程中书写无愧于时代的壮丽篇章!""实现中华民族伟大复兴的中国梦,需要一代又一代有志青年接续奋斗。青年人朝气蓬勃,是全社会最富有活力、最具有创造性的群体。党和人民对广大青年寄予厚望。""'芳林新叶催陈叶,流水前波让后波。'每一代青年都有自己的际遇。现在高校学生大多是'九五后',再过两年,新世纪出生的青少年也将走进高校校园。他们朝气蓬勃、好学上进、视野宽广、开放自信,是可爱、可信、可为的一代。对当代高校学生,党和人民充分信任、寄予厚望。""中国的未来属于青年,中华民族的未来也属于青年。青年一代的理想信念、精神状态、综合素质,是一个国家发展活力的重要体现,也是一个国家核心竞争力的重要因素。""今天高校学生的人生黄金时期,同'两个一百年'奋斗目标的实现进程完全吻合。亲自参与这个伟大的历史进程,实现几代中国人的夙愿,实乃人生之大幸。"在庆祝中国共产党成立 100 周年大会上，习近平总书记明确指出："新时代中国青年要以实现中华民族伟大复兴为己任，增强做中国人的志气、骨气、底气，不负时代，不负韶华，不负党和人民的殷切希望。"

发挥青年的先锋力量是当前社会发展和实现中国梦的重要课题。习近平总书记在纪念五四运动 100 周年大会上的讲话中更是高度赞扬了青年的先锋性，肯定了青年在过去、现在和未来推动社会发展的关键作用。他指出："五四运动以来的 100 年，是中国青年一代又一代接续奋斗、凯歌前行的 100 年，是中国青年用青春之我创造青春之中国、青春之民族的 100 年。100 年来，中国青年满怀对祖国和人民的赤子之心，积极投身党领导的革命、建设、改革伟大事业，为人民战斗、为祖国献身、为幸福生活奋斗，把最美好的青春献给祖国和人民，谱写了一曲又一曲壮丽的青春之歌。实践充分证明，中国青年是有远大理想抱负的青年！中国青年是有深厚家国情怀的青年！中国青年是有伟大创造力的青年！无论过去、现在还是未来，中国青年始终是实现中华民族伟大复兴的先锋力量！"

回顾改革开放 40 多年的历程，我们可以看到中国青年的发展历程。新时代中国青年值得信任和托付。经过改革开放 40 年，中国青年也正以更加崭新的姿态阔步向前。青年是标志时代的最灵敏的晴雨表。改革开放是过去 40 年中国社会最为鲜明的时代特征，在青年一代身上打下了极为深刻的时代烙印。当代青年是在改革开放中成长起来的，亲身参与了经济社会各个领域的伟大奋斗，亲眼见证了党和国家面貌的历史巨变，亲身获得了成长发展的时代红利，青春气质与时代气息同频共振、相互激荡，奏响了改革开放时代交响乐中的嘹亮青春乐章。改革开放深刻改变了中国，也深刻改变了中国青年一代，从根本上为青年发展拓宽了空间、创造了条件，推动青年在报效祖国、服务人民、奉献社会的过程中实现着自身的成长发展。总结改革开放 40 年来中国青年发展的历程与成就，我们可以十分自豪地说：中国青年发展水平实现了质的跃升，在教育、就业等青年发展的核心领域，已经超前于我国经济社会发展的总体水平，可以说是实现了优先发展的一代。这为我们国家和民族未来发展储备了最重要的潜力、积攒了最强大的"后劲"。

青年是现实的力量，更是未来的力量。90 后是我们国家实现"两个一百年"奋斗目标的核心力量。90 后青年，到 2020 年风华正茂，到 2035 年正值壮年，到本世纪中叶仍年富力强，将与这一伟大的历史进程同生共长、命脉相连。他们值得信任，值得托付，同时发挥他们的生力军作用是国家之需，也是国家之福，全社会都要给予积极关注。

2. 激起亿万青年力量，共青团重任在肩

青年需要组织起来才有力量，青年的力量需要青年组织激发，共青团组织功能不可或缺。作为党的群团组织，共青团组织使命光荣，责任重大。中国共青团自1922年5月诞生以来，至今已经走过了百年光辉历程。100多年来，我们党始终把共青团作为党的助手和后备军，作为开展党的青年群众工作的重要力量。把党的中心任务作为中国青年运动和青年工作的主题和方向，这是100多年来中国青年运动和青年工作的一条基本经验。中国共产主义青年团在中国共产党的领导下，围绕党在不同历史阶段的中心任务，团结带领一代又一代的中国青年，为中国革命、建设和改革作出了重大贡献，为实现中华民族伟大复兴的中国梦谱写了一曲曲壮丽的青春诗篇。历史和实践充分证明，中国共青团不愧为中国青年运动的先锋队，不愧为党的忠实助手和可靠后备军！

共青团是党的青年工作的重要力量，要在党的领导下推动全社会形成关心青年的生动"大合唱"，共青团组织地位尤其重要。党的十八大以来，习近平总书记高度重视、亲切关怀青年，站在党的事业薪火相传的战略高度，领导和部署共青团改革。习近平总书记强调："青年工作，抓住的是当下，传承的是根脉，面向的是未来，攸关党和国家前途命运。各级党委要关注关心青少年成长，为他们成长成才、施展才华创造良好条件。各级党委要拿出极大精力抓青年工作、抓共青团工作，切实尽到领导责任。"在纪念五四运动100周年大会上的讲话中进一步指出："把青年一代培养造就成德智体美劳全面发展的社会主义建设者和接班人，是事关党和国家前途命运的重大战略任务，是全党的共同政治责任。各级党委和政府、各级领导干部以及全社会都要充分信任青年、热情关心青年、严格要求青年，关注青年愿望、帮助青年发展、支持青年创业，做青年朋友的知心人、青年工作的热心人、青年群众的引路人。"共青团是党的青年工作的重要力量，应更好地承担起党的青年工作的职责使命。在新的征程上，如何更好地把青年团结起来、组织起来、动员起来，为实现第二个百年奋斗目标、实现中华民族伟大复兴的中国梦而奋斗，是新时代中国青年运动和青年工作必须回答的重大课题。共青团要增强引领力、组织力、服务力，团结带领广大团员青年成长为有理想、敢担当、能吃苦、肯奋斗的新时代好青年，用青春的能动力和创造力激荡起民族复兴的澎湃春潮，用青春的智慧和汗水打拼出一个更加美好的中国。实现强国建设、民族复兴宏伟目标，需要全党全国各族人民包括广大青年团结一致、全力以赴，继续爬坡过坎、攻坚克难。共青团要把牢新时代青年工作的主题，最广泛地把青年团结起来、组织起来、动员起来，激励广大青年增强历史责任感和使命感，激发强国有我的青春激情，在强国建设、民族复兴伟业中勇当先锋队、突

击队。

共青团改革发展要达到什么目标？关键是实现其组织功能。共青团是党的助手和后备军，这体现了中国共产党对共青团的高度信任和殷切期望。团的所有工作，归结到一点，就是要当好这个助手和后备军。关键是要抓住三个根本性问题。一是必须把培养中国特色社会主义事业建设者和接班人作为根本任务。青年一代健康成长，直接关系中国特色社会主义事业后继有人、兴旺发达。共青团作为青年在实践中学习中国特色社会主义、共产主义的大学校，必须时刻把为党和人民培养人的工作摆在首位、贯穿始终。二是必须把巩固和扩大党执政的青年群众基础作为政治责任。包括青年在内的广大人民群众是我们党的执政基础。共青团作为党和政府联系青年的桥梁和纽带，必须密切联系青年、有效地吸引青年、广泛团结青年，把最大多数青年紧紧凝聚在党的周围。三是必须把围绕中心、服务大局作为工作主线。围绕中心才能找准方向，服务大局才能体现价值。共青团要紧紧围绕党和国家工作大局找准工作切入点、结合点、着力点，广泛组织动员广大青年在深化改革开放、促进经济社会发展中充分发挥生力军作用。

走在中国特色社会主义群团发展道路上，共青团带领青年同行同向，为中国梦激发青春力量责任在肩，当奋勇争先，砥砺前行。

第二节

为党做好青年群众工作

《中国共产主义青年团章程》明确规定：中国共产主义青年团贯彻党管青年原则，充分发挥党联系青年的桥梁和纽带作用，积极参与发展全过程人民民主，为党做好青年群众工作。当前，共青团组织正在学习党的创新理论，努力探索做好新时代青年群众工作的方法，不断凝聚青年力量。

如何结合学习党的创新理论开创青年群众工作新局面？核心方法是"向上攀登，向下深入"。所谓"向上攀登"，就是指在理论层面，要深刻领会党的创新思想的基本内涵、精神实质和重要要求，在全面把握的基础上突出重点，从整体上把握思想的核心要义，着力把握思想贯穿的马克思主义基本立场、观点和方法。所谓"向下深入"就是指在实践层面，要把学习思想融入理解新时期青年群众工作的全过程，以党的创新理论把握青年群众工作的根本方向，推动青年群众工作改革创新，推动共青团组织的发展。

党的群众工作指的是中国共产党为完成自身的历史任务、为维护和实现群众的利益而组织群众、宣传群众、教育群众、服务群众的工作。党有号召，团有行动。马克思主义政党只有赢得青年才能赢得未来，只有培养青年才能开创未来。共青团作为党领导的先进青年的群团组织，与党有着重要的政治关系，是为党赢得青年，开展青年群众工作的重要力量，这就决定了共青团最根本的职能在于最广泛地把青年团结凝聚在党的周围。在新的历史条件下，党的科学理论的创新发展、党的执政地位的长期巩固、党的历史使命的最终实现，都需要最广大的青年群众拥护党的领导、坚定跟党走，这就要求共青团切实为党做好赢得青年的工作。共青团必须始终牢牢把握巩固和扩大党执政的青年群众基础这一根本职责，必须始终牢牢把握培养中国特色社会主义事业可靠接班人和合格建设者这一根本任务。团的各项工作和建设都要始终围绕这一根本职责和根本任务来展开，努力让更多的青年认同、支持、拥护我们党。

一、向上攀登：把握新时期青年群众工作的立场、观点和方法，明确方向

赢得青年才能赢得未来，青年群众工作是党的群众工作的重要组成，有着重要的政治意义。把握青年群众工作的立场、观点和方法决定了工作的方向。

（1）立场，是人们观察、认识和处理问题的立足点。政党的宗旨就是政党的立场。青年群众工作要紧紧把握党的宗旨。党的宗旨反映党的性质和理想，是共产党人安身立命的根本，来不得半点含糊。关于党的宗旨，习近平总书记指出："说到底还是为人民服务这句话。我们党是为人民服务的。中央的考虑，是要为人民做事。"只有一切为了人民、一切依靠人民，共产党才立得住。我们党以人为本、执政为民的执政理念，从根本上说就是从为人民服务这个宗旨中延伸出来的。把握青年群众工作立场，共青团干部要对青年群众有真挚感情，急青年所急，想青年所想，盼青年所盼，忧青年所忧，不做青年"官"，要做青年友，始终保持与广大普通青年的密切联系。

党在不同历史时期实践自己的宗旨，总是和自己的奋斗目标紧密联系在一起。在今天，为实践宗旨所做的最大事情，就是实现党提出的"两个一百年"奋斗目标。这更是惠及当代青年，同时造福当代青年后代的共同愿景。全党全国各族人民正在为实现党提出的奋斗目标而奋发努力，正在朝着实现中华民族伟大复兴的中国梦而奋勇迈进。这是党和国家工作大局，也是中国青年运动的时代主题。团的工作要把握住根本性问题，把培养中国特色社会主义事业建设者和接班人作为根本任务，把巩固和扩大党执政的青年群众基础作为政治责任，把围绕中心、服务大局作为工作主线。

作为马克思主义政党，我们党自诞生之日起就以解放全人类、实现共产主义为己任，以全心全意为人民服务为根本宗旨。坚持立党为公、执政为民，始终保持党同人民群众的血肉联系，是马克思主义政党与生俱来的政治品质和最高从政道德，是衡量党的先进性的根本标尺。保持初心，坚定立场，就要突出克服当前群众工作中存在的问题。

共青团如何坚定立场？核心是保持和增强政治性。保持和增强党的群团工作的政治性，关键是必须自觉坚持中国共产党的领导。坚持党的领导，是做好团工作的根本保证，是必须坚持的正确政治方向，也是团工作的优良传统。邓小平同志说，共青团犯1000条错误都没有关系，但是有一条错误不能犯，就是脱离党的轨道。团组织要始终把自己置于党的领导之下，在思想上、政治上、行动上始

终同党中央保持高度一致，自觉维护党中央权威，坚决贯彻党的意志和主张，严守政治纪律和政治规矩，经得住各种风浪考验，在大是大非问题面前立场坚定、旗帜鲜明，在关键时刻敢于冲锋陷阵、发声亮剑。在实践中如何评价团的工作？团工作的政治性，主要体现在要承担起引导青年听党话、跟党走的政治任务，为夯实党执政的阶级基础和青年群众基础作出贡献上。这是团组织同一般社会组织的根本区别，也应该成为衡量团组织工作做得好不好的政治标准。

保持立场。团的干部，必须心系广大青年。共青团是为党做青年群众工作的组织，团的干部是做青年工作的，必须心系青年、心向青年。做团的工作必须牢记，任何时候都不能脱离青年，必须密切联系青年。如果不能深入广大青年，自说自话，自拉自唱，工作是很难做好的。团干部要深深植根青年、充分依靠青年、一切为了青年，努力增强党对青年的凝聚力和青年对党的向心力。

团结广大青年，一要坚持以青年为本，着力增进对青年的感情，做青年友，不做青年"官"。千万不能官气很重、架子很大，要同青年交朋友、心连心，真正赢得广大青年信任。如果每个团干部都有二三十名贴心的青年朋友，那做工作就不一样！二要了解青年，主动深入基层、走进青年，知道青年想什么、要什么，真心诚意为他们办事，使他们实实在在感受到党的关怀、团的关心、社会的关爱。

（2）观点，是人们对事物的看法。党的群众工作的重要观点是相信人民群众是推动人类前进的根本动力，坚决地相信人民群众的创造力是无穷无尽的，充分尊重和爱护人民群众的首创精神，自觉地融自身于群众之中。要实现党确定的奋斗目标，实现中华民族伟大复兴的中国梦，必须紧紧依靠人民，充分调动最广大人民的积极性、主动性、创造性。要注重从人民群众的创造中汲取理论创新智慧。马克思主义是为人民立言、为人民代言的理论，是为改变人民命运而创立、在人民求解放的实践中丰富和发展的，人民的创造性实践是马克思主义理论创新的不竭源泉。人民作为历史的创造者，不仅是物质财富的创造者，也是精神财富的创造者。人民群众不仅是浩瀚的力量之海，也是浩瀚的智慧之海。中国有14亿多人口，亿万人民的力量和智慧加在一起，谁比得过？只要我们紧密联系人民群众、经常深入人民群众、紧紧依靠人民群众，真心拜人民为师，诚心向人民学习，虚心向人民求教，就能够得到源源不断的实践力量和理论智慧。

树立正确青年群众工作的观点就是要求我们坚定地相信青年是推动历史进步的重要力量，在改革开放伟大进程中成长起来的当代中国青年值得信赖，能担当重任，要把竭诚服务青年作为共青团工作全部的出发点和落脚点，全心全意为青年服务，坚持思想上尊重青年、感情上贴近青年、工作上依靠青年，从青年群众中汲取智慧和力量，始终与青年群众同呼吸、共命运、心连心。团组织不能坐在机关里做工作，而是要摆脱文山会海、走出高楼大院，团干部特别是领导机关干部要深入基层、深入青年，争当全心全意为人民服务宗旨的忠实践行者、党的群众路线的坚定执行者、党的青年群众工作的行家里手。

（3）方法，是指导我们正确认识和改造世界的根本思想方法和工作方法。一切为了群众，一切依靠群众，从群众中来，到群众中去的群众路线，是马克思主义历史唯物主义基本原理在实际工作中的具体体现，也是我们党始终坚持的群众工作的根本工作路线和根本工作方法。

中国共产党经过几十年革命和建设实践，总结出了"一切为了群众，一切依靠群众，从群众中来，到群众中去，集中起来，坚持下去"这"30字"党的根本工作路线和根本工作方针，成为我党从群众中汲取营养、智慧和力量的金钥匙。

领导不是百事通，不是万能的。要做群众的先生，先做群众的学生。领导干部要放下架子，甘当小学生，多同群众交朋友，多向群众请教。人民群众中有的是能者和智者，要虚心向他们求教问策，把政治智慧的增长、执政本领的增强、领导艺术的提高深深扎根于人民群众的实践沃土之中，不断从人民群众中吸收营养和力量。要从群众中寻找解决问题的方案和办法，使做出的决策和决策的执行充分体现民心民意。

把握正确的青年群众工作的方法从根本上要求各级共青团干部要从政治的高度深刻认识密切联系青年的重要性，放下架子，扑下身子，深入实际、深入基层，从青年群众中寻找解决问题的方案和办法，使做出的决策和决策的执行充分体现青年的民心民意。要坚持以青年为本、做青年友，不做青年"官"，在同广大青年的密切交往中提高工作本领。在具体方法上，要始终坚持党的领导，坚持党建带团建，坚持和创造性地运用党的群众路线；要反对命令主义和尾巴主义；要充分引导和支持青年群众当家作主，发动青年群众的主动精神，要尊重青年群体的主体性，注重青年参与、使青年真正成为自我教育的主体，把党的路线方针政策转化为广大青年的自觉行动；要充分照顾青年群众的特点，坚持教育青年和服务青年的有机结合。要依靠法律代表青年利益，维护青少年合法权益，反映青年诉求，引导青年群众以理性合法的形式表达利益诉求，解决利益纠纷等。

总之，团干部要带头学理论、强信念、讲政治、严自律、促改革、抓落实、改作风、守规矩，把新时代共青团的好形象树立起来。要进一步认识到人民是历史的创造者，我们党来自人民、植根人民，各级干部无论职位高低都是人民公仆、必须全心全意为人民服务；进一步增进同青年的感情、拉近同青年的距离，增强同青年一块儿过、一块儿苦、一块儿干的自觉性；进一步掌握贯彻青年群众路线的工作方法，发现自己在联系服务青年中的差距，增强做好群众工作的本领。当前，要让团干部找回群众观点，站正群众立场，强化宗旨意识。千万不要热衷于装门面出政绩，做一点儿事情不怕青年不满意、就怕上级不知道，心里"小九九"打得多，把自己看重了，把青年看轻了。

认识共青团改革的方向，都要首先从群众工作的立场、观点、方法出发。认识到群团事业是党的事业的重要组成部分。党的群团工作是党通过群团组织开展的群众工作，是党组织广大人民群众为完成党的中心任务而奋斗的重要工作。做党群众工作，要月明星灿，不能月明星稀，工会、共青团、妇联等组织更要星光灿烂。我们必须从巩固党执政的阶级基础和群众基础的政治高度，重视党的群团工作、抓好党的群团工作，保持党始终同广大人民群众同呼吸、共命运、心连心。

认识共青团改革的方向，都要深刻认识当前共青团工作要克服的顽症。克服机关化、行政化、贵族化、娱乐化，其本质是脱离群众。团组织要增强自我革新的勇气，下大力气解决突出问题，不断保持和增强团组织的政治性、先进性和群众性。要勇于自我革命，始终成为紧跟党走在时代前列的先进组织。

二、向下深入：突破青年群众工作实践的几个重要问题，推动工作

当前青年群众工作重点要解决的问题是：

1. 准确把握青年群众需求

"青年有什么需求，团组织就要开展有针对性的工作，努力使团组织成为联系和服务青年的坚强堡垒。团组织要努力做广大青年值得信赖的贴心人，深入青年之中，倾听青年呼声。"要扩大有效覆盖面，首先团组织要努力做广大青年值得信赖的贴心人，深入青年之中，倾听青年呼声，把青年安危冷暖挂在心上，发挥组织优势，调动社会资源，千方百计为青年排忧解难，使团组织成为广大青年遇到困难时想得起、找得到、靠得住的力量。

新时代，新青年，青年都有什么新需求？实现中国梦，需要依靠青年，也能成就青年。要深入研究当代青年成长的新特点和新规律，要充分认识和适应青年的特质，倾听青年呼声，把青年安危冷暖挂在心上，千方百计为青年排忧解难。随着经济社会快速发展，当代青年在学习工作生活条件总体改善的同时，在成长成才、身心健康、就业创业、社会融入、婚恋交友等方面也面临着新的困难和问

题。比如，我国每年有众多的高校毕业生，有大量城乡贫困家庭青年，有大量残疾青年，有大量在城市和乡间流动的农村青年，有许多农村留守儿童，他们面对着很多难题，迫切需要帮助。团组织有责任去关心、关爱、帮助他们，让大家看到身影、听到声音，通过做工作既帮助了他们，又可以活跃基层团组织。

青年身上蕴藏着巨大的创造能量和活力。要充分认识青年的这种特质，适应这种特质去拓展工作，否则就会落后于青年。一方面，团的工作要注意为青年成长成才创造条件，把蕴藏在青年身上的创造能量和活力激发出来，使青年人人都能成才、人人皆可出彩。团组织帮助他们成才了，他们也就会心向团组织。另一方面，团组织要善于关爱人才、发现人才，加强对社会各方面青年的工作，特别是要加强对一些有才华、有能力、有创意的青年的工作。因为这些青年在青年群体中影响大、有号召力，把他们的工作做好了，就可以对做青年工作产生事半功倍的效果。

要更好地联系服务青年，扩大团的工作覆盖面，强化服务意识、提升服务能力，千方百计为青年排忧解难，做广大青年信得过、靠得住、离不开的贴心人，增强团的吸引力和凝聚力。要积极为广大青少年实现梦想提供服务，切实改进作风，深入基层、走进青年，想青年之所想，急青年之所急，代表和维护青少年普遍性利益诉求，努力为广大青少年成长成才创造良好环境。

总之，团组织要对当代青年群众的需求有科学和准确的把握，善于"雪中送炭"。当代青年的需求已日趋多样化，已远离大一统，走向小而散、散又多、多又特，呈现明显的分众和小众趋势，这亟须团组织改变传统的工作方式。要对青年群众的需求加大研究力度，调查就像"十月怀胎"，解决问题就像"一朝分娩"，坚持做好调查研究这篇文章，是谋事之基、成事之道。要在密切联系群众上下功夫，深入基层、深入群众了解群众疾苦，了解群众所思、所盼、所忧，做到人对人、面对面、手拉手、心连心做群众工作。要研究青年思想的多样性，围绕做好新形势下青年群众工作的重大课题，深入开展调查研究，注重根据不同领域、不同群体青少年在知识背景、生活阅历、价值观念等方面的差异性，有的放矢地做好工作。要建立分层分类的青年群众工作格局，形成差而有序、和而不同的生动局面。

2. 再造青年群众工作阵地

扩大团的工作有效覆盖面，关键是要把工作延伸到广大青年最需要的地方去。青年在哪里，团组织就建在哪里。这对青年群众工作提出了很高的要求。

时代在发展，社会在变化，共青团要以改革创新精神不断提高团的建设科学化水平，特别是要着力扩大团的工作有效覆盖面。不是说组织有了，好像覆盖了，但实际上不起作用，形同虚设。那是不行的！青年在哪里，团组织就建在哪里；青年有什么需求，团组织就要开展有针对性的工作，努力使团组织成为联系和服务青年的坚强堡垒。

扩大有效覆盖面的问题，实质上是团的工作如何延伸的问题。党政机关、事业单位、国有企业、学校中的青年工作要做好，社会其他领域的青年工作也要做好，而且更要下大气力做好。现在，很多青年人在新经济组织、新社会组织、新就业群体、社区里，在网络空间、虚拟社会里，在农民工群体、个体工商户、网民、"北漂"、"蚁族"里，尤其是那些自由职业者、网络作家、签约作家、自由撰稿人、独立演员歌手、流浪艺人等种类繁多的新兴群体，里面有很多有本事的人，有的甚至可以一呼百应。工作做不好，他们可能成为负能量；工作做好了，他们就可以成为正能量。随着社会发展，这类青年人群将会越来越多，团组织必须适应这个发展趋势，努力去做他们的工作，深入他们、帮助他们、引导他们，而不要排斥他们、拒绝他们、疏远他们，不要让他们游离于社会组织之外。

有效覆盖面不仅要看到有形的对象，而且要看到无形的对象。比如，现在，网络空间情况复杂，主流当然是好的，但也有很多杂音噪声，甚至有很多负面言论。这个战场很重要，对青年人影响很大，很多青年都是在网上接受信息的。开展网络斗争、加强网络管理、弘扬网上主旋律，这项工作大家都要做，但团组织也可以更多发挥一点作用。

群众流动频繁、分布不断变化，群团组织设置必须及时调整。要巩固已有的组织基础，加快新领域新阶层组织建设，形成完善的组织体系，实现有效覆盖。要探索以多种方式构建纵横交织的网络化组织体系，做到哪里有青年哪里就要有自己的组织，怎么有利于做好工作就怎么建组织。

总之，团组织要对当代青年聚集的场所有深刻的认识，在市场社会和网络蓬勃发展的大背景下寻找有效的基层覆盖方式，找到和青年"打成一片"的最佳阵地。要大力创新基层团组织方式，团基层组织和基层工作处在共青团和青年的边界上，普遍性的青年群众工作只能靠基层去做。因此没有覆盖广泛、充满活力的基层团组织，共青团就不能与广大普通青年保持密切联系，就会失去生命力的源泉，更不用谈去履行根本职责。

3. 塑造青年群众工作语言

团的工作要把握住广大青年的脉搏。对青年讲理想信念，我们要寻找到合适的说话方式和话语体系。共青团要做好青年思想引导工作、增强吸引力和凝聚力，必须站在理想信念这个制高点上。只有思想上、精神上的吸引力和凝聚力，才是内在的、强大的、持久的。对新时期青年群众工作来讲，如何高扬理想最核心的是塑造生动的青年群众工作新语言，更加有效地解读党的路线、方针、政策。

增强团的吸引力和凝聚力，关键是要高举理想信念的旗帜。没有脊椎，人是站不起来的；没有理想信念，人的精神世界都会坍塌。理想信念是我们不断战胜困难、从胜利走向胜利的强大精神支柱。没有理想信念，就会迷失前进方向，就会失去奋斗动力。共青团要努力帮助广大青年树立为实现中华民族伟大复兴的中国梦而奋斗的远大理想，坚定走中国特色社会主义道路的人生信念。要采取青年喜闻乐见、易于接受的形式，用科学的理论武装青年，用历史的眼光启示青年，用伟大的目标感召青年，用光明的未来激励青年，把理想信念建立在对科学理论的理性认同上，建立在对历史规律的正确认识上，建立在对基本国情的准确把握上，不断增强道路自信、理论自信、制度自信、文化自信，不断增进对党的信赖、信念、信心。

共青团应该是先进青年的组织，团员应该有先进性，有光荣感。先进性、光荣感从哪里来？一个很重要的方面就是理想信念先进。如果团员同一般青年一样，是不是团员没有多大差别，那团组织就很难有强大吸引力和凝聚力。吸引力和凝聚力不能单靠组织一些活动、分发一些经费，这些也需要做，但必须明白，只有思想上、精神上的吸引力和凝聚力，才是内在的、强大的、持久的。团组织和广大团员能不能走在时代前列、走在青年前列，是决定团的吸引力和凝聚力的关键因素。

为什么要对青年讲社会主义核心价值观这个问题？是因为青年的价值取向决定了未来整个社会的价值取向，而青年又处在价值观形成和确立的时期，抓好这一时期的价值观养成十分重要。这就像穿衣服扣扣子一样，如果第一粒扣子扣错了，剩余的扣子都会扣错。人生的扣子从一开始就要扣好。"凿井者，起于三寸之坎，以就万仞之深。"青年要从现在做起、从自己做起，使社会主义核心价值观成为自己的基本遵循，并身体力行大力将其推广到全社会去。青年在成长和奋斗中，会收获成功和喜悦，也会面临困难和压力。要正确对待一时的成败得失，处优而不养尊，受挫而不短志，使顺境逆境都成为人生的财富而不是人生的包袱。广大青年人人都是一块玉，要时常用真善美来雕琢自己，不断培养高洁的操行和淳朴的情感，努力使自己成为高尚的人。

党的十九大报告中提出了培养担当民族复兴大任的时代新人的战略任务。什么叫担当大任，就是要想干事，能吃苦，肯奋斗。党的二十大报告提出要培养有理想、敢担当、能吃苦、肯奋斗的新时代好青年。之所以反复强调要发扬奋斗精神，就是因为我们的家底还不厚，同发达国家相比还有很大差距，不奋斗就不能实现我们的目标。有梦想，有机会，有奋斗，一切美好的机会都能够创造出来。要引导青年始终保持一股顽强拼搏、勇于开拓的精气神，做坚定者、奋进者、搏击者，而不做犹豫者、懈怠者、畏难者，扫除一切娇气、骄气、官气、暮气、邪气，把青春的奋斗热情激发出来。

总之，以上这些道理团组织都要积极适应青年群众的话语体系更鲜明地在青年中有效传递。要学会用青年喜闻乐见的语言表达，去交流传递党的意见主张、回答青年关注的热点难点问题，克服抽象空洞式说教、不切实际指手画脚"指示"式和"传声筒"式宣讲。要深入生活，准确把握社会机理，不仅要说正确的话，更要说青年喜欢听的正确的话。要善于运用情感、艺术、时尚等元素，通过互联网、手机、动漫、短视频、移动媒体等手段，增强工作的时代感和时效性。要体现工作手段的时代性，针对当前互联网、手机等新兴媒体已成为青少年获取信息、交际聚集、观念更新的主要渠道，在青少年思想意识形成过程中具有十分关键的作用，进一步加强工作手段和载体的创新，搭建互动式的网络平台，使思想舆论引导更接近青年、深入青年。党的十八大以来，要求共青团要大力运用网络新媒体开展好青年工作，充分发挥团组织和共青团员作用，传播网络正能量，参与构建清朗的网络空间。

4. 获取青年群众工作资源

共青团要发挥组织优势，调动社会资源，千方百计为青年排忧解难，使团组织成为广大青年遇到困难时想得起、找得到、靠得住的力量。调动社会资源成为新时期共青团获得群众工作资源的重要方式。

要调动社会资源，扩大有效覆盖面，首先团组织要努力做广大青年值得信赖的贴心人，深入青年之中，倾听青年呼声，把青年安危冷暖挂在心上。

资源从哪里来？要善于"借船出海"，发挥团组织社会参与中枢纽型作用，激发青年社会组织活力，实现主要靠单位资源向社会资源并重的转变，由自上而下的行政化动员转向自下而上的群众化动员。从新时期青年群众工作推动来看，强社会化、强群众化是重点解决的课题。

5. 完善青年群众工作文化

共青团要从严治团，形成鲜明的政治文化。政治上要严，坚持以政治建设为统领，加强共青团系统党的建设，坚决维护党中央权威和集中统一领导，旗帜鲜明地抵制各种歪风邪气，保持清风正气和良好形象。团的干部队伍建设要严，政治上、思想上、能力上、担当上、作风上、自律上要强，做到对党忠诚，敢于挑急难险重的担子，敢于到条件艰苦、环境复杂的岗位锻炼，脚踏实地、一步一个脚印干。团员队伍建设也要严，在团员标准要求上严起来，从把好入团质量关入手，抓好入团以后的教育实践，带动广大青年一起前进。

保持和增强群团组织的先进性，必须始终站在党和人民的立场上，坚持为党分忧、为民谋利，把思想政治工作贯穿所开展的各种活动，多做组织群众、宣传群众、教育群众、引导群众的工作，多做统一思想、凝聚人心、化解矛盾、增进感情、激发动力的工作。群团组织要自觉成为在群众中、在基层凝聚人心、坚守前哨、冲锋陷阵的战斗队、工作队，组织动员广大人民群众自觉捍卫中国共产党领导和我国社会主义制度。一个是要有强大凝聚力，把人紧紧拢在一块儿；一个是要有强大战斗力，能够打硬仗、打难仗、打苦仗。这是党对群团组织的十分重要的要求。

总之，要以严格为核心，构建更为统一标准的共青团文化，从上至下在价值、制度、行为和外在特征上统一规划打造，形成共青团在全社会的集体形象。要在团干部和团员的先进性上大下功夫。真正能够引领青年时尚，引领青年风尚。要在制度上大力推动文化创新，坚持实事求是，朝气蓬勃，力戒形式主义。

6. 创新青年群众工作品牌

每个群团组织都要打造几个有影响力的服务品牌。服务党和国家工作大局是党的群团工作的主线，服务群众是群团组织的职责。

团组织既要围绕党和国家工作大局搞好"公转"，又要聚焦服务青年搞好"自转"，做到"顶天立地"。顶天，就是着眼党和国家工作大局，在大局下思考，在大局下行动。立地，就是立足职责定位、立足所联系的群众，寻找工作结合点和着力点，为党和国家工作大局提供支持。

品牌要在丰富实践中打造。坚定理想信念，不能空喊口号，一定要同实际相结合。共青团素有"党有号召、团有行动"的光荣传统。党和国家中心工作是共青团发挥作用、体现价值的舞台。要围绕党的十八大确定的目标任务，激发广大青年的历史责任感和奋斗精神，动员广大青年在全面建成小康社会进程中建功立业，把满腔报国之志转化为立足岗位的工作业绩，把积极奉献精神转化为服务人民的实际行动，在经济建设主战场、文化发展大舞台、社会建设新领域、科技创新最前沿、重点项目第一线、基层实践大熔炉中贡献聪明才智、书写青春篇章。

总之，多年以来，团组织是以品牌立身，目前团组织还要不断研究品牌，创新品牌，打磨品牌，既要有立足全团的"大"品牌，又要有立足团的最基层团支部的"小"品牌，做到"家喻户晓"。真正使团的工作稳定下来，传承下去，从而和青年之间形成常态的影响力和凝聚力。

三、重在主体：提高共青团干部青年群众工作本领，强化动力

无论是向上攀登，还是向下深入，最核心的问题是共青团干部投身青年群众工作的本领和根本动力。

推动共青团事业不断开创新局面，关键在团干部。团的干部必须坚定理想信念，应该最富有理想、富有理想主义，团干部要在广大青年中树立威信、形成号召力，首先要高扬理想旗帜。团的干部必须心系广大青年，坚持以青年为本，深深植根青年、充分依靠青年、一切为了青年，做青年友，不做青年"官"，努力增强党对青年的凝聚力和青年对党的向心力。

团的干部必须提高工作能力，勤奋学习，向书本学习，向实践学习，向青年学习，在同广大青年的密切交往中提高工作本领，在同他们打成一片中找到做好青年工作的有效办法。当今时代是知识爆炸的时代，各种新知识新技术日新月异、新情况新问题层出不穷。要有"本领恐慌"的忧患意识。新经济组织、新社会组织、网络空间、现代艺术等方面青年的工作，其实不容易做。因为这些青年做的工作往往是前沿性的，操作的技术都是最先进的，吸收的观念都是最时尚的，简简单单做工作不会有成效，而是要下很大功夫。团干部是同青年人打交道的，青年人接受新事物快，如果我们自己的知识水平、见识程度跟不上广大青年，说科技说不上，说文艺说不通，说工作说不来，说生活说不对路，说来说去就是那几句官话、老话、套话，同广大青年没有共同语言、没有共同爱好，那当然就会话不投机半句多。团干部只有不断充实自己、提高自己，才能同青年对上话、交上心，才能对青年有说服力和亲和力。千条线万条线，团干部提高各方面能力，重点要提高做青年工作能力。要勤奋学习，向书本学习，向实践学习，向青年学习，到青年中去，到基层去，在同广大青年的密切交往中提高工作本领，在同他们打成一片中找到做好青年工作的有效办法。

团的干部必须锤炼优良作风，既要有干事创业的激情，更要有脚踏实地的作为。要深刻领会中央八项规定的精神实质，养成慎始、慎独、慎微的意识，走好人生每一步。要坚决反对形式主义、官僚主义、享乐主义和奢靡之风这"四风"，着力解决广大青年反映强烈的突出问题，为做好团的工作提供坚强作风保证。

加强团干部作风建设，一要讲"严"字，一个人在年轻时多锤炼、多摔打是好事，对个人成长、事业发展都是宝贵财富。二要讲"实"字，团的工作有

自身特点，团干部既要有干事创业的激情，更要有脚踏实地的作为；既要有推陈出新的勇气，更要有埋头苦干的精神；既要有谋划长远的意识，更要有一步一个脚印的行动。

团干部大多比较年轻时就担任了一定职务，受到来自社会方方面面的关注多一些。越是这样，越不能放松对自己的要求，越要做到防微杜渐，守得住做人、处世、用权、交友的底线。从善如登，从恶如崩。要深刻领会中央八项规定的精神实质，养成慎始、慎独、慎微的意识，经得住诱惑，管得住小节，走好人生每一步。

团干部要敢于到经济社会发展最需要的地方，到条件艰苦、情况复杂的地方，砥砺品质，提高本领。自己思想认识提高了，知识多了，本领大了，到什么岗位都能适应。要经常和青年在一起"摸爬滚打"，一起奋斗。要倍加珍惜为党做青年工作的宝贵机会，不断提升政治能力、理论素养、群众工作本领，心无旁骛干好本职工作，用实打实的业绩赢得党的信任、赢得社会尊重、赢得青年口碑。

要特别会打造个人魅力。历史经验告诉我们，群团干部要由知群众、懂群众、爱群众的人来当，要有做群众工作的本领和经验，懂得群众的语言和习惯，熟悉群众的愿望和心声，善于运用新形势下群众工作方式方法。做团的工作，要牢记"自古英雄出少年"的道理。为什么？因为青年是引领风气之先的力量。做好青年工作，必须有能力引领时尚、引领风气，这样才能把广大青年吸引到自己的周围来，把他们最广泛地集聚到党和人民事业中来。如果青年在前进，而团组织没有与时俱进，不能成为青年的领头羊，反而成了青年的尾巴，那何谈团结广大青年啊？何谈扩大有效覆盖面啊？跟都跟不上啊！

总之，在新形势下做好青年群众工作，既要发挥"传统青年领袖"的政治优势，更要打造"现代青年领袖"的个人魅力。要高度关注团干部人格魅力和对青年的感情等重要因素在群众工作中的重要作用。再先进的思想离开传授者的个人魅力都会变成枯燥的说教，而无论是对青年合理利益诉求的尊重和服务，还是青年特有兴趣的满足以及青年社会化技能的培养，如果缺乏团干部的魅力和情感这一因素，总会事倍功半。团的各级干部要努力提升自己的魅力，和青年"心心相印"，特别要在政治有高度、工作有本事、作风过得硬、青年信得过上狠下功夫。要着力加强作风建设，特别是在密切联系群众、求真务实、艰苦奋斗、批评和自我批评上大下功夫。对于基层团干部，尤其要提升非权力性影响力，努力通过形象吸引青年、通过语言感染青年、通过兴趣融合青年、通过知识征服青年、通过能力推动青年、通过沟通协调青年、通过远见引导青年、通过时尚引领青年、通过真诚取信青年、通过责任感召青年、通过尊重感动青年、通过热情融化青年。真正增进青年信任，增强工作的亲和力和感染力。

四、强在支持：各级党政领导要拿出极大精力重视青年工作和共青团工作，不断优化青年群众工作的系统环境

青年工作，抓住的是当下，传承的是根脉，面向的是未来，攸关党和国家前途命运。各级党委（党组）要关注关心青少年成长，为他们成长成才、施展才华创造良好条件。各级党委（党组）要拿出极大精力抓青年工作、抓共青团工作，切实尽到领导责任。各级党委（党组）要坚持党管青年工作原则，加强对共青团工作的领导和支持，建立和完善在党的领导下各部门齐抓共管青年发展事业的工作格局，支持共青团创造性开展工作。共青团要主动有所作为，"顶天立地"地设计各项工作，以有为争取有位，达到工作的良性循环。

青年兴则国家兴，青年强则国家强。我们党自成立之日起，就始终代表广大青年、赢得广大青年、依靠广大青年。各级党委和政府要充分信任青年、热情关心青年、严格要求青年，为青年驰骋思想打开更浩瀚的天空，为青年实践创新搭建更广阔的舞台，为青年塑造人生提供更丰富的机会，为青年建功立业创造更有利的条件。各级领导干部要关注青年愿望、帮助青年发展、支持青年创业，做青年朋友的知心人，做青年工作的热心人，做青年成长的引路人。

我们党从来都是在重大政治任务中、在火热社会实践中锻炼干部、培养干部的。团干部要敢于到经济社会发展最需要的地方，到条件艰苦、情况复杂的地方，砥砺品质，提高本领。要发挥党建带团建的制度作用，同时不断完善了解联系青年制度、服务青年制度、健全维护青年群众利益制度。要特别要注重发挥基层的创造力，完善创新制度，鼓励基层大胆创新，挖掘、提炼、推广基层青年群众工作的好做法、好经验。

要完善地方党委研究决定党的群团工作重大事项制度，完善分级管理、以同级党委领导为主的领导体制。工会、共青团、妇联受同级党委和各自上级组织双重领导，其他群团组织依法依章程领导或指导下级群团组织的工作，这是党领导群团工作的基本制度。解决上级组织和同级党委协调配合问题，要有一定的制度规范。地方党委应该注意听取上级群团组织意见。

总之，努力学习党的创新理论成果推动新时期青年群众工作，我们要解决立场、观点、方法问题，努力破解青年群众工作的现实问题，提高青年群众工作者的专业本领，在党的领导下不断推动青年群众工作的系统优化，真正激起实现中国梦的青春力量，唱响新时代的青春之歌。

第三节

党的事业与青年发展

党代会开过了,接下来全国上下学习开始。青年人到底应该如何学习呢?政党的政治纲领具有原则性、普适性。但对于不同的群体、不同的群众则需要有群体化的表达方式、群众化的学习方法,政党纲领才能更好地接受,对于青年更是如此。

一、党代会与青年

其实中国共产党全国代表大会报告中已明确了青年学习的核心方向:青年一代有理想、有本领、有担当,国家就有前途,民族就有希望。中国梦是历史的、现实的,也是未来的;是我们这一代的,更是青年一代的。中华民族伟大复兴的中国梦终将在一代代青年的接力奋斗中变为现实。全党要关心和爱护青年,为他们实现人生出彩搭建舞台。广大青年要坚定理想信念,志存高远,脚踏实地,勇做时代的弄潮儿,在实现中国梦的生动实践中放飞青春梦想,在为人民利益的不懈奋斗中书写人生华章!

青年强,则国家强。当代中国青年生逢其时,施展才干的舞台无比广阔,实现梦想的前景无比光明。全党要把青年工作作为战略性工作来抓,用党的科学理论武装青年,用党的初心使命感召青年,做青年朋友的知心人、青年工作的热心人、青年群众的引路人。广大青年要坚定不移听党话、跟党走,怀抱梦想又脚踏实地,敢想敢为又善作善成,立志做有理想、敢担当、能吃苦、肯奋斗的新时代好青年,让青春在全面建设社会主义现代化国家的火热实践中绽放绚丽之花。

这两段话实质上有四层含义。

第一,中国的前途、民族的希望在于素质合格"接班"的青年(这是代际规律)。

第二,中国梦(2049年第二个百年奋斗目标的实现)需要依靠现在80后、90后、00后,特别是9000后(90后和00后)。

第三,党政要下大气力赢得青年。

第四，青年要抓住难得的成就自身幸福人生的历史契机。

因此，青年学习党代会报告，关注"中国的梦想，我们的时代"、关注"中国的接力，我们的素质"、关注"中国的机遇，我们的机会"、关注"中国的民生，我们的发展"就是最为核心的任务。学习可以围绕这些方面全面展开，明确重点，设计品牌。一定要把党的政治纲领宣传变成青年的主动学习过程，要从"要青年学"变成青年"自己主动学"。

二、中国的梦想，青年的时代

这是谁的时代？当代青年喜欢说"小时代""小确幸"，把这些都先丢到一边去吧，拥抱大时代、大确幸，拥抱我们自己的时代！

党的十九大明确提出："经过长期努力，中国特色社会主义进入了新时代，这是我国发展新的历史方位。"习近平总书记指出："同志们！今天，我们比历史上任何时期都更接近、更有信心和能力实现中华民族伟大复兴的目标。"这到底是一个什么目标？为什么比任何时期都更接近，中国人要更有信心和能力？如果不跨越历史的长河，不知道我们的先辈们曾经遭遇的苦难，不了解当前的巨变，是无法理解这一句话的。

党的二十大进一步指出：从现在起，中国共产党的中心任务就是团结带领全国各族人民全面建成社会主义现代化强国、实现第二个百年奋斗目标，以中国式现代化全面推进中华民族伟大复兴。中国式现代化，是中国共产党领导的社会主义现代化，既有各国现代化的共同特征，更有基于自己国情的中国特色。中国式现代化是人口规模巨大的现代化。中国式现代化是全体人民共同富裕的现代化。中国式现代化是物质文明和精神文明相协调的现代化。中国式现代化是人与自然和谐共生的现代化。中国式现代化是走和平发展道路的现代化。中国式现代化的本质要求是：坚持中国共产党领导，坚持中国特色社会主义，实现高质量发展，发展全过程人民民主，丰富人民精神世界，实现全体人民共同富裕，促进人与自然和谐共生，推动构建人类命运共同体，创造人类文明新形态。

1990年出生的人，2049年就是59岁，也将要退休了。那时候，国家应该是怎样的呢？中国共产党描绘了蓝图："第二个阶段，从二〇三五年到本世纪中叶，在基本实现现代化的基础上，再奋斗十五年，把我国建成富强民主文明和谐美丽的社会主义现代化强国。到那时，我国物质文明、政治文明、精神文明、社会文明、生态文明将全面提升，实现国家治理体系和治理能力现代化，成为综合国力和国际影响力领先的国家，全体人民共同富裕基本实现，我国人民将享有更加幸福安康的生活，中华民族将以更加昂扬的姿态屹立于世界民族之林。"

什么叫昂扬的姿态？如果你现在到世界上走走，特别是到华人较少的一些西方国家看看，当你看到受欺负、受藐视、不重视、没地位的时候，你就知道作为一个民族应该去发生怎样的变化。中华民族并不是要在世界上去追求那种并不存在的"优等民族"的地位，但我们至少在世界上要谋求得到尊重和佩服，更不能让别人欺负我们，小看我们。我们要为我们每个人最有质地的生活谋求最根本的地位，也称得起5000年泱泱大国的身份。没有强大的祖国，哪有民族的尊严？走进新时代，9000后为自己为后代也要努力搏一把，追求我们自己的尊严和幸福。毫无疑问，所有的梦想和期许都会在我们自己手中实现。

三、中国的接力，青年的素质

青年一代有理想、有本领、有担当，国家就有前途，民族就有希望。历史的接力棒毫无疑问会交到当代青年手上，问题是我们青年的素质跟得上吗？幸福都是奋斗出来，我们国家家底还不厚，只有有梦想、有机会，有奋斗，一切美好的东西才能够创造出来。

青年人要始终保持一股顽强拼搏、勇于开拓的精气神，扫除一切骄气、娇气、官气、暮气、邪气，把青春的奋斗热情激发出来。

从20世纪初开始，革命的一代、建设的一代、改革的一代都在接力跑中跑出了好成绩，走进新时代，接力棒即将交到强国时代青年特别是90后、00后的手上，他们如何跑棒将直接影响到这场民族复兴接力跑的最后成绩。不忘初心、牢记使命、奋勇争先是强国时代接力跑的必然选择。新时代中国青年理应积极拥抱新时代、奋进新时代，让青春在为祖国、为人民、为民族、为人类的奉献中焕发出更加绚丽的光彩。广大青年要坚定不移听党话、跟党走，怀抱梦想又脚踏实地，敢想敢为又善作善成，立志做有理想、敢担当、能吃苦、肯奋斗的新时代好青年，让青春在全面建设社会主义现代化国家的火热实践中绽放绚丽之花。

最核心的素质当是构建有继承、有创新、有内在坚定、有外在宽容的"新中国人"素质。

传统的中国需要新的素质，特别是在跟上世界潮流上，青年朋友你"现代"了吗？

例如，你的法律素质如何？加大全民普法力度，建设社会主义法治文化，树立宪法法律至上、法律面前人人平等的法治理念。青年人要带头尊法学法守法用法，任何组织和个人都不得有超越宪法法律的特权，绝不允许以言代法、以权压法、逐利违法、徇私枉法。

要加快建设法治社会。法治社会是构筑法治国家的基础。弘扬社会主义法治精神,传承中华优秀传统法律文化,引导全体人民做社会主义法治的忠实崇尚者、自觉遵守者、坚定捍卫者。要发挥领导干部示范带头作用,努力使尊法学法守法用法在全社会蔚然成风。

例如,你低碳了吗?要倡导简约适度、绿色低碳的生活方式,反对奢侈浪费和不合理消费,开展创建节约型机关、绿色家庭、绿色学校、绿色社区和绿色出行等行动。为了环境,青年你做了什么?实现碳达峰碳中和是一场广泛而深刻的经济社会系统性变革。青年人要带头倡导绿色消费,推动形成绿色低碳的生产方式和生活方式。

现代的中国需要老的传统,特别是在立足自身根基上,青年朋友你"传统"了吗?

例如,你"自信"了吗?如何理解中国的道路自信、理论自信、制度自信、文化自信,既不走封闭僵化的老路,也不走改旗易帜的邪路,保持政治定力,坚持实干兴邦,始终坚持和发展中国特色社会主义。

青年人必须坚持自信自立。中国人民和中华民族从近代以后的深重苦难走向伟大复兴的光明前景,从来就没有教科书,更没有现成答案。党的百年奋斗成功道路是党领导人民独立自主探索开辟出来的,马克思主义的中国篇章是中国共产党人依靠自身力量实践出来的,贯穿其中的一个基本点就是中国的问题必须从中国基本国情出发,由中国人自己来解答。我们要坚持对马克思主义的坚定信仰、对中国特色社会主义的坚定信念,坚定道路自信、理论自信、制度自信、文化自信,以更加积极的历史担当和创造精神为发展马克思主义作出新的贡献,既不能刻舟求剑、封闭僵化,也不能照抄照搬、食洋不化。

要思考你"中国"了吗?要更好构筑中国精神、中国价值、中国力量,为人民提供精神指引。发展中国特色社会主义文化,就是以马克思主义为指导,坚守中华文化立场,立足当代中国现实,结合当今时代条件,发展面向现代化、面向世界、面向未来的,民族的科学的大众的社会主义文化,推动社会主义物质文明和精神文明协调发展。青年要问自己:你的中国文化元素在哪里?你的中华文化立场在哪里?

中华优秀传统文化源远流长、博大精深,是中华文明的智慧结晶,其中蕴含的天下为公、民为邦本、为政以德、革故鼎新、任人唯贤、天人合一、自强不息、厚德载物、讲信修睦、亲仁善邻等,是中国人民在长期生产生活中积累的宇宙观、天下观、社会观、道德观的重要体现,同科学社会主义价值观主张具有高度契合性。对于这些，新时代青年人都要发扬光大。

你的精神动力足吗？建设具有强大凝聚力和引领力的社会主义意识形态，青年人，你的理想信念、价值理念、道德观念是紧紧团结在一起吗？全面建设社会主义现代化国家，必须坚持中国特色社会主义文化发展道路，增强文化自信，围绕举旗帜、聚民心、育新人、兴文化、展形象建设社会主义文化强国，发展面向现代化、面向世界、面向未来的，民族的科学的大众的社会主义文化，激发全民族文化创新创造活力，增强实现中华民族伟大复兴的精神力量。

前进道路上，必须牢牢把握以下重大原则：坚持和加强党的全面领导，坚持中国特色社会主义道路，坚持以人民为中心的发展思想，坚持深化改革开放，坚持发扬斗争精神。要增强全党全国各族人民的志气、骨气、底气，不信邪、不怕鬼、不怕压，知难而上、迎难而上，统筹发展和安全，全力战胜前进道路上各种困难和挑战，依靠顽强斗争打开事业发展新天地。

历史只会眷顾坚定者、奋进者、搏击者，而不会等待犹豫者、懈怠者、畏难者。青年朋友，你是哪种？

素质靠提高，矛盾靠"斗争"。实现伟大梦想，必须进行伟大斗争。与自己"斗争"，才能不断进步和先进。任何贪图享受、消极懈怠、回避矛盾的思想和行为都是错误的。青年人要充分认识斗争的过程，发扬斗争精神，提高斗争本领，不断夺取对自己伟大斗争的胜利。

未来属于青年，希望寄予青年。新时代的中国青年要以实现中华民族伟大复兴为己任，增强做中国人的志气、骨气、底气，不负时代，不负韶华，不负党和人民的殷切期望！今天，迈向下一个百年征程，中华民族伟大复兴的接力棒交到了当代青年手中。请党放心，强国有我。新时代中国青年将营造强大的"气"场（精神力量）：他们是有志气的中国人，树立远大理想，热爱伟大祖国；他们是有骨气的中国人，担当时代责任、勇于砥砺奋斗；他们是有底气的中国人，练就过硬本领，锤炼品德修为。做理想家、情怀人、担当客、奋斗士、学习派、善良者。广大青年要肩负历史使命，坚定前进信心，立大志、明大德、成大才、担大任，努力成为堪当民族复兴重任的时代新人，让青春在为祖国、为民族、为人民、为人类的不懈奋斗中绽放绚丽之花。要矢志追求更有高度、更有境界、更有品位的人生。

要多多思考人生的价值是什么，青春应该在哪里用力、对谁用情、如何用心？在实践中不断用脚步丈量祖国大地，用眼睛发现中国精神，用耳朵倾听人民呼声，用内心感应时代脉搏，把对祖国血浓于水、与人民同呼吸共命运的情感贯穿学业全过程、融汇在事业追求中。

四、中国的机遇，青年的机会

青年人在追求人生的幸福的道路上需要人生的际遇。第二个百年奋斗目标为青年提供了难得的机会，机遇无处不在。青年当大处着眼，小处着手，惜时如金，推动自己更好更快地成才成功。时间不等人！历史不等人！时间属于奋进者！历史属于奋进者！为了实现中华民族伟大复兴的中国梦，青年必须同时间赛跑、同历史并进。全党全军全国各族人民要在中国共产党坚强领导下，不忘初心、牢记使命，不畏风浪、直面挑战，以时不我待的奋进姿态，继续向着实现中华民族伟大复兴的光辉目标进发，继续向着推动构建人类命运共同体的美好前景进发，继续在人类的伟大时间历史中创造中华民族的伟大历史时间！

抓住与世界同行的机会。党的十九大提出要"坚持推动构建人类命运共同体"。中国人民的梦想同各国人民的梦想息息相通，实现中国梦离不开和平的国际环境和稳定的国际秩序。让自己融入世界，你完全有机会和世界同行。当前，世界之变、时代之变、历史之变正以前所未有的方式展开。一方面，和平、发展、合作、共赢的历史潮流不可阻挡，人心所向、大势所趋决定了人类前途终归光明。另一方面，恃强凌弱、巧取豪夺、零和博弈等霸权霸道霸凌行径危害深重，和平赤字、发展赤字、安全赤字、治理赤字加重，人类社会面临前所未有的挑战。世界又一次站在历史的十字路口，何去何从取决于各国人民的抉择。世界各国弘扬和平、发展、公平、正义、民主、自由的全人类共同价值，促进各国人民相知相亲，尊重世界文明多样性，以文明交流超越文明隔阂、文明互鉴超越文明冲突、文明共存超越文明优越，共同应对各种全球性挑战。新时代中国青年，要有家国情怀，也要有人类关怀。发扬中华文化崇尚的四海一家、天下为公精神，为实现中华民族伟大复兴而奋斗，为推动共建"一带一路"、推动构建人类命运共同体而努力。

要增强中华文明传播力影响力。坚守中华文化立场，提炼展示中华文明的精神标识和文化精髓，加快构建中国话语和中国叙事体系，讲好中国故事、传播好中国声音，展现可信、可爱、可敬的中国形象。加强国际传播能力建设，全面提升国际传播效能，形成同我国综合国力和国际地位相匹配的国际话语权。深化文明交流互鉴，推动中华文化更好走向世界。

抓住中国时代建设的机会。在"人人渴望成才，人人努力成才，人人皆可成才，人人尽展其才"的时代里要早日成才。我们要用欣赏和赞许的眼光看待青年的创新创造，积极支持他们在人生中出彩，为青年取得的成就和成绩点赞、喝彩,让青春成为中华民族生机勃发、高歌猛进的持久风景,让青年英雄成为驱动中华民族加速迈向伟大复兴的蓬勃力量!

当前国家加快建设制造强国,建设现代化产业体系。加快发展先进制造业,推动互联网、大数据、人工智能和实体经济深度融合,在中高端消费、创新引领、绿色低碳、共享经济、现代供应链、人力资本服务等领域培育新增长点、形成新动能。要坚持把发展经济的着力点放在实体经济上,推进新型工业化,加快建设制造强国、质量强国、航天强国、交通强国、网络强国、数字中国。实施产业基础再造工程和重大技术装备攻关工程,支持专精特新企业发展,推动制造业高端化、智能化、绿色化发展。巩固优势产业领先地位,在关系安全发展的领域加快补齐短板,提升战略性资源供应保障能力。推动战略性新兴产业融合集群发展,构建新一代信息技术、人工智能、生物技术、新能源、新材料、高端装备、绿色环保等一批新的增长引擎。构建优质高效的服务业新体系,推动现代服务业同先进制造业、现代农业深度融合。加快发展物联网,建设高效顺畅的流通体系,降低物流成本。加快发展数字经济,促进数字经济和实体经济深度融合,打造具有国际竞争力的数字产业集群。优化基础设施布局、结构、功能和系统集成,构建现代化基础设施体系。青年人,你跟上这些技术了吗?

当前国家正在建设知识型、技能型、创新型劳动者大军,正在培养造就一大批具有国际水平的战略科技人才、科技领军人才、青年科技人才和高水平创新团队。青年,你的创新能力如何?当前国家正在弘扬劳模精神和工匠精神,营造劳动光荣的社会风尚和精益求精的敬业风气。青年,你是其中的一员吗?

应该看到,国家提出:教育、科技、人才是全面建设社会主义现代化国家的基础性、战略性支撑。必须坚持科技是第一生产力、人才是第一资源、创新是第一动力,深入实施科教兴国战略、人才强国战略、创新驱动发展战略,开辟发展新领域新赛道,不断塑造发展新动能新优势。要坚持教育优先发展、科技自立自强、人才引领驱动,加快建设教育强国、科技强国、人才强国,坚持为党育人、为国育才,全面提高人才自主培养质量,着力造就拔尖创新人才,聚天下英才而用之。要加快建设国家战略人才力量,努力培养造就更多大师、战略科学家、一流科技领军人才和创新团队、青年科技人才、卓越工程师、大国工匠、高技能人才。加强人才国际交流,用好用活各类人才。深化人才发展体制机制改革,真心爱才、悉心育才、倾心引才、精心用才,求贤若渴,不拘一格,把各方面优秀人才集聚到党和人民事业中来。在经济建设大潮中,青年平台无限,可能无限。

当前国家本着抓好后继有人这个根本大计,健全培养选拔优秀年轻干部常态化工作机制,把到基层和艰苦地区锻炼成长作为年轻干部培养的重要途径。重视女干部培养选拔工作，发挥女干部重要作用。重视培养和用好少数民族干部，统筹做好党外干部工作。党提倡：要坚持严管和厚爱相结合，加强对干部全方位管理和经常性监督，落实"三个区分开来"，激励干部敢于担当、积极作为。要把干部在推进改革中因缺乏经验、先行先试出现的失误和错误，同明知故犯的违纪违法行为区分开来；把上级尚无明确限制的探索性试验中的失误和错误，同上级明令禁止后依然我行我素的违纪违法行为区分开来；把为推动发展的无意过失，同为谋取私利的违纪违法行为区分开来。要积极营造有利于干事创业的良好环境，敢于为担当者担当、为负责者负责、为干事者撑腰，善于发现、培养、使用敢担当善作为的干部，着力消除妨碍干部担当作为的各种因素，让愿担当、敢担当、善担当蔚然成风。同时国家正在大力发现储备年轻干部，注重在基层一线和困难艰苦的地方培养锻炼年轻干部，源源不断选拔使用经过实践考验的优秀年轻干部。青年，你准备好了吗？

机会从来是垂青有准备的人，青年人，积极准备起来！

五、中国的民生，青年的发展

党的十九大就明确提出我国社会主要矛盾的变化："中国特色社会主义进入新时代，我国社会主要矛盾已经转化为人民日益增长的美好生活需要和不平衡不充分的发展之间的矛盾。"明确提出："我们要在继续推动发展的基础上，着力解决好发展不平衡不充分问题，大力提升发展质量和效益，更好满足人民在经济、政治、文化、社会、生态等方面日益增长的需要，更好推动人的全面发展、社会全面进步。"

谁的不平衡不充分？谁的全面发展？更深的分析：这种不平衡不充分也反映在青年群体中，也落脚在青年全面发展上。

国家要发展，青年首先要发展。中国共产党把"以人民为中心"高高举起，决心解决人民的民生问题。同时也是表明了将青年全面发展高高举起，解决"青年民生"问题的重大决心。

江山就是人民，人民就是江山。中国共产党领导人民打江山、守江山，守的是人民的心。治国有常，利民为本。为民造福是立党为公、执政为民的本质要求。必须坚持在发展中保障和改善民生，鼓励共同奋斗创造美好生活，不断实现人民对美好生活的向往。我们要实现好、维护好、发展好最广大人民根本利益，紧紧抓住人民最关心最直接最现实的利益问题，坚持尽力而为、量力而行，深入群众、深入基层，采取更多惠民生、暖民心举措，着力解决好人民群众急难愁盼问题，健全基本公共服务体系，提高公共服务水平，增强均衡性和可及性，扎实推进共同富裕。在这个大背景下，也期待着党和政府在"青年民生"上有更大的作为，服务青年，赢得青年。从一些青年最关心的最实际的事情做起：如提供全方位公共就业服务，促进高校毕业生等青年群体、农民工多渠道就业创业。如加强社会心理服务体系建设，培育自尊自信、理性平和、积极向上的社会心态等。

不断完善的国家青年政策为青年健康发展提供了制度化的保障。青年发展领域包括十方面，有着一套系统的国家政策体系：打好基础方面是青年思想道德、青年教育、青年健康，满足需要方面是青年婚恋、青年就业创业、青年文化、青年社会融入与社会参与，解决问题方面是维护青少年合法权益、预防青少年犯罪、青年社会保障。在青年思想道德方面：要推进文化自信自强，铸就社会主义文化新辉煌。在青年教育方面：要办好人民满意的教育，深入实施人才强国战略。在青年健康方面：要推进健康中国建设，加强青少年体育工作。在青年婚恋方面：要加强家庭家教家风建设。在青年就业创业方面：要实施就业优先战略。在青年文化方面：要繁荣和发展文化事业和文化产业。在青年社会融入与社会参与方面：要加强人民当家作主制度保障，全面发展协商民主，积极发展基层民主，巩固和发展最广泛的爱国统一战线。在维护青少年合法权益方面：要完善社会治理体系。在预防青少年犯罪方面：要坚持全面依法治国，推进法治中国建设，完善社会治理体系。在青年社会保障方面：要健全社会保障体系。

全党要把青年工作作为战略性工作来抓，用党的科学理论武装青年，用党的初心使命感召青年，做青年朋友的知心人、青年工作的热心人、青年群众的引路人，青年民生的发展将得到大大的保障。

六、党有号召，团有行动

在党的领导下，精诚团结是中华民族无坚不摧的重要力量。中国形成了拥有14亿多人口而又精神上文化上高度团结统一的国家，这在世界上是独一无二的。中国连绵几千年发展至今的历史从未中断，形成了独具特色、博大精深的价值观念和文明体系，这在世界上是独一无二的。中国形成了适合我国实际、符合时代特点的中国特色社会主义并取得了巨大成功，这在世界上是独一无二的。中国形成了全心全意为人民服务、拥有近一亿名党员、紧密组织起来的中国共产党并在中国长期执政，这在世界上是独一无二的。我们一定要增强"四个自信"，继续把中华民族伟大复兴的事情办好，把弘扬中华文明的事情办好，把中国特色社会主义的事情办好，最根本的是要把中国共产党的事情办好。

作为党的助手和后备军，党有号召，团有行动。中国共产党带领中国走进新时代，中国共青团当与时代同行，与青年同行，进取创新，谋求更大的作为。

不断明确共青团组织的初心。为中华民族谋复兴，为中国人民谋幸福，这是党的初心。中国共青团的初心是什么？坚定不移跟党走，为党和人民奋斗，是共青团的初心使命，这是团发展中必须牢牢把握的出发点。

不断明确共青团改革的底气。党的十八大后，共青团开始改革。中国共产党在党的十九大报告中明确指出："五年来的成就是全方位的、开创性的，五年来的变革是深层次的、根本性的。五年来，我们党以巨大的政治勇气和强烈的责任担当，提出一系列新理念新思想新战略，出台一系列重大方针政策，推出一系列重大举措，推进一系列重大工作，解决了许多长期想解决而没有解决的难题，办成了许多过去想办而没有办成的大事，推动党和国家事业发生历史性变革。这些历史性变革，对党和国家事业发展具有重大而深远的影响。"中国共产党为什么这五年能作出如此巨大的成绩，这背后蕴含的道理是共青团组织发展及改革的底气，也是团改出发时必须牢记的初衷。

不断提升组织的创造力、凝聚力和战斗力。中国共产党提出："要不断增强党的政治领导力、思想引领力、群众组织力、社会号召力，确保我们党永葆旺盛生命力和强大战斗力。"团是党的助手和后备军，要思考在这"四力"特别是"群众组织力"中发挥什么作用。

不断创新自我。中国共产党提出：要"不断增强党自我净化、自我完善、自我革新、自我提高的能力，始终保持党同人民群众的血肉联系"。共青团在党的"自我工程"中到底发挥什么作用？实事求是，朝气蓬勃，不断创新，才能不断获得活力。

不断明确核心定位。中国共产党全国代表大会对共青团组织提出了明确要求："要增强群众工作本领，创新群众工作体制机制和方式方法，推动工会、共青团、妇联等群团组织增强政治性、先进性、群众性，发挥联系群众的桥梁纽带作用，组织动员广大人民群众坚定不移跟党走。"共青团应当不断咬定核心目标并不断务实推进。

不断赢得青年。中国共产党全国代表大会报告指出："党的一切工作必须以最广大人民根本利益为最高标准。我们要坚持把人民群众的小事当作自己的大事，从人民群众关心的事情做起，从让人民群众满意的事情做起，带领人民不断创造美好生活！"共青团要不断竭诚服务青年，与青年商量，大力推动协商民主，紧紧地把青年凝聚在党的周边。

总之，对政党来说，赢得青年，才能赢得未来。对青年来说，赢得时代，才能赢得幸福。未来的中国，在政党和青年的不断互动中将获得全面的发展！这就是新时代奏响的青春最强乐章！

第二章

学习团史　遵守团章

第四节

中国共青团的历史发展

开展共青团工作要更多地了解中国共青团的历史,如何看待中国共青团的历史?不同的理论有不同的分析视角。从政治学分析来说,中国共青团发展历史是中国共产党的政党青年组织的跟随史(跟随共产党)。从政治的利益本质来说,中国共青团的发展历史也是中国共产党追求的人民利益和政党青年组织所追求的青年利益的互动发展史。

本课将眼光跳出中国共青团历史中众多的事件而关注政党青年组织在利益的互动中所选择的组织策略,以此来对中国共青团的历史作一新的解读。我们采用文献分析的方法,主要研究青年团第一次全国代表大会(简称"团一大",后面团代会同)到团十九大主要文件特别是工作主报告,关注其中涉及"利益"的描述,从而分析这个政党青年组织不同时期的行动策略。之所以命名为策略,是因为所研究的每次团代会的政治纲领只是政党青年组织的思想方向,虽然基本和政党青年组织所采取的行动方向相合,但并不能简单对等于中国共青团组织发展的实际情况。

一、团一大到团五大——革命党的利益逻辑:青年利益的高扬

从团一大到团五大,共青团作为一个革命党、一个目标在夺取执政地位的政党的助手,具有很强的革命动员色彩,这一阶段主要的特点是不断强调青年利益从而获得青年对政党的支持。

中国共青团是 1922 年成立的(原中国社会主义青年团),团一大通过的《中国社会主义青年团纲领》中对共青团的宗旨任务作了具体的说明:"在中国,社会主义青年团是中国青年无产阶级的组织,即为完全解放无产阶级而奋斗的组织,换句话说,就是要建设一切生产工具收归公有和禁止不劳而食的初期共产主义社会。""中国社会主义青年团,一方面为改良青年工人、农人的生活状况而奋斗,并为青年妇女、青年学生的利益而奋斗;一方面养成青年革命的精神,使

其向为解放一般无产阶级而奋斗的路上走。"从团一大通过的《青年工人农人生活状况改良的议决案》《关于教育运动的议决案》等文件可以看到，利用对青年的实在利益的争取，从而赢得青年的拥护成为团的主要策略。这也为后来很长一段时间内的共青团工作奠定了基本的利益基调。

1923年，中国社会主义青年团第二次全国代表大会通过的《青年工人运动决议案》明确提出："我们对于青年工人运动在最近的将来，须用下列口号：力争全国工人的集会结社权！恢复全国被封工会！全国青年工人加入工会！拥护青年工人利益！"通过的《学生运动决议案》指出："学生运动所组织的特别团体应注意为学生的目前利益奋斗（如排斥坏教员，学生自治和改良学校不良制度等）。"通过的《青年妇女运动决议案》提出："务使女权运动普及于劳动青年妇女，提出关于无产青年女子的特别利益之要求；同时吸收其中有革命精神及活动能力的分子，做我们的同志。"通过的《教育及宣传决议案》更是明确指出："教育青年应以向他们宣传改良目前利益为起点（如青年工人、学徒之工作苦况；学生在学校的生活，他们所受的古典、机械和非政治的教育等），依次引导他们改造社会的思想，以至国民革命和共产主义的理论。"在这一阶段团组织通过引导团员和青年开展为青年特殊利益而斗争的方式，体现青年的特点，从而把更多的青年团结在反帝反封建的旗帜下，在推进中国革命发展的同时，壮大了青年团的组织。

1925年，中国社会主义青年团第三次全国代表大会强调青年群众要从经济斗争走向政治斗争。在《一般被压迫青年运动的决议案》中指出："中国C.Y.的工作，并不仅限于领导产业青年工人的经济奋斗，及做共产主义的宣传，并应在一般的被压迫的青年中，有宣传和组织的活动。"《中国共产主义青年团第三次全国大会宣言》中指出："我们中国共产主义青年团为中国无产阶级青年，以及一切被压迫的青年的利益，决定要努力扶植扩大无产阶级的势力，以从事中国的革命运动。"这样的口号提出大大地抓住了当时青年的注意力，并为中国共产党吸收了大批的支持力量。

1927年，中国共产主义青年团第四次全国代表大会在大会宣言中指出："大会审查目前青年生活情状，深知劳苦青年的本身利益，必须获得普遍的拥护与多量的改进！生活的痛苦促起劳苦青年投身于革命，生活的改进实更能加强其参加革命的勇气与决心！大会告诫全体团员，今后应努力唤起全社会对于青年利益的重视，同时积极参加工会农会工作，在所有的机会中经过工会农会，领导劳苦青年群众，为其自身的经济与政治的利益而奋斗。摧毁一切戕害青年生理与心理的旧制度习惯，扑灭一切直接间接危害革命的帝国主义文化和封建思想！被压迫的青年团结起来为本身的利益而奋斗、而革命!"

1928年,中国共产主义青年团第五次全国代表大会强调了团的工作青年化的方针。《政治任务决议案》指出本团目前的任务:"现时加紧团的青年工作,使团的工作青年化,具有重要的意义。共产青年团必须在拥护劳苦青年特殊利益(政治的、经济的、文化的)斗争中,成为他们真正的政治领导者。团为劳苦青年群众的特殊利益斗争,就是帮助党吸收广大的劳苦群众参加阶级斗争。大会提出青工利益的经济斗争与工会工作是团的目前基本任务。团的日常斗争,不论是青工部分的或一般利益的斗争,现时都含有特别重大的意义。每个工厂支部在青工的经济斗争与青工罢工运动中都必须起领导的作用。团如能进行自己的日常斗争,提出青年工人经济要求,进行青年工人部分利益的斗争,并使之与党及团宣传和一般经济与政治要求发生联系,则团可以增强自己在广大群众间的影响,而成为青年工人的真正政治领导者。"明确地分析了服务青年特殊利益和成为青年领导者之间的内在逻辑。

总之,这一段历史时期共青团的显著策略是不断强化青年利益,通过对青年利益最务实的争取去获得青年的认同,进而赢得他们对中国共产党的拥护,这是作为一个争取执政地位的政党的青年组织的不二选择。

二、团六大到团十大——执政后的革命逻辑:人民利益高于一切,青年利益走向从属

从团六大到团十大,共青团作为中华人民共和国执政党中国共产党的助手和后备军紧跟中国共产党参与了新中国的巩固和社会主义的建设,青年利益的满足成为服务于广大人民利益的手段。

1949年,新中国成立,共青团组织发展有了新的制度背景。1949年召开的中国新民主主义青年团第一次全国代表大会(共青团第六次全国代表大会)通过的团的工作纲领和团章规定:"中国新民主主义青年团是在中国共产党领导下,坚决地为民主主义彻底实现而斗争的先进青年的群众组织。"大会明确:"青年团的基本任务是团结和教育整个青年一代。"而在团六大召开之前《中国共产党中央委员会关于建立中国新民主主义青年团的决议》(1949年1月1日颁发)指出:"新民主主义青年团的基本任务,在于有系统地学习马克思列宁主义,从革命实践中不断地教育自己的团员和青年群众,同时应当以马克思列宁主义的精神组织广大青年群众积极地参加我党和人民民主政府所号召的各种运动。"关于人民利益和青年利益,该决议作出了明确的规定:"青年团应在最大多数人民的最

大利益的基础上，经常地注意和努力为青年群众的特殊利益与切身需要而服务，并在这种努力中逐步地引导广大青年群众去参加人民民主国家的军事的政治的经济的文化的各种建设工作，和国际青年的反帝国主义的民主和平运动。"这个时期，照顾青年特点最主要是为了思想引导的需要。

1953年，中国新民主主义青年团第二次全国代表大会（团七大）听取、讨论和通过了胡耀邦同志作的题为《团结全国青年在建设祖国伟大行列中奋勇前进》的报告。胡耀邦同志在团代会主报告总结过去的成绩时明确指出："我们能够获得上述的工作成绩，是由于我们动员全团并团结了广大青年为实现党和人民政府在各个时期提出的中心任务而奋斗。党和人民政府在各个时期对全体人民所提出的任务，代表着当时全体人民最大的利益，青年团必须为实现党和人民政府的中心任务奋斗，才能有力地团结和教育广大青年，发挥自己在各种工作中突击队的作用。当然，这不是说，青年团除参加中心工作外，就不需要在青年群众中进行青年所特殊需要的工作了。正是为了团结和教育青年更好地参加党和人民政府的工作，青年团应该充分注意青年的特殊要求，组织青年的学习和文化、娱乐、体育等各种活动，以及经常关心青年的生活和休息。""我们应该很好地进行团的教育工作，不断地以共产主义的精神、党的政策、人民政府的法令和做一个青年团员的全部条件去教育广大团员，提高广大团员的觉悟水平，以增强青年团的战斗力，使团员不但具有专门的业务技能和科学知识，而且养成优良的道德品质，善于把自己的个人利益服从国家的整体利益，善于把他们在不同工作岗位上所从事的日常工作与完成国家建设的伟大任务联系起来，并善于经过自己的日常工作去实现国家建设的伟大任务。"从这时起，个人利益服从国家利益成为利益观念的主流。

1957年召开的中国新民主主义青年团第三次全国代表大会（团八大）在总结过去四年来团的工作的基础上，根据新的形势，提出共青团今后工作的方针任务，即团结和教育全国青年，在党的领导下，为完成党的八大所提出的尽可能迅速地把我国建设成为一个伟大的社会主义国家这个历史任务而奋斗。胡耀邦同志代表中国新民主主义青年团第二届中央委员会向第三次全国代表大会作的报告《团结全国青年建设社会主义的新中国》中特别详细地论述了青年利益和人民利益的关系："青年团要善于代表和维护广大青年的利益。大家知道，青年是人民的一部分，人民的整体利益就是青年的最大利益和根本利益；离开了人民的整体利益，就谈不上什么青年的特殊利益。但是，青年又是整个人民当中的一个特殊的部分，有自己的特殊利益和特殊要求。合理地照顾青年的特殊利益，适当地满足青年的特殊要求，使青年更积极地参加社会主义建设，这也完全符合于人民的整体利益。正因为如此,在我们的国家里,青年利益和国家利益不是对立的,而是一致的。当然这不是说,青年的特殊利益和人民的整体利益之间不会发生某些矛盾。这是由于:一方面人们容易只看到了局部情况和自己切身的利益,有时就不免提出一些过高的、不符合整体情况和长远利益的要求;另一方面,有些地方也还存在着忽视青年的正当利益和切身要求的错误现象。"团代会同时指出:"青年团要名副其实地当好党的助手,要真正成为团结青年群众的核心,就既要教育青年服从人民的整体利益,又要在服从国家利益的前提下,努力代表青年的合理要求和正当利益。"

1964年,中国共产主义青年团第九次全国代表大会召开,此次大会深受极"左"思想的影响。胡耀邦同志在中国共产主义青年团第九次全国代表大会上的工作报告《为我国青年革命化而斗争》中指出:"无产阶级和资产阶级争夺青年的斗争,是社会主义时期阶级斗争的一个重要方面。无产阶级要求青年革命化,要求青年不但要接生产斗争之班,而且要接阶级斗争之班,粉碎资本主义复辟的一切可能性。"这一阶段,已不再提青年的利益问题。因为:"青年要确立无产阶级的坚定立场,就是要确立永远依靠工人阶级和贫农、下中农的思想,永远同他们结合在一起。青年只有坚决依靠工人阶级和贫农、下中农,坚决站在占人口百分之九十几的人民这一边,赤胆忠心地代表他们的利益,才能成为坚决的革命派。如果站在只占人口百分之几的少数人那一边,代表他们的利益,就会走上不革命和反对革命的道路。青年正确地解决了站在哪一边、依靠谁的问题,也就是解决了革命化的根本问题。"在这次团代会上,雷锋成为处理利益问题的最高典范。处处为人民利益着想,个人服从于集体,一切服从于革命的需要成为最高价值观。

1978年10月16日,韩英同志在共青团第十次全国代表大会上作了题为《为伟大的新长征贡献青春》的工作报告。从团十大报告中可以看到,当时共青团的职能主要体现在团结、教育、引导和组织青年上。报告中谈到了要满足青年的需要和关照青年的利益问题。关于"照顾青年特点,全面关心青年成长"的问题,指出:"党中央在建团时就规定:'青年团应在最大多数人民的最大利益的基础上,经常地注意和努力为青年群众的特殊利益与切身需要而服务。'团的干部要想青年所想,急青年所急。"可以看到对青年的需要的满足和利益的服务需要建立在全国最大多数人民的最大利益的基础之上,是有其前提条件的。这种对利益的关照有极强的集体本位,应该说这和1978年的国家环境有关。此次团代会召开后,中国共产党第十一届中央委员会第三次全体会议于1978年12月18—22日在北京举行。全会的中心议题是讨论把全党的工作重点转移到社会主义现代化建设上来。此次会议开启了中国历史上的新纪元。

总之，这一段历史时期共青团的显著策略是不断强化最大多数人民的最大利益，对青年利益的争取也从属于该利益的要求，是手段层面而非目的层面，具有典型的动员型政治的特点。

三、团十一大到团十九大——执政后的执政逻辑：人民利益的分解，青年利益的凸显

从团十一大到团十九大，中国共产主义青年团跟随中国共产党在改革开放中发展，随着经济的飞速发展、社会的多元分化，作为执政党的中国共产党不得不面对多元利益群体的发展并完善其利益关照体系，青年利益也逐渐凸显，对其利益关照重新提起。

1982年12月20日，王兆国同志在中国共产主义青年团第十一次全国代表大会上作了题为《团结全国各族青年，向社会主义现代化的光辉前程进军！》的工作报告。共青团的总体目标主要定位于团结和教育青年上。对青年关照的集体本位依然是需要强调的。"广大团的干部在维护党和人民利益的同时，尽力为青年办好事、办实事，在青年的劳动就业、自学成才、业余活动、婚姻恋爱、婚事新办等方面，做了许多有益的工作。""团结青年就要爱护青年，要在维护国家和人民根本利益的基础上，经常地注意和努力为青年的特殊利益服务。团的干部应该走到青年中去，关心青年的就业、自学、婚姻、娱乐、休息等实际问题，按照党的政策和国家法律，尽力地为青年多办好事，多办实事。同时要看到青年单纯、幼稚，缺乏社会经验和生活经验，容易上当受骗甚至误入歧途。我们有责任对青年加强生活指导，帮助他们正确处理个人和社会生活中各种现实的、具体的矛盾。"

值得注意的是，团十一大报告中首次提出了共青团要关注青年的权益问题。"团的组织还要按照宪法的规定，保障青年的合法权益。对于压制青年的正当权利、损害青年的身心健康、扼杀青年的创造精神和对青年进行打击报复等现象，团组织要旗帜鲜明地加以反对。对于干涉青年的婚姻自由，歧视、虐待和摧残女青年等行为，团组织要敢于伸张正义，进行斗争。要反对封建主义余毒对青年的束缚。同时，也要教育青年正确使用宪法规定的民主权利，采用正当手段反对社会上的不良现象。"

1988年5月4日，宋德福同志在中国共产主义青年团第十二次全国代表大会上作了题为《在建设有中国特色社会主义的伟大事业中继往开来艰苦奋斗》的

工作报告。团十二大有着极强的问题意识和改革的决心，同时也有了较为系统的改革思路，而其核心和代表青年利益、积极参与社会政治生活有着紧密联系。走到1988年，传统共青团工作的问题已显得非常突出。代表和维护青年利益被更突出地提出来。报告中指出："必须代表和维护青年利益。在维护全国人民总体利益的同时，代表和维护青年的具体利益，是共青团的重要社会职能之一。只有表达青年的意愿，才能紧密联系青年群众；只有真正代表青年的利益，才能赢得青年的信任。因此，我们的工作必须适应青年的特点，满足青年的合理需求，维护青年的正当权益，动员和协调社会各方面的力量，为青年的全面发展创造良好环境。这样，才能使青年真正把共青团当成自己的组织，自觉地团结在团组织周围。"和前几次团代会相比，都是在提高维护全国人民总体利益的同时，代表和维护青年的具体利益，但在维护青年利益上，无论是在文字的篇幅上还是在语气的强调上，维护青年具体利益日益重要。可以看到"真正赢得青年信任"已成为共青团组织发展首要的问题，这次改革思路说明青年对共青团出现了信任危机，共青团本身出现了动员危机。传统的动员式参与已受到严重挑战。

1993年5月3日，李克强同志在共青团第十三次全国代表大会上作了题为《高举建设有中国特色社会主义的伟大旗帜，团结带领各族青年为加快改革开放和现代化建设而奋斗》报告。在团十三大上，服务青年的问题得到了强化。报告中指出："要坚持正确代表和维护青年的具体利益，共青团作为先进青年的群众组织，要在坚决维护全国人民总体利益的同时，正确代表和维护青年的具体利益，密切联系青年群众，切实为青年服务。"在这个理念下，共青团的职能紧紧围绕着三大部分的内容，即教育、带领和服务青年。

服务青年有什么样的内涵呢？报告中指出："为青年健康成长提供有效服务，是共青团帮助青年担负历史责任的迫切需要，也是团的改革的重要内容。社会主义市场经济的发展，必将引起青年成长环境的变化，使青年产生新的需求。青年利益的发展变化，在一定程度上反映了时代的进步。共青团要切实为青年服务，努力增强团组织在团员青年中的吸引力和凝聚力，更好地调动和保护广大青年投身改革开放和现代化建设的积极性。"

1998年6月19日，周强同志在共青团第十四次全国代表大会上作了题为《在邓小平理论指引下团结带领各族青年为实现党的跨世纪宏伟目标而奋斗》的报告。团十四大提出的共青团组织主要在四方面发挥作用。共青团带领青年参与社会主义民主政治建设和服务青年具体需要已成为共青团的核心工作。相比较而言，共青团十四大在服务青年上有所强化。如在对过去共青团工作的总结体会中，报告中明确写道："必须为青年成长成才提供有效的服务。为青年服务，是党的全心全意为人民服务宗旨在团的工作中的重要体现,也是由团的性质所决定的。服务青年要抓住根本,把培养'四有'新人作为出发点和立足点。要关心青年的思想,了解青年的愿望,贴近青年的实际,千方百计地为青年成长成才解决实际问题,在服务青年中使团组织真正成为青年的贴心人。"

在加强共青团的建设中,强调了在服务青年中增强团组织的吸引力和影响力。报告中指出:"共青团是先进青年的群众组织,增强对青年的吸引力和影响力,是加强团的建设的基础环节。只有竭诚为青年服务,团组织才能更广泛地联系吸引青年,团结影响青年,团组织的建设与发展才能获得稳固的群众基础。在发展社会主义市场经济条件下,面对青年利益需求的日趋丰富和多样,尤其需要加大服务青年的工作力度,把为青年服务作为加强团的建设的突破口,以服务促建设,以服务求活跃,不断增强团组织的吸引力和影响力。团组织为青年服务,必须根据青年学习、就业、工作、生活、维权等多方面具体需求,尽心竭力为青年办实事。"

2003年7月22日,周强同志在中国共产主义青年团第十五次全国代表大会上作了题为《在"三个代表"重要思想指引下团结带领广大青年为全面建设小康社会而努力奋斗》的报告。团十五大的一个显著的特点是将服务青年提到了决定全团发展的核心战略地位。在总结过去五年的工作成绩时,指出过去五年,团组织"着眼于青少年成长发展的多样化需求,提供了切实有效的服务"。现在,服务青年已成为全团高度认同的重要理念,成为推进团的工作的重要着力点。报告回顾近年来的工作实践,进一步认识到,做好新形势下的青年工作必须始终坚持以下基本经验。其中第五条明确指出:"坚持把竭诚服务青年作为全部工作的出发点和落脚点,不断巩固党的青年群众基础。要把服务青年贯穿于工作的全过程,在维护全国人民总体利益的同时,切实维护好青年的具体利益,帮助青年解决学习、工作、生活中的实际困难,真正把广大青年团结凝聚在党和政府的周围,把他们的积极性和创造性保护好、引导好、发挥好。"将服务青年上升到全部工作的出发点和落脚点,这是一个崭新的提法。(同年,团章也作了相应的修改)

同时,团代会报告中在第四部分以"竭诚为青年成长发展服务"为题将服务单写了一部分,足以说明团代会对服务青年问题已有极大的重视。报告中第一次提出共青团组织要协助政府做好青年事务的概念。指出增强服务能力的问题。要"强化服务工作与青年的互动,在服务内容上尊重青年的选择,在服务过程中关注青年的感受,在服务效果上注重青年的评价,从整体上提高服务青年的能力"。

2008年6月10日，陆昊同志在中国共产主义青年团第十六次全国代表大会上作了题为《高举中国特色社会主义伟大旗帜，团结带领广大青年为夺取全面建设小康社会新胜利而奋斗》的报告。团十六大从分析新时期共青团的根本职责入手，强调要从吸引和凝聚青年的角度出发，做好组织、引导、服务青年和维护青少年合法权益的作用，丰富了传统的共青团对职能的描述。团十六大在服务青年领域特别强调了要找准工作切入点问题。"当代青年成长发展的环境发生了深刻变化，青年的需求更加广泛、具体。要全面把握青年身心健康、个人成长、事业发展、社会参与和权利表达的不同需求，深入研究政府、市场和社会组织服务青年的总体供给机制，找准共青团的工作切入点，实施工作项目，把服务青年的工作进一步做深做实。"明确指出要重点服务迫切需求，优先服务困难群众，努力增强服务能力。

值得注意的是，继团十五大拿出单章写服务青年的问题之后，团十六大又拿出单章写"代表和维护好青少年的合法权益"，对该领域的工作作了详细的描述。"共青团作为党领导的先进青年的群众组织，作为党和政府联系青年的桥梁和纽带，必须在维护全国人民总体利益的同时，代表和维护好青少年的具体利益。在社会主义民主法治建设不断推进、青少年权益意识明显增强的形势下，各级团组织要深入实施青少年维权工程，继续坚持法制化、规范化，更好地代表和维护青少年合法权益。"

2013年6月17日，秦宜智同志在中国共产主义青年团第十七次全国代表大会上作了题为《高举团旗跟党走 奋力实现中国梦》的报告，强调要"竭力帮助青年成长发展"，指出：随着经济社会快速发展，当代青年的追求和梦想更加丰富多彩，需求和利益更加广泛具体，成长和发展需要更多的支持与帮助。共青团只有竭诚服务青年、切实维护青少年合法权益，努力为青年"圆梦"创造条件，才能更好地团结凝聚广大青年。

2018年6月26日，贺军科同志在中国共产主义青年团第十八次全国代表大会上作了题为《高举习近平新时代中国特色社会主义思想伟大旗帜 奋力谱写决胜全面建设小康社会全面建设社会主义现代化国家的壮丽青春篇章》的报告，在"大力促进青年发展"这一章中提出了突出维护青少年发展权的问题。指出：党中央、国务院已经对青年发展作出规划，推动规划落实见效是服务青年成长、维护青少年合法权益的根本抓手。共青团要着眼不断巩固和扩大党执政的青年群众基础，发挥好党联系青年的桥梁纽带作用，坚持服务青年这一工作生命线，突出维护青少年发展权这一重要职能，抓好规划的协调实施，把广大青年群众更加紧密地团结在党的周围。

2023年6月19日,阿东同志在中国共产主义青年团第十九次全国代表大会上作了题为《在习近平新时代中国特色社会主义思想指引下动员引领广大青年为全面建设社会主义现代化国家而团结奋斗》的报告,报告指出新时代共青团工作要遵守的准则,强调青年之于党和国家而言,最值得爱护、最值得期待,全党全社会都要关心青年成长、支持青年发展,让他们感受到关爱就在身边、关怀就在眼前;要求共青团紧扣服务青年的工作生命线,做广大青年信得过、靠得住、离不开的贴心人,既把青年的温度如实告诉党,也把党的温暖充分传递给青年,竭诚服务青年成长发展。

报告强化了服务青年的功能。共青团作为党联系青年的桥梁纽带,必须大兴调查研究,充分依托党赋予的资源和渠道,深入了解青年所思所盼,在青年急难愁盼处、遇到困难时提供实实在在的帮助,用竭诚服务的暖心为党赢得广大青年的人心。紧扣服务青年的工作生命线,以实施中长期青年发展规划为统揽,以维护青年普遍性发展权益为重点,始终立足最大多数的普通青年,既加强政策推动,又扩大社会动员,尽心竭力促进青年全面发展,更好履行巩固和扩大党执政的青年群众基础这一政治责任。要统筹协调实施青年发展规划,千方百计为青年办实事、解难事,切实维护青少年合法权益。

可以看到团十六大后到团十九大,共青团越来越强调青年利益,特别是团十八大提出了青少年发展权的问题,提出只有青年有获得感,共青团才有存在感。总之,这一段历史时期团的显著策略是越来越关注青年利益的特殊性,并不断地将它推向工作的重要位置。服务青年和维护青年合法权益已作为目标提出而不是手段。"革命性"的目标已逐渐让位于"切实利益服务"的目标。

四、历史的结论

从1922年到今天,中国共产主义青年团紧跟着中国共产党的步伐在夺取政权、开展建设、走向改革开放中发挥了助手和后备军的作用。从政党的宏观方位来看,它经历了从一个夺取政权的革命党助手和后备军转向同样具有革命性的执政党的助手和后备军的变化。从人民利益和青年利益互动来看,它经历了强化青年利益——强化人民利益——再次凸显青年利益的一种螺旋上升,走向回归的变化。需要探讨的是在新中国成立之后,已经执政的中国共产党采取革命党的逻辑,高扬人民利益。作为政党的青年组织在很多方面并没有选择的自由,但通过历史螺旋式上升的变化历程,政党和政党青年组织都能够进一步深刻认识它们之间应该建立的一种利益互动关系和采取的利益策略。

从团代会报告看，似乎不同阶段的共青团组织的职能都在不停地变化，说法很多，实质上这种变化也在表明共青团工作一直在实践中去完成不变的核心角色，即体现党的利益和青年利益的双重要求，而在不同的历史时期，这种利益的格局并不相同。在夺取政权的年代，政党青年组织为青年利益的争取就是党的最大利益。而在执政初期，服务全国人民的利益就是青年的最大利益；而在执政利益分化时代，服务青年的利益恰恰是党在青年群众基础上的最大利益。按照这种观点，我们就能够理解当前共青团组织将组织、引导、服务（维权）当作重要的职能的深刻内因。笔者看来，前两者和过去的团结教育职能并没有多大的变化，而后两者所发生的变化，却代表了时代发展的方向。随着社会政治、经济、文化的发展，国家的稳定，社会利益的分化，满足不同群体和个人的利益需要成为政治中需要构建的新的格局，在青年利益凸显后，必须"以走进青年为根本"来开展共青团工作方能发挥其作用，在这个过程中个体利益和不同青年群体利益得到了强化。

当前，共青团组织目前面临的最大挑战在于能否去观照这种利益的宏观变化。形势的发展要求共青团组织深入研究青年需要、青年利益与执政党意识形态的关系。青年利益是处于社会关系中的青年的需要。在今天，青年利益环境有了更为复杂的局面。因此政党青年组织要学会分析利益格局，顺势而为，凝聚吸引青年。

第五节

五四运动及其现实意义

年年都纪念五四，纪念的重心是什么？对于五四这个事件的青年启示，应该包括三个视角、六个维度，理解了这九方面，我们就会对五四有更深的认识。

一、五四运动的三个视角

五四运动是什么？

第一个视角：它是一个"事件"。1919年，爱国学生走上街头，云集天安门，火烧赵家楼，是学生运动和新文化运动的非常重要的事件，是一段让人难以忘怀的历史。这样的历史、这样的事件是以拒绝签约、挽救山东危亡而始，最后达到预期的目标而结束的，这是1919年在中国发生的非常重大的事件，这个视角很重要，但是我们仅仅将五四运动理解为一个事件就太简单了。

第二个视角，就是"国耻"，这个词非常关键。为什么那个时候会爆发这样的一场运动？为什么3000名学生在北京参加的游行能够波及全国？我觉得在那个时候中国人的心中萦绕着一种浓浓的国耻感，而北大学生点燃了这种情绪。它是怎样的国耻？到了鸦片战争之后，我们国力衰败，过去的东方大国被列强欺凌，很多仁人志士寻找中国振兴的道路，整个民族被一种情绪压抑着，而在1919年，被巴黎和会这个事件所激化。在纪念五四运动的过程中想想"国耻"，这个很重要，在中国历史上有一些国耻一定要记在民众心中，化作奋起的行动，一定要牢记落后就要挨打、软弱就会亡国的血的教训。1919年，当时的北京学界宣言：中国的土地可以征服，但不可以被断送；中国的人民可以杀戮，但不可以低头。"同胞们要起来，我们要亡国了！"表达了中华民族的伟大精神，也就是这样一种精神让中华民族屹立于世界之林，因此不忘国耻才能发展未来。

第三个视角，就是启蒙。启封建之蒙，中国这么多年处于封建社会中，需要开启一种新的反封建文化。在五四运动中加入了反帝的文化，"爱国、进步"针对的是反帝，"民主、科学"针对的是反封建。在21世纪，反帝可以说阶段性地结束了，但是反封建依然还有很漫长的道路。在研究五四运动和新文化运动之间的关系问题上，大部分学者认为新文化运动的先锋是五四运动，所以不要小看这个运动，它是新文化运动发展到很关键的时期所爆发的一个非常重要的事件。在这个启蒙上中国还需要很长时间，当今的中国仍然走在追求"民主、科学"的道路上，还需要大家努力。

二、五四运动的六个维度

但是，做青年工作的人不能光从这三个视角去理解这个运动。从研究青年的角度思考五四运动，应该还有六个维度需要把握。

第一个词是"青年"，第二个词是"青年思想"，第三个词是"青年导师"，第四个词是"青年组织"，第五个词是"青年领袖"，第六个词是"青年力量"。无论这个事件过去多少年，这六个词仍然是我们所寻找的规律，对指导青年工作有莫大的帮助。

第一个词是"青年"。这个词很重要，过去的中国没有"青年"这个词，中国出现"青年"这个词是在鸦片战争之后，但真正把青年当成一种现象，是从1905年中国废除了科举制度，那个时候很多青年人不知道该干什么，因为他们已经不能通过科举制度走上升官发财的道路。当时突然发现周边有了西式的学堂，有了很多留学生，包括中国共产党的第一代缔造者。这个时候的青年人，改变了跟着父母，在私塾里读书的面貌，有了更多的同学，成群结队和集体生活成为这个时代的青年现象，一种特有的权力在发展。在这个时候"青年"就突出出来了，因为成群结队和集体生活的群体有着特殊的意义。我们研究"青年"的概念，特别是世界上"青年"的概念是从大生产的过程中产生的，而在中国青年是由学生、工人游行而产生的，所以大家看五四运动和青年的成群结队有关系，这就是独特的青年现象。

第二个词是"青年思想"。那个时候很多青年很困惑，五四运动的一些青年已经很觉醒了，但当时大部分中国青年都是很迷茫的，他们看到国家最惨的一面，但是根本不知道国家该往哪里走，新文化运动的爆发提倡民主科学，包括《新青年》等杂志，包括新文艺对社会的广泛影响，包括白话文对社会的广泛影响，使得青年从各种各样的渠道了解了国家发展的道路。首先是西方资本主义的东西，他们认为要师夷长技以制夷，开始粉碎一些传统的教条，偶像的权威开始被怀疑，他们也同时看到俄国革命的胜利，共产主义的思想来到中国，一开始这些思想杂糅在一起，他们并不知道中国该走哪条路，在那个时代由于有新文化运动，青年人比那个时代的老年人更加先进，接受了先进的思想。如果我们从文化的角度思考，青年开始影响落后的文化，这是一个非常典型的表现，那个时候年轻人比父母先进很多。这是五四运动爆发的重要背景。假如历史能够再现，我不知道那个时候的父母如何看待孩子冲上北京的街头，部分父母也许是不理解、不赞成的。这是很重要的一个关键词——"青年思想"。

第三个词是"青年导师"。青年的思想是怎么产生的？我们不能忘记铭刻在五四运动中的几个非常有影响的名字。李大钊，是中国共产党的缔造者之一，他号召青年"人人奋青春之元气，发新中华青春中应发之曙光"，在新文化纪念馆可以看到很多李大钊的照片，里面很多是李大钊指导学生社团的照片，他被北京大学学生称为青年导师，他在那里传播进步理想，让青年感到非常振奋。我们不能忘记陈独秀，他在《敬告青年》中讲："青年要自主的而非奴隶的，进步的而非保守的，进取的而非退隐的，世界的而非锁国的，实利的而非虚文的，科学的而非想象的。"他说要培养一代"意志顽狠，善斗不屈，体魄强健，力抗自然，信赖本能，不依他人为活，顺性率真，不饰伪自文"的新国民。我们不能忘记蔡元培，他的兼容并包、自由主义的思想影响北大的一代学生，更不能忘记在五四期间蔡元培对学生的支持。我们也不能忘记伟大的文学家鲁迅，他的作品既让人看到社会的黑暗面，也给人以信心，把知识、信念、信仰结合起来，鼓舞一代年轻人，当然还有胡适等学者。这些人当时也都40多岁，他们被人们尊称为"青年导师"。我觉得五四运动的爆发和这些人的出现有很大关系，他们将思想融合到学生运动当中，最大限度地发挥了老师带领学生改变社会的作用。

第四个关键词是"青年组织"。在五四运动中出现了很多青年组织，比如，"少年中国学会""工学会""新民学会""学生救国会""新潮社""平民教育讲演团"，等等。当时的运动除了游行之外，这些组织里的青年人还做了一些很有意义的事情，发展、组织、成长了一批青年领袖，他们后来也成为政党的领导人。比如，"平民教育讲演团"的邓中夏，他率领为数不多的人在北京宣传革命主张，采取各种方式让群众接受，他们在街头、在学校、在企业，宣传他们的主张，产生很大的影响，当年的青年组织非常活跃，不亚于青年的环境，这都是不同时代的共同青年气息。

第五个就是"青年领袖"。五四时期的"青年导师"就40多岁，当时五四运动最重要主体——领导街头游行的人是多少岁呢？罗家伦是23岁，邓中夏25岁，傅斯年25岁，张太雷21岁，周恩来25岁，毛泽东25岁，他当时在湖南组织革命运动，也经常在北京这里，后来写下了很多回忆录。他说，当时在北京，博览群书，终于接触了俄国革命，认为共产主义是解救中国唯一的道路，并一再强调，中国人要根据中国实际，不要盲目跟西方学。这些青年领袖后来成为中国共产党的缔造者，他们的丰功伟绩后来留在了历史上。虽然当时大多才20多岁，但心中有理想，敢行动，是有理想、有理想主义的一群人，在那个时代产生了影响，他们改变了中国。这在过去的封建制度里，无论如何是不可想象的。

　　最后一个词就是"青年力量"。由青年组织和青年领袖在青年导师的影响下，在新文化运动的背景中所鼓起的青年力量爆发在五四运动中。实际上在北京游行的只有3000多名青年学生，但由北大发起，影响到13所大学，进而由北京向全国大学蔓延，之后又影响到全国，上海举行了"三罢运动"——"罢工、罢课、罢市"，进而影响了全体国民。学生不仅仅点燃了赵家楼，更点燃了全民族的情绪，为什么当时的青年能够产生这样的力量？因为青年创新的精神与大无畏的精神激发全民族考虑共同的话题，这才是青年人发挥力量的关键所在。还有一些这样的事件应该被记住，比如，三个在巴黎和会的官员曹汝霖、章宗祥、陆宗舆。陆宗舆是浙江人，他老乡还给他立了一块碑，说他是卖国贼。他被解除职务后，家乡万人开会，要罢免他的乡籍，这是一个重要的民族情绪，就是青年激发的。还有在巴黎和会上，我们外交官得知中国爆发了五四运动之后，还在犹豫到底签不签约的时候，有很多的华侨聚集在门口，甚至带着枪冲进门里说："你们要是签，就不要走出这个房间。"外交官每天战战兢兢，终于没有签，这是鸦片战争以来，中国第一次在这种协议上没有签字，五四运动由青年的力量引发进而动员起全国的力量。

三、发扬五四精神，继续开创未来

　　跨越历史，纪念五四运动，这六个维度仍然非常重要。五四运动让我们看到了一个辩证关系。一方面就是时代造就了青年。比如，"青年"概念的出现是因为我们的社会出现了变化；比如，青年的思想受新文化的影响，是因为李大钊、陈独秀写的这些文章；比如，青年导师影响了这些青年学生，时代造就了青年。另一方面，青年也创造了时代。在这样一个时代造就青年基础上，有我们青年领袖领导青年组织产生的青年力量在五四时期爆发了，从而推动了我们社会的发展。今天的中国依然如此，比如，今天要完成中华民族的伟大复兴的目标，类似于当年五四期间爱国、强国的目标，也需要立足于青年的特点，激发我们的青年组织、青年领袖，进而产生强大的青年力量，这种力量发源于爱国，而且要走在中国特色社会主义道路上。这种青年力量还需要摸索其途径，需要青年从学理论到深入基层，接触群众。习近平总书记提出的中国梦足以激励每一个人。中国梦是我们的，也是我们的孩子的，因为中国梦是激励两代人幸福生活的关键所在，我们可以从五四运动中得到这些启发，指导我们的青年工作。

在往前追逐中国梦的过程中，我们也要更加积极地思考：毛泽东同志在总结五四运动的时候，指出五四运动也有不足，这种不足是青年和群众接触不太够，这就是青年的一个努力方向。我们也应该认识到在这样一个充满传统和迷信的文明古国中实现"民主"和"科学"，绝不是一天两天。青年当持续努力！

五四运动的青年想法也许比较简单，他们认为可以通过走上街头实现"民主"和"科学"，现在看来可能还需要有更长的过程。我们理解中国梦的目标，就是沿着五四精神的强国梦，还要看到我们国家的一个文化背景，当前的中国人和下一代，很多代青年都需要在"民主"和"科学"的道路上踏踏实实地前行。

革命尚未成功，同志仍需努力。1919年的历史印象是青春的热血和激情，今天的青年仍然需要拥抱这激情燃烧的岁月，在理想主义的大旗下建立新的历史功勋！

第六节

学习贯彻团章，建设新时代更加强大的共青团①

共青团一路走来发展的经验告诉我们，要建设更加强大的共青团，就要从制度方面解决问题。团章是团的最根本制度和最高行为规范，规定、引导着制度建设的方向，决定着制度建设的具体内容。每一位团干部都要学习团章、熟悉团章，遵守团章。

一、增强团章意识、推动组织发展

学习贯彻团章，最根本的是强化团章意识、强化制度意识。

中国共青团是中国共产党的助手和后备军，团章是中国共产党制度建设重要组成。党的十九大报告明确指出：全党要尊崇党章，严格执行新形势下党内政治生活若干准则，增强党内生活的政治性、时代性、原则性和战斗性。2012年11月16日，习近平总书记发表署名文章《认真学习党章，严格遵守党章》中指出：各级领导干部要把学习党章作为必修课，走上新的领导岗位的同志要把学习党章作为第一课，带头遵守党章各项规定。凡是党章规定党员必须做到的，领导干部要首先做到；凡是党章规定党员不能做的，领导干部要带头不做。2016年2月，中共中央办公厅印发了《关于在全体党员中开展"学党章党规、学系列讲话，做合格党员"学习教育方案》，即"两学一做"学习教育内容。

党旗所指，团旗所向。本着从严治团的要求，认真学习团章、严格遵守团章，是加强团的建设的一项基础性经常性工作，也是全团同志的应尽义务和庄严责任。

团章对于共青团工作非常重要。团章是团的总章程，即团章是指导团内生活和开展团的工作的根本法则，集中体现党的理论指导和中国特色社会主义群团发展道路要求，规定了团的基本制度，对明确团的属性、推进团的工作、加强团的建设具有重要的宣示、规范和引领作用；团章也体现了党的意志，是团内制度体

---

① 此讲稿张琳老师参与写作。

系派生的根本点；全面学习贯彻新团章，对于新时代建设更加强大的共青团有重大意义。

学习党章党规是做一名合格党员的必要条件，那么对团员，或者专兼挂职的团干部来说，学好团章就是做好自己本职工作的第一步，是成为一名合格团员和一个合格团干部的必要条件。深入学习贯彻团章，是确保全团不忘初心跟党走的必然要求，是加强团的建设的一项经常性基础性工作。要以每次团章修正案通过为契机，唤醒团章意识，掀起学习团章、贯彻团章的热潮。

二、团章的历史发展及启示

团从诞生之日起就重视团章的制定、修改和完善。所以，从共青团早期临时章程到共青团历次章程，团章见证了共青团的成长与发展。团章的修改与团代会一般是同时进行的。从民主革命早期开始，团代会的召开和团章修改一般跟随党代会的步伐。改革开放之后，团代会的召开和团章修改一般五年一次。现行团章是1982年团十一大修改制定的。这么多年来，团章基本内容保持稳定。同时对照党章的修改，根据团的实践发展和理论创新，团十二大、十三大、十四大、十五大、十六大、十七大、十八大、十九大等都对团章作了不同程度的修改。改革开放以来，从团十一大通过现行团章开始，共青团学习贯彻党坚持和发展中国特色社会主义的成功经验，紧紧围绕党在不同阶段的部署要求，对照党章的修改，先后八次通过团的全国代表大会修改团章，及时把党的理论创新重大成果和团的实践发展经验体现到团章中，使团章在落实党的要求、推进团的事业、加强团的建设中发挥了重要指导作用。

1. 历届团章修订背景及内容

我们以历次团代会为脉络，简要梳理一下团章的发展过程。

（1）第一阶段：初创阶段（1922—1928）

通过时间	团章	届次	总体构架
1922.4.1	《中国社会主义青年团临时章程》	《先驱报》	7小节，2附则
1922.5.10	《中国社会主义青年团章程》	中国社会主义青年团第一次全国代表大会	9章、34条，决议案5则
1923.8.25	《中国社会主义青年团第一次修正章程》	第二次全国代表大会	6章、35条

(续表)

通过时间	团章	届次	总体构架
1925.1.30	《中国共产主义青年团第三次代表大会章程（中国共产主义青年团第二次修正章程）》	中国共产主义青年团第三次全国代表大会	6章、35条
1927.5	暂无全面修改章程史料	中国共产主义青年团第四次全国代表大会	
1928.7.16	《中国共产主义青年团章程》	中国共产主义青年团第五次全国代表大会	16章、63条

1922年到1928年，团章共有临时章程和团一大、二大、三大、五大章程五部章程。

在早期的团章中，基本回避了组织性质、指导思想、政治意向、斗争政策等一切政治倾向问题，仅制定了组织内部的一般规则，主要对团员、经费、会议、纪律、经费等进行规定。

在团章的总体构架中，也由于建团时间短、实践经验不足、思想不成熟以及政治形势等原因，一直没有设立"总则"部分。直到在莫斯科举行的五大上，通过的团章才有了第一章"中国共产主义青年团"，对团的性质和政治关系作了明确的规定，可以视为总则的雏形。

由于当时革命斗争及社会背景等原因，1928年后，我们的团组织又打散成地方性的组织，所以团也开始进入停滞期。

（2）第二阶段：巩固发展阶段（1949—1964）

通过时间	团章	届次	总体构架	主要变化
1949.4.17	《中国新民主主义青年团章程》	中国新民主主义青年团第一次全国代表大会	7章（含总则）、22条	明确由中国共产党领导
1953.6.30	《中国新民主主义青年团章程》	中国新民主主义青年团第二次全国代表大会	总则，9章、38条	明确青年团为党的助手和后备军，增加"中国少年先锋队组织"一章
1957.5.24	《中国共产主义青年团章程》	中国新民主主义青年团第三次全国代表大会	总则，8章、40条	团章名称变更

(续表)

通过时间	团章	届次	总体构架	主要变化
1964.6.29	《中国共产主义青年团章程》	中国共产主义青年团第九次全国代表大会	总则，8章、39条	明确马列主义、毛泽东思想为指导思想并写入总则部分

从 1928 年一直到 1946 年，团一直处于停滞期，直到 1946 年 8 月 26 日和 9 月 13 日，中共中央书记处两次召开了工作会议，专门讨论关于建立青年团的问题，决定要根据中国革命形势和任务建立一个统一的、全国性的青年组织。关于团章的修改完善也正式起步。

1949 年到 1964 年，团章共有新民主主义青年团一大、二大、三大和九大团章四部章程。从新民主主义青年团一大到九大团章的内容调整，与当时党所经历的中国社会主义道路的探索紧密相连。

（3）第三阶段：健全创新阶段（1978—2023）

通过时间	届次	总体构架	主要变化
1978.10.26	中国共产主义青年团第十次全国代表大会	总则，7章、25条	删除"团的经费"一章
1982.12.24	中国共产主义青年团第十一次全国代表大会	总则，8章、33条	增加"团的干部"一章，增写入团誓词
1988.5	中国共产主义青年团第十二次全国代表大会	总则，8章、35条	增加团歌、团员证部分
1993.5.10	中国共产主义青年团第十三次全国代表大会	总则，9章、38条	再次将"团的经费"纳入团章
1998.6.25	中国共产主义青年团第十四次全国代表大会	总则，9章、38条	首次明确邓小平理论为指导思想
2003.7.26	中国共产主义青年团第十五次全国代表大会	总则，9章、39条	首次明确"三个代表"重要思想为行动指南，增加关于团组织选拔优秀团员担任少先队辅导员的要求
2008.6.13	中国共产主义青年团第十六次全国代表大会	总则，9章、39条	将深入贯彻落实科学发展观纳入团的指导思想
2013.6.20	中国共产主义青年团第十七次全国代表大会	总则，9章、39条	将科学发展观写入指导思想

(续表)

通过时间	届次	总体构架	主要变化
2018.6.29	中国共产主义青年团第十八次全国代表大会	总则，10章、44条	将习近平新时代中国特色社会主义思想写入指导思想 团的纪律单列一章
2023.6.22	中国共产主义青年团第十九次全国代表大会	总则，十章、44条	将"党是最高政治领导力量"写入团章

由于"文化大革命"的原因，从1966年一直到1978年，共青团系统领导中断了12年，整个共青团系统的工作是全面停滞的。一直到被停办的中央团校恢复、《中国青年》杂志和《中国青年报》复刊、1978年团十大召开，共青团的工作才基本得以恢复。

1978年到2023年，团章共有团十大、团十一大、团十二大、团十三大、团十四大、团十五大、团十六大、团十七大、团十八大、团十九大10部章程，从十三大团章到现在，长达35年，其间开了七次团代会，每次团章都只是作了修订，未作大的调整。

2. 团十八大团章的修改

（1）修改背景

党的十八大以来，以习近平同志为主要代表的中国共产党人，顺应时代发展，从理论和实践结合上系统回答了新时代坚持和发展什么样的中国特色社会主义、怎样坚持和发展中国特色社会主义这个重大时代课题，创立了习近平新时代中国特色社会主义思想。

而党的十九大，高举中国特色社会主义伟大旗帜，作出中国特色社会主义进入了新时代、我国社会主要矛盾已经转化为人民日益增长的美好生活需要和不平衡不充分的发展之间的矛盾等重大论断，把习近平新时代中国特色社会主义思想确立为党必须长期坚持的指导思想，对决胜全面建成小康社会、开启全面建设社会主义现代化国家新征程作出了全面部署。

习近平总书记高度重视、亲切关怀青少年和共青团工作，站在党的事业薪火相传的战略高度，领导和部署包括共青团在内的党的群团改革，提出了中国特色社会主义群团发展道路；关心和指导新中国历史上第一个青年发展规划的制订出台，对青年工作提出了一系列富有创见的新思想新观点新论断。

在习近平新时代中国特色社会主义思想的指引下，共青团贯彻落实习近平总书记关于青年工作的重要思想，切实保持和增强政治性、先进性、群众性，团的工作和改革取得了新进展。与时俱进地对团章进行修改，有利于团章更好地指导团的工作实践和建设发展。

2018年，全面贯彻党的十九大精神的开局之年，改革开放的第40个年头。经党中央同意，团十八大定于2018年6月下旬在京召开。"建议根据形势和任务的变化，在团十八大上对团章作适当修改……"在团中央对团十八大报告起草、团章修改工作广泛征求意向期间，许多不同地区、不同领域的团组织和团员团干部向团中央提出建议。经认真研究，并请示党中央同意，团中央作出了对团章进行适当修改的决定。党中央高度重视团章修改工作。这次团章修改工作牢牢坚持党的领导，集中全团智慧。

（2）修改原则

坚持以马克思列宁主义、毛泽东思想、邓小平理论、"三个代表"重要思想、科学发展观、习近平新时代中国特色社会主义思想为指导，深入贯彻党的十九大精神，充分体现宪法和党章修改的重要精神，把党的十九大确立的重大理论观点和重大战略思想、党的十八大以来党中央对青少年和共青团工作的重要要求写入团章；坚持发扬团内民主，集中全团智慧，把广大团员青年有普遍要求且实践证明是成熟的内容写入团章；保持团章总体稳定，只作适当修改，可改可不改的不改。

（3）修改大纲

将习近平新时代中国特色社会主义思想同马克思列宁主义、毛泽东思想、邓小平理论、"三个代表"重要思想、科学发展观一道确立为团的行动指南；将坚持党的领导，牢固树立政治意识、大局意识、核心意识、看齐意识，坚决维护习近平总书记党中央的核心、全党的核心地位，坚决维护以习近平同志为核心的党中央权威和集中统一领导写入团章；将党的十八大以来习近平总书记关于青年工作的思想写入团章；将坚持共青团改革的根本遵循，将改革攻坚的重要导向、重大举措和新鲜经验写入团章；贯彻全面从严治党要求，将推进从严治团的时代要求写入团章。

（4）修改意义

这次团章修改工作充分体现了党中央对青少年和共青团工作的高度重视，是共青团牢牢坚持党的领导、发扬团内民主、集中全团智慧、凝聚全团共识的一次生动实践。

修改团章，是学习贯彻习近平新时代中国特色社会主义思想，学习贯彻党的十九大精神的需要；是牢固树立政治意识、大局意识、核心意识、看齐意识，坚决维护习近平总书记党中央的核心、全党的核心地位，坚决维护以习近平同志为核心的党中央权威和集中统一领导的需要；是团的工作贯彻党在新的历史起点上新目标、新政策、新举措、新部署的需要；是推进团的改革，建设更加充满活力更加坚强有力的共青团的需要。

3. 团十九大团章的修改

（1）修改背景

在以习近平同志为核心的党中央高度重视、亲切关怀下，在习近平新时代中国特色社会主义思想指引下，共青团深入贯彻落实习近平总书记关于青年工作的重要思想，紧紧围绕保持和增强政治性、先进性、群众性，认真履行引领凝聚青年、组织动员青年、联系服务青年的职责，扎实推进深化改革，全面从严管团治团，各项工作取得了新进展、新成绩。与时俱进对团章进行必要修改，有利于团章更好地指导新时代共青团建设和工作。

（2）把深刻领悟"两个确立"的决定性意义写入团章

党确立习近平同志党中央的核心、全党的核心地位，确立习近平新时代中国特色社会主义思想的指导地位，是党在新时代取得的重大政治成果，反映了包括广大团员青年在内的全党全军全国各族人民共同心愿，对新时代党和国家事业发展、对推进中华民族伟大复兴历史进程具有决定性意义。大会决定，把深刻领悟"两个确立"的决定性意义写入团章。大会强调，全团要坚定不移用习近平新时代中国特色社会主义思想统一思想、统一意志、统一行动，坚定不移在思想上政治上行动上同以习近平同志为核心的党中央保持高度一致。

（3）强调党是最高政治领导力量

中国共产党领导是中国特色社会主义最本质的特征，是中国特色社会主义制度的最大优势，党是最高政治领导力量。没有中国共产党，就没有中国共青团。听党话、跟党走始终是共青团坚守的政治生命，是做好共青团工作的根本保证。大会决定，在团章中对共青团坚持党的全面领导有关内容进行充实。大会强调，共青团要始终坚持以党的旗帜为旗帜、以党的意志为意志、以党的使命为使命，把坚持党的领导深深融入血脉之中。

（4）强调投身中国式现代化建设的历史使命

党的二十大明确提出以中国式现代化全面推进中华民族伟大复兴，确定了新时代新征程党的中心任务。大会决定，按照党的要求在团章中充实新时代团的基本任务和发挥作用有关内容。大会强调，新时代共青团要增强引领力、组织力、服务力，团结带领广大青年为全面建成社会主义现代化强国、实现第二个百年奋斗目标，以中国式现代化全面推进中华民族伟大复兴贡献智慧和力量。

（5）发扬中国共青团百年经验

100多年来，在党的坚强领导下，共青团不忘初心、牢记使命，走在青年前列，组织引导一代又一代青年坚定信念、紧跟党走，为争取民族独立、人民解放和实现国家富强、人民幸福贡献了青春力量，积累了宝贵经验。大会决定，把团的初心使命和跟党奋斗宝贵经验写入团章。大会强调，共青团要坚守党的助手和后备军的政治定位，牢牢把握坚持党的领导的立身之本、坚守理想信念的政治之魂、投身民族复兴的奋进之力、扎根广大青年的活力之源，永葆中国青年运动先锋队的精神气质。

（6）强调坚持为党育人

共青团必须始终坚持为党育人。党的十九大以来，习近平总书记对新时代培养什么样的青年、怎样培养青年提出要求，强调要培养德智体美劳全面发展的社会主义建设者和接班人。大会决定，在团章中增写这一重要指示，增写弘扬以伟大建党精神为源头的中国共产党人精神谱系，国家安全教育，发扬斗争精神，增强斗争本领，调整完善开展党史、新中国史、改革开放史、社会主义发展史教育，增写党、团、队育人链条相衔接、相贯通等内容。作出这些充实，有利于共青团加强思想政治工作，引导广大青年增强做中国人的志气、骨气、底气，做有理想、敢担当、能吃苦、肯奋斗的新时代好青年。

（7）投身新发展格局

大会认为，共青团必须主动在大局下思考和行动。大会决定，根据党的二十大对统筹推进"五位一体"总体布局、协调推进"四个全面"战略布局提出的新理念新思想新战略，在团章中充实带领青年在经济社会发展中发挥生力军和突击队作用，发挥党联系青年的桥梁纽带作用，巩固和扩大青年爱国统一战线，扩大对外交往等方面相关内容。作出这些充实，有利于共青团立足中华民族伟大复兴战略全局和世界百年未有之大变局，更好围绕中心、服务大局。

（8）强化把青年团结起来、组织起来、动员起来

如何更好把青年团结起来、组织起来、动员起来，为实现第二个百年奋斗目标、实现中华民族伟大复兴的中国梦而奋斗，是新时代中国青年运动和青年工作必须回答的重大课题。大会决定，将习近平总书记对共青团提出的始终成为引领中国青年思想进步的政治学校、组织中国青年永久奋斗的先锋力量、党联系青年最为牢固的桥梁纽带、紧跟党走在时代前列的先进组织的要求写入团章，对团的建设基本要求相关内容进行充实。作出这些充实，有利于共青团坚持中国特色社会主义群团发展道路，保持和增强政治性、先进性、群众性，持续深化团的改革，不断加强自身建设。

(9) 对标党章修改和党的要求

对标党章修改和党的要求，同团章"总则"部分修改相衔接，总结吸收近年来共青团建设和改革中的成熟实践经验，对团章部分条文作适当修改很有必要。在团员义务中，增写学习党的历史和增强"四个意识"、坚定"四个自信"、做到"两个维护"；在团的组织制度部分，充实完善团的中央和地方委员会委员出缺替补和递补相关内容；修改军队团的组织相关内容；在团的基层组织部分，明确在医院中建立基层团组织的要求，个别调整基层团组织的委员会任期，增写对团员进行党的历史教育相关内容；在团的纪律部分，调整完善团员纪律处分流程和审批权限；充实完善团同少年先锋队的关系部分相关内容。作出这些充实，有利于全团更好贯彻落实党的要求，巩固改革成果，加强团的政治建设、思想建设、组织建设、纪律建设。

(10) 修改意义

团的修改推动团的各级组织和全体团员要更加紧密地团结在以习近平同志为核心的党中央周围，高举中国特色社会主义伟大旗帜，全面贯彻习近平新时代中国特色社会主义思想，深刻领悟"两个确立"的决定性意义，增强"四个意识"、坚定"四个自信"、做到"两个维护"，更加自觉地学习团章、遵守团章、贯彻团章、维护团章，动员引领广大青年为全面建设社会主义现代化国家而团结奋斗。

三、团章结构

团十八大团章（44）
总则
第一章　团员（1~9）
第二章　团的组织制度（10~14）
第三章　团的中央组织（15~17）
第四章　团的地方、解放军和武警部队中团的组织（18~21）
第五章　团的基层组织（22~26）
第六章　团的干部（27~30）
第七章　团的纪律（31~36）
第八章　团旗、团徽、团歌（37~40）

（续表）

团十八大团章（44）
第九章　团的经费（41～42）
第十章　团同少年先锋队的关系（43～44）

十九大团章共10000余字，由总则和10章组成，共44条，总则部分占三分之一左右篇幅，第一至第十章实际是它的具体化。团章确立了团的行动指南，进而对团的性质、组织使命和基本任务作出规定，对团员的权利和义务、团的制度和各级团组织的行为规范、团干部的基本条件、团的纪律作出要求，方向明确，路径清晰。

四、团章修改的内容

团十八大通过的团章修正案，总共有89处内容修改，38处条文序号修改，29处标点符号修改。团十九大通过的团章修正案，总共有22处修改，总则13处，条文9处。重点突出习近平新时代中国特色社会主义思想和党的十九大、二十大精神的指引，突出坚持党的领导，突出党的十八大以来习近平总书记关于青年工作的重要思想，突出改革攻坚的实践导向，突出从严治团的时代要求，新团章必将对未来共青团的工作和建设产生重大而深远的影响。

本部分则着重这五个突出，来带领大家梳理新团章修改的内容。

1. 突出了习近平新时代中国特色社会主义思想和党的十九大、二十大精神的指引

团十八大决定，将习近平新时代中国特色社会主义思想同马克思列宁主义、毛泽东思想、邓小平理论、"三个代表"重要思想、科学发展观一道确立为团的行动指南。

党的十九大将习近平新时代中国特色社会主义思想确立为党的指导思想，写在党的旗帜上，是党的十九大党章修改的最大亮点和最突出的历史贡献。习近平新时代中国特色社会主义思想是对马克思列宁主义、毛泽东思想、邓小平理论、"三个代表"重要思想、科学发展观的继承和发展，是马克思主义中国化最新成果，是党和人民实践经验与集体智慧的结晶，是中国特色社会主义理论体系的重要组成部分，是全党全国人民为实现中华民族伟大复兴而奋斗的行动指南。

在此次团章修改征求意见过程中，广大团员团干部一致认为，习近平新时代中国特色社会主义思想是当代中国最鲜活的马克思主义，对坚持和发展中国特色

社会主义、推进青少年和共青团工作具有重大而深远的指导意义，应与马克思列宁主义、毛泽东思想、邓小平理论、"三个代表"重要思想、科学发展观一道，确立为共青团的行动指南。团章修正案采纳这条建议，将习近平新时代中国特色社会主义思想纳入总则第二自然段团的行动指南中。

党的十九大提出了新时代坚持和发展中国特色社会主义的基本方略，确定了决胜全面建成小康社会、开启全面建设社会主义现代化国家新征程的目标。在党的十九大中作出的我国社会主要矛盾已经转化为人民日益增长的美好生活需要和不平衡不充分的发展之间的矛盾的重大论断，反映了我国社会发展的客观实际，是制定党和国家大政方针、长远战略的重要依据。党的二十大提出中国式现代化的建设目标，这些都予以了强化。党的二十大提出的新发展阶段和相关战略在十九大团章中得到了强化，助力加快构建新发展格局，推动高质量发展。树立人才是第一资源的观念，逐步实现全体人民共同富裕。

因此，在新团章修改中，确定：

（1）把习近平新时代中国特色社会主义思想同马克思列宁主义、毛泽东思想、邓小平理论、"三个代表"重要思想、科学发展观一道确立为团的行动指南。大会强调，共青团作为党的助手和后备军，必须以习近平新时代中国特色社会主义思想统一思想和行动，增强学习贯彻的自觉性和坚定性，把习近平新时代中国特色社会主义思想贯彻到团的全部工作和建设中，推动共青团事业不断发展。

（2）调整充实组织使命的内容，这有利于共青团在党的领导下更好地团结全国各族青年坚定不移跟党走，为实现"两个一百年"奋斗目标、实现中华民族伟大复兴的中国梦贡献智慧和力量。

（3）写入我国社会主要矛盾转化的内容，充实团结青年在经济社会发展中发挥生力军和突击队作用的内容，这有利于更好地指导全团把握我国发展新的历史方位和阶段性特征，推进各项工作。

（4）十九大团章重写了"建设社会主义现代化国家。实现第二个百年奋斗目标，以中国式现代化全面推进中华民族伟大复兴"的内容。

从具体条文看，新团章突出本部分内容的修改共有多处，其中，最重要的修改如下：

（1）增写习近平新时代中国特色社会主义思想

具体是：团的行动指南、基本任务、思想政治工作、基本要求、团员义务、团基层组织任务、团干部要求部分（总则第二、第五、第六、第十二自然段，第一章第二条，第五章第二十四条，第六章第二十八条）

在以上段落中，增写习近平新时代中国特色社会主义思想。习近平新时代中国特色社会主义思想是马克思主义中国化最新成果，为我们党在新时代统揽伟大斗争、伟大工程、伟大事业、伟大梦想提供了指导思想和行动指南，是共青团工作须臾不可偏离的根本指针。十九大团章增写：深刻领悟"两个确立"的决定性意义。共青团将高举习近平新时代中国特色社会主义思想伟大旗帜，不忘跟党初心，牢记青春使命，切实保持和增强政治性、先进性、群众性，深化团的改革、全面从严治团，推动自身来一次彻底的革命性锻造，始终紧跟党走在时代前列、走在青年前列。

（2）增写党的十九大的相关内容

具体是：团的光荣使命、历史、基本任务、思想政治工作，团的职能，团的各级组织，团的干部等部分（总则第三、第四、第五、第六、第七、第九、第十自然段，第四章第二十一条，第六章第二十八条）

主要包括：

● 关于我国社会主要矛盾的重要论断。增写"我国社会主要矛盾已经转化为人民日益增长的美好生活需要和不平衡不充分的发展之间的矛盾"的内容；并将"在经济建设中发挥生力军和突击队作用"修改为"在经济社会发展中发挥生力军和突击队作用"。这有利于更好地指导全团把握我国发展新的历史方位和阶段性特征，推进各项工作。

● 关于"四个全面"战略布局。增写"全面踊跃投身全面建成小康社会、全面深化改革、全面依法治国、全面从严治党实践，为实现'两个一百年'奋斗目标、实现中华民族伟大复兴的中国梦贡献智慧和力量"的内容。

● 关于"四个伟大"的内容。根据中国特色社会主义进入新时代这一重大政治判断，我们在总则原第三自然段中增写共青团在新时代发挥作用的内容，表述为："中国特色社会主义进入新时代，共青团紧扣时代主题，锐意改革创新，坚持从严治团，团结带领广大青年在党的领导下奋力投身伟大斗争、伟大工程、伟大事业、伟大梦想的生动实践。"

● 关于社会主义核心价值观的内容。增写广泛开展"中华优秀传统文化、革命文化、社会主义先进文化教育""努力使青年成为担当民族复兴大任的时代新人"等内容，在"道路自信、理论自信、制度自信"之后增写"文化自信"。同时，将"社会主义道德教育"修改为"社会主义核心价值观教育"，将"民主和法制教育"修改为"民主和法治教育"。

● 关于"四个战略"的内容。增写"贯彻创新、协调、绿色、开放、共享的发展理念，创新驱动发展战略、乡村振兴战略、区域协调发展战略、军民融合发展战略，树立创新是引领发展第一动力的观念"等内容。

● 关于"中华民族共同体"和"人类命运共同体""一带一路"等内容。增写"铸牢中华民族共同体意识"的内容，将"全国各族青年之间的团结友爱"中的"团结友爱"修改为"平等团结互助和谐"；增写"坚持正确义利观""积极参与推进'一带一路'建设"、"推动构建人类命运共同体"等内容；十九大团章强化全面准确、坚定不移贯彻"一国两制"的方针，坚决反对和遏制"台独"，共同促进祖国统一大业完成。弘扬和平、发展、公正、正义、民主、自由的全人类价值观。充实这些内容，有利于共青团更好地在促进民族团结和扩大对外交往中发挥作用。

● 关于军队改革的内容。将标题由"团的地方和军队的组织"修改为"团的地方组织、解放军和武警部队中团的组织"，同时对解放军和武警部队中团的组织有关条文进行修改，表述为："中国人民解放军和中国人民武装警察部队中团的工作，是解放军和武警部队政治工作的重要组成部分，由中央军事委员会领导。中国人民解放军和中国人民武装警察部队中团的组织，在本单位党组织的领导下，根据团的章程、《中国人民解放军政治工作条例》和有关规定进行工作。"

● 关于干部要求的内容。对团的各级领导干部的要求，增写"忠诚干净担当"、好干部标准等内容；强调带头贯彻落实习近平新时代中国特色社会主义思想，高扬理想旗帜；增写"反对形式主义、官僚主义、享乐主义和奢靡之风"等内容。

（3）比照党的十九大、二十大修订的党章的内容，进行了部分增写和修改

主要包括：团员义务、发展团员、团的各级组织、团的纪律（第一章第二、第四条，第四章第十八、第二十五条，第七章，第八章第四十条）。

● 根据党章对新世纪新时代经济和社会发展战略目标的表述调整。我们对总则原第二自然段中组织使命的内容进行修改，并单独作为第三自然段，表述为："中国共产主义青年团坚决贯彻党的基本理论、基本路线、基本方略，解放思想，实事求是，与时俱进，求真务实，团结全国各族青年坚定不移跟党走，为把我国建设成为富强民主文明和谐美丽的社会主义现代化强国，为最终实现共产主义而奋斗。"

● 对团员义务和发展团员进行完善。增写"勇于揭露和纠正错误言行"等内容；增写"发展团员，必须把政治标准放在首位""新团员必须参加入团仪式"等内容。

● 对团的各级组织表述进行修改。将"团的省、自治区、直辖市、省辖市、自治州代表大会"改为"团的省、自治区、直辖市的代表大会，设区的市和自

治州的代表大会，县（旗）、自治县、不设区的市和市辖区的代表大会"。

● 充实团的基层组织的基本任务。一是完善团的基层组织的基本任务。增写学习"习近平新时代中国特色社会主义思想"、"学习团章和团的基本知识"、"弘扬网上主旋律"、"落实'三会两制一课'制度"等内容。二是对照党章，增写一条团支部定位和作用的内容，表述为："团支部是团的基础组织，担负直接教育团员、管理团员、监督团员和组织青年、宣传青年、凝聚青年、服务青年的职责。"三是参照团章中对团员和团干部给以奖励的内容，结合团内表彰工作实际，增写一条对团的基层组织给以奖励的内容，表述为："对工作活跃、成绩显著的团的基层组织，上级团的组织应当给以奖励。奖励分为：通报表扬，由团的中央、省、市、县级委员会和基层团委授予五四红旗团组织称号。"四是增写团的基层委员会任期"一般与同级党的委员会任期保持一致"的内容。

● 对团的纪律进行增写和修改。明确团的纪律作用范畴和适用对象，表述为："团的纪律是团的各级组织和全体团员必须遵守的行为规则，是维护团在党领导下的团结统一、完成党赋予的职责使命的保证。团组织必须严格执行和维护团的纪律，共青团员必须自觉接受团的纪律的约束。"增写对维护纪律失职的团组织进行问责的规定，表述为："团组织在维护团的纪律方面失职的，上级团的委员会应当对其问责。"

● 完善团的象征和标志内容。将原第七章的标题由"团旗、团徽、团歌、团员证"修改为"团旗、团徽、团歌"。同时，对照党章，增写一条团旗、团徽、团歌是团的象征和标志的内容，表述为："中国共产主义青年团的团旗、团徽、团歌是中国共产主义青年团的象征和标志。要按照规定制作和使用团旗、团徽、团歌。"

2. 突出了坚持党的领导

大会一致决定，将坚持党的领导"要牢固树立政治意识、大局意识、核心意识、看齐意识，坚决维护习近平总书记党中央的核心、全党的核心地位，坚决维护以习近平同志为核心的党中央权威和集中统一领导"写入团章。

中国共产党领导是中国特色社会主义最本质的特征，是中国特色社会主义制度的最大优势。坚持党的领导是做好共青团工作的根本保证，是必须坚持的正确政治方向，是共青团的优良传统。

新修改的团章中突出了坚持党的领导这一根本原则，修改集中在总则部分。

（1）指导思想部分

（总则第二自然段）

十八大团章增写了"中国共产党领导是中国特色社会主义最本质的特征，是中国特色社会主义制度的最大优势"的内容,与团的行动指南的内容单独列为一个自然段。十九大团章增写了"党是最高政治领导力量"内容。

(2) 团的建设要求部分

(总则第十二自然段)

将"坚持党的领导"增写一项作为首要要求。

在团章中进一步充实坚持党的领导的内容,有利于进一步强调全团牢固树立政治意识、大局意识、核心意识、看齐意识,坚决维护习近平总书记党中央的核心、全党的核心地位,坚决维护以习近平同志为核心的党中央权威和集中统一领导,坚决贯彻党的意志和主张,严守政治纪律和政治规矩。

(3) 光荣使命部分

(总则第三自然段)

增写了"中国共产主义青年团坚决贯彻党的基本理论、基本路线、基本方略"的内容,与光荣使命的内容单独列为一个自然段。

(4) 加强思想政治工作部分

十九大团章增写了"弘扬以伟大建党精神为源头的中国共产党人精神谱系"、开展"党史、新中国史、改革开放史和社会主义发展史教育"、"发扬斗争精神、增强斗争本领"。强化了坚持党的领导的精神方向和历史意识。

(5) 团的建设原则部分

在"坚持党的领导"中强化"不断提高政治判断力、政治领悟力、政治执行力"。

(6) 团员要求部分

十九大团章增写"增强'四个意识'、坚定'四个自信'、做到'两个维护'"。

3. 突出了党的十八大以来习近平总书记关于青年工作的重要思想

团代会一致决定将习近平总书记关于青年工作的重要思想写入团章。

党的十八大以来,习近平总书记对团的根本性问题作出了一系列重要论述,习近平总书记关于青年工作的重要思想,为做好新时代党的青年工作指明了前进方向、提供了根本遵循;中国特色社会主义群团发展道路,提出了保持和增强政治性、先进性、群众性的重要要求,指明了共青团工作的根本任务、政治责任、工作主线等内容;党管青年原则的提出,是党的青年工作理论的重大创新,有利于共青团进一步为党做好青年群众工作。

因此,在新团章中充实了共青团在新时代的基本任务的内容,对新时代共青团工作的根本任务、政治责任、工作主线等内容进行系统表述,有利于全团更好落实共青团在新时代的基本任务。

充实了中国特色社会主义群团发展道路中思想政治工作贯穿所开展的各种活动的这一重要要求,将社会主义核心价值观教育、"四个自信"等内容详细阐述,有利于全团加强思想政治工作。

增写"贯彻党管青年原则",党管青年原则是党的青年工作理论的重大创新,是青年发展事业始终沿着正确方向前进的根本保证。大会决定在团章中写入"贯彻党管青年原则,充分发挥党联系青年的桥梁和纽带作用"的内容,这有利于共青团进一步为党做好青年群众工作。十九大团章增写了"积极参与发展全过程人民民主",强化了做好工作的核心途径。

从具体修改来看,主要修改如下:

(1) 团的历史和经验总结部分

十九大团章增加了团的百年历史的经验总结:"中国共产主义青年团自成立以来,始终牢记、忠实践行坚定不移跟党走、为党和人民奋斗的初心使命,组织引导一代又一代青年为争取民族独立、人民解放和实现国家富强、人民幸福而贡献力量。百年征程,塑造了共青团坚持党的领导的立身之本、坚守理想信念的政治之魂、投身民族复兴的奋进之力、扎根广大青年的活力之源,这些宝贵经验是共青团面向未来、再立新功的重要遵循,必须倍加珍惜、长期坚持,并在实践中不断丰富和发展"。

(2) 团和队的性质部分

(总则第一自然段、第十章第四十三条)

根据中国特色社会主义群团发展道路的重要精神,将中国共青团的性质由"中国共产主义青年团是中国共产党领导的先进青年的群众组织"改为"中国共产主义青年团是中国共产党领导的先进青年的群团组织",将少先队的性质由"中国少年先锋队是中国少年儿童的群众组织"改为"中国少年先锋队是中国少年儿童的群团组织"。

(3) 团的基本任务部分

十八大团章贯彻习近平总书记对团的根本性问题的重要论述,我们对总则原第四自然段进行相应修改,充实共青团在新时代的基本任务的内容,突出以习近平新时代中国特色社会主义思想为指导,"切实保持和增强政治性、先进性、群众性,把培养社会主义建设者和接班人作为根本任务,把巩固和扩大党执政的青年群众基础作为政治责任,把围绕中心、服务大局作为工作主线"。同时,为避免与根本任务中"接班人"语义重复,对照党章有关表述,将"有理想、有道德、有文化、有纪律的接班人"中的"接班人"修改为"青年"。充实团结带领广大青年积极推动"五位一体"建设、踊跃投身"四个全面"实践、实现"两个一百年"奋斗目标等内容。十九大团章强化了"认真履行引领凝聚青年、组织动员青年、联系服务青年的职责"。同时强调:"始终成为引导中国青年思想进步的政治学校、组织中国青年永久奋斗的先锋力量、党联系青年最为牢固的桥梁纽带、紧跟党走在时代前列的先进组织。"

(4) 团的建设要求部分

为贯彻习近平总书记关于群团组织保持和增强政治性、先进性、群众性的重要要求,对总则原第十至第十六自然段进行修改。

● 在总要求中增写"毫不动摇坚持中国特色社会主义群团发展道路,把握政治性这一灵魂,聚焦先进性这一重要着力点,立足群众性这一根本特点,深化团的改革,全面从严治团"等内容。

● 增写用"习近平新时代中国特色社会主义思想"统一思想和行动、"要牢固树立政治意识、大局意识、核心意识、看齐意识,坚决维护习近平总书记党中央的核心、全党的核心地位,坚决维护以习近平同志为核心的党中央权威和集中统一领导"、"严守政治纪律和政治规矩"、"使团的建设和党的建设中其他工作同部署同检查同总结"等内容。

● 习近平总书记指出,群团组织必须把思想政治工作贯穿所开展的各种活动,这也是中国特色社会主义群团发展道路的重要内容。团章修正案将这一重要指示精神充实进总则原第五自然段,并增写组织青年学习"习近平新时代中国特色社会主义思想",广泛"开展中华优秀传统文化、革命文化、社会主义先进文化教育"、"努力使青年成为担当民族复兴大任的时代新人"等内容,在"道路自信、理论自信、制度自信"之后增写"文化自信"。同时,将"社会主义道德教育"修改为"社会主义核心价值观教育",将"民主和法制教育"修改为"民主和法治教育"。将"坚持把帮助青年确立正确的理想、坚定的信念作为首要任务"作为基本要求第二项,体现先进性要求,纳入原第三项中发挥团员模范作用的内容;表述为:"(二)坚持把帮助青年确立正确的理想、坚定的信念作为首要任务。必须站在理想信念这个制高点上,牢牢把握为实现中华民族伟大复兴中国梦而奋斗的时代主题,激发广大青年的历史责任感和奋斗精神,增强做中国人的志气、骨气、底气,组织动员广大青年走在前列,引导广大青年立志做有理想、敢担当、能吃苦、肯奋斗的新时代好青年。要按照党、团、队育人链条相衔接相贯通的要求,围绕保持和增强团员先进性这一时代课题,切实增强团员的光荣感,发挥团员的模范作用。"

● 将"坚持服务青年的工作生命线"作为基本要求第三项,体现群众性要求，表述为："（三）坚持服务青年的工作生命线。以青年为中心，从青年需要出发，强化服务意识，提升服务能力，挖掘服务资源，千方百计为青年排忧解难，更多关心帮助困难青少年，维护青少年合法权益，使团组织成为广大青年遇到困难时想得起、找得到、靠得住的力量。"

● 将"坚持改革创新"作为基本要求第五项，体现全面深化改革的要求。在原第六项"坚持不懈地抓好基层建设"相关内容的基础上，增写"落实党对共青团改革的要求""推进组织和工作创新，不断提高团的吸引力和凝聚力，不断扩大团的工作有效覆盖面"等内容。

（5）团的管理、服务、代表青年职能部分

（总则第八自然段）

习近平总书记指出，共青团作为党和政府联系青年的桥梁和纽带，必须密切联系青年、有效吸引青年、广泛团结青年，把最大多数青年紧紧凝聚在党的周围。团章修正案贯彻这一重要指示精神，在总则原第七自然段增写"贯彻党管青年原则""为党做好青年群众工作""协调督促青年发展规划落实，主动承担适合承担的公共职能，服务国家治理体系和治理能力现代化"等内容。同时，将"协助政府管理青年事务"修改为"协助党和政府管理青年事务"。

（6）团干部队伍建设部分

（第六章第二十七、第二十八、第二十九条）

● 增写习近平总书记对团干部提出的"必须坚定理想信念、心系广大青年、提高工作能力、锤炼优良作风"的重要要求，充实进党的干部工作原则的内容，增写"建设符合群团组织特点、充满生机活力的团干部队伍"等内容，将"大胆选拔年轻干部"修改为"注重培养选拔优秀年轻干部"。

● 增写"向书本学习，向实践学习，向青年学习，努力提高青年群众工作本领"等内容。

● 落实习近平总书记对团干部要"严"和"实"的要求，强调作风要严实。

● 增写"拓宽干部来源渠道，注重在经济社会发展最需要的地方、基层一线和困难艰苦的地方锻炼干部"等内容。在关于办好各级团校的表述中，增写"突出政治培训，建设党在青年工作领域特色鲜明的政治学校"等内容。

（7）团队关系部分

（第十章第四十三条）

贯彻习近平总书记对少年儿童和少先队工作的重要指示精神，在原第九章"团同少年先锋队的关系"中增写"从小学习做人、从小学习立志、从小学习创造"的要求、"支持少先队创造性地开展组织教育、自主教育、实践教育""引导少年儿童学习和实践社会主义核心价值观"等内容。同时,将"爱护公共财物"修改为"爱社会主义",将"努力成长为社会主义现代化建设需要的合格人才"修改"为努力成长为担当民族复兴大任的时代新人"。

4. 突出了改革攻坚的实践导向

大会一致决定,坚持共青团改革的根本遵循,将改革攻坚的重要导向、重大举措和新鲜经验写入团章。

中国特色社会主义进入新时代,共青团按照党的要求,紧扣时代主题,锐意改革创新,坚持从严治团,团结广大青年在党的领导下奋力投身伟大斗争、伟大工程、伟大事业、伟大梦想的生动实践。这一时期团的实践,推动团的工作和建设实现了新发展。

在新团章中,共有10处修改突出了共青团改革攻坚的实践导向,主要有以下6点。

(1) 团的历史表述部分

(总则第四自然段)

团十八大团章增写"中国特色社会主义进入新时代,共青团紧扣时代主题,锐意改革创新,坚持从严治团,团结带领广大青年在党的领导下奋力投身伟大斗争、伟大工程、伟大事业、伟大梦想的生动实践"。十九大团章增写"增强引领力、组织力、服务力"。在团章中团的历史表述部分,增写共青团在新时代发挥作用的内容,突出了核心职能,这是十分必要的。

(2) 统筹推进青联、学联、少先队改革

在总则原第十七自然段之后增写一自然段。为反映青联、学联、少先队组织改革实践,强调团对青联、学联、少先队工作的作用发挥,进一步明确党的青少年群团组织的相互关系,团章修正案在总则原第十七自然段之后增写一自然段,集中进行阐述。将原第三十八条中"中国共产主义青年团受中国共产党的委托领导中国少年先锋队的工作"的表述移入,同时增写"中国共产主义青年团是中华全国青年联合会的核心团体成员,发挥主导作用。中国共产主义青年团在中国共产党的领导下,指导中华全国学生联合会开展工作"。这段话集中阐述了党、团、队及青年组织的关系,反映了青联、学联、少先队组织改革的实践,强调了团对青联、学联、少先队工作的作用发挥,进一步明确了党的青少年群团组织的相互关系。

(3) 团的地方组织、解放军和武警部队中团的组织部分

根据中央有关精神和工作实践,我们对团的地方组织、解放军和武警部队中团的组织部分内容进行修改。

● 将标题由"团的地方和军队的组织"修改为"团的地方组织、解放军和武警部队中团的组织",同时对解放军和武警部队中团的组织有关条文进行修改,表述为:"中国人民解放军和中国人民武装警察部队中团的工作,是解放军和武警部队政治工作的重要组成部分,由中央军事委员会领导。中国人民解放军和中国人民武装警察部队中团的组织,在本单位党组织的领导下,根据团的章程、《军队政治工作条例》和有关规定进行工作。"

● 将团的县级代表大会由每三年举行一次改为每五年举行一次,并规定团的地方各级代表大会一般在同级党的代表大会后一年内举行。这样调整,有利于县级团组织更好地贯彻同级党组织的决策部署,有利于党组织对团组织换届进行统筹安排。

(4) 团的基层组织部分

十九大团章在基层组织类型中增加了"医院",凸显了新时期医院共青团工作的重要性。

完善了团的基层组织的基本任务,增写"弘扬网上主旋律"的内容;同时参照团章中对团员和团干部给以奖励的内容,结合团内表彰工作实际,增写一条对团的基层组织给以奖励的内容,表述为:"对工作活跃、成绩显著的团的基层组织,上级团的组织应当给以奖励。奖励分为:通报表扬,由团的中央、省、市、县级委员会和基层团委授予五四红旗团组织称号。"另外,增写团的基层委员会任期"一般与同级党的委员会任期保持一致"的内容。支部委员会、总支部委员会由团员大会选举产生,每届任期三年至五年。

(5) 团的干部部分

充实对团的干部和团的各级领导干部的要求,充实干部来源渠道、团校建设、团干部成长等内容。

● 增写"建设符合群团组织特点、充满生机活力的团干部队伍"等内容。

● 增写"拓宽干部来源渠道,注重在经济社会发展最需要的地方、基层一线和困难艰苦的地方锻炼干部"等内容。

● 在关于办好各级团校的表述中,增写"突出政治培训,建设党在青年工作领域特色鲜明的政治学校"等内容。

(6) 团的经费部分

调整团的经费的内容,根据中央有关党政机关所办经济实体改革的总体精神和团属经济实体收益管理体制的变化,删去团属经济实体收益相关内容。

5. 突出了从严治团的时代要求

大会一致决定,贯彻全面从严治党要求,将推进从严治团的时代要求写入团章。

党的十八大以来，共青团突出问题导向，锐意改革攻坚，推进从严治团，取得了重要实践经验。总结吸收近年来团的工作和改革的新鲜经验，并同总则部分修改相衔接，对团章部分条文作适当修改十分必要。

（1）团的历史表述部分

（总则第四自然段）

增写"中国特色社会主义进入新时代，共青团紧扣时代主题，增强引导力、组织力、服务力，锐意改革创新，坚持从严治团，团结带领广大青年在党的领导下奋力投身伟大斗争、伟大工程、伟大事业、伟大梦想的生动实践"。

（2）团的建设总体要求部分

（总则第十七自然段）

增写"坚持从严治团"作为基本要求第六项，体现从严从实的要求，表述为："（六）坚持从严治团。要把严的标准、严的措施贯穿于从严治团全过程和各方面。坚持依规治团，建立健全团内规章制度体系。首先从团干部严起，重点加强对团的领导机关和领导干部的管理和监督，坚决反对机关化、行政化、贵族化、娱乐化倾向。按照增强政治性、时代性、原则性、战斗性的要求，加强和规范团内政治生活，发展积极健康的团内政治文化，营造风清气正的良好的政治生态。"

作这样的修改，有利于全团以更加科学的思路、更加有效的举措推进团的建设，把团建设得更加充满活力、更加坚强有力。

（3）团员的队伍建设部分

（第一章第二、第五条等）

围绕保持和增强团员先进性这一时代课题，我们对团员部分内容进行修改。一是对团员义务进行完善，增写努力学习"习近平新时代中国特色社会主义思想"、"积极参加志愿服务，实践社会主义核心价值观"、"弘扬中华民族传统美德"、"勇于揭露和纠正错误言行"等内容。二是对发展团员进行完善，增写发展团员"必须把政治标准放在首位""新团员必须参加入团仪式"等内容。同时，将"团员证"一条移至此章。三是加强学习，十九大团章增加了对团员进行党的历史和团的基本知识教育等内容。

（4）对团干部的要求部分

（第六章第二十八条）

将"作风要扎实"改为"作风要严实"，落实习近平总书记对团干部要"严"和"实"的要求，强调作风要严实。

十九大团章加强了团中央和地方委员卸职递补的规范性，规定："团的中央和地方各级委员会委员、候补委员中的专职团干部调离团的岗位，其委员或候补委员的职务自行卸免。委员中团的中央和地方组织领导干部出缺，应当按照有关规定替补；其他委员出缺，由候补委员按得票多少依次递补。卸免、替补和递补须经全会确认。"

（5）单独增写第七章"团的纪律"

新团章中增写团的纪律，是从严治团的重要内容，也是从严治团的基本依据和有效载体。党章中党的纪律单独成章。因此，我们在此次团章修改中单独增写一章"团的纪律"。

- 将"团员"一章中原第八、第九、第十条纳入本章，同时对照党章、结合共青团实际，充实部分内容。
- 明确团的纪律作用范畴和适用对象，表述为："团的纪律是团的各级组织和全体团员必须遵守的行为规则，是维护团在党领导下的团结统一、完成党赋予的职责使命的保证。团组织必须严格执行和维护团的纪律，共青团员必须自觉接受团的纪律的约束。"
- 增写对维护纪律失职的团组织进行问责的规定，表述为："团组织在维护团的纪律方面失职的，上级团的委员会应当对其问责。"
- 规范对团员纪律处分的流程，规定："对团员的纪律处分，一般应当经支部大会讨论通过，由其所在基层委员会报县级或者县级以上团的委员会批准；批准后，报同级党的基层委员会备案。在特殊情况下，县级和县级以上各级团的委员会有权直接决定给团员以纪律处分；涉及的问题比较重要或复杂，或对团员给以开除团籍的处分的，必须经团的省级或中央委员会批准。"

五、如何学习贯彻团章

团的各级组织和全体团员要在以习近平同志为核心的党中央坚强领导下，高举习近平新时代中国特色社会主义思想伟大旗帜，更加自觉地学习团章、遵守团章、贯彻团章、维护团章，深化改革攻坚，全面从严治团，团结带领广大团员青年在决胜全面建成小康社会、全面建设社会主义现代化国家进程中，奋力谱写壮丽的青春篇章。

1. 学习贯彻团章，要原原本本学，做到知其然

团章只有一万余字，但是从章节到字句，都有理论和实践作支撑，经过了时间的沉淀和高度的凝练，内涵丰富，指导性强。团章确立了团的行动指南，进而对团的性质、组织使命和基本任务作出规定，对团员的权利和义务、团的制度和各级团组织的行为规范、团的干部的基本条件、团的纪律作出要求，方向明确，路径清晰。对这些重要内容，不仅要通读，更要精读，做到全面掌握、不留盲区。全团要把团章学习教育作为一项经常性工作抓牢抓实，形成全团尊崇团章、学习团章、执行团章的浓厚氛围。要把握好载体创新和内容准确的关系，防止将学习团章娱乐化、庸俗化、随意化的倾向，真正做到学深弄通。

2. 学习贯彻团章，要联系实际学，做到知其所以然

习近平同志多次强调，学习要注重"联系实际，做到知行合一、格物致知、学以致用"。只有联系当下的实际，才能真切把握团章的规定和要求的根本点、出发点和落脚点。在共青团改革再出发的今天，在党中央的关心指导下，团章更是以其前瞻性和引领性，拉开了框架，为下一步团的工作和建设进一步指明了方向。因此，要联系团在新时代的基本任务与当下为党做好青年群众工作的实际，联系团的建设基本要求与当下推进团的建设和改革的实际，联系团员义务权利和当下加强团员队伍先进性建设的实际，联系团的纪律和当下推进从严治团的实际，以问题导向找差距，以实际行动见真章，深学细照、融会贯通。学习贯彻团章，要防止浅尝辄止、不求甚解，防止停留于抽象原则和纸面文章，真正做到学而懂、学而用。

3. 学习贯彻团章，要维护团章严肃性，将其转化为行动的必然

举一纲而万目张，解一卷而众篇明。团章体现了党的意志，是团内制度体系派生的根本点，而制度的生命力在于实施。学习贯彻团章，就是要以团章为基本依据建立健全团内制度体系，以团章为基本标准判断各级团组织和团员的表现。在全面从严治党大背景下，更要落实从严治团的时代要求，着力把团章的各项规定具体化，搞好配套衔接，防止出现"牛栏关猫"的情况；着力使团章成为硬约束，防止出现"破窗效应"的现象。团干部特别是团的领导干部，要带头学习贯彻团章，围绕"落地"下功夫，突出"长效"做文章。

总之，党旗所指，团旗所向。不忘初心，团旗飘扬。团章昭示着共青团的初心，镌刻着共青团的使命。全团要深入学习贯彻团章，把团章作为推进共青团改革再出发、全面从严治团的总制度遵循，努力把共青团建设成为忠诚于党、紧跟党走的团，思想先进、理想坚定的团，心系青年、根植青年的团，勇于担当、奋发进取的团，朝气蓬勃、纪律严明的团。作为中国共产党领导的先进青年的群团组织，作为广大青年在实践中学习中国特色社会主义和共产主义的学校，作为党的助手和后备军，必将坚定不移跟党走，团结带领共青团员和广大青年前赴后继、勇当先锋，奏响中国青年运动的时代强音。

第七节

遵循落实团章,把握思想政治工作主责主业

思想政治工作是政治工作中有关意识形态方面的实践活动。它是指一定的阶级、政党、社会集团,为施加某种思想影响,使其接受并形成一定的政治观念和行为意识,从而支配它们自觉地去行动的实践活动。团十八大(2018)团章修正案明确指出:中国共产主义青年团加强思想政治工作,把思想政治工作贯穿所开展的全部工作。牢牢抓住这个共青团的主责主业,推动共青团的发展是新时代共青团工作的首要课题。

团章是中国共产主义青年团(简称"共青团")为保证全团在政治、思想上的一致和组织、行动上的统一而制定的章程。团章从一个侧面反映了共青团在历史不同阶段不同时期的探索和实践,体现了团的发展方向和成熟程度。我们采用文献分析的方法,研究青年团的章程及相关文献,关注团章的变迁与发展特别是团章中有关思想政治工作的内容发展,以期从中获取有益的历史经验与启迪。

一、团章发展概述

团章的发展和变化主要经历了第一次全国代表大会(简称"团一大",后同)团章到团五大团章的初创时期、团六大团章到团十大团章的成长发展时期和团十一大团章到团十九大团章成熟稳定时期这三个阶段。

初创时期是从团一大到团五大,共产生了四部团章,其中两部为新制定的章程,两部为修订章程,这是团章的初创时期。1922年5月,团一大通过了历史上第一部团章,共9章34条,主要内容涉及团员、组织、纪律、会议、报告、机关、经费、机关报、附则等,整体框架中没有纲领部分。团二大、团三大没有制定新的团章,只是进行了若干的修订,将主要内容调整为团员、组织、会议、纪律、经费、附则6章35条。团四大既没有通过新的章程,也没有对章程进行修订,这也是历史上唯一一次。团五大重新制定了团章,变动较大,共16章63条,并增加了总纲部分。团章初创时期的章程除第四部外,团纲和章程是分开的,团章中只有章程没有纲领;团章的制定和修订参照、吸收了少共国际和中国

共产党章程，体现了共青团在创立初期的实际情况。

团六大团章到团十大团章是团章发展的成长发展时期。1949年，团六大重新制定了《中国新民主主义青年团团章》，共有7章22条，内容框架主要有总则、团员、组织、支部的日常工作、纪律奖励与处分、经费和附则。这部团章首次将团的纲领作为总则写在了第一章，也是首次将"以毛泽东思想教育团员"写入团章，并明确了团员的权利和义务，以及对团员进行思想政治教育等内容。1953年，团七大也通过了新的章程，共分9章38条。团六大团章和团七大团章奠定了新中国成立后团章的基本模式，形成了总则和章程合二为一的完整构造。团八大团章到团十大团章因为当时所处的"文化大革命"的时代背景，具有鲜明的时代特色。

团十一大至今是团章的成熟稳定时期。1982年，团十一大重新制定了新的章程，这部团章是共青团在党的带领下经历了伟大历史转折并完成了指导思想上的"拨乱反正"任务后制定的，具有重大的意义。其后，团章基本格式固定、内容在每届团代会上都进行了部分修改，并通过了章程部分条文修正案。

研究团章可以清晰地观察从团一大到今天，共青团组织对其自身建设的认识日趋完善丰富和稳定，反映了一个组织的发展壮大和成熟。这是中国共青团思想政治工作的宏观背景。

二、共青团思想政治工作核心内容的变化

共青团的核心任务是向青年传播先进的政治意识形态。思想政治工作的核心内容是首先需要把握的关键问题。自建团以来，共青团一直以研究和传播马克思主义为宗旨，并将马克思主义理论作为团思想政治教育的指导思想。在不同的历史阶段结合中国的国情加以创造性的运用和发展，使马克思主义理论与中国具体实践紧密结合。

团一大到团四大，团的核心纲领和思想政治工作的内容并没有写入章程里，而是在1922年通过的《中国社会主义青年团纲领》和每届团代会的各项决议案中得以体现。《中国社会主义青年团纲领》明确指出："中国社会主义青年团为中国青年无产阶级的组织，即为完全解放无产阶级而奋斗的组织，换句话说，就是要建设一切生产工具收归公有和禁止不劳而食的初期共产主义社会。""中国社会主义青年团，一方面为改良青年工人、农人的生活状况而奋斗，并为青年妇女、青年学生的利益而奋斗；一方面养成青年革命的精神，使其向为解放一般无产阶级而奋斗的路上走。"

更好地把青年团团结组织动员起来
如何做好新时代共青团工作

团五大团章中明确:"中国共产青年团是少年共产国际的支部,他承认少共国际的纲领和章程,并且服从他一切的决议和指导。"明确指出:"中国共产青年团是无产阶级青年的革命的政治组织,他吸收广大的劳动青年参加革命的斗争,从斗争中给予共产主义的教育和训练,中国共产青年团是中国青年工人唯一的组织,他赞助城市和农村中被剥削青年的一切政治经济和文化的要求。中国共产青年团是无产阶级青年独立的组织,在中国共产党的政治指导之下工作,服从他的章程和纲领。"

可以看到在团章的初创时期,思想政治工作的内容具有极强的革命性色彩,深受国际共产主义运动的影响。

新中国成立以后,团章开始逐渐完善,并逐步体现出自己的独立性,其思想政治工作的内容与它对组织的定性紧密联系。团六大团章中明确提出:"本团为一切愿为新民主主义的彻底实现而奋斗的先进青年的群众性的组织。"团七大对团组织的定性是"党的助手和后备军",这是在团章中第一次明确提出和中国共产党的政治关系。团八大修改为"学习共产主义的学校,是中国共产党的助手",团十一大进一步修改为团是"中国共产党领导的先进青年的群众组织,是广大青年在实践中学习共产主义的学校,是中国共产党的助手和后备军",团十五大确定团组织是"是广大青年在实践中学习中国特色社会主义和共产主义的学校",加上了中国特色社会主义的思想纲领。团十六大和团十七大在原来的基础上没有修改,团十八大将共青团的性质修改为"中国共产党领导的先进青年的群团组织",反映了中国特色社会主义群团发展道路的成熟。团十九大团章明确提出"党是最高政治领导力量"。

可以看到党性和中国共产党的政治信仰成为中国共青团思想政治工作最核心的内容。

具体来说:对于指导思想,团六大提出"要以马克思列宁主义理论、毛泽东思想教育团员,并团结全国一切民主青年群众,同全国人民一道,为彻底推翻帝国主义、封建主义与官僚资本主义在中国的统治,为独立、和平、民主、富强、统一的中华人民民主共和国的建设与新民主主义的彻底胜利而奋斗;并联合全世界一切革命的和民主的青年团体,并为全世界持久的和平与人民的民主,为全人类的彻底解放而奋斗"。

团七大在团章中规定青年团要协助党以共产主义精神教育青年,使他们成为热爱祖国、忠于人民、有知识、守纪律、勇敢、勤劳、朝气蓬勃、不怕任何困难的年青一代。

团八大在以上内容中加入"继承和发扬我国人民的革命传统"。并指出:

"要特别重视在广大青年中进行劳动教育，教育青年热爱劳动，尊重劳动人民，积极参加工业、农业的生产和各项建设事业，努力学习建设祖国的劳动技能和文化、科学知识，反对轻视劳动特别是轻视体力劳动的错误观念。"

团九大通过的团章中明确提出，共青团"必须把思想工作放在第一位，坚持兴无产阶级思想、灭资产阶级思想的方针。经常对青年进行阶级、阶级斗争的教育，帮助青年逐步树立无产阶级的世界观，坚决走社会主义道路，将革命进行到底；教育青年继承和发扬党的光荣传统，永远保持艰苦奋斗的革命精神，培养共产主义的道德品质，全心全意为人民服务；教育青年热爱集体劳动，热爱体力劳动；虚心向劳动人民学习；教育青年奋发图强，刻苦学习，掌握文化知识和现代科学技术，为建设祖国和保卫祖国贡献自己的力量"。

团十大新的团章同样规定团必须加强思想政治工作，经常对青年进行阶级教育、理想教育、传统教育和品德教育，帮助他们树立无产阶级世界观，为加速实现社会主义的四个现代化贡献自己的全部力量。

应该说这五届团章所提的核心引导目标反映了在新中国成立以后开展社会主义建设过程，在探索曲折发展中的思想政治工作主线的变化，具有极强的建设色彩。

1978年以后，国家发生了翻天覆地的变化，中国进入改革年代。

团十一大团章中规定："中国共产主义青年团的基本任务是以共产主义精神教育青年，帮助青年用马克思列宁主义、毛泽东思想和现代科学文化知识武装自己，引导青年在社会主义现代化建设的实践中，锻炼成为有理想、有道德、有文化、有纪律的共产主义事业的接班人。"这是团章中首次写入"四有"新人的目标。同时指出："中国共产主义青年团加强思想政治工作，坚持对青年进行马克思主义基本原理教育、理想教育、道德教育、纪律教育和革命传统教育，帮助他们逐步树立共产主义世界观，抵制和克服资本主义腐朽思想、封建主义残余思想和其他非无产阶级思想的影响，带领青年做建设社会主义物质文明和精神文明的英勇突击队。"

在中国共产党十一届三中全会以后，以邓小平同志为主要代表的党的第二代中央领导集体，在坚持马克思列宁主义、毛泽东思想的基本原理的同时紧密结合中国社会主义建设实际，对思想政治工作的意识形态功能的有关问题进行了广泛而又深入的探讨，对新时期新阶段的思想政治工作具有重要的指导意义。团十三大明确提出用建设有中国特色社会主义的理论和党的基本路线统一全团思想和行动问题。指出："中国共产主义青年团坚决拥护中国共产党的纲领，以马克思列宁主义、毛泽东思想为行动指南，用建设有中国特色社会主义的理论武装全团，解放思想，实事求是，团结全国各族青年，为把我国建设成富强、民主、文明的社会主义现代化国家，为最终实现共产主义的社会制度而奋斗。"在思想政治工作内容上，团章具体指出："中国共产主义青年团加强思想政治工作，坚持对青年的教育和引导，组织青年学习马克思列宁主义、毛泽东思想和建设有中国特色社会主义的理论，广泛开展党的基本路线教育，爱国主义、集体主义和社会主义思想教育，近代史、现代史教育和国情教育，民主和法制教育，增强青年的民族自尊、自信和自强精神，树立正确的理想、信念和价值观。对团员还必须进行共产主义远大理想的教育。努力帮助青年学习现代科学文化知识，吸收和借鉴人类社会创造的一切文明成果，抵御资本主义和封建主义腐朽思想的侵蚀，不断提高青年的思想道德素质和科学文化素质。"1998年召开的团十四大，将学习邓小平理论的内容写入团章，指出："中国共产主义青年团坚决拥护中国共产党的纲领，以马克思列宁主义、毛泽东思想和邓小平理论为行动指南，解放思想，实事求是，团结全国各族青年，为把我国建设成富强、民主、文明的社会主义现代化国家，为最终实现共产主义的社会制度而奋斗。"要求共青团组织青年、团员、团干部学习邓小平理论。

在中国共产党十三届四中全会以后，以江泽民同志为核心的第三代中央领导集体高举邓小平理论伟大旗帜并结合中国实际情况创造性地提出了"三个代表"重要思想。随后在2003年召开的团十五大上加入"三个代表"重要思想，强调共青团特别加强思想政治工作，组织青年、团员、团干部学习"三个代表"重要思想。

团十六大在"三个代表"的基础上，又加入深入贯彻落实科学发展观，指出："中国共产主义青年团坚决拥护中国共产党的纲领，以马克思列宁主义、毛泽东思想、邓小平理论和'三个代表'重要思想为行动指南，深入贯彻落实科学发展观，解放思想，实事求是，与时俱进，团结全国各族青年，为把我国建设成为富强民主文明和谐的社会主义现代化国家，为最终实现共产主义而奋斗。"

团十六大团章中同时强调"高举中国特色社会主义伟大旗帜，用社会主义核心价值体系教育青年，不断巩固和扩大党执政的青年群众基础，积极推动社会主义经济建设、政治建设、文化建设、社会建设"等重要观点。

团十七大团章将科学发展观和以往的思想指导体系并列，指出："中国共产主义青年团坚决拥护中国共产党的纲领，以马克思列宁主义、毛泽东思想、邓小平理论、'三个代表'重要思想和科学发展观为行动指南。"

团十八大团章强调了中国共产党领导的地位，并将习近平新时代中国特色社会主义思想鲜明提出："中国共产党的领导是中国特色社会主义最本质的特征，是中国特色社会主义制度的最大优势。中国共产主义青年团坚决拥护中国共产党的纲领,以马克思列宁主义、毛泽东思想、邓小平理论、'三个代表'重要思想、科学发展观、习近平新时代中国特色社会主义思想为行动指南。"

团十八大同时明确了共青团思想政治工作的核心方向:"中国共产主义青年团坚决贯彻党的基本理论、基本路线、基本方略,解放思想,实事求是,与时俱进,求真务实,团结全国各族青年坚定不移跟党走,为把我国建设成为富强民主文明和谐美丽的社会主义现代化强国,为最终实现共产主义而奋斗。"

团十九大明确指出:高举中国特色社会主义伟大旗帜,深刻领悟"两个确立"的决定性意义,全面贯彻习近平新时代中国特色社会主义思想,坚定不移地贯彻党在社会主义初级阶段的基本路线。以经济建设为中心,坚持四项基本原则,坚持改革开放,切实保持和增强政治性、先进性、群众性,把培养社会主义建设者和接班人作为根本任务,把巩固和扩大党执政的青年群众基础作为政治责任,把围绕中心、服务大局作为工作主线,认真履行引领凝聚青年、组织动员青年、联系服务青年的职责,用社会主义核心价值体系教育青年,在建设中国特色社会主义的伟大实践中,造就有理想、有道德、有文化、有纪律的青年,努力为党输送新鲜血液,为国家培养青年建设人才,团结带领广大青年,自力更生,艰苦创业,积极推动社会主义经济建设、政治建设、文化建设、社会建设、生态文明建设,踊跃投身全面建设社会主义现代化国家、全面深化改革、全面依法治国、全面从严治党实践,为全面建成社会主义现代化强国、实现第二个百年奋斗目标,以中国式现代化全面推进中华民族伟大复兴贡献智慧和力量。

在思想政治工作方向上,团十九大提出要弘扬以伟大建党精神为源头的中国共产党人精神谱系,广泛开展党的基本路线教育、爱国主义、集体主义和社会主义思想教育,社会主义核心价值观教育,中华优秀传统文化、革命文化、社会主义先进文化教育,党史、新中国史、改革开放史、社会主义发展史教育和国情教育,面对世界,提出了弘扬和平、发展、公平、正义、民主、自由的全人类共同价值,坚持正确义利观,极大地丰富了思想政治工作的内容。根据新时代青年出现的新情况,提出:必须站在理想信念这个制高点上,牢牢把握为实现中华民族伟大复兴中国梦而奋斗的时代主题,激发广大青年的历史责任感和奋斗精神,增强做中国人的志气、骨气、底气,组织动员广大青年走在时代前列,引导广大青年立志做有理想、敢担当、能吃苦、肯奋斗的新时代好青年。要按照党、团、队育人链条相衔接、相贯通的要求,围绕保持和增强团员先进性这一时代课题,切实增强团员的光荣感,发挥团员的模范作用。

科学的理论是正确的行为的先导,社会的发展需要以科学的发展观作为指导，马克思主义——毛泽东思想——邓小平理论"三个代表"重要思想——科学发展观——习近平新时代中国特色社会主义思想，每一阶段的理论成果使中国特色社会主义理论体系不断充实与发展。在此同时，也使思想政治工作的理论得到丰富和发展，使思想政治工作具备了与时俱进的功能与特色，在时代发展与前进中得到了实践检验。

三、共青团思想政治工作的对象——团员

团员是团组织中的主体，是共青团思想政治工作的主要对象。这个群体的自然年龄是什么规定？和青年之间是什么关系？具体需要引导的方向是什么？90年来，团章中有了逐渐成熟稳定的规定。

1. 团员年龄

团章关于团员年龄经历了历史的变化，变迁情况见表1。

表1 历届团章中关于团员年龄的变迁

届　次	年份	团员年龄的规定
中国社会主义青年团第一次全国代表大会	1922	15岁以上28岁以下（年逾28岁者，得为本团特别团员）
中国社会主义青年团第二次全国代表大会	1923	同上届
中国社会主义青年团第三次全国代表大会	1925	14岁以上25岁以下（年逾25岁以及不满14岁者，有必要时由地方委员会呈报中央，得为本团特别团员）
中国共产主义青年团第四次全国代表大会	1927	同上届（未修改团章）
中国共产主义青年团第五次全国代表大会	1928	14岁以上23岁以下（在特殊情形下，未满14岁或已超过23岁者，也可入团）
中国新民主主义青年团第一次全国代表大会（团六大）	1949	14岁以上25岁以下（超过25岁之团员，仍可留在团内）
中国新民主主义青年团第二次全国代表大会（团七大）	1953	14周岁以上25周岁以下（超过25周岁，凡愿留在团内者有发言权与被选举权，在其被选举或被委托为团的干部时，则仍有选举权和表决权）

（续表）

届　次	年份	团员年龄的规定
中国新民主主义青年团第三次全国代表大会（团八大）	1957	15周岁以上25周岁以下（年满25周岁，如果要求继续留在团内，可以保留团籍到28周岁）
中国共产主义青年团第九次全国代表大会（团九大）	1964	同上届
中国共产主义青年团第十次全国代表大会	1978	14周岁以上25周岁以下（年满25周岁，如果要求可以保留团籍到28周岁）
中国共产主义青年团第十一次全国代表大会	1982	14周岁以上28周岁以下（年满28周岁，如果没有担任团内职务，应该办理离团手续）
中国共产主义青年团第十二次全国代表大会	1988	同上届
中国共产主义青年团第十三次全国代表大会	1993	补充：团员加入共产党以后仍保留团籍，年满28周岁，没有在团内担任职务，就不再保留团籍
中国共产主义青年团第十四次全国代表大会	1998	同上届
中国共产主义青年团第十五次全国代表大会	2003	同上届
中国共产主义青年团第十六次全国代表大会	2008	同上届
中国共产主义青年团第十七次全国代表大会	2013	同上届
中国共产主义青年团第十八次全国代表大会	2018	同上届
中国共产主义青年团第十九次全国代表大会	2023	同上届

研究团的年龄发现，1928年团员最高年龄定为25岁，是历年最高年龄中规定得最低的，而1982年以后最高年龄都定为28岁。研究历史发现，在1928年对党团关系的重新调整和共青团青年化的要求降低了组织成员的年龄，促进其年轻化。而改革开放之后，青年期的延长主要是青年的过渡期延长的结果。团员的年龄界定中包含了青年的普遍性需要和共青团的主要色调。

2. 团员和青年的关系

团员和青年究竟应该是什么关系？对于团员和青年的关系界定是对团员进行思想政治工作的重要角色定位。

团六大提出："团员在实际生活中，要密切联系群众，做青年的模范。"团七大提出："团员要时刻关心群众，有事与群众商量，做青年的朋友和模范。"团八大提出："团员要关心群众，反映青年的意见和要求，做青年的知心朋友。"团九大提出："团员要向群众学习，反映青年的意见和要求，热心帮助青年进步，做青年的知心朋友。"团十大提出："团员要密切联系群众，虚心向群众学习。热心帮助青年进步，及时反映青年的意见和要求。"团十一大提出："团员要密切联系群众、虚心向群众学习，热心帮助青年进步，及时反映青年的意见和要求。"团十二大提出："团员要虚心向人民群众学习，热心帮助青年进步，及时反映青年的意见和要求。"团十三大提出："团员要热心为青年服务，做青年的知心朋友。"其后基本保持不变。

可见"模范""朋友""服务者"等是团员和青年关系的基本的角色定位。在发展进程中，可以看到对团员的要求从做好"模范"，让青年学习逐渐转向做好"朋友"，向人民群众学习，"服务"青年的角色转变。对团员的思想政治工作不能离开对它的基本角色定位。

3. 对团员的思想政治工作内容

对团员思想政治工作的目标是共青团组织的核心命题。然而在新中国成立前团章中都没有在"团员"章节中提出明确的要求，直到团六大才第一次明确提出团员义务和权利问题，其中第七条规定本团团员的义务如下："（一）努力学习和宣传马克思列宁主义理论、毛泽东思想。努力精通所从事的业务，掌握科学技术，不断提高自己政治文化水平及实际工作能力。（二）努力学习军事，锻炼体格，随时准备以无限忠诚，献身祖国，保卫人民利益。（三）积极参加新民主主义国家的各种建设工作，努力生产劳动，反对游手好闲、歧视妇女、封建迷信以及其他一切腐化堕落行为。（四）爱护人民与国家财富，自觉地遵守各种革命秩序与纪律，与一切损害人民及国家财产及破坏公共秩序的行为做斗争。（五）积极参加工作，经常出席本团的会议，缴纳团费，确实执行本团所给予的任务，在实际生活中，密切联系群众，做青年的模范。"其中第一条"努力学习和宣传马克思列宁主义理论、毛泽东思想"是对团员思想政治教育的核心要求。其后团员的义务中思想政治教育内容不断被强调和丰富。如团七大提出："要学习马克思列宁主义和党的政策，并向青年群众做宣传。以爱国主义的劳动态度，积极参加国家建设。遵守国家法令,爱护公共财产,与危害人民利益的行为做斗争。"团八大提出:"要努力学习马克思列宁主义,积极宣传党的政策,要维护共产主义道德。"团九大提出:"要努力学习和宣传马克思列宁主义理论、毛泽东思想。"团十大提出:"努力学习马克思列宁主义理论、毛泽东思想,学习现代科学文化知识。要发扬共产主义道德风尚,维护国家和集体的利益。同违法乱纪的行为做斗争。"在团十大团章中也第一次提出:"要开展批评和自我批评、坚持真理,修正错误。"团十一大提出:"要努力学习马克思列宁主义、毛泽东思想。自觉遵守团的纪律和国家法律,发扬共产主义道德风尚,维护国家和人民的利益,热情支持好人好事,勇于同坏人坏事做斗争。开展批评和自我批评,坚持真理,修正错误。"与前面共青团的思想政治工作指导思想变迁一致,团十三大对团员提出"学习建设有中国特色社会主义的理论,发扬社会主义新风尚,提倡共产主义道德"的要求。团十四大提出"学习邓小平理论"。团十五大提出学习"三个代表"重要思想。团十六大提出学习科学发展观,并首次提出实践社会主义荣辱观的问题。可以看到马克思主义及马克思主义中国化的主要成果成为在团员中需要重点传递的意识形态内容。团十八大提出努力学习习近平新时代中国特色社会主义思想,在团员义务中添加"要积极参加志愿服务,实践社会主义核心价值观和社会主义荣辱观,提倡共产主义道德,弘扬中华民族传统美德"等新的思想要求,反映了在新时代对团员的新的思想要求。团十九大提出努力学习习近平新时代中国特色社会主义思想,在团员义务中添加"增强'四个意识'、坚定'四个自信'、做到'两个维护'",同时提出要对团员进行党的历史和团的基本知识教育,具有鲜明的时代特征。

四、共青团思想政治工作的对象——团干

对共青团组织来说,团章关于团干部队伍建设的内容和思想政治的要求是很晚以后才出现的。1982年团十一大顺利召开,在大会审议和通过的新团章中把团的干部队伍建设提到了重要的位置。新团章首次把"团的干部"专列一章,在第六章中作了较为详尽的规定。之所以作出这样的调整与修订,是因为团的干部是团的工作的骨干,而当时正值党领导的改革开放和社会主义现代化建设新时期,需要依靠各级团干部带领大家开创共青团工作的新局面。尤其是因为处于新老合作和交替的重要时期,党对团的干部寄予很大的期望。王兆国在《团十一大的工作报告》中就明确指出:"共青团已经拥有一支专职干部和不脱产的基层干部组成的宏大的干部队伍。这是我们开创团的工作新局面的决定性因素。加强团

干部队伍建设,不仅关系到当前团的工作的发展,而且关系到团对党的后备军作用的发挥。"由此可以看出新团章将团的干部建设作为重要内容单列一章,标志着团的干部队伍建设在新的历史时期已经被提到了一个极为重要的位置,这也是根据党中央的要求并联系团干部实际和社会的发展做出的调整与修改。

第六章"团的干部"包括主要内容有:

(1) 对团干部的定位。团的干部是团的工作的骨干。共青团要按照德才兼备的原则,大胆选拔年轻干部,保持团干部队伍年轻化的优势,努力实现团干部队伍的革命化、知识化和专业化,在"保留骨干、以资熟手"的同时,不断为党和国家输送年轻干部。

(2) 对团干部义务的规定。团的各级领导干部要作团员和青年的表率,模范地履行团员的各项义务,努力做到:①政治上要坚强。忠实执行党的路线、方针和政策,有为社会主义现代化建设献身的精神,敢于同各种错误思想和歪风邪气做斗争。②学习要刻苦。带头学习政治、经济、文化、科学技术和专业知识,不断提高马克思主义理论水平和工作能力。③工作要勤奋。有强烈的革命事业心和责任心,勤于思考,勇于创新,自己动手,多干实事,知难而进,积极主动地在青年中开展工作。④作风要扎实。朝气蓬勃,实事求是,发扬民主,敢想敢干,讲究实效,深入基层,调查研究,经常同青年谈心,做青年的知心朋友,不沾染官僚习气。⑤品德要高尚。克己奉公,助人为乐,团结同志,公道正派,诚实谦虚,有自我批评精神。

(3) 对团干部的管理。团的各级组织负有协助党管理团干部的责任。必须加强对团干部的选拔、培养和管理,建立正规的培训制度,办好各级团校和培训班;建立和健全团干部的考核制度;主动向有关党委和上级团委提出团干部的任免、调动的建议。团的各级组织要关心团干部的工作、学习和生活,努力帮助他们解决实际问题。对工作有显著成绩的团干部,团的组织应当给予表扬和奖励。按照党章规定参加党的会议的团干部,要认真领会党委意图,主动汇报团的工作,负责地发表意见,积极完成党委交给的任务等。以上内容之中对团干部义务的规定"政治上要坚强""作风要扎实""品德要高尚"集中了对团干部思想政治教育的核心要求。

1991年以后的团章基本沿用了团十一大团章的主要内容,在不同的时期略有修改。如团十三大加入"团干部要具有相应的马克思主义理论水平,掌握建设有中国特色社会主义的理论,立志改革开放,献身社会主义现代化建设事业"等内容。同时对作风要求和品德有了更为明确的要求:"要讲实话,办实事,求实效,不搞形式主义,不沾染官僚习气,认真为青年服务,做青年的知心朋友。品德上要顾全大局,公道正派,团结同志,助人为乐,诚实谦虚,清正廉洁。"

"有自我批评精神,自觉接受党员和青年的监督。"团十四大加入了"掌握邓小平理论"的要求。团十五大加上了"掌握'三个代表'的重要思想,要讲学习、讲政治、讲正气"的要求。团十六大加上了"带头贯彻落实科学发展观"的内容。团十八大提出:"团的干部是团的工作的骨干,必须坚定理想信念、心系广大青年、提高工作能力、锤炼优良作风。"同时要求:"团的各级领导干部必须做到忠诚干净担当,信念坚定、为民服务、勤政务实、敢于担当、清正廉洁。""带头贯彻落实习近平新时代中国特色社会主义思想,高扬理想旗帜。"

总之,政治方向感、工作作风、品德修炼成为对团干部进行思想政治工作的最重要的三方面,需要在不同的时期根据团的重点工作加以强化。

五、共青团思想政治工作的基层组织及功能

共青团思想政治教育工作要落到实处,最关键是基层组织的思想政治工作是否能在组织上覆盖,在活动上影响。共青团一路走来的基层单元设置和基层组织功能是我们可以切入的重要观察点。

1. 组织发展的基层单元设置

综观历史上的团章,团的组织分为三种类型,即团的中央组织、团的地方组织和团的基层组织。团的基层组织(以下简称"基层团组织")根据工作需要和团员人数,经上级团的委员会批准,可分别设立团的基层委员会、总支部委员会、支部委员会。基层组织是团的工作和活动的基本单位,是团和团的领导机关联系广大团员和群众的桥梁,是团在基层组织中领导团员和带领群众的战斗堡垒,是团的全部工作和战斗力的基础。

历史观察,团的基层组织单元一直都在变化之中(见表2),反映了中国社会的不断发展和变化及青年聚集方式的不断改变,团组织需要及时作出应对。

表2 历届团章中关于组织基层单元的设置

届 次	年份	对团的基层组织设置的描述
中国社会主义青年团第一次全国代表大会	1922	各工厂、各学校、各乡村及其他足资活动之机关中,有团员三人以上,即须组织小团体
中国社会主义青年团第二次全国代表大会	1923	各工厂、各铁路、各矿山、各农村、各兵营、各学校等机关及其附近,凡有团员三人以上者,即当组织支部

(续表)

届次	年份	对团的基层组织设置的描述
中国社会主义青年团第三次全国代表大会	1925	在工厂、铁路、矿山、农村、作坊、兵营、学校、商店等各机关及其附近,有团员三人以上者,即当组织支部,设书记一人
中国共产主义青年团第四次全国代表大会	1927	未修改
中国共产主义青年团第五次全国代表大会	1928	各工厂、作坊、大商店、乡村、街道、小市镇、军队,组织支部,支部团员大会——支部委员会。支部是中国共产青年团基本组织的单位,它的基础就是生产支部(工厂、铁路、矿山、海员、作坊、大商店、农村等),凡是在支部所在地工作的团员,都应该加入支部。团员不是在产业中做工的,如手工业工人、个别雇佣工人、家庭工作者、知识分子,可按照居住区域组织街道支部,或加入产业支部
中国新民主主义青年团第一次全国代表大会	1949	按照生产、职业和行政区域的划分,建立本团的各级组织机构:如每一工厂、企业、连队、学校、机关、街道、农村(或乡),有团员五人以上,即成立团的支部
中国新民主主义青年团第二次全国代表大会	1953	团的基层组织是团的基础,在一个工厂、矿山以及其他企业、农场、乡村、连队、机关、学校、街道等,凡有团员三人以上者,即成立团的基层组织
中国新民主主义青年团第三次全国代表大会	1957	在工厂、矿山、农场、商店、生产合作社、乡、连队、机关、学校、街道和其他基层单位建立起来的支部、总支部、团委员会
中国共产主义青年团第九次全国代表大会	1964	工厂、矿山、人民公社、农场、商店、连队、机关、学校、街道和其他基层单位建立起来的支部、总支部、团委员会
中国共产主义青年团第十次全国代表大会	1978	每一个厂矿企业、人民公社、机关、学校、商店、街道、人民解放军的其他基层单位,经上级团委批准,建立起来的团的支部、总支部、基层委员会

(续表)

届　　次	年份	对团的基层组织设置的描述
中国共产主义青年团第十一次全国代表大会	1982	工厂、商店、学校、机关、街道、人民公社、合作社、农场、乡、镇、人民解放军连队和其他基层单位，根据工作需要和团员人数，经上级团的委员会批准，建立团的基层组织
中国共产主义青年团第十二次全国代表大会	1988	工厂、商店、学校、机关、街道、人民公社、合作社、农（林、牧）场、乡、镇、人民解放军连队、武警部队中队和其他基层单位，根据工作需要和团员人数，经上级团的委员会批准，建立团的基层组织，其设置可以不完全与行政和党组织建制对应
中国共产主义青年团第十三次全国代表大会	1993	企业、农村、机关、学校、科研院所、街道、人民解放军连队、人民武装警察部队中队和其他基层单位，根据工作需要和团员人数，经上级团的委员会批准，建立团的基层组织，其设置应从实际出发，可以不完全与行政和党组织建制对应
中国共产主义青年团第十四次全国代表大会	1998	未修改
中国共产主义青年团第十五次全国代表大会	2003	企业、农村、机关、学校、科研院所、街道社区、社会团体、社会中介组织、人民解放军连队、人民武装警察部队中队和其他基层单位，凡是有团员三人以上的，都应当建立团的基层组织。团的基层组织设置应从实际出发，可以不完全与党组织和行政建制对应。适应街道社区、非公有制经济组织、社会组织等单位和领域的特点，灵活设置团的组织
中国共产主义青年团第十六次全国代表大会	2008	企业、农村、机关、学校、科研院所、街道社区、社会组织、人民解放军连队、人民武装警察部队中队和其他基层单位，凡是有团员三人以上的，都应当建立团的基层组织 团的基层组织设置应从实际出发，可以不完全与党组织和行政建制对应。适应街道社区、非公有制经济组织、社会组织等单位和领域的特点，灵活设置团的组织

（续表）

届 次	年份	对团的基层组织设置的描述
中国共产主义青年团第十七次全国代表大会	2013	添加"适应团员青年流动和分布聚集的特点，灵活设置团的组织"内容
中国共产主义青年团第十八次全国代表大会	2018	未修改
中国共产主义青年团第十九次全国代表大会	2023	在团的基层组织类型中添加了医院，表达了对医院团工作的重要性的认识

从上表可以看到，团组织的基层组织设置方式从单位走向社会，从与党组织和行政建制对应转向灵活设置团组织，照顾青年的流动性，反映了组织由机械式转向有机式，由封闭式转向开放性的发展趋势。思想政治工作的基层阵地需要不断地与时俱进，不断地创新、丰富、完善。

2. 团的基层组织思想政治工作功能

共青团历来十分重视其基层组织的作用，团的号召、主张等只有依靠支部才能具体深入团员与群众。团章中关于基层团组织的思想政治工作的职责的规定是一个不断丰富和完善的过程。

团五大首次将"支部"专门单列一章（第四章），明确团的基层组织的任务，即在青年群众中执行党和团的口号与决议；征收、教育新团员；考察讨论青年工人的实际生活状况和要求，指导他们政治经济文化斗争。此后的团章中一直保留着"团的基层组织"这一章。

新中国成立后，团的基层组织功能根据不同时期的时代特点不断地调整。

团六大团章第四章单独规定了"支部的日常工作"，指出："本团的基层组织，是团的支部。支部是团的工作和活动的基本单位。支部的经常性思想政治工作，主要包括组织和推动团内外青年的政治文化科学技术的学习，不断提高政治觉悟和业务知识；时刻注意密切地联系青年群众，经常了解并向本团领导机关反映青年群众的情绪和要求，适当解决当地青年群众的需要，进行青年文化娱乐、体育活动；检查团员的日常活动和学习，发扬切合实际的批评和自我批评等内容。"

团七大明确规定团组织的任务是："以共产主义精神教育青年，努力实现团和上级团委的决议，积极参加国家建设；动员团员和青年，积极学习政治、文化、科学与技术知识，经常参加体育、文化娱乐活动；关心改进青年的劳动水平与生活条件，提高他们的物质生活与文化水平；教育和监督团员履行团员的义务，保障团员权利；接收新团员并对他们进行团章教育。"这是团章中第一次提出"团章教育"问题。

团八大提出："基层组织的任务是：对团员和青年进行共产主义和时事、政策的教育。对团员进行团章教育，充分保障团员的权利。监督团员履行团员义务。"

团九大指出："基层组织是团的基础，是团的工作和活动的基本单位。"关于基层组织的任务是在前面原有的基础上添加了"组织青年学习马克思列宁主义、毛泽东思想，学习时事和政策""教育团员和青年时刻保持革命警惕性，同国内外敌人的破坏活动进行坚决斗争""对团员进行团章教育，领导团员开展批评和自我批评，并同违法乱纪的行为和官僚主义进行斗争"等内容。

团十大要求基层团组织更加充分发挥团结教育青年的核心作用。基层组织要对团员和青年进行思想政治工作，组织他们学习马克思主义、列宁主义、毛泽东思想，学习党的方针、政策，学习现代科学技术和文化知识。同时，还要宣传和执行新时期的总任务，教育、组织团员和青年在三大革命运动中，积极劳动、勤奋工作；增加了"带领团员和青年坚持走社会主义道路，同违法乱纪、贪污盗窃以及其他一切不良倾向作斗争""教育团员和青年学习、继承党的优良传统，发扬共产主义精神，树立新的风尚"等内容。

团十一大以后，团章中关于基层组织功能的描述逐渐稳定。

团十一大规定团的基层组织是团的工作和活动的基本单位，应该充分发挥团结教育青年的核心作用。它的基本任务是：①组织团员和青年学习马克思列宁主义、毛泽东思想，学习党的路线、方针和政策，学习科学、文化和业务。②宣传、执行党和团组织的指示和决议，充分发挥团员的模范作用，团结、带领青年努力完成党交给的任务。③教育团员和青年向老一辈无产阶级革命家学习，继承党的优良传统，发扬共产主义精神，树立新的风尚。④教育和带领青年坚持走社会主义道路。同一切危害国家和集体利益的不良倾向，以及国内外敌人的破坏活动进行坚决的斗争。⑤了解和反映团员与青年的思想、要求，维护他们的权益，关心他们的学习、工作、生活和休息，开展文化、娱乐、体育活动。⑥接收团员，收缴团费，办理超龄团员的离团手续，表彰先进，执行团的纪律，推荐优秀团员做党的发展对象。

团十三大对团的基层组织的任务的规定作了充实和调整。把组织团员青年学习建设有中国特色社会主义的理论作为基层工作的首要任务，要求基层组织宣传党的路线、方针和政策，发扬社会主义道德风尚，树立与改革开放和社会发展相适应的新观念，自觉抵制不良倾向，坚决同各种违法犯罪行为作斗争。团十四大明确要组织团员和青年学习马克思列宁主义、毛泽东思想和邓小平理论,学习党的路线、方针和政策,学习科学、文化和业务。团十五大明确要组织团员和青年学习马克思列宁主义、毛泽东思想、邓小平理论和"三个代表"重要思想,学习科学发展观,学习党的路线、方针和政策,学习科学、文化和业务。团十六大添加了"学习科学发展观,学习法律,为社会主义经济建设、政治建设、文化建设、社会建设作贡献"的内容。值得注意的是本次修改团章时将原来团章中规定的团支部功能"对团员进行教育、管理"改为"对团员进行教育、管理和服务",体现了基层思想政治教育的服务理念的逐渐突出。团十七大增加了"积极创先争优"的内容。团十八大在以往的基础上增加了"学习团章和团的基本知识"的内容,要求基层团组织弘扬网上主旋律,落实"三会两制一课"。这次比较突出的是添加了单独一段,指出:"团支部是团的基础组织,担负直接教育团员、管理团员、监督团员和组织青年、宣传青年、凝聚青年、服务青年的职责。"在新时代强化了基层团支部的教育引导功能。

总之,从历史上团章的变迁中可以看到团的基层组织的政治性功能如何体现(主义如何落地?),思想教育的重点需要放在什么地方(引导还是服务?),如何处理基层信仰、利益和情感之间的关系是今后需要探索的重大核心命题。

六、共青团思想政治工作的方法

综观共青团一路走来,团章中所反映的思想政治工作方法有哪些呢?

1922年通过的《中国社会主义青年团纲领》中教育方面提道:"(一)关于社会教育社会主义的青年,应为所在地方的青年无产阶级组织俱乐部、学校、讲演会,以发展他们的知识和社会觉悟,并刊发通俗的日报、月报、小册子。对于青年农人也应特别注意。又应使年长失学的青年受普通教育。(二)关于政治教育社会主义的青年应宣传社会主义于大多数青年无产阶级。其方法或集会讲演,或刊行出版物和小册子,并特别讲述中国政治情形及其他种种情形,以启发并养成青年无产阶级的政治觉悟及批评力。"可见在当时演讲和创办刊物和读物是最重要的思想政治教育方法。

1923年8月通过的《教育及宣传决议案》是一篇生动地反映共青团初建时期思想政治教育方法的文献,具体阐述了思想政治教育的一系列原则。

要照顾青年的特点。如:"教育工作是本团根本工作之一,以共产主义的原则和国民革命的理论教育青年工人、农民、学生群众是本团最重大的责任。青年群众富活泼冒险的精神,少具成见而思想新颖,勇于有为,本团应注意此等青年特性，施以革命的教育。"

要以青年的利益为起点。如："教育青年应以向他们宣传改良目前利益为起点（如青年工人、学徒之工作苦况；学生在学校的生活，他们所受的古典、机械和非政治的教育等），以此引导他们改造社会的思想，以至国民革命和共产主义的理论。团员须竭力避免武断的社会主义的理论宣传。这种空想的与实际社会生活不接触的教育，只是使我们与群众隔离，恐怕我们的团体因此反而有变成宗教式团体的危险。青年群众也易中资产阶级教育之毒。"

要分类引导，步骤细致。如："中国工业不发达，劳动阶级幼稚，缺乏阶级的意识，青年农民、工人更是最受压迫者和无教育者，我们对这班青年工人、农民、学徒的教育：（1）应明白告诉他们工厂生活的苦况，工头与师傅加于他们的压迫，和他们与成年工人之不平等，使他们感觉不安；（2）须教育他们工会、佃农及雇农协会之重要与组织，供给他们以材料；（3）解释资本主义生产的几种特性以及共产主义基本原理的通俗宣传；（4）外国青年工人的消息；（5）短篇小说、故事歌词、讽刺图画；（6）普及注音字母之教育；（7）青年工人之职业教育（如路矿及其他近代机器技艺以及英文、算学等常识，也应当注重）。以上各种教育方针当在已有工会所设学校内实行，没有此等学校的地方应当竭力设法利用团外的此等机关（如乡村小学、学生会或基督教青年会所设平民补习学校、政府所设宣讲所等）。"又如："对学生的教育（宣传）应当：（A）常向他们分析目前的政治状况和讨论临时发生的政治问题；（B）介绍其他殖民地被侵略的状况和革命运动的情形，以助长国民革命的思想；（C）供给关于经济的材料；（D）介绍唯物主义的学说以医治学生界空想之病；（E）编译革命文艺，以振作学生的革命精神。为达以上之目的，也当利用团外的报纸杂志。"

要重视口头等生动的方式。如："本团的教育工作，不仅限于文字定期刊物和小册子的宣传，尤其注重口头的和其他方式的。个个团员应自认是一个煽动家，在群众中须不断地活动，利用各种机会在群众集会和个人谈话中宣传我们的主义，个人谈话尤为重要。在没有工会的地方，工会的组织法和国民革命的教育应由本团担任。对于有工会的地方的青年工人应利用机会组织晚会，以讲故事和种种娱乐等方法辅助宣传。有时也可组织特别讲演，在短时间内对某问题作有系统之介绍。""对于学生团员，应当组织或参加各种辩论会、讨论会。游艺会之组织和革命诗歌之介绍，也为必要之工作。团员在各地学生中须提倡公众旅行，在旅行中传播我们的主义。""对于本团团员的教育，须组织特别讲演在理论上和工作方法上，作有系统之教育。对于各种地方的或全国的政治问题主张除接受各级执行委员会的训令外，须开会讨论，讨论结果，团员方有所根据，向民众中作一致的宣传。""本团对于体育运动应当注意。若有可能，则组织青年工人体育运动会，学生中也是如此。我们的体育运动应当是集合的共同生活的体育练习，而不是资产阶级之个人主义的虚荣竞赛运动。尤其当与外国帝国主义的基督教青年会之体育运动奋斗，揭穿他们鼓惑青年学生、工人之伎俩。"

新中国成立以后相当长一段时间，从团章来看，说服教育、典型示范和表彰先进是青年思想政治工作的具体方法。如团七大团章中讲："青年团要时刻关心群众的生活，倾听群众的意见，虚心向群众学习，并以说服教育的方法和团员的模范行动吸引广大青年紧密地团结在党的周围。"团八大指出："以团员的模范行动示范和说服教育的方法带动青年不断前进。青年团要善于按照青年的特点，采用生动活泼的工作方法，开展有益于社会主义建设和促进青年健康成长的独立活动。"团九大提出："要充分运用说服教育、典型示范和表彰先进的方法，扎扎实实地进行工作。"

此后，团章中基本没有提及思想政治工作的方法，但从团十三大以来，团章中新添了对团自身建设的基本要求，在后面的团章中得到进一步明确和完善，成为指导团创新思想政治工作方法的重要方向。团十六大团章中明确："中国共产主义青年团要完成现阶段的基本任务，必须以改革创新精神全面推进团的建设。要发扬优良传统和作风，生动活泼、富于创造性地开展工作，把共青团建设成为团结教育青年的坚强核心。"规定："团的建设必须贯彻的基本要求包括：坚持党的基本路线不动摇、坚持党建带团建、坚持先进性与群众性的统一、坚持把竭诚服务青年作为团一切工作的出发点和落脚点，更好地吸引和凝聚青年、坚持民主集中制、坚持不懈地抓好基层建设等原则。"

团十八大提出："中国共产主义青年团要完成新时代的基本任务，必须毫不动摇坚持中国特色社会主义群团发展道路，把握政治性这一灵魂，聚焦先进性这一重要着力点，立足群众性这一根本特点，深化团的改革，全面从严治团，不断提高团的建设科学化水平。要发扬优良传统和作风，生动活泼、富于创造性地开展工作，把共青团建设成为团结教育青年的坚强核心。团的建设必须贯彻以下基本要求：坚持党的领导，坚持把帮助青年确立正确的理想、坚定的信念作为首要任务，坚持民主集中制，坚持改革创新，坚持从严治团。"

在"坚持党的领导"中强调："全团要坚持党的基本路线不动摇，用邓小平理论、'三个代表'重要思想、科学发展观、习近平新时代中国特色社会主义思想和党的基本路线统一思想和行动，团的各项工作都必须服从和服务于经济建设这个中心，必须把坚持改革开放和坚持四项基本原则统一起来，使党的基本路线在团的工作中得到全面贯彻。要牢固树立政治意识、大局意识、核心意识、看齐意识，坚决维护习近平总书记党中央的核心、全党的核心地位，坚决维护以习近平同志为核心的党中央权威和集中统一领导，坚决贯彻党的意志和主张，严守政治纪律和政治规矩。要坚持党建带团建，把党的要求贯彻落实到团的建设之中，使团的建设纳入党的建设总体规划，同部署同检查同总结。"

在"坚持把帮助青年确立正确的理想、坚定的信念作为首要任务"中强调："必须站在理想信念这个制高点上，牢牢把握为实现中华民族伟大复兴中国梦而奋斗的时代主题，激发广大青年的历史责任感和奋斗精神，组织动员广大青年走在时代前列。要围绕保持和增强团员先进性这一时代课题，切实增强团员的光荣感，发挥团员的模范作用。"

在"坚持从严治团"中指出："要把严的标准、严的措施贯穿于从严治团全过程和各方面。坚持依规治团，建立健全团内规章制度体系。首先从团干部严起，重点加强对团的领导机关和领导干部的管理和监督，坚决反对机关化、行政化、贵族化、娱乐化倾向。按照增强政治性、时代性、原则性、战斗性的要求，加强和规范团内政治生活，发展积极健康的团内政治文化，营造风清气正的良好政治生态。"

从这些原则可以看到，总体来说，思想政治工作的方法要在坚持党的领导、增强服务内涵、照顾青年特点、完善教育制度、注重基层引导上大下功夫。团十八修改的团章对团的思想政治工作方法提出了更加严格的要求，这是时代发展的必然要求。

七、共青团思想政治工作的外形构建

这里指的外形构建是指共青团组织文化的外在表现部分，组织的文化是组织思想政治工作效果获得优化的重要因素。结合共青团的思想政治教育的目标，共青团文化外形构建基本体现在团旗、团徽、团歌、团员证、团的誓词上。

关于团旗，团十大规定："中国共产主义青年团团旗旗面为红色，象征革命胜利；左上角缀黄色五角星，周围环绕黄色圆圈，象征中国青年一代紧密团结在中国共产党周围。"后来其他未变，增加了"团的重要会议和团的活动可以使用团旗"。

关于团徽，团十大规定："中国共产主义青年团团徽中间红太阳光芒四射，团旗迎风飘扬，周围是齿轮和麦穗，它象征着共青团在毛泽东思想的光辉照耀下，团结各族青年，朝着党所指引的方向奋勇前进。"团十一大作了修改："中国共产主义青年团团徽的内容为团旗，齿轮，麦穗，初升的太阳及其光芒，写有

'中国共青团'五字的绶带。它象征着共青团在马克思列宁主义、毛泽东思想的光辉照耀下，团结各族青年，朝着党所指引的方向奋勇前进。"

关于团歌，团十二大规定："中国共产主义青年团代团歌为《光荣啊，中国共青团》。"团十五大正式确定中国共产主义青年团团歌为《光荣啊，中国共青团》。歌词为："我们是五月的花海，用青春拥抱时代。我们是初升的太阳，用生命点燃未来。'五四'的火炬，唤起了民族的觉醒。壮丽的事业，激励着我们继往开来。光荣啊，中国共青团，光荣啊，中国共青团。母亲用共产主义为我们命名，我们开创新的世界。"

关于团员证，团十二大规定："中国共产主义青年团团员证封面为墨绿色，象征着青春和朝气蓬勃的青年运动；封面上方有红色烫金团徽，象征着共青团是团结教育青年的核心。团员证的作用是：证明团员资格和政治身份，转接团员组织关系，记载团员获得的团内奖励，进行年度团籍注册，作为团员超龄离团的纪念。"团十三大指出："团的组织和团员应按规定使用团员证。"

团十八大去掉了"团员证"一章，主要是电子证书的出现使得团组织与时俱进，方向是适应新时代，建立新的团员身份证明体系。

关于团的誓词，团十一大誓词如下："我志愿加入中国共产主义青年团，坚决拥护中国共产党的领导，遵守团的章程，执行团的决议，履行团员义务，严守团的纪律，勤奋学习，积极工作，吃苦在前，享受在后，为共产主义事业而奋斗。"此誓词自制定后一直未有改动。

团旗、团徽、团歌、团员证、团誓词是共青团组织文化的外在形式，最能体现组织在外人中的直接认同，穿插在共青团的思想政治工作活动中，对组织思想政治教育工作的深化无疑具有重要的作用。

八、共青团思想政治工作的一体化发展

从中国的政治发展来看，共青团思想政治工作主要集中于青年人，从一个人政治社会化的历程来看，此前的经历和此后的经历也特别重要，这就是我们需要关注的思想政治工作的党、团、队一体化问题，在团一路发展历程中，共青团组织努力发展这种关系，促进了思想政治工作一体化的发展。

1. 发展中的党团关系

党团关系在社会主义青年团成立初期非常密切，共产主义小组成员不论年龄大小，全部加入青年团，在建党过程中同时也为青年团的创建作出了巨大贡献。在中国共产党成立后，党团关系则更为密切，青年团不仅在政治上、组织上接受

党的领导，党的领导人甚至亲自参加青年团，直接参与青年团的领导工作，使青年团成为当时党领导下的一股重要的革命力量。

然而随着党团组织的发展，党团关系亟须进行进一步协调，青年工作的方向亟待明确。团二大于1923年召开，大会通过了《本团与中国共产党之关系的决议案》，其中提到大会决议本团与中国共产党的关系完全依照共产国际第三次大会"关于共产国际与共产少年运动决议案"第五章之规定。其主要内容有"团的组织独立，政策上完全服从C. P.""C. P. 与 S. Y. 中央开会时互派代表""C. P. 应尽力援助 S. Y."。在1928年团五大通过的团章中规定"中国共产主义青年团是无产阶级青年独立的组织，在中国共产党的政治指导之下工作，服从他的章程和纲领"，并将党团关系在团章中单列一章，写在第十五章（这也是唯一一部单独将党团关系列为一章的团章），"本团和党自上级机关至下级机关，互派代表参加会议""各级团部委员会，经常在各级党委员会中报告自己的工作""党与团遇有意见冲突时，应提交党和团上级机关解决"。初期确立的这些规定虽然不尽完善，但是对于党指导青年团的工作及后来的青年运动具有深远的意义。

在新民主主义革命时期，由于客观历史环境的瞬息万变，青年团的组织形式和正式名称数经反复，与此同时，党团关系也有着相应的不同程度的变化。团六大通过的新团章中在"总则"部分提出"团是中国共产党领导下的先进青年的群众性组织"。团七大团章规定中国共产主义青年团是中国共产党领导下的中国先进青年的群众组织，是中国共产党的助手。1956年，党的八大通过的章程中对党团关系作出了明确的规定，其中包括"青年团在中国共产党领导下进行自己的工作。青年团中央委员会受党中央委员会的领导。青年团的地方各级组织同时受同级党组织和青年团上级组织的领导""共产主义青年团是党的助手""各级党组织应当密切地关怀青年团的思想工作和组织工作，领导青年团用共产主义精神和马克思列宁主义的理论教育全体团员，注意保持青年团同广大青年群众的密切的联系，并且经常注意青年团领导骨干的选拔""共产主义青年团团员在被接收入党并且转为正式党员以后，如果在青年团的组织内没有担任领导工作和专门职务，应当脱离共产主义青年团"。1957年团八大通过了新的团章，将党的政治领导正式写进了团章。此后，在团十一大团章中增加了"共青团是党的后备军"的定义。团十五大第一次写入"坚持党建带团建"内容。把党的要求贯彻落实到团的建设之中，使团的建设纳入党的建设总体规划。这些新的修改固化了中国共产党和中国共青团的关系。团十八大以后大大强调了党的领导作用，强调了中国共青团贯彻党管青年的原则，强调了团要为党做好青年群众工作。在共青团建设中必须注意坚持党的领导,牢固树立政治意识、大局意识、核心意识、看齐意识,坚决维护习近平总书记党中央的核心、全党的核心地位,坚决维护以习近平同志为核心的党中央权威和集中统一领导,坚决贯彻党的意志和主张,严守政治纪律和政治规矩等。

2. 发展中的团队关系

最早的少先队组织是一种群众工作扩大覆盖面的平台。1929年《少共国际纲领》中就指出:虽然共产青年团是一个群众的组织,但依然不能取消其他非党的组织的特殊作用,却正是为了争取群众,使团发展,团在某种条件下,很需要一种特殊的附属青年组织,以完成某种特殊的任务。这种附属组织是一种所谓"过渡的带",使团与群众,有更密切的关系。它们可以成为独立的组织,也可以在工人阶级的群众组织范围中,与之发生一种联系(如一种"红色少年先锋队"典型的组织,特殊形式的青工工会组织——青工委员会、青工部、体育团体、无产者自由思想团体、文化团体、青农组织等)。

虽然在新中国成立前,党创立和领导的少年儿童革命组织主要有大革命时期的劳动童子团、土地革命战争时期的共产儿童团、抗日战争时期的少年儿童团和解放战争时期的少年儿童团等,在革命战争中为新中国成立发挥了巨大的作用,但从团章上看,都没有和团组织建立更为密切的关系。新中国成立初期,团六大通过的纲领中把领导少儿工作列为六项工作任务之一。同年10月,团中央发布《关于建立少年儿童队的决议》《中国少年儿童队章程草案》就有关问题作了说明,此后少年儿童工作逐步展开。

1953年,我国开始实行国民经济建设的第一个五年计划和对农业、手工业、资本主义工商业的社会主义改造。团七大为了更确切地反映少儿组织的性质、任务和适应少年儿童们的愿望,把"中国少年儿童队"更名为"中国少年先锋队"。团中央在文件中对"先锋"的含义做了阐明,指出以"先锋"命名少儿组织的目的在于教育少儿学习先锋们的榜样,申明改名并没有改变队的性质和任务。并首次在团章中明确指出"青年团受党的委托,在初中、小学及其他少年儿童集中的地方,建立中国少年先锋队的组织"。

团七大正式在团章第七章"中国少年先锋队组织"中制度化规定了中国少年先锋队组织的建设原则,指出:"少年先锋队在学习和各种集体活动中教育少年儿童,培养他们成为爱祖国、爱人民、爱劳动、爱科学、爱护公共财物,健壮、活泼、勇敢、诚实的新一代。少年先锋队教育队员,好好学习、遵守纪律、团结友爱,准备为建设祖国事业、为实现毛泽东主席的伟大理想而奋斗。"

团八大在团章"中国少年先锋队"一节中进一步明确"少年先锋队以共产

主义精神教育少年儿童",并在培养的内容中新添了"要培养儿童的创新精神"等内容。

团九大指出:"要引导少先队员好好学习、天天向上,成为爱祖国、爱人民、爱劳动、爱科学、爱护公共财物和诚实、勇敢、活泼、团结的新一代。"

团十三大以后,团同少年先锋队的关系趋于成熟稳定,在团章中明确规定:"中国少年先锋队是中国少年儿童的群众组织,是少年儿童学习中国特色社会主义和共产主义的学校,是建设社会主义和共产主义的预备队。中国共产主义青年团受中国共产党的委托领导中国少年先锋队的工作。共青团要发扬'全团带队'的传统,健全少先队组织的各级工作机构,支持少先队创造性地开展活动,保护和关心少年儿童的成长,坚持以社会主义思想和共产主义精神教育少年儿童,引导他们听党的话,好好学习,天天向上,爱祖国,爱人民,爱劳动,爱科学,爱护公共财物,锻炼身体,培养能力,努力成长为社会主义现代化建设需要的合格人才,做共产主义事业的接班人。中国共青团组织应加强对少先队员入团前的培养教育,少先队组织应积极推荐优秀少先队员做团的发展对象。"该届团代会制定的团队关系一直沿用至今。

团十八大指出:"中国共产主义青年团受中国共产党的委托领导中国少年先锋队的工作。中国共产主义青年团是中华全国青年联合会的核心团体会员,发挥主导作用。中国共产主义青年团在中国共产党的领导下,指导中华全国学生联合会开展工作。"进一步明确了团和少先队等对其他青少年组织的政治联系。

总之,思想政治工作是一个系统化的工程,中国的党团队一体化的政治社会化的格局的形成,反映了政党制度的发展,它确保思想政治工作前后连贯性和一致性,这正是共青团日渐成熟的标志。

第三章

改革从严　重塑形象

第八节

政党青年组织功能与中国共青团发展

中国共产党明确指出：马克思主义的政党只有赢得青年，才能赢得未来。党的事业离不开青年，青年的成长更离不开党。这是中国共产党总结过去青年工作的经验，结合当代青年的实际提出的关于青年工作的重要论断。实质上，政党和青年问题，或者说政党和下一代问题从来都是各国政党发展传承所关注的重要问题。政党如何更好地"赢得青年"？这是当前需要高度重视并加以研究和探索的重要理论课题。政党要赢得青年，就要充分认识政党青年工作的重要意义；要赢得青年，就要用正确的观念看待当代青年；要赢得青年，就要充分发挥政党青年组织的作用；要赢得青年，就要重视青年干部的选拔和青年人才的培养。在此基础上，政党的工作将通过党的青年工作、政府青年事务、社会青年工作等多种形态得以呈现，得以完善。

政党青年组织是政党赢得青年的重要载体，在政党的发展战略中有着不可替代的作用。政党要赢得青年，就要关心青年的现实问题从而赢得青年，同时也关注自身青年组织的发展，更大程度地争取青年群众的支持。从世界政党青年组织来看，呈现出青年组织多样化和青年组织领袖素质差异化的特点，但都围绕着支持的政党利益开展工作，从政党青年组织的领袖成为政党领袖也不乏个案。政党青年组织的研究有着丰富的实践基础。

当前青年政治参与的冷漠化问题是各国政党领袖面临的普遍性难题。在西方国家，由于市场化、全球化、网络化的深度影响，传统的政治生活已开始发生变化，群众对政府和政党都更增添了许多不信任的因素，加之政党的逐渐中间化、选举表态和实际行动的差异，使得人们对政治"游戏"已变得不太热心。青年参与政治生活较以往变得更加"冷漠"，政党竞选青年投票率是非常头痛的问题。因此要获得选票需要开展大量艰辛的工作，这对西方政党都是巨大挑战。相比较而言，中国并没有西方竞选的政治格局，但同样有民心的获得问题，青年的"去政治化"和"政治冷漠"倾向同样要引起高度关注，要加大构建和谐的政治文化，特别要关注青年政治意识形态的产生和政治心理（认识、情感、动机、态度、信念）发展及政治思想的形成，关注其政治社会化的过程，系统优化青年政治社会化的环境。在这个过程中，政党青年组织可以发挥重要的作用。

政党青年组织充当着政党的助手和后备军的角色，具有鲜明的阶级性、强烈的组织性和纪律性。政党青年组织的功能需要在政党和青年的关系中去把握，在整个青年政治社会化的系统中去把握。同时政党的青年组织为政党所做的事情归根结底是两件：一是探索政党的政治和组织行为在青年中的实现路径和方式。二是探索党的意识形态在青年中的传播路径和方式。这是政党青年组织的最本质的功能，揭示了政党青年组织存在的最重要的价值，包含着政治学、政党学、新闻传播学、青年学和青年组织学的诸多重大理论问题。

一、政党青年组织：存在本质与系统环境

政党青年组织存在的本质源于政党和青年的关系，同时该关系还需要在政治文化的系统环境中去把握。

一方面，政党青年组织之所以存在，需在政党和青年的关系中去把握。从政治学的角度考察，青年期是一个人从政治的不成熟状态走向成熟状态的过渡时期，其重要任务是要接受良好的教育和政治素质的培养。在这个时期，一个人政治主体性逐渐显现，政治的利益观念逐渐生成。青年既是社会政治环境的产物，同时也是社会政治生活的参与者和创造者。作为政党来讲，赢得青年才能赢得未来，青年是社会的推动力量，政党的青年组织是政党的有生推动力量。一个政党要获得青年的支持，就要把握政治生活和青年的互动关系，政党和青年的互动关系，青年组织和政党的互动关系。政党要赢得青年，既要将政党的意识形态和行为规范影响青年，又要善于从青年中吸纳新鲜力量和活力因素，从而实现其发展和对青年的深远影响。

另一方面，要在政治文化大的系统中把握政党青年组织所能发挥的作用。国家的政治文化传统深深影响着青年人。青年人政治意识和政治心理（认识、情感、动机、态度、信念）是在青年政治社会化大的环境中形成的，各社会化主体，包括家庭、学校、伙伴群体、单位、社区和大众传播工具（如电视、广播、报纸、杂志、网络、手机）等无时无刻不在影响着青年的政治社会化进程。同时也是在一个人从少年儿童到青年的人生经历实践中形成的，成长过程中的家庭成员、学校老师、单位领导和同事也对青年发生深刻的影响。政党青年组织影响青年的过程需要在这个大系统中把握，政党青年组织的功能也需要在这个大系统中科学定位。

二、政党青年组织：探索政党政治和组织行为在青年中的实现路径和方式

政党青年组织承担着为政党探索政党政治和组织行为在青年中的实现路径和方式的重要任务。政党政治和组织行为指的是一个政党成员所持的政治行为规范和政党组织运行格局及制度构建。其中，组织结构问题、组织骨干问题和组织行为问题是其最重要的三方面。

1. 组织结构问题

政党青年组织结构应该如何构建？最重要的评价标准是其覆盖青年程度。政党青年组织要致力覆盖面更广的组织结构设计。在此方面，组织系统格局是宏观设计，基层组织是战略资源。首先，是组织如何建立的问题。是以社区为单位，还是以职业领域为单位，还是以兴趣为单位？是简单的直线形结构，还是横纵交叉的矩阵形结构？这都需要政党青年组织在实践中探索创新。其次，是要探索政党青年组织和其他青年组织、青年自组织的关系构建问题。是政党青年组织将组织植入其他组织，还是仅仅加强联络，还是按照自组织发生的规律建立政党青年组织等，这都需要在实践中做出探索。

2. 组织骨干问题

政党青年组织骨干是政党影响青年的重要带动力量。如何选拔、培养、管理和激励组织骨干？如何加强政党青年组织培训和提高素质？如何吸纳社会中有影响力的青年领袖进入政党青年组织是政党青年组织着力解决的问题。要通过青年组织骨干的工作尽量扩大政党的支持力量，减少政党的反对力量，并通过他们影响更多的青年。

3. 组织行为问题

组织结构解决了覆盖问题，组织骨干解决了工作的主要动力问题，在此基础上政党青年组织如何使青年形成适合政党的政治行为是最为关键的任务。特别是进行政治参与的行为训练（包含选举、参与决策、结社、表达等领域）是政党青年组织的主要工作。引导青年形成适合政党的投票和选举行为，参与公共决策的方式和行为，结社行为和表达习惯等都构成其中重要的内容。同时基于政党青年组织的特点，发挥青年的创新力量，政党青年组织也可以成为政党活力保持的重要推动力量，在这方面可以进行巧妙的制度设计，形成更加具有创新风格的行为方式。

三、政党青年组织：探索政党意识形态在青年中的传播路径和方式

政党青年组织承担着为政党探索政党意识形态在青年中的传播路径和方式的重要任务。政党意识形态是政党的行动导向的信念体系，是一套以某种方式指导和激励政治行为的相互联系的思想观念。寻找合适的传播路径促进青年认可政党的核心政治价值观是政党赢得青年的首要前提，政党青年组织要将此当作首要任务。在此方面需要探索的主要包括以下问题。

1. 深入研究青年的需要、利益权益与政治意识形态的接受关系

青年的需要、青年利益和青年权益是青年政治心理和政治思想的源泉，政党青年组织要赢得青年，一定要俯下身来，切实服务，远离空洞的口号和不切实际的幻想。和其他群体相比，青年的需要包含生存的需要，特别是生活和健康的需要、就业和择业的需要、恋爱和婚姻的需要；社群的需要，特别是交往和友谊的需要、社会参与的需要、自尊和荣誉的需要；发展的需要，特别是教育与成才的需要、娱乐和审美的需要、理想和成就的需要等。青年的需要结构具有明显的特点：一是青年需要的独特性，二是青年社群需求和发展需求的强烈性，三是需要的可塑性。青年需要的特点决定了青年利益的构成及其矛盾关系，直接决定了青年公共参与的内在规律。

青年利益是处于社会关系中的青年的需要。需要的满足也需要物质和文化及制度的条件。青年这种需要的满足状况取决于社会利益矛盾冲突的最终结果。从经济上说，社会总体利益与其他社会群体的利益和青年利益之间有矛盾；从政治上说，"有权有势"和"无权无势"者（青年往往是该群体的主体）之间存在着利益矛盾。从文化上说，社会传统文化和作为亚文化的青年文化之间有或多或少的矛盾冲突。这种冲突最终所形成的利益结构决定了青年利益满足的状况。

如何才能让青年接受政党的意识形态？这需要考虑在各种矛盾中政党对青年利益的满足程度。如果说青年和政治有关系，那么这种关系就是在青年个体利益和团体利益（包括家庭、学校、组织）及社会利益的矛盾中展开，这种关系就是在青年群体和其他社会群体及社会整体利益的矛盾中展开，就是在青年强烈的理想精神利益和社会现实利益的矛盾中展开。这种矛盾冲突的结果直接决定了青年政治生活的状况。因此政党青年组织要学会分析利益格局，顺势而为，凝聚吸引青年。

2. 深入研究不同层次类型的青年特点与意识形态的接受方式

青年有不同的层次、不同的类型，对政党意识形态的理解也会有所不同。一方面政党青年组织系统内的不同层级应有不同的工作侧重。越到高层级，越要关注政治纲领的定位和政治执行力的打造，而越到基层，政党青年组织服务与关怀功能需要强化，由权力运行转到服务社会、凝聚群众、巩固执政。对于最普通的青年群体，则需要去掉过分文字化的政治标签，大力发挥感情、魅力、信息等关键因素的作用。另一方面不同类型的青年有不同的利益和需求，需加以理解和关照，采取不同的工作方式方能奏效。

3. 关注青年人的话语体系和语言路径

政党的意识形态在青年中得以有效传播取决于其传播方式符合青年人接受传播的规律和路径。新闻传播学中拉斯韦尔的五要素分析同样适合于对青年接受意识形态传播的研究：要关注谁，说了什么，通过什么渠道，向谁说，有什么效果。深入研究人际传播（老乡、同学等）、组织传播（角色、意识、文化传播，组织间传播、组织形象传播、危机传播）、大众传播、文艺传播、跨文化传播等多种传播方式在青年中传播的效果，并加以利用。总之，只有适应青年人的话语体系和语言路径，采用青年喜闻乐见的形式宣传组织的主张，才能最终凝聚组织成员的情感。

四、在实践中不断发展的中国共青团

中国共青团是中国共产党重要的青年政治组织。团章中明确规定：中国共产主义青年团是中国共产党领导的先进青年的群团组织，是广大青年在实践中学习中国特色社会主义和共产主义的学校，是党的助手和后备军。马克思主义青年观认为，青年只有组织起来才有力量，党的组织应该尽力协助青年实现其组织起来的愿望，把青年吸引到各种组织中来，共青团就是团结教育青年的核心组织。1949 年，中国共产党中央在建团决议中讲述建立共青团组织意义时就指出："只有很好的组织中国青年中的积极分子，才能使中国广大的青年群众有一个巩固的核心，在全国青年群众中进行不懈的工作。否则就不能很好的团结全中国的青年群众。"《中国共产党章程》中有专门一章论述了党和共青团组织的关系，表明了共青团组织的特殊性。

进入新时代，中国共青团站在了新的历史起点上，机遇和挑战并存，在转型社会中探索发展，对于这样的一种转型，早在共青团十六届六中全会中就总结为三大挑战。一是党的历史方位和形势任务发生了变化。从革命党向执政党转变，从计划经济条件下的执政党向市场经济条件下的执政党转变。二是青年的政治意识表达方式发生了新变化。青年的政治意识在常态下有所淡化，但出现重大事件时会有极端化表达。三是信息技术发展和工业化、城镇化进程对青年的生活方式、行为方式、交流方式和聚集方式带来了深刻的影响。面对挑战共青团组织要继续发挥好政党青年组织的重要作用，巩固党的青年群众基础，深刻认识其功能和新时期发挥功能的方式，在政党大的发展中寻求自身的进一步发展。从政党和政党青年组织的关系看，当前共青团组织能不能实现创新和发展最主要取决于是否"有位置"和"有作为"双重因素。

首先，要"有位置"，作为政党青年组织的位置要继续巩固和强化。要赢得青年，就需要发挥政党青年组织的作用，各级党组织要支持共青团的工作。邓小平同志在党的八大上所作的《关于修改党的章程的报告》中曾说："党章草案指明了党同青年团的关系，要求各级党组织密切的关怀青年团的思想工作和组织工作，领导青年团用共产主义精神和马克思列宁主义的理论教育全体团员，注意保持青年团同广大青年群众的密切联系，并且经常注意青年团领导骨干的选拔。""我们相信，各级党组织一定不会在执行这些任务时吝啬自己的精力。"今天，对于共青团工作党组织更不要吝啬自己的精力，要从党和国家事业薪火相传、后继有人的战略高度，关心青年一代的成长，坚决支持共青团根据广大青年的特点和需要，生动活泼地、富于创造性地进行工作，充分发挥团的突击队作用和联系广大青年的桥梁作用。要坚持党建带团建，将团的工作纳入党的工作体系。党建带团建是共青团建设的重要原则，也是党建的重要任务。要切实加强对共青团的领导，坚持以党的建设带动团的建设，支持共青团依照法律和自己的章程独立自主、创造性地开展工作，为共青团更好地发挥作用创造条件。坚持党建带团建，是因为党建和团建有着共同的目标，即都要服从于、服务于党的历史任务，同党为实现这些任务而确立的政治路线紧密联系。对于党建、团建工作，党组织要把它们看作一个整体，一起研究、一起部署、一起落实、一起考核、一起出成果。

其次是要"有作为"。这需要共青团组织始终坚持正确的工作方向，积极推动工作不断创新。在工作思路上要创新。团组织要紧密结合国内外形势的发展变化，紧密围绕党和国家的工作大局，主动适应我国改革发展的深入推进，深入思考新形势下发展的重大课题，精心谋划共青团工作的创新思路，使共青团工作更好地体现党的要求，符合时代发展的需要。在工作方式上要创新。团组织要根据当代青年的状况和特点，不断创新工作方式，丰富活动内容，使共青团工作既能符合党的要求、体现团的性质，又能为广大团员青年所接受、所欢迎。在自身建设上要创新。团组织要主动适应社会结构发生的重大变化,适应社会经济成分、组织形式、就业方式、利益关系和分配方式日益多样化的新情况,合理设置团的组织,扩大团的工作的覆盖面,把更多的青年纳入团的活动中来,增强团组织的吸引力、凝聚力和战斗力,发挥好党联系广大青年的桥梁和纽带作用。要深入研究和着力解决共青团在探索政党政治和组织行为在青年中实现路径的实践路径和方式过程中出现的重大问题,如基层组织结构覆盖问题、工作对象的普遍性问题、组织骨干的作风修炼和素质培养问题、组织行为引导的品牌化问题;探索政党意识形态在青年中的传播路径和方式过程中出现的重大问题,如了解青年需求利益体系构建、采取分层分类工作方法、探索网络上推动工作、采取青年更喜欢的语言途径开展思想政治工作,在组织青年、引导青年、服务青年上有更大的创新,真正起到政党青年组织的作用。在"有位"的基础上更"有为",共青团作为政党的青年组织才能够得到持续发展,政党执政的青年和群众基础才能够继续得以巩固和扩大。

有"为"才有"位",有"位"更有"为"。在"为"和"位"的互动中,共青团的发展必将迈上新的台阶。

第九节

共青团改革历程和关键问题

进入新时代,共青团开始了前所未有的重大改革,这是以习近平同志为核心的党中央从全局和战略的高度作出的重大部署,是党推进共青团改革发展的重要里程碑,凝聚着党对共青团的充分信任和殷切希望。团组织中存在的问题,实质上是脱离青年。这些问题的存在,影响了团组织履行职责,降低了团组织对群众的动员力、号召力、影响力,导致团组织在群众心目中分量下降,制约了党的青年工作健康发展,必须下决心进行纠正。要在团组织中深入推动思想教育、问题整改、体制创新,转变思想观念,强化群众意识,改进工作作风,提高工作水平。要增强自我革新的勇气,下大力气解决突出问题。

一、共青团改革历程

党的十八大以来,以习近平同志为核心的党中央分析研究新形势下党的群团工作所面临的新情况新问题,将包括共青团在内的群团工作改革作为全面深化改革、全面从严治党的重要组成部分,作出战略规划和整体部署。习近平总书记主持研究部署、多次发表重要讲话、作出重要指示批示,为改革把脉搏、指方向、定方针、提任务,指引共青团在新时代征程中砥砺前行。

1. 共青团改革酝酿阶段

2013年6月20日,习近平总书记在中南海同团中央十七届领导班子成员集体谈话并发表重要讲话,强调团的工作要把握住根本性问题,把培养中国特色社会主义事业建设者和接班人作为根本任务,把巩固和扩大党执政的青年群众基础作为政治责任,把围绕中心、服务大局作为工作主线。要把握住广大青年的脉搏。要提高团的吸引力和凝聚力,关键是要高举理想信念的旗帜。要扩大团的工作有效覆盖面,关键是要把工作延伸到广大青年最需要的地方去。团的干部必须坚定理想信念,心系广大青年,提高工作能力,锤炼优良作风。

2015年2月,《中共中央关于加强和改进党的群团工作的意见》下发。

2015年7月6日,党的历史上第一次中央党的群团工作会议在北京召开,习近平同志出席会议并发表重要讲话："新形势下，党的群团工作只能加强，不能削弱；只能改进提高，不能停滞不前。"他发出了包括共青团在内的群团组织改革动员令。

2015年7月29日，共青团十七届四中全会在北京举行。时任国家副主席李源潮指出，共青团要认真学习贯彻习近平总书记在中央党的群团工作会议上的重要讲话精神，坚持走中国特色社会主义群团发展道路，大力推进共青团工作改革创新。

2016年1月15日，共青团十七届五中全会在北京举行，全会学习贯彻习近平总书记系列重要讲话精神，贯彻落实中共中央4号文件和中央党的群团工作会议精神，落实党中央书记处重要指示，研究审议共青团改革相关文件，全面推进共青团改革创新。全会审议通过了《关于深入学习贯彻〈共青团中央贯彻落实《中共中央关于加强和改进党的群团工作的意见》和中央党的群团工作会议精神实施方案〉的决议》。

2016年3月，中央深改组会议审议通过《共青团中央改革方案》。

该方案出台前期做了大量工作。2015年年初，《中共中央关于加强和改进党的群团工作的意见》下发后，团中央成立了改革工作领导小组，围绕共青团组织存在的突出问题和改革发展重大课题，团中央书记处同志牵头7个专项组，开展了为期4个月的集中调研和30个重点课题的专项论证，总结梳理基层经验，广泛听取了5000余名党政领导、专家学者、团干部和团员青年的意见建议，起草了方案初稿。2015年7月，中央党的群团工作会议召开后，起草组深入学习领会习近平总书记重要讲话精神，对方案进行了修改完善，广泛征求团中央委员、各省级团委的意见，形成了方案送审稿。同时，认真学习借鉴了全国总工会、上海市、重庆市群团改革试点的经验。在方案起草过程中，中央改革办数次审阅方案，提出重要指导意见和具体修改建议。中央巡视组对团中央进行巡视，指出了共青团工作中存在的突出问题，对形成方案很有启发。中央有关部委参加改革方案有关事项协调会，对团中央提出的措施进行了认真研究论证，给予了指导和支持。可以说，团中央改革方案的形成过程，是一个发扬民主、群策群力的过程，是一个统一思想、凝聚共识的过程，集中体现了对中央精神的学习成果，集中代表了对共青团改革的最新认识水平和实践思考。

2. 共青团改革正式起步阶段

2016年4月14日，中央政治局常委会会议审议通过《共青团中央改革方案》，决定以中央办公厅文件形式印发。

党中央正式印发《共青团中央改革方案》后，团中央第一时间成立改革工作领导小组，建立双周会议机制和改革任务销号制度，下发改革攻坚重点任务清单，逐项推动落实 99 条改革任务。

2017 年 1 月 9 日，共青团十七届六中全会在北京举行。全会深入学习贯彻习近平同志系列重要讲话精神，认真学习贯彻党的十八届六中全会精神，认真学习领会中共中央书记处重要指示，围绕大力推进从严治团这一主题，研究并审议通过了关于从严治团的决议和规定。全会审议通过了《共青团十七届六中全会关于落实全面从严治党要求、大力推进从严治团的决议》《关于新形势下推进从严治团的规定》等。

2017 年 4 月，中共中央、国务院印发《中长期青年发展规划（2016—2025 年）》，从思想道德、教育等 10 个领域提出了具体发展目标，针对每个领域青年发展面临的突出问题提出发展措施。该规划是我国青年发展事业的重要顶层设计，对共青团在新时期做好党的青年工作奠定了坚实的制度保障，也为共青团改革提供了强大的政策支持。

2017 年 8 月，习近平总书记作出重要指示，党的群团工作是党的一项十分重要的工作，群团改革是全面深化改革的重要任务。要推动各群团组织结合自身实际，紧紧围绕增强"政治性、先进性、群众性"，直面突出问题，采取有力措施，敢于攻坚克难，注重夯实群团工作基层基础。中共中央书记处要加强对群团改革的指导，中共中央改革办要加强对群团改革方案落实的督察，各级党委要负起组织推进群团改革的责任，正确把握方向，及时了解情况，认真解决难题，以改革推动群团组织提高工作和服务水平，努力开创党的群团工作新局面。

2017 年 8 月 26 日，中央群团改革工作座谈会举行。时任中央书记处书记刘云山主持，传达了习近平总书记的重要指示。他指出，习近平总书记重要指示从全局和战略高度深刻阐明了推进群团改革的重大意义、目标任务和基本要求，为我们做好群团改革和群团工作提供了重要遵循。要认真学习贯彻习近平总书记重要指示，坚定改革信心，强化责任担当，以更大力度、更实举措推进群团改革，不断开创党的群团工作新局面。要牢牢把握群团改革正确方向，自觉服从服务党和国家工作大局，找准工作结合点和着力点，落实以人民为中心的工作导向，切实解决好代表谁、联系谁、服务谁的问题，增强群团组织的吸引力影响力。要坚持问题导向、聚焦突出问题。要深入把握新形势下群团工作规律，大力推动改进创新，加强基层基础工作，加强网上群团建设，提高做好群团工作的能力水平。

2017 年 10 月 18 日，中国共产党第十九次全国代表大会召开。习近平总书记在《决胜全面建成小康社会 夺取新时代中国特色社会主义伟大胜利》的报告中指出：要全面增强执政本领。增强群众工作本领，创新群众工作体制机制和方式方法，推动工会、共青团、妇联等群团组织增强政治性、先进性、群众性，发挥联系群众的桥梁纽带作用，组织动员广大人民群众坚定不移跟党走。

2017年11月20日，十九届中央全面深化改革领导小组第一次会议审议通过了《中央团校改革方案》。该方案要求，团中央成立中央团校改革工作领导小组，统筹推进中央团校改革，到2020年年底基本实现改革目标。

2018年1月13日，全国总工会、共青团中央、全国妇联、中国科协、中国侨联五家群团组织班子成员会议在北京召开，王沪宁同志出席会议并讲话。他表示，要坚持以习近平新时代中国特色社会主义思想为指导，紧紧围绕保持和增强政治性、先进性、群众性，深入推进群团改革，扎实做好党的群团工作，团结动员广大群众奋力建功新时代，为实现党的十九大确定的目标任务而奋斗。

2018年1月15日，共青团十七届七中全会在北京举行。全会深入学习贯彻习近平新时代中国特色社会主义思想和党的十九大精神，认真学习贯彻习近平总书记关于党的群团工作的重要思想，认真学习贯彻中共中央书记处和王沪宁同志对共青团工作的指示要求，总结过去一年全团工作，研究部署2018年共青团工作。贺军科同志代表团中央书记处向全会报告工作，并作全会总结讲话。全会审议通过了《关于提高政治站位　严格人选标准　改进调查研究　扎实做好共青团十八大筹备工作的决议》。

2018年4月，中共中央办公厅、国务院办公厅印发了《中央团校改革方案》。该方案明确了中央团校改革的总体思路，提出要着眼党的青年工作大局，把握建设党在青年工作领域特色鲜明的政治学校这一根本定位，聚焦团干部教育主责主业，通过剥离学历教育、创新办学方式，突出政治培训，努力为新时代党的青年群众工作和共青团建设提供人才智力支持。该方案强调，中央团校改革要牢牢把握团校姓党的根本原则。从培训内容、师资队伍、教学组织管理和办学体制机制四方面提出了中央团校改革的主要内容。要以党和政府青年工作政策和战略研究咨询为主攻方向，聚焦新时代青年思想政治引领、青年发展政策、共青团和青年工作创新、国内外青年动态等重点研究领域，建设共青团工作高端智库。

3. 共青团改革再出发阶段

2018年6月26日，中国共产主义青年团第十八次全国代表大会在人民大会堂开幕。习近平、李克强、栗战书、汪洋、赵乐际、韩正等党和国家领导人到会祝贺，王沪宁代表党中央致辞。王沪宁在致辞中说，在以习近平同志为核心的党中央坚强领导下，团十七大以来，共青团提高政治站位、增强"四个意识"，坚决维护以习近平同志为核心的党中央权威和集中统一领导，锐意进取、真抓实干，深入推进共青团改革，狠抓从严治团，各项工作实现新发展，团干部团员面貌呈现新气象。广大青年自觉把个人奋斗融入党和人民的共同奋斗中，展现出当代青年爱党爱国的坚定信念、勇于创造的生机活力、甘于奉献的优良品格、自信开放的国际形象。王沪宁表示，习近平总书记关于青年工作的重要思想，为做好新时代党的青年工作指明了前进方向。实现党的十九大提出的决胜全面建成小康社会、开启全面建设社会主义现代化国家新征程的宏伟蓝图，当代青年重任在肩。希望广大青年牢记习近平总书记的谆谆教诲，始终坚定理想信念，着力锤炼高尚品格，不断增长能力才干，永远保持奋斗精神，勇于投身创新创造，勇当实现中华民族伟大复兴的生力军，奏响新时代的青春之歌。

贺军科代表共青团第十七届中央委员会作了题为《高举习近平新时代中国特色社会主义思想伟大旗帜　奋力谱写决胜全面建成小康社会全面建设社会主义现代化国家的壮丽青春篇章》的报告。报告分为八个部分：进入新时代的中国青年和共青团、强国时代青年的历史使命、用习近平新时代中国特色社会主义思想统领共青团工作、培养担当民族复兴大任的时代新人、青春建功新时代、大力促进青年发展、共青团改革再出发、全面从严治团。应该说团十八大之后，共青团改革再出发，进入了新的历史阶段。

2018年7月2日，习近平总书记在中南海同团中央新一届领导班子成员集体谈话并发表重要讲话，强调过去五年共青团认真学习贯彻新时代中国特色社会主义思想，认真落实党中央关于共青团改革的部署，围绕保持和增强政治性、先进性、群众性，在组织引导青年、推动青年发展、维护青少年权益、深化共青团改革等方面做了大量工作，推动团的精神风貌呈现新气象。习近平总书记强调，党的十九届三中全会在部署深化党和国家机构改革时，也对深化群团组织改革提出了新的要求。共青团是党联系青年群众的桥梁和纽带，要紧紧围绕这个职责定位来谋划改革，出实招、出真招，不掩饰问题，不讳疾忌医，对症下药，刮骨疗伤，真正从思想上、工作上、制度上把这个问题解决好。要树立大抓基层的鲜明导向，推动改革举措落到基层，使基层真正强起来。要切实落实从严治团要求。政治上要严，团的干部队伍建设要严，团员队伍建设也要严。

2018年7月，共青团中央印发《关于提高政治站位　改进工作作风的六条规定》（以下简称《六条规定》），从坚持从严从实、防微杜渐的角度，围绕提高政治站位、改进工作作风提出《六条规定》。这是团十八届中央书记处第一次会议研究通过、团十八大后以团中央名义印发的第一份文件，是十八届团中央书记处作出的庄严的政治宣示，表明了团中央勇于自我革命、全面从严治团的决心和勇气，为全体团干部拉起了不可触碰的纪律红线。《六条规定》提出，坚决反对官本位思想，严禁自我设计、投机钻营，伸手向组织要职务、要待遇；严禁为谋求个人升迁拉关系、跑门路、打招呼。坚决反对宗派主义，严禁组织和参加以团干部或团干部名义举行的各种聚会联谊活动；严禁搞小山头、小圈子、小团伙。坚决反对脱离青年，严禁追逐名利，热衷于结交名人精英，漠视广大青年；严禁以"官"自居，抖威风、耍特权；严禁把联系青年当作秀，装样子、走过场。坚决反对漂浮作风，严禁空喊口号、不干实事，讲假话、讲大话空话；严禁好大喜功，讲排场，比声势；严禁报假数字、造假政绩；严禁搞短期行为、做表面文章、堆"盆景"工程。坚决反对以公谋私，严禁拿团内代表委员遴选、评奖评优名额分配、工作评比评价等权力作交易、谋私利；严禁借社会赞助为个人造势、为亲友谋利。坚决反对庸懒散漫，严禁妄自菲薄、敷衍塞责，轻视工作价值，心浮气躁、眼高手低，不琢磨工作、老想着转岗；严禁挖坑算计，只谋人不谋事，世故圆滑、不讲原则；严禁不思进取，庸懒无为，怨天尤人，暮气沉沉。

2019年1月11日至13日，共青团十八届二中全会于北京召开。会议对加强团的基层建设进行专题研究和全面部署，推动共青团改革再出发。审议通过了《关于加强新时代团的基层建设着力提升团的组织力的意见》《共青团十八届中央委员会关于设置专门委员会的决议》。会议强调，共青团工作的主战场在基层。加强团的基层建设是一项打基础、利长远的工作，是一项短期难出成效、长期必见真章的基本功、良心活。综合分析团的基层现状和形势任务，加强团的基层建设的目标是：力争到2022年建团100周年时，团的基层薄弱状况得到基本扭转，团的组织力得到明显提升。加强团的基层建设，既需要以正确的态度、朝着正确的方向去抓，也要求用科学的方法去抓。会议根据团十八大有关工作部署，决定在团中央委员会下设置企业工作、农村工作、高校工作、职业院校工作、中学和少先队工作、社区和社会组织工作六个专门委员会。专门委员会是团中央委员、候补委员履行职责、参与团的工作、发挥参谋咨询作用的重要渠道。

2019年9月10日至12日，共青团十八届三中全会于北京召开。会议全面总结党的十八大以来共青团的宣传思想文化工作，全面贯彻落实"全团抓思想政治引领"的要求，研究部署当前和今后一个时期共青团宣传思想文化工作。时任团中央书记处第一书记贺军科作了题为《全团动手全线统筹，建立具有强大引领力和塑造力的宣传思想文化工作新格局》的主题讲话，对共青团宣传思想文化工作的地位作用、工作态势、特点规律进行了分析，强调要以做强正面宣传和拓宽传播矩阵为主，深化共青团宣传工作；要聚焦学深讲透习近平新时代中国特色社会主义思想，提升共青团思想工作水平；要突出实践体验的教化功能，强化共青团文化工作；要坚持产品化战略，扁平化、精准化落地，项目化实施，推进共青团宣传思想文化工作守正创新；要把团干部建设成一支会做善做思想政治工作的青年干部队伍；要坚持全团动手，不断强化"全团抓思想政治引领"的思想自觉和行动自觉，努力形成团的引领力、组织力、服务力协同作用的新局面。会议对团十八大以来宣传思想文化工作先进单位进行了通报表扬，审议通过了《新时代共青团宣传思想文化工作规划（2019—2023年）》。

2020年1月9日至10日，共青团十八届四中全会在北京召开。会议就团结引领广大团员青年为坚持和完善中国特色社会主义制度、推进国家治理体系和治理能力现代化作贡献进行研究部署。审议通过了《共青团深入学习贯彻党的十九届四中全会精神，团结引领广大团员青年为坚持和完善中国特色社会主义制度、推进国家治理体系和治理能力现代化作贡献的行动纲要》。会议指出当前和今后一个时期，全团要把学习宣传贯彻党的十九届四中全会精神作为首要政治任务切实抓紧抓好，把思想和行动统一到中央全会精神上来。要深刻把握共青团在国家治理体系和治理能力现代化进程中的责任和作用，紧紧围绕党的十九届四中全会确定的总体要求和目标任务，聚焦主责主业，积极担当作为，团结引领广大团员青年为坚持和完善中国特色社会主义制度、推进国家治理体系和治理能力现代化作贡献。

2020年3月，为贯彻党的十九届四中全会精神，贯彻落实习近平总书记关于少年儿童和少先队工作的重要批示精神和致中国少年先锋队建队70周年贺信精神，落实习近平总书记在学校思想政治理论课教师座谈会上的重要讲话精神，共青团中央、教育部、人力资源和社会保障部、全国少工委联合印发《关于加强新时代少先队辅导员队伍建设的意见》。该意见以提升少先队辅导员政治素质和履职能力为中心，针对新时代少先队辅导员队伍建设中存在的现实问题，就进一步加强新时代少先队辅导员队伍建设提出了五个方面的具体措施。一是聚焦主责主业，提升辅导员队伍政治素质，要进一步加强政治领导、强化政治要求。二是明确岗位要求，配齐配强辅导员队伍，要明确岗位职责、明确配备标准。三是完善管理机制，规范辅导员成长发展路径，要建立准入机制、完善成长发展路径。四是强化素质培养，促进辅导员能力提升，要加强学科建设、注重源头培养、构建培训体系。五是加强考核激励，提升辅导员工作积极性。要落实政治待遇、加强考核评价、完善基本保障、建立激励体系。

2020年3月，为进一步加强团的各级代表大会及其委员会建设，不断增强团的政治性、先进性、群众性，共青团中央印发《关于加强团的全国和地方各级代表大会代表及其委员会成员作用发挥的意见》，对各级团代表和委员会成员作用发挥的总体目标、工作内容、考核评价等作出整体规划部署。该意见指出，团的全国和地方各级领导机关，是同级团的代表大会和它产生的团的委员会，团的各级代表大会代表和它产生的团的委员会成员是团的重要政治资源。要按照"区分层次、抓住重点、逐步推进"的原则，根据团中央和地方各级团组织的功能定位、职责分工，重点抓住各级团的委员会成员、县域内团代表两个群体，拓展团的专门委员会建设，打通县域内团代表联络站建设，建立团的委员会成员联系团代表、团代表联系团员青年的"两联"工作机制（"一专一站两联"），建设横向覆盖各个领域、纵向联通各个层级、普遍联系团员青年的团的全国和地方各级代表大会代表及其委员会成员作用发挥的格局体系，推动团的各级代表大会及其委员会发挥政治功能、实现整体活跃，为各级团的工作提供人力、智力和资源支撑。

2021年2月4日至5日，共青团十八届五中全会于北京召开。会议坚持以习近平新时代中国特色社会主义思想为指导，深入学习贯彻党的十九大和十九届二中、三中、四中、五中全会精神，深入贯彻落实习近平总书记关于青年工作的重要思想，认真传达学习党中央书记处重要指示精神，总结2020年工作情况，部署2021年重点工作，审议通过《共青团深入学习贯彻党的十九届五中全会精神，在全面建设社会主义现代化国家新征程中组织动员广大团员青年建功立业的行动纲要》《共青团中央2021年工作要点》，启动了围绕新的国家发展规划的共青团改革新征程。

2022年1月24日至25日，共青团十八届六中全会于北京召开，会议坚持以习近平新时代中国特色社会主义思想为指导，认真学习贯彻党的十九大和十九届历次全会精神，深入贯彻落实习近平总书记关于青年工作的重要思想，传达学习中共中央书记处重要指示精神，总结2021年工作情况，部署2022年重点工作，审议通过《新时代全面从严治团实施纲要》《中国共产主义青年团纪律处分条例（试行）》《中国共产主义青年团中央委员会工作条例》《共青团中央2022年工作要点》。从严治团有了全面系统的安排。

2022年5月10日，庆祝中国共产主义青年团成立100周年大会在北京人民大会堂隆重举行。习近平总书记在大会上发表重要讲话强调，青春孕育无限希望，青年创造美好明天。新时代的中国青年，生逢其时、重任在肩，施展才干的舞台无比广阔，实现梦想的前景无比光明。习近平总书记的重要讲话，全面回顾了100年来共青团坚定不移听党话、跟党走的青春历程，充分肯定了共青团在党的领导下、团结带领一代代团员青年为实现中华民族伟大复兴中国梦所作出的重要贡献，深刻阐明了共青团和青年工作的历史经验，对做好新时代共青团工作提出明确要求，具有很强的政治性、思想性、战略性、指导性，成为新时代共青团改革的根本指导方针。他希望共青团勇于自我革命，始终成为紧跟党走在时代前列的先进组织。对共青团来说，建设什么样的青年组织、怎样建设青年组织是事关根本的重大问题。"常制不可以待变化，一途不可以应无方，刻船不可以索遗剑。"共青团只有勇于自我革命，才能跟上时代前进、青年发展、实践创新的步伐。要把党的全面领导落实到工作的全过程各领域，走好中国特色社会主义群团发展道路，聚焦不断保持和增强政治性、先进性、群众性的目标方向，推动共青团改革向纵深发展。

2023年6月19日，中国共产主义青年团第十九次全国代表大会在北京人民大会堂开幕。大会的主题是：以习近平新时代中国特色社会主义思想为指导，全面贯彻党的二十大精神，深入贯彻习近平总书记关于青年工作的重要思想，高扬理想主义，心系广大青年，锐意开拓进取，勇于自我革命，动员引领广大青年在全面建设社会主义现代化国家、全面推进中华民族伟大复兴的历史进程中挺膺担当、团结奋斗。6月23日，习近平总书记同团中央新一届领导班子成员集体座谈并发表重要讲话，他对共青团改革提出了新的要求：要顺应全面从严治党的要求，坚持问题导向，敢于刀刃向内，纵深推进团的改革，全面从严管团治团，坚定不移走好中国特色社会主义群团发展道路，不断保持和增强政治性、先进性、群众性，不断提高团组织的引领力、组织力、服务力。要坚持夯实基层的鲜明导向，不断扩大团组织的覆盖面，提升青年群众工作能力。① 此后，共青团纵深推进共青团改革，特别是在继续深化团的领导机关改革、持续推进县域共青团综合改革、全面展开城市社区共青团改革、大胆探索基层团支部改革上迈出新的步伐。

总之，从2015年中央党的群团工作会议之后，共青团改革坚持了正确方向，强化了问题导向，突出了改革主线，各项任务全面推开，有序进行，共青团组织的精神面貌已产生了很大变化，共青团组织的活力正在积极彰显。

---

① 《切实肩负起新时代新征程党赋予的使命任务　充分激发广大青年在中国式现代化建设中挺膺担当》，《人民日报》2023年6月27日第1版。

二、共青团改革的关键任务

共青团改革要把握关键原则，推进核心工作。

1. 共青团改革的原则

第一，要从大局视野认识共青团改革。群团改革是新时期全面深化改革的有机组成部分。与党和国家其他各领域正在深入推进的改革一样，共青团改革是完善和发展中国特色社会主义制度、推进国家治理体系和治理能力现代化的重要内容。同时，共青团是党的助手和后备军，与党有着特殊的政治关系，全面从严治党必然要求共青团深化自身改革、全面从严治团。因此，这一次共青团改革与全党全国协调推进"四个全面"战略布局的行动高度一致，是时代的潮流、发展的需要。

第二，要用历史眼光认识共青团改革。群团工作是我们党的一大创举、一大优势，包括共青团在内的群团组织本身就是党的创新成果，从诞生之日起就带有改革创新的特质、与时俱进的基因。回顾共青团100多年的历史，不断适应时代环境、不断改革创新始终是共青团发展的主流和常态，充分证明共青团只有通过改革才能永葆生机活力，创造更大成就。

第三，要以问题意识认识共青团改革。在党的坚强领导下，共青团在革命、建设、改革各个历史时期发挥了重要作用。当前，面对党和国家事业快速发展，面对社会环境和青年群体发生重大变化，共青团建设和工作中存在许多不适应、不符合的地方。比如，部分团员光荣感不强，团的吸引力凝聚力不够，工作有效覆盖面不足。不解决这些问题，共青团就无法履行好党赋予的青年群众工作使命。改革是共青团破解难题、焕发活力、增强功能的必然要求。在这次改革中，党中央亲自安排有关部委就共青团工作进行论证、拟定政策、建立机制、提供保障，为共青团事业发展创造了良好条件。总的来看，共青团改革既是重大任务、重大考验，更是重大机遇。必须切实把思想和行动统一到党中央决策部署上来，蹄疾步稳、有序有力地推进改革。

2. 共青团改革开始的核心工作

改革永远在路上，改革还要拼速度，共青团的改革是在进行三个"赛跑"，即与改革窗口期赛跑、与青年社会组织发展壮大速度赛跑、与青年主动选择组织分化程度赛跑，因此要紧盯关键任务，不断增强责任感和紧迫感，坚定不移推进共青团改革再出发。

更好地把青年团结组织动员起来
如何做好新时代共青团工作

中共中央办公厅印发的《共青团中央改革方案》中基本包含了共青团改革开始的指导思想和关键任务，主要包括：明确了共青团中央改革的指导思想、基本原则、主要目标。该方案提出，要深入贯彻党的十八大和十八届三中、四中、五中全会精神，全面贯彻习近平总书记系列重要讲话特别是关于青少年和共青团工作的重要指示精神，深刻把握中国特色社会主义群团发展道路"六个坚持"的基本要求和"三统一"的基本特征，牢牢把握为实现中华民族伟大复兴中国梦而奋斗这一中国青年运动的时代主题，以保持和增强政治性、先进性、群众性为基本要求，着力解决存在的突出问题，增强自我革新的勇气，着力推进组织创新和工作创新，带领全团把广大青年紧密团结凝聚在党的周围，为统筹推进"五位一体"总体布局和"四个全面"战略布局、实现"两个一百年"奋斗目标作贡献。共青团改革必须坚持党的领导、把准政治方向，坚持立足根本、围绕时代主题，坚持服务青年、直接联系青年，坚持问题导向、有效地改进作风，坚持加强基层、支持基层创新，构建"凝聚青年、服务大局、当好桥梁、从严治团"的工作格局，更好地团结带领青年发挥生力军和突击队作用，更好地肩负起党交给共青团的光荣使命，紧跟党的步伐、走在群团改革前列。

该方案从四大方面、12个领域提出了改革措施。

第一，改进团中央领导机构人员构成、机构设置和运行机制。完善代表大会和委员会制度，增强团的代表大会、全委会、常委会的代表性，在团中央领导机构中明显提高基层和一线团干部、团员的比例；扩大代表大会代表的参与渠道，建立代表大会发言制度、团中央委员会向代表报告工作和听取意见建议制度、团代表走访团员青年制度；完善全委会委员议事建言机制，建立委员重点发言制度、委员提案制度；更好地发挥常委会作用，提高决策科学化水平。改革优化机关职能和机构，实行工作力量"减上补下"，团中央精简机关行政编制，补充相应数量的挂职干部，带动省级团委根据实际情况适当精简编制、充实县级团委和直接服务青年的工作领域；改革团中央直属单位。改进团的领导体制和机关运行方式，完善双重领导体制；推动机关干部到基层一线开展工作，建立完善团中央机关干部常态化下沉基层、向基层服务对象报到工作机制，推动机关干部摆脱文山会海、走出高楼大院；建立扁平化、项目化工作机制，让青年了解团的历史、参与机关工作、增强主人翁意识、找到家的感觉。

第二，改革团中央机关干部选拔、使用和管理。把团的岗位作为党政等各领域、各行业优秀年轻干部提高群众工作能力、培养群众工作作风、丰富群众工作经验的重要平台，坚持德才兼备、五湖四海，突出"知青少年、懂青少年、爱青少年"，不拘一格从党员、团员中选拔优秀人才，建设专职、挂职、兼职干部相结合，符合群团组织特点、充满生机活力的团中央机关干部队伍；改进机关干部选任交流，注重人岗相适，不搞年龄层层递减，从严选拔专职干部，挂职、兼职干部在机关所任职务从工作需要出发，不完全对应行政级别；完善机关干部综合考核评价机制，增加基层团组织和团员青年评价权重。加强机关干部作风建设，扎实开展"学党章党规、学系列讲话，做合格党员"学习教育，持续深入开展团干部健康成长教育，引导机关干部大部分工作时间到青年中去；全面加强党风廉政建设，严守党的政治纪律、组织纪律、廉洁纪律、群众纪律、工作纪律和生活纪律；建立团干部直接联系青年制度，每名专职、挂职团干部经常性联系100名左右不同领域的团员青年，兼职团干部直接联系10名左右普通青年，努力做到经常有声音、有互动、有话题、有线下活动、有面对面交流。

第三，改革创新团的工作、活动和基层组织建设。把思想政治引领贯穿团的各项工作和活动，深入学习贯彻习近平同志系列重要讲话精神，广泛开展中国特色社会主义和中国梦宣传教育，积极培育和践行社会主义核心价值观，切实担负起引导青年听党话、跟党走的政治任务。创新组织动员团员青年服务大局的载体和方式，团结动员广大青年认识、适应、引领经济发展新常态，积极践行创新、协调、绿色、开放、共享的新发展理念，参与供给侧结构性改革，立足本职岗位为"十三五"作贡献。提高服务青年和维护青少年合法权益的能力，推动出台面向青年的普惠性服务政策，推进基层服务型团组织建设，建立团内外资源区域化统筹配置机制，形成共青团工作品牌体系；更加注重直接服务普通青年，努力打造直接联系服务青少年的阵地依托，推动团的各级领导机关组织实施直接面向青年的重点服务项目，开设直接面向青年的活动场所，适应青年的作息特点合理安排工作时间，提升服务能力；改革创新青少年维权工作，构建"大权益"工作格局，明确维护青少年权益工作的对象和权责边界，更好地发挥党委和政府联系青少年的桥梁纽带作用。大力实施"网上共青团"工程，以"智慧团建"和"青年之声"为重点，建设工作网、联系网、服务网"三网合一"的"网上共青团"，形成"互联网+共青团"格局，实现团网深度融合、团青充分互动、线上线下一体运行。着力夯实基层基础，改进团员发展和教育管理，增强团员先进性光荣感，严格入团程序，加强团员意识教育，推动全体团员成为注册志愿者，充分发挥团员在青年中的模范作用和对青年的凝聚作用，在经济社会发展各项急难险重任务中当好生力军和突击队；改革创新团的基层组织设置，构建纵横交织的网络化组织体系；建设"团干部+社工+青年志愿者"队伍，充实基层工作力量；加强联系服务引导，把青年社会组织紧密团结起来。

第四，加大党委和政府对共青团工作的支持保障力度。落实党建带团建制度，推动把团建纳入各级党委党建工作规划和年度考核内容，团建工作占一定比重；建立抓落实的督导机制，对省级落实党建带团建工作的情况进行定期检查；把"推荐优秀团员做入党积极分子人选"作为基层团组织的重要工作职责，推动党组织将推优纳入党员发展工作规划。健全政府协调工作机制，制订青年发展规划，各地制订相应规划，注重与经济社会发展规划及相关专项规划衔接；加强共青团和青年工作学科建设，推动把青年群众工作列入各类干部培训课程；健全稳定规范的共青团工作经费保障制度；加大对团的基层工作阵地建设支持力度，推动群团组织基层工作和服务阵地共建共享。

该方案要求，以团中央改革为牵引，加强统筹指导，带动地方各级、各领域共青团在党委领导下，结合工作实际谋划改革、推进改革，形成以上率下、全团抓改革的工作局面。随之各省和各地市、县区的共青团改革基本遵循了团中央改革方案中的基本思路，根据自己所在单位情况确定了任务。

总体来看，期待通过这一系列改革举措实现以下几个目标：一是让共青团离青年更近，二是让团对青年的服务更实，三是让团员的模范作用更强，四是让青年对团的工作更有话语权。

三、共青团改革的重点分析

对共青团改革的环境分析、动力分析、组织分析、品牌分析、系统分析这几方面是我们需要把握的共青团改革的核心关系和基本规律。

1. 共青团改革的环境分析

在当前的世情、国情、党情、青情的背景下，共青团要大力改革创新方能适应形势的发展，全面深化改革已经成为共青团和青年工作最鲜明的时代背景，影响和决定着共青团工作的基本格局和发展空间。在这一方面，政党亟须共青团思想解放，团自身调整体制和机制箭在弦上。

观察中国共青团的发展趋势，最重要的是要在两个关系中去审视，一个是党团关系，一个是团青关系。作为青年组织的共青团既要围绕党政大局这个"太阳"公转，又要围绕青年这个"地球"自转，它的发展始终受到这两种力量的影响，而在这两种力量中，共青团组织自身的调整将最终决定其发展成效。

共青团的调整要适应青年发展新常态。当代青年都是享受改革开放成果成长的一代青年，其发展轨迹和代际特征已与前人大为不同——他们价值观的多元多样和个性的丰富、个体化的趋势及对自我价值的追求、生活的压力和对物质的追求、政治意识淡化与新的政治参与特征、更为频繁的流动和自由的选择、活跃的青年社会组织、青年网络生存方式、更加走向国际化,等等。青年的这些新特征对传统团的工作提出了巨大挑战,这种发展不可逆转,团组织只有适应时代发展和青年成长的新特点、新规律,在方法、载体上大力创新,努力破解难题,才能更好地凝聚和吸引他们。

2. 共青团改革的动力分析

共青团干部的状态直接决定了改革发展的动力强弱。

共青团组织发展包括组织个体过程(组织成员价值观、动机等)、团队过程和组织过程,而前提是组织个体过程。因为任何组织的发展都是人带动的,适应改革开放的新要求,推动团的组织和工作创新需要依靠广大的团干部,团干部的工作动机与做好青年群众工作的能力和水平决定了团组织的发展水平。团干部队伍建设核心发力点是塑造优良作风,营造优良团风。

在中国,共青团干部是政党的青年干部的重要组成。目前专职团干部大多是参照公务员管理。由于制度上的要求,团干部与其他同级干部比总体相对年轻,这种年轻既是优势,也会成为负担。优势是在年轻时有了平台可以大干一场,以后还有长远的发展,值得期待;负担是由于年轻,则格外珍惜自己的岗位,认为不出问题就好,还要稳稳地上到更重要的岗位,因此开始因循守旧,不敢创新冒险。团干部只要想自己的职位多了一些,想青年的事少了一些,就难免滋生官僚气。而一旦团干部出现这种状态,则会使得这个组织的天生气质受到影响,也使得团组织的凝聚力大大减弱,进而使得这个组织不能完成其本职任务而最终遭到党组织的批评。毕竟这个组织的设置不是一群青年干部的"名利场",而是一个重要和生动的"群众场"。因此团工作走向"行政化"本质上是团对自身政治性和群众性结合的一种错误的理解,亟须纠正。

防止"四化"(机关化、行政化、贵族化、娱乐化)是共青团组织要解决的问题。如何解决?认识提高和制度保障是关键。

首先要提高团干部对团的本质作风的认识。党有党风,政有政风,共青团要有过硬的团风。一提起共青团,人们总会想起"实事求是,朝气蓬勃""生力军与突击队""开风气之先""党放心、青年满意"等令人自豪的形象,这就是共青团历经时代、实践和群众考验而形成的团风,也是全体团干部和团员青年最为宝贵的精神财富。而当前这种作风受到了影响,必然对团的组织的发展带来了损害。同时也对团干部未来的发展产生影响。团干部如何健康成长?问题集中在:到底什么是团干部应该看重的成长?是注重职务提升还是注重素质提升?什么是团干部应该看重的事业?是为自己的升迁担忧,好大喜功,还是为党分忧,热爱团的事业,走进青年内心?共青团如何工作才能更好地完成其本质职能?共青团干部如何做才能适应未来的岗位的要求？

其次要完善各项制度保障过硬团风的实现。要从严治团，锤炼过硬团风，大兴直接联系群众之风、学习研究之风、求实创新之风、清正廉洁之风。团中央提出要落实从严治团的要求，持续改进干部作风。指出政治生活要严肃，执行纪律要严明，改进作风要严格，工作督导要严实，拒腐防变要严厉，这些都需要制度的跟进才能加以落实。这些制度能使团干部在团内接受更为严格的政治训练，遵守政治纪律和政治规矩，对推动团的工作和未来从事其他领导工作都会产生积极的作用。

3. 共青团改革的组织分析

任何组织的发展都有其运行的规律。除了以上所说的组织个体过程，组织的发展更是团队过程（包括领导力、权力、信息、沟通、协调、合作等），也是组织过程（结构、文化、变革、冲突、资源、品牌、绩效等）。共青团组织要适应新时代要求，积极推进团的组织和工作创新，核心是要解决在团队过程中和组织过程中存在的八个核心问题。

第一个问题是组织基层工作力量问题——团组织基层队伍问题能否更好地解决？当前团组织基层组织建设还比较薄弱，最核心的原因是缺乏基层基本工作力量。团的"倒金字塔结构（越到下面人越少，事业化发展也越少）表现明显，这直接影响了团组织在基层青年中的影响力。"

第二个问题是组织系统优化问题——团组织是否能将不同层级、不同类型的团组织的功能加以区分，分类指导，使组织更具系统合力？作为一个具有五级组织，30多家省级单位，从青少年小学起一直影响到工作时期的庞大组织要发挥整体功能就必须仔细研究不同层级的着重点。要考虑到分层分类的指导问题，考虑到基层的实际情况，考虑到团组织影响青少年成长的阶段性和工作的前后逻辑统一及一体化，只有这样，团组织的运转才能效率大增。

第三个问题是组织结构问题——团组织能否建成一个更加有效的组织体系覆盖团员青年？基层团组织抱怨：组织建设为什么总赶不上青年流动速度？这说明团组织建设思路还需要进一步解放思想。从组织发展的趋势来看，一种有机式和开放式的新型网络组织形态应该是未来团组织需要探索的新路，要积极推进团的组织设置和运行机制的改革创新，改革创新团的基层组织设置，构建纵横交织的网络化组织体系；建设"团干部+社工+青年志愿者"队伍，充实基层工作力量，使共青团更好地贴近青年实际，贴近青年需要。同时要发挥团组织的枢纽作用，携手青年社会组织一起同行。面对社会组织日趋活跃，对青年影响日趋广泛，其可塑性很强的可变性态势，共青团枢纽型组织怎么建？庞大的社会组织力量怎么用？是否能变"对手"为"帮手",成为一个"宽厚"的青年组织的老大哥？如何培养一批以团干部为核心,在青年中有影响力的青年骨干,通过骨干扩大与青年的联系？这些都成为需要创新的重要领域。

第四个问题是组织资源问题——团组织能不能获得更多的资源来支持它的发展计划？从发展来看,团组织的资源主要需要依赖更大力度的社会化,更多地承担政府青年事务,更多地激活自己内在资源。特别要高度关注在承接政府事务转移中发挥积极作用,团组织如何购买公共服务是一个需要研究的深度问题。承接什么？怎么承接？怎么实施？怎么评估？这都需要解题。

第五个问题是组织品牌问题——团组织能否更集中地打造组织一些品牌,扩大它的社会影响力？多年来,团组织一直存在方向多样、资源相对分散的问题,虽然干了很多事,但干得太不精致了,太不创新了。当前,什么都干的团干部自己都"恍惚"了,我的本质角色到底是什么？团干部确实不能什么都干。因此要发扬一些老的品牌,如希望工程、青年文明号、青年志愿者的作用；同时,要进一步发挥组织做人的工作的优势,精准发力,再创新品牌。

第六个问题是组织文化问题——团组织能否将组织文化构建得更加系统鲜明？一个好的组织必然高度重视文化的建设。特别是从价值、制度、行为和外在形象上建设从而获得组织的长期发展。首先,团组织要研究共青团的特殊文化和独特作用。其次,要让制度更加完善,真正使共青团走向科学化和规范化,真正提高团的工作和建设的制度化水平。因此,团组织对于党的群团工作文件这个制度是否能够用好用足,抓住契机非常重要,要强化机遇意识、担当意识、改革创新意识,突出问题导向,突出共青团特色,通过这个制度平台获得政治、组织、工作支持。同时要进一步推动党建带团建的制度,坚持完善学习与培训制度、密切联系青年制度、工作督导落实制度、支持基层的制度。再次,团组织要注意在社会上广泛地传播自己,可以进一步提升社会形象。最后,团组织还需要面对团干部的"走马换将"问题,建立传承体系,这是迫在眉睫的课题和任务。铁打的营盘流水的兵不是问题,但糊涂的工作流动的兵,那是真问题。

第七个问题是组织绩效考核问题——团组织能否建立更加科学的考核指标与体系？在共青团发展过程中,考核是一项逐渐加强的工作,这也是共青团走向科学化的必然,从2008年之后,团的统一考核持续加紧,逐渐走出了过去团的上下级"松散化""碎片化"的现象。但当前的考核指标确实存在一些问题亟须调整,集中体现在指标的科学性问题（如应该兼顾横向比较和纵向比较）,考核的方式（如不要光封闭式地考核,要考虑青年和社会的评价）,指标过多,考核层次多（中央、省、市等都有自己的考核重点）,考核指标的变动性问题与考核指标过分僵死问题，考核的"一刀切"问题，考虑基层团组织的工作选择权问题。

第八个问题是组织创新推动问题——团组织如何将基层的创新更好地汇聚、提炼和宣传？共青团如何建设创新型组织？改革创新如何推动？最核心的是对基层的首创精神的鼓励和宣传，要将共青团的创新化为常态。

4. 共青团改革的品牌分析

共青团组织的创造力的大小特别是品牌创造力的大小决定了其转型的力度大小，是否全面而深刻。

从对团的研究来看，团的上下各级组织都不缺乏创新，但什么是团最根本的创新？这要回到团的本质目标和核心职能任务上来。从政治角度来讲，政党青年组织为政党所做的事情归根结底是两件事：一是探索政党的政治和组织行为在青年中的实现路径和方式（青年政治行为塑造）；二是探索政党的意识形态在青年中的传播路径和方式（政治理想传播及影响青年政治文化形成）。这是政党青年组织的最本质的功能，揭示了政党青年组织存在的最重要的价值。因此共青团的工作核心是青年思想、青年情感（与青年政治文化相关）、青年力量（与青年政治行为相关）等问题。考察团的创新工作，如果不能在这些问题上产生效果，就会偏离团组织发展的方向。

重点创新领域一：青年思想——如何更加有效地在青年中开展政治思想引领工作。

共青团是党领导的青年政治组织，加强对青年的思想政治引领是第一位的责任和首要任务，也是团区别于其他群团组织的比较优势。政治思想引领是共青团的内功、基本功、看家本领所在。当前存在的矛盾是：相比于其他共青团工作领域的活跃程度，思想引导方面的创新还远远不够。当前存在的突出问题是思想政治工作的吸引力和感召力还要加强，思想引领的手段尚需丰富，思想引领领域还需聚焦深入，思想引领的工作品牌还需构建等。

更大力度地打造"网军"，加强网络政治宣传的工作力度。随着网络政治传播的日趋活跃，团组织面临着思想政治工作主战场的"转移"，可以看到共青团不得不面对网络新媒体对团组织带来的深层挑战。中国共青团已初步搭建了规模庞大的网络评论员和网络宣传员的队伍，但这些工作的实际效果还要大大深化。

重点创新领域二：青年力量——如何带领青年全面参与社会生活特别是经济社会生活和政治社会生活。

参与是青年发展的重要路径。共青团组织塑造政党所需要的青年行为主要是要着力动员广大青年更好地服务党和国家工作大局，在经济、政治、文化、社会、生态建设中，在中国式现代化的建设中发挥积极作用。

在经济参与上，突出的重点是从共青团叫响的"三创"主题活动，即适应新发展格局，激励动员广大青年创业创新创优。如何在电子商务领域更有作为，如何发挥传统"五小"活动的优势等有待组织进一步解题。在政治参与上，要在协商民主建设中发挥更多的作用，有效发挥桥梁和纽带作用，深入开展青少年社会主义法治宣传教育，动员青年积极践行和弘扬社会主义法治精神，积极参与多层次多领域依法治理成为在依法治国新常态下需要着力推进的工作。在社会参与上，共青团多年影响大的青年志愿者行动有了新的动力，要在推进中国式现代化的建设中发挥更大的作用。

重点创新领域三：青年感情——如何在切实的服务中，在与青年密切的沟通中与青年建立感情。

可以看到，改革开放以后，共青团将服务举得越来越高，共青团虽然有一部分服务青年事务的政府职能，但其服务的更重要的目的是与青年建立感情。这些年，团组织提出了要做实做好服务青少年成长发展的工作，特别是突出重点需求和重点群体，突出服务大学生就业和创业青年，突出提高服务能力等成为团组织需考虑的重点课题。团组织将致力把握青年的需要，集中解答如何多做雪中送炭事，少做锦上添花人；解答如何在服务中把有热情、有温度、有力度结合起来。同时也要关注，在中国共产党加强社会主义民主协商的实践中，共青团要发挥积极作用，这是共青团服务青年的制度化渠道。

5. 共青团改革的系统分析

共青团组织得到的外部系统支持依然是改革中持续优化的关键。

无论共青团组织自身如何努力，它的发展还是离不开它所处的系统及系统支持。而其能得到系统支持是处于变化发展中的，在某种意义上说很难预测准确。这个系统有政党和共青团的关系、政府和共青团的关系、人大政协等组织和共青团的关系，有共青团与其他社会组织的关系，有其他政治社会化系统和政治文化系统的影响，以及社会其他系统的合力。

中国共产党和中国共青团的关系毫无疑问是最核心的外部系统关系。对于这种关系一个重要的制度是党建带团建制度。党建带团建制度最核心的推动不是共青团，而是党组织，这种政治关系能否落实在于政党各级组织是否真正重视群团工作，特别是重视对团干部队伍建设的总体设计，这将直接影响团组织发展的动力。

一些现象也证明了当前党建带团建设还需进一步落实。如不重视团的岗位，抽调有能力的团干从事党和政府其他工作，致使团组织无法正常运转，所谓"硬"抽人、抽"硬"人的问题。如团干部的队伍储备不够，特别是市、县两级出现无人可选的情况，影响团干部队伍梯次建设。如党组织如何结合中央的要求，从团的特殊性出发，大力加强团干部的选拔、培养，加强团干部队伍建设问题。又如，团干部长时间空缺，有的地方团干部身兼数职，影响正常工作问题。如团机关的中层干部工作经历单一，转岗困难的问题。这些问题虽然反映到团干上，但直接影响到团的工作中，也影响到团的整体系统建设中，需要引起关注。

关注这五个问题，在实践中予以解决，将会更有力地推动共青团改革。

第十节

使基层真正强起来

2015年1月8日,中共中央下发《中共中央关于加强和改进党的群团工作的意见》(中发〔2015〕4号,以下简称"4号文件")。2015年7月6日,中央党的群团工作会议召开,鲜明地提出了中国特色社会主义群团发展道路,开启了党的群团工作发展新阶段,也掀开了群团组织改革的序幕。2016年6月2日正式印发《共青团中央改革方案》(中办发〔2016〕47号,以下简称"47号文件"),由此正式启动了共青团组织的改革。改革以来,团组织从团中央、团省委乃至团市委,部分团县(市、区)委都通过了改革方案,改革的各项措施全面实施。应该说整个共青团组织进入了一个新常态。

如何评价共青团改革的成效?基层导向和基层视角是一个核心的标准。

习近平总书记在中央党的群团工作会议上指出,对群团组织来说,谁能把自己联系的群众最广泛最紧密地团结在党的周围,谁的工作就是做得好,反之就是做得不好。这个标准必须在群团工作中牢固树立,什么时候都不能忽视,更不能淡化和遗忘。这个标准的很重要的一条就是团组织要影响最广大的基层青年。《中共中央关于加强和改进党的群团工作的意见》里也明确指出:"群团组织基层基础薄弱、有效覆盖面不足、吸引力凝聚力不够问题突出,特别是在非公有制经济组织、社会组织和各类新兴群体中的影响力亟待增强。"在2017年中央群团改革座谈会上,习近平总书记强调,要推动各群团组织结合自身实际,紧紧围绕增强"政治性、先进性、群众性",直面突出问题,采取有力措施,敢于攻坚克难,注重夯实群团工作基层基础。因此评价共青团改革成效的最科学的方法应该是看其由团中央带动的改革是否真正"传感"到基层,使基层更广泛的青年受到团组织的影响而更拥护党,贴近党。这种"倒推"评价法将更好地看待共青团改革以来的客观成效,进行更为科学的判断,更加准确地把握改革中存在的深层问题,通过分析将改革引到更为科学的道路上来。

本报告是基于全国东、中、西部192个有代表性的县(市、区)的调查结果,调查时间是在2017年上半年,反映了改革近一年来的全团基层现状。调查问卷询问了团县(市、区)委书记对共青团改革的各项认识,同时在调查中也进行了开放性调查，了解了全国团县（市、区）委书记对共青团改革认识的方方面面，有着重要的参考价值。借此观察共青团改革以来的整体成效。

一、基层共青团改革方向之一：基层团组织"四化"现状

47号文件明确指出：目前，团中央在组织运行和工作推进中存在"机关化、行政化、贵族化、娱乐化"现象。因此，团中央采取各种措施克服这几个顽症。团的基层这"四化"有没有？调查发现，基层也要努力解决这"四化"问题特别是机关化、行政化问题。

机关化的突出表现是离青年距离远的问题。调查发现：团县（市、区）委书记接触青年时间较少，时间主要花在各种会议和机关案头工作上。平均一周的工作时间分布分别为：参加地方的会议1.4天，自己开会0.7天，办公室文字工作1.1天，直接接触青年0.9天，基层调研0.7天，读书研究0.7天。平均一周工作5.5天。如何减少基层团干部开会的时间已成为未来基层共青团改革中的关键问题。

大部分书记更熟悉机关生活。虽然87.5%的书记有过基层工作经验，但72.4%的书记都是在机关事业单位的经验，而有过农村经验的31.4%，城乡社区经验的24.9%，企业经验的5.4%，学校经验的8.6%。总体来看，从机关产生的干部占大多数，这种从机关产生团干部的机制很难保证将知青年、懂青年、爱青年的青年领袖们选到团的工作岗位上来。

即使工作之后，49.7%的书记也没有到基层挂职锻炼和跨系统多岗位交流。而到基层锻炼的只有29.1%，到艰苦地方锻炼的11.1%，到生产一线挂职的1.6%，到技术等部门挂职的1.1%，交流轮岗的11.1%。而30.6%的干部还是到党务部门和行政部门挂职，团干部整体上走不出"机关大院"。

关于行政化，什么问题在团的工作中比较突出？70.7%的团干部认为是工作内容、工作方式与行政部门雷同，聚焦青年群众工作主业不够，自身特点不足；62.8%认为工作思维习惯自上而下，而不是自下而上，直接服务青年工作不够扎实深入；58.6%认为一些部门设置和职能滞后于时代和青年变化；49.7%认为工作缺乏统筹，部门战线各自为政；46.6%认为活动重启动不重后续；39.8%认为重场面不重实效；35.6%认为工作重数量不重质量。这些现状都亟待改变。

工作手段还需进一步创新。虽然82.8%的团干部已通过网络动员青年，但通过召开会议动员青年的有66.7%，通过行政命令下达任务的有39.6%，通过文件传真布置任务的有37.5%，通过简报文章反映成绩的有38.5%，通过台账报

表实施检查的有29.2%。可以看到工作的行政化由于网络的出现得到相应的缓解，但总体上还有待进一步改革。

调查发现，对于贵族化和娱乐化，团县（市、区）委书记反映不太明显。第一个原因可能是自己回答时比较回避这个问题。第二个原因是这两个问题在上级机关会更显严重。

二、基层共青团改革方向之二：基层团组织"四缺"情况

长期以来，团的基层"四缺"（缺编制、缺人员、缺经费、缺场所）现象严重，要推进团组织改革，就要加大对团工作的支持保障力度。共青团改革向基层拓展，必须把解决基层普遍存在的"四缺"作为重中之重。

调查发现目前该现象还是比较严重，没有新的改观。

如回答您所在团组织工作的主要困难是什么（可多选），从多到少的选择是：团员缺乏先进性光荣感70.3%，没钱没资源54.2%，没人做工作51.6%，没有形成品牌效应41.7%，没有活动阵地38%，工作和活动方式单一陈旧、调动不起团员青年的兴趣38%，领导不重视、对团工作缺乏有力指导和支持26.6%，不了解当地青年需要10.9%，没有活动时间9.9%，缺乏工作制度9.4%，自己没有青年领袖气质、调动不了团员青年的积极性4.7%。

开放调查发现：团干部们反映缺编制、缺人员是突出问题，减上补下的编制落实要到位。在人员缺少的同时，党政机关借调团干部和团部分岗位长期空岗同时存在，反映出地方党委对工作设置的随意性。从全国来看，所在单位有专职团干部编制：1名占3.6%，2名8.9%，3名18.2%，4名23.4%，5名29.2%，5名以上16.7%。党的中央群团工作会议后，团县（市、区）委编制增加的只有8.9%，86.5%和原来一样，还有4.7%有所减少。目前在岗平均3.5人，缺编平均1.44人，被借调平均0.68人。

团干部呼吁要加大财力支持，大部分团县（市、区）委工作资金困难。所在团组织每年可支配的经费平均是15.98万元。

而落到基层，最核心的问题是乡镇街道团委书记工作的积极性不强、乡镇街道工作力量薄弱、流动性大等问题。只有5.2%的乡镇团委书记非常积极和投入，能够调动，49.5%积极性尚可、能够调动，37%积极性一般、调动困难，8.3%没有积极性，调动不了。乡镇（街道）团的干部更换平均时间半年以下2.6%，半年至一年18%，一年到一年半18%，一年半至两年21.7%，两年至两年半14.3%，两年半至三年9.5%，三年以上15.9%。

开放性调查所反映出的结果是，团县（市、区）委书记希望充实基层力量，人员、资金、政策向乡镇倾斜。如何解决类似"乡镇任务量大，已看不到团的工作开展，存在应付状况""党委领导不重视，流动性大，主动性差，造成工作推动困难""充实镇、村团干部力量，实行津贴补贴，调动其工作积极性""村团支部书记的合理补助"等诸多问题还需要更好的方法。

调查发现，目前团县（市、区）委调动资源的途径还稍显单一，只有7.9%能够调动本地和外地的重要资源，48.7%能够调动本地的重要资源，40.8%调动本地资源较少、比较困难，2.6%调动不了资源。反映出基层团县（市、区委）书记社会化筹资的能力还需要提高。

三、基层共青团改革动力之一：各地党委对团工作的组织领导

4号文件明确指出："各级党委要明确对群团工作的领导责任，健全组织制度，完善工作机制，从上到下形成强有力的组织领导体系。"党的县（市、区）委的有力领导是基层共青团改革推动的最重要力量。

团改革之后，党组织的重视和推动情况如何呢？50%的县（市、区）委团书记认为党的中央群团工作会议后，本地党组织对共青团工作更加重视了，46.4%认为和原来一样，3.6%认为重视程度下降。应该说全国上下落实党的群团工作会议精神有快有慢，总体速度并不理想。

各地党政对团工作的组织领导和支持保障情况如下。

A. 党委有研究青少年工作的专题会议制度或党政青少年事务联席会议制度。
□是 41.1%　　　　□否 58.9%

B. 党委常委会有定期听取共青团工作汇报制度。
□是 51.1%　　　　□否 48.9%

C. 团委党员主要负责人作为同级党委委员候选人提名人选。
□是 67.4%　　　　□否 32.6%

D. 县级以下团组织主要负责人按党章要求列席同级党组织有关会议。
□是 48.4%　　　　□否 51.6%

E. 团建工作纳入各级党委党建工作规划和年度考核内容。
□是 67%　　　　□否 33%

F. 推荐优秀团员做入党积极分子人选作为基层团组织的重要工作职责。推动党组织将推优纳入党员发展工作规划。

☐是 63.4%　　　　　　☐否 36.6%

G. 地方党委有关工作会议邀请团组织主要负责人参加或列席。

☐是 73.7%　　　　　　☐否 26.3%

H. 统筹基层党群组织工作资源配置和使用，基层党组织活动阵地、党员服务站点的规划建设考虑团组织需要，共享党组织已有的工作和活动阵地。

☐是 65.4%　　　　　　☐否 34.6%

I. 县以上人大代表、政协委员人选的提名推荐，加强与团组织的沟通协商。

☐是 67.5%　　　　　　☐否 32.5%

J. 团组织工作经费列入同级财政年度预算并予以保证。

☐是 93.7%　　　　　　☐否 6.3%

K. 基层团组织的经费补贴落实到位。

☐是 62.8%　　　　　　☐否 37.2%

L. 按人头划拨的经费重点向基层倾斜。

☐是 50.3%　　　　　　☐否 49.7%

M. 团干部培训纳入当地干部教育培训总体规划。

☐是 57.6%　　　　　　☐否 42.4%

N. 重视推动团干部到火热的实践一线摸爬滚打、锻炼成才。

☐是 69.5%　　　　　　☐否 30.5%

O. 注重从企业、农村、城乡、社区等基层一线选拔优秀人才充实团干部队伍。

☐是 49.5%　　　　　　☐否 50.5%

P. 选好配强基层群团负责人，更多采用兼职、聘用等方式吸引优秀社会人才加入团工作队伍。

☐是 41.7%　　　　　　☐否 58.3%

Q. 推进团干部跨系统多岗位交流，加强与党政部门之间干部双向交流。

☐是 59.9%　　　　　　☐否 40.1%

从上面可以看到，从全国来看有了基本的党组织支持团组织工作的态势，但在建立党委的青少年工作的专题会议制度或党政青少年事务联席会议制度，在县级以下团组织主要负责人按党章要求列席同级党组织有关会议，在注重从企业、农村、城乡、社区等基层一线选拔优秀人才充实团干部队伍，在选好配强基层群团负责人，更多采用兼职、聘用等方式吸引优秀社会人才加入团工作队伍上还存在较大差距，党对团的支持在制度平台搭建、干部培养、人才选拔上还有待加强。

开放性调查发现，在回答"你对县级共青团改革的建议"时，许多书记提到了希望县级党委进一步重视共青团改革，加强对团组织和团干部的重视，把团建作为党建一部分列入考核项目，提高基层党委对团的重视度。

四、基层共青团改革动力之二：基层团干部素质

4号文件要求："各级党委要加强群团组织领导班子建设，努力打造政治坚定、团结务实、群众拥护的坚强领导集体。坚持德才兼备、以德为先，按照信念坚定、为民服务、勤政务实、敢于担当、清正廉洁的好干部标准，选拔群众工作经验丰富、在所联系群众中威信高的同志，推荐作为群团组织主要负责人人选。"

当前团县（市、区）委书记的素质如何？能否担当起领导改革的重任？

团委书记认为最需要提高的能力是什么？（可多选）

☐逻辑思维、判断、认识决断能力 36.5%

☐表达能力（演讲和书面表达能力）47.9%

☐调研、把握青年需要能力 49%

☐计划能力 11.5%

☐把握中心的决策能力 32.8%

☐沟通协调能力 28.1%

☐创新能力 57.3%

☐心理调适能力 10.9%

☐应变应对突发事件能力 20.3%

☐政治鉴别能力 15.6%

☐与青年打成一片能力 32.8%

☐资源整合能力 41.7%

☐活动组织实施能力 17.2%

☐组织建设能力 22.9%

☐引导青年能力 54.2%

☐时间管理能力 10.9%

可见，团县（市、区）委书记比较缺乏的是创新能力 57.3%，引导青年能力 54.2%，调研、把握青年需要能力 49%，表达能力（演讲和书面表达能力）47.9%，资源整合能力 41.7%。

调查中发现：团干部有着创新意识，但在创新工作上比较谨慎。82.8%的团干部认为团组织是个很好的平台，要珍惜岗位，加强主动性，进取创新；16.1%

认为努力完成工作就好,创新太难了,需要环境变化;只有1%的团干部认为工作只是过渡,工作积极性一般或者看不到工作价值,工作消极等。一方面是想创新,另一方面是创新能力的缺乏,其实不敢创新和党政领导特别是主管领导的态度有关:35.8%的主管领导对团委书记工作的管理风格是"领导让我放手干,能容纳我的工作不足",而57.4%的领导是"让我放手干,但同时也要求严格";2.1%的领导很谨慎,"不鼓励我放手干"。因此团干部在真正想创新时还是会顾虑重重,团干部创新还需要更好的基层氛围。

五、基层共青团改革的阵地:基层共青团组织的覆盖面

在新形势下,团组织要勇于改革创新,通过创造性工作增强发展活力,赢得青年信任。4号文件指出:"基层组织是做好群团工作的基础和关键。工会、共青团、妇联等群团组织要以提高吸引力、凝聚力、战斗力和扩大有效覆盖面为目标,在巩固按行政区划、依托基层单位建立组织、开展工作的同时,创新基层组织设置、成员发展、联系群众、开展活动的方式。立体化、多层面扩大组织覆盖,重点向非公有制经济组织、社会组织、城乡社区等领域和农民工、自由职业者等群体延伸组织体系。"

调查发现目前团县(市、区)委这一级团组织对青年的有效覆盖问题没有得到很好的改善。以非公人员覆盖为例:只有19.3%的团委书记认为自己的团组织对地区非公有制经济组织、社会组织和各类新兴群体中的影响力"很强"和"较强",认为一般的占到52.6%,认为较差和没有影响力的占到28.1%。认为非公企业建团效果很好和较好占到17.7%,效果一般占57.3%,效果不好和很差占25%。

区域化团建工作推进效果并不理想。只有23.9%的书记认为自己区域的城乡区域化团建工作(街道青年工作共建委员会,乡镇建设直属团组织)效果"很好"(2%)和"较好"(21.9%)。47.4%认为效果一般,21.9%认为效果不好,6.8%认为效果很差。

调查发现,作为有效覆盖的基本组织建设单元,基层团组织还没有实现按照青年聚集的规律建设组织。目前,团县(市、区)委书记所负责的团组织的基层组织设置方式主要是传统的单位团组织体系,占到82.1%,而纵横交织的网络化组织体系只有17.4%。在团干部看来,非公有制经济组织、社会组织团建工作最有效的方式是(可多选):青年兴趣组织建团70.7%,行业建团58.6%,园区建团41.9%,产业建团39.8%,网络建团30.9%,社区建团24.6%,楼宇建团

12.6%，驻外团组织建11%。可以看到，比较看好的最高比例的青年兴趣组织建团和行业建团现实过程中都进展缓慢。

各地青年社会组织发展较快。2.6%的地区青年社会组织的发展情况发展很快，已成规模；26.7%发展快，有一定组织；39.3%正在发展、处于起步阶段；27.7%没有太多青年社会组织；3.7%没有青年社会组织。可以想象，随着青年社会组织进一步发展，团的组织方式已远远不能适应青年聚集的要求，形势要求团组织基层组织结构方式亟待改革。目前所进行的青年之家和青年服务中心等建设会成为这个改革的基础性工程。

网络覆盖怎样呢？共青团改革要打造网上网下相互促进、有机融合的工作新格局。调查发现，基层团组织纷纷"触"网，但对于基层团组织宣传效果并不理想。

如您处的网络建设工作平台是（可多选）微信97.9%，QQ群73.4%，微博62.5%，团组织网站66.1%，网络论坛18.8%，维权热线14.6%，手机报12.5%，其他1%。虽则上网，但影响力还需提高：认为自己网络平台的影响力很大的只有13.5%，76.6%认为影响力一般，9.9%认为影响力较差。和团中央公共微信和微博的活跃和覆盖面相比，基层的网络工作平台显得影响乏力，主要是因为基层团干部的网络传播水平有限，而上级团组织又没有进行标准化的"传输"。

六、基层共青团改革的工作：重点工作的推进及效果

在47号文件里，团中央从三大块（改进团中央领导机构人员、机构设置和运行机制，改革团中央机关干部选拔、使用和管理，改革创新团的工作、活动和基层组织建设）共十方面推进团的改革，其中团干部学习改革精神、团干部健康成长讨论、团干部下沉制度、青年之声建设、"1+100"、青少年事务社会工作队伍是和基层共青团改革紧密相关的几件事情，评价这些工作的成效有利于我们观察团的改革的实际进程。

调查发现，大多数团县（市、区）委都开展了相关的学习活动，宣传了群团会议的精神。团县（市、区）委书记87.9%参加了县级团委班子成员主题学习班，62.6%全县（市、区）参加了街道社区、乡镇、中学、驻外团组织团干部主题学习，33.3%的农村合作组织团工委抓好各自所联系的农村合作组织团组织的传达学习工作。94.7%的团委书记通过网络载体，宣传会议和精神。68.7%的团委书记针对自己的问题，设计了1项改革措施。

调查发现：团干部健康成长大讨论活动的效果还有待提高。29.2%参与大讨论，效果很好；46.9%参与大讨论，效果一般；9.9%参与大讨论，效果不好；14.1%没参与大讨论。75.5%在健康成长大讨论中收集了青年群众的意见。

对团中央下沉工作褒贬不一。37.7%的团委书记了解，效果很好；39.8%了解，效果一般；9.9%了解，效果不好。这其中的原因需要进一步研究。

调查发现，青年之声平台建设工作效果并没有得到基层广泛认可。只有18.8%参与建设，认为效果很好；49%认为参与建设，效果一般；30.2%认为参与建设，效果不好。开放性调查发现，青年之声的表现形态不太符合青年的兴趣点。如有的青年说："应该借用微信等平台，借力把自己打造好，现在这个平台青年不接受。"如"青年不喜欢共青团做的平台，缺乏天涯、猫扑论坛之类的网络平台的吸引力并且操作方式复杂"等。

部分团干部对"1+100"存有疑虑。41.1%的书记认为此工作很重要，已完成；27.1%认为，此工作重要，完成困难；28.6%认为工作意义不大，已完成；3.1%认为此工作意义不大，未完成。

青少年事务社会工作队伍在全国还处在发展阶段。3.7%的县（市、区）青少年事务社会工作队伍建设情况效果很好，25.8%效果较好，52.6%效果一般，8.9%效果不好，2.2%效果很差，6.8%还没有建设。

可以看到，目前团中央推行的各项改革措施在往基层推动过程中还需要更细致的研究，不能一厢情愿，要考虑团县（市、区）委的实际情况，更要考虑基层青年的特点和接受程度。

七、基层共青团改革的落地：基层共青团组织的品牌

共青团改革要让青年有获得感，最重要的是带领青年开展的活动影响，特别是那些品牌活动影响。目前县（市、区）已经形成的共青团工作品牌是什么呢？

从共青团改革来看，如何发挥共青团在五方面的作用是评价其成效的一个重要观察点，即组织功能（团结动员青年围绕中心任务建功立业）、引导功能（团组织引导青年自觉培育和践行社会主义核心价值观）、服务功能（团组织加强服务青年和维护青年合法权益工作）、民主功能（团组织在社会主义民主中发挥作用）、治理功能（团组织参与创新社会治理和维护社会稳定）。我们针对这五方面对团干部做了品牌调查，即在当地已经形成品牌效应工作的点。

开放性调查发现，团的基层品牌和项目化工作还有待加强，总体呈现四个不足。

一是总体品牌化和项目化不够。很多团组织还是活动思路，并没有从扩大团的长期影响去考虑，无法形成积累效应。

二是传统品牌多，品牌创新少。比如，希望工程、青年志愿者等品牌一直在开展，但基于新时代新特征的品牌少。

三是一些长期开展的活动不能有效上升为品牌。如在县（市、区）开展普遍的假期大学生社会实践、青年交友活动等，实质上这些活动已经具备了上升为品牌的基础。

四是在组织、引导、服务上品牌多，在民主和治理上没有品牌彰显。目前，推动青年创业创新成为建功立业的核心品牌，志愿者成为思想引导的核心品牌，关爱留守儿童、爱心助学、法治教育成为服务和维护青年合法权益的核心品牌，但在支持团组织在社会主义民主中发挥作用，支持团组织参与创新社会治理和维护社会稳定上还没有有影响力的品牌。

以上四个不足也指出了基层共青团组织品牌未来建设的方向。

八、基层共青团改革的系统：共青团基层需要怎样的改革指挥

共青团改革是一项系统工程，从中央到地方跨越五级组织。从基层来看，团中央的系统领导有哪些需要提高的地方呢？

开放性调查发现：在推进共青团改革的过程中，有四个问题亟待解决。

一是警惕共青团改革所衍生的形式主义。团县（市、区）委书记普遍反映团的上级机关工作布置的出发点是好的，但过急地执行推进容易变成形式主义，弄得基层忙于应付，化"实"为"虚"。这种形式主义的产生和上级布置临时工作多、任务太急，要报数据等有关，不符合基层在现有基础上通过努力可以达到的水平，因此基层将工作干虚，将数据造假，轰轰烈烈的共青团改革就会演变成"轰轰烈烈"的"数据游戏""造假游戏"，与改革的初衷南辕北辙。当基层团干部每天疲于应付上级的报表、材料时，就很难深入青年，更别说实质地推动服务青年的工作。团县（市、区）委书记强烈呼吁团的领导机关多下来走走，掌握真实的情况，作出贴合基层实际的安排。

二是要加强改革的分类化指导。首先是要更多地指导而不是统一命令。由于全国基层情况千差万别，要多指导，少指挥，减少行政指令任务。团的领导机关要提高指导水平，既不能过死地去要求，同时也能让基层明确组织发展的方向。其次要分类。出台可实施文件，根据地区差异，分类组织推广，注意西部与中、

东部沿海地区差异，不能全国上下"一刀切"，建议可以根据经济发展情况和共青团工作基础分类安排工作。

三是要创造机制让资源多向基层倾斜。目前总体来看，全团还是上面资源多、下面资源少的"倒三角"的现状。这样的状况容易导致大多数的资源都围绕着少部分团员青年转动，而使得团组织渐渐远离最广大的青年。目前要做的是将这个"倒三角"变成"漏斗"，由上面争取资源，更多地"漏"到基层来。团县（市、区）委书记希望上级有更多的稳定项目下发。带着资金的项目是基层开展活动、创造影响力的最稳定的保障。共青团改革一方面要加强灵活指导，另一方面也要有更多的标准化支持。

四是要重视基层团干部培训。由于基层团干部流动快，传承差，各级培训就显得格外迫切。目前，团县（市、区）委书记的培训从团中央层面给予了保证，但乡镇（街道）和基层团委书记的培训还要加大力度。特别是广大团支部书记的培训目前还没有找到更好的覆盖方法，还需要团组织大力创新。如何建设学习型团组织，给各级团干部更多的学习机会是组织发展的重要课题。

九、结论：写好基层共青团改革八论

基层是执政党的关键之所在。中国共产党十九大提出要提高基层组织组织力，加强基层组织建设。指出："党的基层组织是确保党的路线方针政策和决策部署贯彻落实的基础。要以提升组织力为重点，突出政治功能，把企业、农村、机关、学校、科研院所、街道社区、社会组织等基层党组织建设成为宣传党的主张、贯彻党的决定、领导基层治理、团结动员群众、推动改革发展的坚强战斗堡垒。""推进党的基层组织设置和活动方式创新，加强基层党组织带头人队伍建设，扩大基层党组织覆盖面，着力解决一些基层党组织弱化、虚化、边缘化问题。"在此同时，加强共青团基层组织建设是巩固党执政的青年群众基础的必然要求，只能加强，不能削弱。

从调查来看，共青团的改革到2017年年底是在全团认识不断提高，团中央、各级团省委、各级团市委制订改革方案，展开改革，推动各级领导机关干部和群众密切联系的阶段，整体上处于改革的"预热"期，其整体改革成效还没有普遍惠及基层（特别是县以下和全团基层团支部）。2018年以后，改革将向基层延伸。推进共青团基层改革，写好"八论"至关重要。

一是写好党政论。越到基层，党政领导对工作的认识和重视就成了团工作好不好最核心的环境变量。目前，一些基层党政领导并不能从执政党的青年群众基础角度考虑团的工作,而把团的工作当作可有可无的摆设,把团的干部当作自己任意安排的青年干部,对此工作比较"任性"。而团的管理机制是双重管理,以同级党的管理为主。这难免会使得工作陷于虚化。解决这个问题一方面要不断强化党建带团建的制度安排;另一方面要教育基层党政领导认识到群团工作的意义,认识到青年工作的重要意义,推动他们过"关"成"人"。全党要关注青年、关心青年、关爱青年,倾听青年心声,做青年朋友的知心人、青年工作的热心人、青年群众的引路人。党政领导要过三"关"(关注、关心、关爱)成三"人"(知心人、热心人、引路人)。

二是写好需要论。团的基层组织建设要考虑青年的特点,以利益服务入手,以感情构建深化,进而实现思想引领。因此广泛开展青年调查,了解基层青年的需要与需要表达特点。形成把握青年"温度",同时又能紧贴党政中心需要的核心工作空间。在这方面,要大力提高团干部把握基层青年需要的能力,更加密切联系青年,更加有针对性地服务青年.

三是写好阵地论。从目前来看,无论是从工作时间、工作空间上还是从工作组织上,基层团组织目前的结构都有与青年实际情况不适应的一面。基层组织要重新布局,核心是树立新的时间观、空间观和组织观,以建设有机组织为方向,按照单位、社区、兴趣空间对基层共青团组织重新布局。要激发基层青年社会组织的力量,更好地纳入当地组织体系中,形成以团组织为核心、以社会组织活力支撑的枢纽型组织格局。

四是写好传播论。开展思想引领要注意方法,要用青年相信的体系去开展思想引导工作。按照利益、规律、事实、历史、文化等逻辑开展工作。提高团干部的意识形态工作能力。强化网络引导的重要性,团的上级领导机关要统筹网络宣传,给基层以更多的标准化支撑,从而解决基层干部网络素质不高和思想引领任务较重之间的客观矛盾。

五是写好资源论。基层最缺资源,基层改革又最需要资源。要进一步研究党和政府对青年工作支持的资源体系构建,要更细致地研究资源下沉的机制,提高基层团干部社会化筹资能力、要构建"项目+资源"的工作格局,真正使基层"腰杆"硬起来。

六是写好文化论。要构建更为统一标准的共青团文化,从上至下在价值、制度、行为和外在特征上统一规划打造,形成共青团在全社会的集体形象。要在团干部和团员的先进性上下大功夫。要在制度上大力推动创新文化,坚持实事求是,朝气蓬勃,力戒形式主义。

七是写好领袖论。提高共青团干部的群众工作能力,不断涵养对党忠诚、热爱青年的青年领袖的精气神，将更多知青年、懂青年、爱青年的青年领袖吸纳到团的基层工作岗位上来。全面加强团干部培训。

八是写好品牌论。多年来，团组织是以品牌立身，目前团组织还要不断研究品牌，创新品牌，打磨品牌，既要有立足全团的"大"品牌，又要有立足团的最基层团支部的"小"品牌。真正使团的工作稳定下来，传承下来，从而和青年之间形成常态的影响力和凝聚力。

需要指出的是要写好这"八论"，当前需要有两个"松绑"：第一个"松绑"是地方党政领导为团干部"松绑"，要鼓励他们创新而不是过分谨慎和循规蹈矩，对团的工作要包容；第二个"松绑"是上级团组织要给基层团组织"松绑"，强化指导，立足实际，做一些推动基层青年群众工作的实事，真正使团干部在共青团工作的良性循环中成长起来。

第十一节

政治文化建设与从严治团

党的十八大以来,习近平总书记从确保政党始终成为中国特色社会主义伟大事业坚强领导核心的战略高度,创造性地提出一系列党要管党、从严治党的新思想新举措,形成了全面从严治党的一系列政治成果、思想成果、制度成果、实践成果。特别是党的十八届六中全会审议通过了《关于新形势下党内政治生活的若干准则》和《中国共产党党内监督条例》,体现了政党的坚强决心。共青团是党的助手和后备军,以习近平同志为核心的党中央还从团的建设是党的建设一部分的高度,对共青团改革和从严治团作出了一系列重要部署。党有号召,团有行动,对团组织来讲,在改革的大背景下如何抓好从严治团工作,破解自身存在问题、更好地履行职责使命,这是亟待加以研究和突破的重要课题。

从什么理论角度去把握从严治团的深层规律,更有效地推动从严治团的各项工作?习近平总书记在中国共产党的十八届六中全会第二次全体会议上讲话指出:党内政治生活、政治生态、政治文化是相辅相成的,政治文化是政治生活的灵魂,对政治生态具有潜移默化的影响。要注重加强党内政治文化建设,倡导和弘扬忠诚老实、光明坦荡、公道正派、实事求是、艰苦奋斗、清正廉洁等价值观,旗帜鲜明地抵制和反对关系学、厚黑学、官场术、"潜规则"等庸俗腐朽的政治文化,不断培厚良好政治生态的土壤。习近平总书记明确指出了政治文化建设在从严治党过程中的核心作用。我们认为,用政治文化的理论视角去分析从严治团的方方面面,能够更好地把握从严治团的本质及推进从严治团的各项工作。

如何具体解析中国共青团的政治文化建设?中国共青团是中国共产党的政党青年组织。把握其政治文化建设规律就要从政党学、青年学和组织管理学三个角度去思考它发展的方方面面。

从政党学来看,要在政党中从严,从严治团是政党文化建设过程的重要部分,政党文化是一种意识形态文化。如果一个政党没有自己的一个思想、理论、主张和政策,或者说它的这一套东西与别的政党毫无二致,它就会失去存在的基础和理由。

从青年学来看,要在青年中从严,从严治团有着更加深层的政治意义。青年本身就是一种文化现象，他是在人生关键的过渡时期，具有继承性和创新性。赢得青年才能赢得未来，民族的希望在创新，创新的希望在青年。因此要在其继承和创新中推动从严治团。

从组织管理学看，要在组织中从严，所谓"治"，管理处理之意。管理有各种理论，而文化管理是更高层次的管理。所谓组织文化，是关于基本假定的一种模式，人们认为这种模式是有效的并传授给新成员作为其在组织中认知、思考和感觉的方式。需要在组织中大力建设。

因此认识从严治团只有从政党文化的系统构建、青年文化的传承创新、组织文化的科学推动上才能揭开其政治文化建设的规律。

一、政治文化传承与从严治团

从严治党和从严治团看似一个工作关系，但本质上是一个政治文化、政党文化的传承关系。

如何分析党员和团员的关系？《中国共产党章程》以完整的一章规定了中国共产党和中国共青团的关系，也是党章中提到的唯一组织关系，凸显了共青团的特殊政治性质。党章中明确指出中国共产主义青年团是中国共产党领导的先进青年的群团组织，是广大青年在实践中学习中国特色社会主义和共产主义的学校，是党的助手和后备军。同时规定：党的各级委员会要加强对共青团的领导，注意团的干部的选拔和培训。如何理解党章中提到的助手和后备军？既然是助手，毫无疑问，就要随时和党贴得很紧，发挥青年人的力量，为党分忧，为党工作，在党言党，在党忧党，在党为党，在党兴党；既然是后备军，是指在团的成员（团员和团干部）和党的成员（党员和党干部）之间建立传承关系。理论上讲，共青团要承担起为中国共产党在团员青年中有效传播政党意识形态，在团员青年中有效塑造政党行为的政治使命。而这种培养又是在一所"学校"性质中加以实现的。

表面上看，从严治团意味着在从严治党的大环境下听党话跟党走，对团组织严加管理。对一个组织加以管理这是所有组织的任务，对一个组织从严管理，则往往意味着过去的管理比较稀松，现在需要加力，需要更紧的"紧箍咒"。习近平总书记曾指出：我们现在对党员、干部的要求是不是过严了？答案是否定的。很多要求早就有了，是最基本的要求。现在主要倾向不是严了，而是失之于宽，失之于软。不存在严过头的问题。因此从严治团的核心是在当前共青团改革的新秩序中给组织形成压力，促进组织的健康发展，完成中国共产党所赋予的群团工作任务。

　　从更深一层去看，从严治团还承担了政党更重要的功能，那就是要努力做好为中国共产党组织化的"政治打底"的重要任务。考察一个中国的青年的发展过程，其22岁之前接受政治社会化的过程主要是在学校、家庭、社会的综合系统中，但是政治上的组织化培养过程毫无疑问是在少先队组织、共青团组织，也包括学生会、学联和青联等组织。虽然不是所有的党员都是从团员发展来的，不是所有的党的干部都做过团的工作，但党员的绝大部分产生于中国共青团的团员，中国共产党的干部绝大部分从小学开始做过各种类型的队干部、班干部、团干部、学生干部，因此团员和党员之间，少先队干部、团干部、学生会干部与党的干部之间存在着必然的逻辑联系。22岁之前，这个组织如何培养其骨干，如何影响其成员也构成了对未来进入政党队伍的人的根本影响。因此可以说，共青团这个平台是中国共产党核心力量生成的重要平台，团组织是党自我完善的"青年能力培训器""青年信仰净化器"。团组织应该产生高度自觉，把自己现在所做的一切和政党所做的一切联系在一起，为党分忧，大力培养好团员和团干部才是真正的政治坚强，党性十足。从这个意义上说，从严治团要比从严治党还要严，以共青团为核心的政党青年组织要努力为党打下"干净纯洁"的底子。如果中国共产党是在从事伟大而生动的政治实践的话，中国共青团就是在党的领导下建设一所更具有理想、更具有理想主义的政治学校。这所学校应该有自己的办学理念和办学风格，既要立足现实，更要立足长远，从严治团就是要抓好中国共产党这所青年学校的校风，使得学生在这所学校里能够健康成长，今后真正为党的事业所挑选，成为推动中国共产党发展的未来中坚力量。

　　党要管党，才能管好党；从严治党，才能治好党。对我们这样一个拥有9000多万党员、在一个14亿人口大国长期执政的党，管党治党一刻也不能松懈。如果管党不力、治党不严，人民群众反映强烈的党内突出问题得不到解决，那我们党迟早会失去执政资格，不可避免被历史淘汰。这绝不是危言耸听。对于一个拥有8000多万团员的组织，管团治团片刻也不能松懈。如果管团不力、治团不严，青年群众反映强烈的团内突出问题得不到解决，那团组织就不能实现中国共产党办这所学校的初衷，对政治文化和政党文化的传承没有发挥其重要作用而丧失其政治功能。因此对从严治团的理解既要从完成党的中心工作政治任务上理解，更要从政党文化传承的角度去理解。从传承的角度理解了，就能够更好地设计从严治团的方方面面，更好地处理理想追求和现实环境的关系，更好地务实推动各项工作，从政党的长期执政出发，从青年的理想构建出发，将政党和青年紧密地连接在一起，在政党"赢得青年，赢得未来"的政治战略中作出自己卓越的成绩。

二、政治文化内容与从严治团

从严治团的目标是什么？如何更加有效务实地推进从严治团？坚持思想建团、制度治团、纪律管团、作风强团，从严管好团干部、团员、团组织，做到正本清源，名副其实，让团干部更像团干部，团员更像团员，团的组织更加充满活力。这是中国共青团确定的工作目标。这些目标都需要更多的细节、更多的手段和机制来支撑方能落到实处，从根本上说，把握政治文化、政党文化、组织文化的内涵，更加明确共青团核心的文化特性，才能够更加理性地推动从严治团各项工作，最终获得成效。

什么是政治文化的内涵？无论是政治文化理论，还是政党文化理论和企业文化理论，都指出了文化建设的具体内容。美国政治学家西德尼·维巴把政治文化定义为由来自经验的信念、表意符号和价值观组成的体系，它规定了政治行为发生的环境。政党文化是指一个政党所具有的，为其党员所认同的意识形态、组织心理、制度规范和行为作风，以及由此决定的一个政党区别于他党的政党形象。它是一种在以取得和维护国家政权为目的的政治组织中形成的组织文化。政党文化研究指出：政党文化划分为政党的意识形态、政治心理、行为作风和规范文化、标识文化。企业文化理论指出组织文化的组成因素包括企业环境、价值、英雄、习俗与仪式、文化网络和信息传播。组织文化的内容既包括深层的信仰和价值观，也包括外层的故事与传说、仪式和典礼、语言、物质结果和象征。

总之，政治文化就是关于政治的"集体记忆"。所谓"让团干部更像团干部，团员更像团员"就是强化集体记忆，建构集体印象。从严治团就是唤起、加强或者建设关于共青团的集体记忆。这种记忆首先是价值观和信仰层面的（深层思想层面），其次是制度纪律层面（各项规章制度），再次是组织成员（团干部和团员、青年榜样）的心理、行为、表达特征上的（语言，故事和传说），最后是外在物质象征上的（物质结果和外在标识）。从严治团也要从组织价值信仰、组织纪律制度、组织成员特征、组织外化形象四方面务实地建设组织政治文化。通过这四方面实际发生和创新发展的实在力量，汇成对团干部、团员、组织的压力，并促进组织优化的过程。

1. 组织价值信仰

从严治团，首先是要坚定和强化组织的价值信仰，将理想信念挺在前面。无论是团干部要成为新时期坚定的青年马克思主义者，还是共青团员要成为共产主义远大理想和中国特色社会主义共同理想的坚定信仰者和实践者，团组织要成为具有鲜明政治属性和强大战斗力的坚强堡垒，要把理想信念挺在前面。

理想信念高于天，坚定理想信念，坚守共产党人的精神追求，始终是共产党人安身立命的根本。习近平总书记曾指出：今天，衡量一名共产党员、一名领导干部是否具有共产主义远大理想，是有客观标准的，那就要看他能否坚持全心全意为人民服务的根本宗旨，能否吃苦在前、享受在后，能否勤奋工作、廉洁奉公，能否为理想而奋不顾身地去拼搏、去奋斗、去献出自己的全部精力乃至生命。一切迷惘迟疑的观点，一切及时行乐的思想，一切贪图私利的行为，一切无所作为的作风，都是与此格格不入的。一个马克思主义政党，要保持先进性和纯洁性，实现崇高使命，必须"以补过为心，以求过为急，以能改其过为善，以得闻其过为明"。一刻不放松解决自身存在的问题，始终跟上时代、实践、人民的要求。

理想信念本质上是个人内心的事情。团组织如何将坚定理想信念落到实处？重点是要做好学习、研究、宣传、维护的重要工作。

学习，将党的理论学习落到实处，从严管理。对领导干部特别是高级干部来说，要把系统掌握马克思主义基本理论作为看家本领。政治理论学习是非常必要的，如何落实？按照《关于新形势下推进从严治团的规定》，团的机关干部每月、基层团干部每季度、团员每年集中进行理论学习时间不少于8学时，这项工作如何落到实处？如何进一步做好团干部培训班安排政治理论水平闭卷考试的工作？如何做好对全体团干部和团员理论测评工作？这都需要落到实处。

研究，将对重大困惑的理论问题的分析解惑落到实处，从严管理。要深入了解青年最困惑的理论问题，并在全团上下建立青年重大思想理论问题分析研究和情况通报制度。要完善全团调查制度，真正及时把"青年的温度"告诉党。

宣传，将党的理论宣传与传播落到实处，从严管理。推动团的领导机关干部、基层团委主要负责人要做好表率，每年至少为团员青年进行两次的党的思想理论和形势政策教育为主要内容的宣讲，可以在团干部和团员中广泛开展"党的政策宣讲员"品牌活动，推动团干部下到基层，为群众讲授党的理论，推动团员进到社区为群众讲授党的理论，推动团组织通过组织网络在更大范围、更多层次宣讲党的政策，形成全国效应，并产生一大批优秀的党的青年宣传员，在宣讲过程中加深团干部对理论的理解，对实践的把握。

维护，要将在公共空间特别是网络上的舆论引导落到实处，从严管理。对一切违背、歪曲、否定党的基本路线的言行旗帜鲜明地反对和抵制，要建立团组织发声制度和考核，完善要求在重大场合必须发声制度。

从更深层意义讲，为了更好地突出价值信仰，要对团属组织进行"公益改造"。强化公益意识和社会担当精神。在小学、少先队、班委会、团组织中加大志愿服务含量，构建志愿服务组织框架，在青少年中播下爱的种子。比如，将班委会改成志愿小组，将团组织按照公益项目设计等。充分利用公益这个中国青年需要的最大公约数重新聚集组织力量。

2. 组织制度纪律

一个组织要保持严密性，有战斗力，就必须有刚性的制度和纪律约束，否则就是一盘散沙，难以形成凝聚力、创造力和战斗力。从严治团，制度和纪律的完善及执行是重中之重。

（1）推动党建带团建制度

从根本上说，从严治团的各项制度和纪律来自党建带团建的大的制度，虽然党建带团建的制度主责在党，但各级团组织承担着在同级党委领导下协助督促下级党组织落实该制度，不断完善该制度的任务。将从严治党的要求带到从严治团的各项要求中来，将党组织的压力准确及时地传递给团组织，真正以党带团，从严治团就有了根本的动力。

推进基层党建带团建的内容主要包括党建要带团干部队伍建设，带团员队伍建设，带基层组织建设等。将党建带团建制度在从严治团中发挥重要作用最重要的是要落实以下几方面的制度。

首先，进一步理顺双重管理制度。《中国共产党章程》中明确规定：共青团的地方各级组织受同级党的委员会领导，同时受共青团上级组织领导。观察共青团组织运行的现实，这个双重管理的制度存在一些需要进一步理顺之处。而判断的标准是看团组织是否坚守了主业。群团组织要承担起引导群众听党话，跟党走的政治任务，为夯实党执政的阶级基础和群众基础作出贡献。这是群团组织和一般社会组织的根本区别，也应该成为衡量群团组织做得好不好的政治标准。他进一步指出：对群团组织来说，谁能把自己联系的群众最广泛最紧密地团结在党的周围，谁的工作就是做得好，反之就是做得不好。这个标准必须在群团工作中牢固树立起来，什么时候都不能忽视，更不能淡化和遗忘。一些地方团组织在地方党政领导的带领下只忙着招商引资，办企业，搞创收，不能说是扎实履行青年群众工作的主责。有的人可能说，各个地方都有各个地方的核心，有各个地方的实际情况，这是一种糊涂的认识。从严治团最核心的方向就是党心，党心最根本的就是民心，民心是最大的政治，人民群众拥护不拥护，赞成不赞成，高兴不高兴，是衡量一切工作是非得失的根本标准，也是衡量政党是不是讲政治的根本标准。党的群众路线、党的宗旨、党同人民群众的血肉联系，必须牢牢坚持。

不忘初心，坚持党的领导就是向以习近平同志为核心的党中央看齐，而不是说向各级地方党组织核心看齐。如果地方党组织没有向党中央看齐，当地的团组织向谁看齐？有一些地方和部门的同志没有认识到地方和部门的权威都来自党中央权威，地方和部门的工作都是对党中央决策部署的具体落实，在地方和部门工作的同志都是党派去工作的，不是独立存在的，也不是孤立存在的，没有天马行空、为所欲为的权力。

因此在实践过程中要努力创造机制使上级团委和同级党委的要求能产生系统合力，而其根本标准应该是服从党中央一个核心，而无其他核心。紧紧围绕党中央的核心，理顺双重管理的矛盾，上级团组织要和党组织创造合力形成一致性意见，才能真正把从严治团落到实处。

其次，要严格团干部选拔制度。《中国共产党章程》中规定，党的各级委员会要加强对共青团的领导，注意团的干部的选拔和培训。要严格团干部选拔配备，认真做好团的领导机关干部选拔和协管，严防不按标准、不按程序选配干部。要及时配足干部，团的领导机关每年要向同级党委组织部门和上级团组织部门书面报告干部选配和协管工作情况，各级团的领导机关干部配备率年均要达到90%以上，这需要团组织大力推动。要通过党的组织部门的设计，创造条件，更好地推动团干部经历难事、急事、大事、复杂事，更加深刻地感受国情、社情、民情，接地气，多蹲苗，多扎实基础，使团干部选拔五湖四海，团干部培养接地气，接民意，真正获得群众工作的扎实本领，在政治的路上走得更稳更远，成为政党可以依靠的未来力量。

最后，要落实团干部列席制度。党章中明确规定，团的县级和县级以下各级委员会书记，企事业范围的团委员会书记，是党员的，可以列席党的委员会和常务委员会会议。要大力推动此项要求的落实。安排团组织书记参加党的领导班子会议（决定人事任免的会议可以除外），通过让团组织书记参与相关决策，更好地了解大局，服务大局。要完善基层党支部和团支部的党建带团建制度，团支部书记是党员的可以兼任党支部青年委员，非党员的团支部书记可以列席党支部会等制度。

（2）完善基层团干部和团员从严管理制度和纪律

在实践中不断完善基层团干部和团员的管理制度。例如，如何做好团干部述职和接受团员测评等工作。团支部书记每年要向全团团员述职并接受团员测评，对于测评不合格的，要按照组织程序进行处理。

又如，如何严肃团费交纳制度。《中国共产主义青年团章程》中明确指出：团员无正当理由，连续六个月不交纳团费，不过组织生活，或连续六个月不做组织分配的工作，均被认为是自行脱团。团员自行脱团，应由支部大会决定除名，并报上级委员会批准。要严格执行并且完善团员退出机制，处理不合格团员。

（3）严格执行民主集中制

民主集中制是共青团根本的组织原则。要充分发扬民主，尊重团员的主体地位，切实保障团员的民主权利。要实行正确的集中，加强组织性和纪律性，保证团的决议得到有效的贯彻执行。习近平总书记曾指出：严肃党内生活，最根本的是认真执行党的民主集中制，着力解决发扬民主不够、正确集中不够、开展批评不够、严肃纪律不够等问题。要健全和认真落实民主集中制的各项具体制度，促使全党同志按照民主集中制办事，促使各级领导干部特别是主要领导干部带头执行民主集中制。要发扬党内民主，营造民主讨论的良好氛围，鼓励讲真话、讲实话、讲心里话，允许不同意见碰撞和争论，同时善于进行正确集中，防止议而不决、决而不行。

（4）强化纪律监督制度

"路线是'王道'，纪律是'霸道'。"严明团的纪律，就不能把制度规范当摆设。亟须落实完善组织纪律监督的各项制度和工作条件。比如，结合从严治团，团中央对佩戴团徽作出一个规定：团干部、团员在组织和参加团的活动时必须佩戴团徽，团的领导机关干部在日常工作中应该佩戴团徽，亮出团员身份，展现良好形象。这个规定出台后如何监督执行？比如，没戴团徽，如何监督？建议各级支部建立纪律检查委员，有详细的纪律检查清单。一旦有违纪行为，既要追究违纪者责任，同时也要追究相关纪律监察人员责任。

在当前的制度体系下，还要不断创新性地完善团的纪律监督制度。从党的监察制度的改革来看，共青团的纪律监察制度应该能得到一些启示。这些年，党的纪律监察改革主要的变化在于：推动党的纪律检查工作双重领导体制具体化、程序化、制度化，强化上级纪委对下级纪委的领导；明确规定查办腐败案件以上级纪委对下级纪委为主，各级纪委书记、副书记的提名和考察以上级纪委会同组织部门为主。这既坚持了党对反腐败工作的领导，坚持了党管干部原则，又保证了纪委监督权的行使，有利于加大反腐败工作力度。共青团要更好地开展监督工作，也需要更大的创新。

总之，纪律和制度重在执行，所以越细致越好，在这方面，共青团组织既是继承的过程，更是建设的过程。执行组织纪律就要明确，哪些事能做、哪些事不能做，哪些事该这样做、哪些事该那样做，哪些事可以个人对组织或组织对个人、哪些事必须组织对组织，哪些事可以简化程序、哪些事只能按程序办，哪些事该发扬民主、哪些事该坚持集中，哪些事由自己决定、哪些事该请示报告，都要规定得明明白白。对违反民主集中制原则、拒不执行或擅自改变党组织作出的决定、个人或少数人决定重大事项的，对在党内搞非组织活动、破坏党的团结统一的，对不严格执行请示报告等组织制度的，对长期不参加党组织活动、不能履行党员义务的，必须及时批评教育；情节严重的，要给以组织处理或纪律处分。按照这些从严治党的要求，团组织还要进一步强化细节制定，不断深化落实。

3. 组织成员特征

从严治团，要让团干部像团干部，团员像团员，什么叫"像"？一个团干部和一个团员走到青年中，是什么样的东西让青年感觉到他们像团干部，像团员？一定是青年心目中的团干部的青年领袖的标准和团员的先进性的标准与团干部、团员的实际表现合在了一起，那才能叫"像"。而这种标准一定是更加实在的东西。比如，一个青年评价一个团员爱学习绝不是看到团员老提"我爱学习"，而是他看到这个团员跟一般青年比更加喜欢读书，在地铁、火车上读书，随身带着书，于是将读书和爱学习建立了一种联系。

对团干部的要求和团员的要求，团章中规定得非常明确，都是正确的。但许多停留在"爱学习"的层面，还没进到"爱读书"的层面。从严治团，下一步亟须细化这种链接，并对团干部团员提出明确的典型特征的要求。

一般来说，分析团干部和团员的典型特征包括四方面，分别是思想特征、语言特征、感情特征、行为特征等。

（1）团干部的典型特征

习近平总书记对团干部提出了坚定理想、心系青年、提高本领、锤炼作风的要求。这些都需要具体化和细化。以心系青年为例："心系青年"是一个品德的描述，但究竟怎样的团干部才算心系青年呢？比如，以下这几个特征可以明显地表示出团干部心系青年：例如，每天想着青年的事、老在呼吁青年的事、能说出青年所思所想的事、青年过不好就很忧虑、见到青年扎堆马上就能融进去等。如果能够将这些东西深入研究，化作团组织的统一行动，那无疑会产生强大的力量。更系统地来说，团干部队伍建设更要打造团干部的共同特点：建议根据团干部的典型行为特征打造组织形象，提高组织影响力。比如：①团干部酷爱锻炼，热心带领青年体育活动。②青年工作小专家。懂得心理咨询、职业辅导、恋爱婚姻指导、育儿指导（此方面需加大专业化支持）。③热心红娘。所有团干部用手机记下周边单身青年求偶的条件，团干部见面时手机信息碰一碰，为靠谱青年牵牵线。④陪伴孩子热心人。做自己孩子的优秀父母，懂得教育孩子。⑤青年潜能挖掘员。拼命想着为每个青年人创造平台，举荐培养。⑥创新搜寻员。发现青年创新，推荐青年创新。⑦优秀志愿者。最有爱心，热心公益。⑧读书爱好者。喜爱读书，喜爱行路。⑨青年人的带头人。提高魅力……建立了这种典型行为特征，一看就是团干部，组织影响力自然就上去了。

塑造团干部的作风特征，也可以从团干部精气神上去总结。团委书记的"精气神"主要应包括以下十二方面。其中"精"四句：①今日青年领袖，明日社会精英，公益之心永不丢。②注重细节，精益求精，作风最扎实。③团事虽小，励精图治，工作我最勤。④爱锻炼，爱打扮，爱微笑，每天特精神。"气"五句：⑤有朝气。领导面前有活力，青年面前我时尚，推动工作有新意。⑥有勇气。敢担当，不怕难，勇往直前。想干事，能干事，干成事，舍我其谁。⑦有底气。不怕不懂，酷爱学习，刻苦学习。最懂青年，很懂社会，更懂大局。⑧有正气。修己德，高大上，实做人，乐奉献。⑨聚人气。指挥队伍有气魄，深入青年有气场，所带队伍有士气。"神"三句：⑩理想胸中装，激情身上扬，不随波，不逐流。⑪服务青少年殚精竭虑，干工作全神贯注，小鬼斧，小神工，神采奕奕小能人。⑫无论顺境逆境，我自气定神闲。

（2）团员的典型特征

团员先进性的具体标准是什么？和上面一样，也要根据团章的要求更加具体化。现在中国共青团员都是注册志愿者，能不能在统一志愿行动上加大研究，提出一致的要求，制定更加具体的志愿行为，产生全国的统一志愿行动？比如，在下班回家路上顺手捡垃圾，等等。可统一（设计）垃圾袋和提供方便折叠的夹子，在全国统一行动。总之，8000多万团员有了一种统一的行动，这种影响力是不可估量的。

（3）团的高级干部的典型特征

团的高级干部是团的主要形象的代言人。青年政党领袖素质的高低、形象的优劣，直接关系到整个政党青年组织的形象如何。

在这方面，团的高级领导需要在行为特征上努力打造，发挥以上率下的作用。比如，团内称谓就是一种典型特征。《关于新形势下党内政治生活的若干准则》"发扬党内民主和保障党员权利"一章中明确要求，坚持党内民主平等的同志关系，党内一律称同志。不称职位称同志，这种要求强化了信仰，弱化了等级，合乎组织的初衷。共青团从严治团的文件中也有所规定。这条要做到，最核心的是上级领导听到下级叫自己职务时应该马上纠正"应该叫我'同志'"，有了这一纠正，这条才能够真正实施；如果上级领导不在意，不纠正，这条就无法做到，党的作风和纪律要求就落不到实处。

又如，团的高级领导要带头开展批评和自我批评，推动政治生活的政治性、时代性、原则性、战斗性。如何让领导干部坚决反对事不关己高高挂起、明知不对少说为佳的庸俗哲学，坚决克服文过饰非、知错不改等错误倾向，这需要明确更加切实的行为特征，更加细化政治生活的环节。又如，领导干部要以实际行动让党员和群众感受到理想信念的强大力量。这该如何做？建议领导要多在日常生活中捐款，做公益，带领大家做公益等。这种事情做得多了，自然让人感到信仰的力量。

制定更加明确的具体要求是下一步从严治团的必然要求。拿"三严三实"来说，团的高级干部要做"三严三实"的模范。严以修身，严以用权，严以律己，谋事要实，创业要实，做人要实，要做到这些，只有制定更细的要求才能真正以细带实。不能尽是倡导性的话语，没有刚性的束缚。

从实践来看，中国共产党改进工作作风、密切联系群众的中央八项规定一出台，就很好地改变了政党的作风和形象。这八条有很多是刚性要求，塑造了领导人的行为。团组织也要加大力度研究组织发展中容易出现的作风问题，加以细化要求。

又如，如何提出对团的高级干部下基层的要求？习近平总书记曾指出：我说过，当县委书记一定要跑遍所有的村，当市委书记一定要跑遍所有的乡镇，当省委书记一定要跑遍所有的县（市、区）。团干部下基层也要制定更加明确的要求。

4. 组织外化形象

要让团干部像团干部，团员像团员，团组织充满活力，就要努力营造团组织外在视觉识别系统。而这种外在的形象是靠更多的文化产品来支撑。要以团徽为基础，开发相关产品，如T恤、背心、马甲、文件袋、活动记录本、杯子及其他常用生活用品，团的活动签到本，诸多团的标准音像制品，诸多团的标准培训课件等，还有在城市中宣传共青团的各种海报。大力建设共青团的"门市"——青年之家，使它与青年有更多的接触界面。这些标识的使用会让优秀团干部、优秀团员、优秀团组织形象在社会上被人广泛认知。

共青团的仪式具有内在制度化和外在感染性的双重特点。要不断丰富团的仪式教育，特别是在入团、离团、交纳团费等方面。要建设共青团的"门市"和核心阵地"团室"的结合。目前，全国共青团基层组织争取相关资源获得共青团独立的基层活动空间"团室"，可将其建设成为团史馆或举办团干部和团员纪念日活动、各种仪式、日常组织生活会的重要阵地，凸显其历史性、严肃性和庄重性，使每一个走进的人受到感染，得到洗礼。

同时，加强共青团活动品牌建设，努力深化品牌外在形象，出现更多的希望工程、青年志愿者、青年文明号等有社会影响力，群众认可，领导欢迎的品牌，共青团组织就会在全社会有更好的公共形象。

总之，抓住四方面大兴建设，抓住几个关键性的力量，以党带团，以上率下，以细带实，以督带行，从严治团就会得到有效的保障。

三、政治文化创新与从严治团

政治文化建设需要创新，从政党角度看，现在，世情国情党情深刻变化，我们党面临的挑战和风险更加复杂，面临"四大考验"，"四种危险"更加严峻。任务越繁重、风险考验越大，越要发扬自我革命精神。勇于自我革命，是中国共产党最鲜明的品格，也是党最大的优势。从共青团组织来看，共青团素有"朝气蓬勃"的组织传统，不断适应社会的发展变化、不断适应当代青年的新特点更是这个组织永葆活力的应有之义。自我革命意味着要不断地研究新问题，推出新举措，不能故步自封，停滞不前。在创新过程中，要把握好以下几个关键问题。

1. 在完善中升级严格

加强纪律建设，一是要健全完善制度，以党章为根本遵循，本着于法周延、于事有效的原则，制定新的法规制度，完善已有的法规制度，废止不适应的法规制度，健全党内规则体系，扎紧党规党纪的笼子。他是把从严管理和制度完善放在一起去考虑，有着鲜明的实事求是和与时俱进的态度。

从严治团也要不断完善各项制度和纪律。在实践中不断把严格推向更高的层次，达到组织改革的初衷。比如，"三会两制一课"制度是共青团组织基层的基本制度，这是一个老制度，在新的历史环境下特别是团员青年生活工作环境都发生了巨大变化后，如何开展这些活动，需要赋予时代的内涵，需要注入务实的考虑，需要注入创新的元素。比如，"三会两制一课"制度规定团支部活动要有会议记录。在新的时期如何作这个记录？是笔记本记录还是电子版记录，应该根据实际情况提出明确要求，使得团支部有着完整的历史记载，目前看这项工作是非常薄弱的。又如，按照最新的发展团员数量规定，发展团员按照初中毕业班30%、高中毕业班60%严格限定。这个制度是否能解决团员先进性的问题？虽然控制是数量的把握，但从根本上和团员质量还不能完全建立起对等的关系，科学的做法是在保证质量的基础上控制数量，才能解决目前发展团员的问题。从现实来看，一般来说优秀学生集中在地方的少数学校，因此不可能所有的学校都齐刷刷地划线，可能存在对重点校比例提高、对一般校比例降低的问题。但另一个重要的问题是当前的学校择优标准并不能和团员的先进标准完全一致，核心是学校主要看分数，而团员要看思想品质。往长处想，即使中学控制了数量，到大学特别是好大学，也会出现"全民团"的现象，那这个问题又会重复出现。因此要考虑更好的办法。可考虑团员分级制度,将最高级团员和加入中国共产党建立硬连接。这个先进性链条可能就具备了,因此还是要不断地创新。又如,如何推动大家唱团歌?除了我们统一的团歌教唱之外,也应该改写不同方式的团歌,创新唱团歌的方式才能使唱团歌更能深入团员心中。

2. 在人本中升级纪律

从严治团是从严治党的必然要求,从严治党的核心是高扬党性。党性具有政治性、阶级性、人民性和组织性的丰富内涵。坚持党性也要以人为本,不断推动人的发展,满足人的需要。严格不是目的,严格只是促成人的全面发展的手段。在发展中不断地发展人,解放人是从严治党、从严治团的应有之义。当前佩戴团徽是一个硬性规定。但有的团员不愿意佩戴团徽,在具体推进中要分析团员不愿意戴团徽的理由。有一部分原因是有的团徽需要小针穿透衣服才能戴上,一些团员认为这样损坏了衣服,就不愿意戴。这样的考虑是值得理解的。实际上,现在许多团徽是用磁铁两面吸上的,对衣服没有损害,团员就更愿意戴。另外,还可以开发各种团的文化产品,可以七彩一些,核心就一条:让大家愿意戴,喜欢戴,在团员青年面前亮亮眼。要进一步研究团的各项规定,倾听基层团员青年的呼声,不断完善团的各项制度和纪律。真正形成全团又有集中又有民主,又有纪律又有自由,又有统一意志,又有个人心情舒畅生动活泼的政治局面。

3. 在教育中升级意义

从严治团,要进一步理解组织严格与组织目标的关系。《中国共产主义青年团章程》明确指出:团员无正当理由,连续六个月不交纳团费,不过组织生活,或连续六个月不做组织分配的工作,均被认为是自行脱团。团员自行脱团,应由支部大会决定除名,并报上级委员会批准。有的团组织对团员平时交纳团费不闻不问,到了时间拿这一条去找团员劝其退团,团员说:反正28岁也要退团,现在退也一样。如何看待这种现象?

在严肃处理团员时,也要想想青年这个阶段的特点和团组织的性质。从青年阶段性特点来看,青年是不成熟的人生过渡期,在教育和成长的发展过程中,会有成长的误区,迷惘者有之,糊涂者有之,反复者有之,拒之门外是最简单的事情,但这是否是这个组织的初衷?

团章中明确指出:"中国共产主义青年团是中国共产党领导的先进青年的群团组织,是广大青年在实践中学习中国特色社会主义和共产主义的学校,是中国共产党的助手和后备军。"在团员管理中也明确规定:"对于不执行团的决议,违反团章的团员,团的组织应该本着惩前毖后、治病救人的精神,进行批评和帮助。"由此可见，对于团组织这所学校，教育在先，惩罚在后，不到万不得已还要不断促成人的改变，这才是对青年真正负责的态度。因此不能简单粗暴地对待思想偏差的青年，一退了之。要真正担负起共青团组织教育的责任，从而达到组织的最终目标，弘扬组织的意义。

总之，共青团推动政治文化的创新是需要政治智慧的。从从严治党到从严治团，要立足团当前的不同于党组织的实际情况，强化创新。共青团组织和党组织不一样的地方是，它是党的助手和后备军，是"铁打的营盘流水的兵"，其不稳定性会对其从严管理带来一些影响。这种不稳定性具体体现的问题有：团组织双重管理机制，如何保持长期党团工作的系统合力？团干部流动快，各项传统如何传承？这些团的具体问题都需要面对，困难都需要克服。从严治团是任务，更是一个组织回归其初心，逐渐探索升级的过程，需要依靠一代又一代团干部的智慧，不断推动组织的发展壮大。

第十二节

提升共青团组织的凝聚力

当前,面对世情、国情、党情、青情新的形势,共青团为党做好青年群众工作的责任更为重大、任务更为艰巨、要求更为迫切。努力建设一个有强大凝聚力的共青团组织,为党巩固执政的青年群众基础是共青团组织的核心任务。然而,目前我们对凝聚力的内涵把握和共青团组织凝聚力的分析还更多地停留在表象和口号上,缺乏科学的分析和理论的支持,需要我们在理论上和实践中更好地把握凝聚力的准确内涵和建设途径,推动共青团组织的发展,更好地完成党交给共青团的神圣使命。

一、共青团组织凝聚力现状

共青团组织的凝聚力现在究竟是一个什么样的状况呢?从已经开展的一些调查来看,有一些现象值得我们反思。一是一些团员青年对共青团的认识仅仅停留在中学和高中阶段的印象上,走上社会后的团组织的影响力比学生时期明显减弱。二是我们可以看到全团所有的地区都可以找到或多或少的凝聚力强的点,但点上的凝聚还没能化为面上的效应,对全体青年的普遍凝聚力上还需要大大加强。三是基层团员青年更关注最实在的利益,当前团的工作离基层团员青年的要求还有所距离。四是共青团组织现在已经在做一些社会高度认可的工作,但遗憾的是并没有转化为适应市场经济影响规律的组织凝聚力,等等。这些问题都和组织凝聚力相关,总体上说,全团凝聚力问题亟待解决。

应该说共青团工作者的实践感知和思想提升都是我们现在开展凝聚力研究的重要基础。可以看到,目前对凝聚力的分析更多还是在形式特别是用什么凝聚青年的分析上,这是凝聚力分析的重要方面,但不是凝聚力的全部。要厘清凝聚力的概念,我们有必要对其加以更加深入的理论分析。

二、凝聚力本质和共青团组织凝聚力的内涵

"凝聚力"（cohesion）一词起源于拉丁语"cohaesus"，表示结合或者粘附的意思。对凝聚力的研究在 1908 年 W. 麦独孤称为"聚集"的本能开始萌芽。20 世纪 30 年代，勒温开创团体动力学，探讨了凝聚力的内涵。他认为，凝聚力是使群体成员转向群体内部的力量（正的引导力）。他使用凝聚与运动来表述团体内的两个主要过程：前者主要涉及团体的形成和维持，后者则是团体寻求实现目标的活动。1950 年，Festinger 等人在出版的《非正式群体中的社会交往压力》（*Social Pressure in Informal Group*）中正式给出了凝聚力的定义，凝聚力是"促使成员留在团体内的作用力总和的场"，标志着凝聚力研究的开端。后来，Bollen 和 Hoyle 将凝聚力定义为"群组凝聚力是指个人对于一特定群组的归属感，或他和组内其他成员之间的共同情感"。认为，凝聚力包括两个维度：团体归属感与团体士气。更多的研究者则认为，凝聚力包括三个维度：人际吸引、任务承诺、团体荣誉感或自豪感。20 世纪 50 年代和 60 年代前期，出现了凝聚力研究的第一次高潮，当时人们对凝聚力的研究大多集中在个体之间以及个体和团体之间的互相吸引程度方面。从 20 世纪 60 年代后期开始，由于认知理论的发展，社会心理学研究兴趣由团体互动转向个体认知，加之凝聚力本身存在内涵复杂、界定不统一等问题，导致凝聚力的研究在主流心理学中渐趋式微。但凝聚力对于理解团体和组织的重要性，使其成为无法回避的一个问题。因而到了 20 世纪 80 年代，凝聚力又重新回到了研究者的视野中。20 世纪 80 年代，卡伦（Carron）等人推动了凝聚力研究取得新的进展。卡伦将凝聚力定义为："在追求团队目标的过程中，反映一个团队团结在一起，保持整体倾向的动力过程。"

美国管理学家斯蒂芬·P. 罗宾斯认为，"组织凝聚力是群体成员之间相互吸引并愿意留在组织中的程度"。他认为，组织的凝聚力来源于成员与成员之间、成员与领导之间的相互吸引和对组织共同特征（如血缘、文化、阶层目标等）的认同。这种力量使组织成员心甘情愿地留在组织中，为组织贡献自己的聪明才智和毕生精力且无怨无悔。更重要的是，还会吸引新鲜的血液源源不断地补充到组织中。

凝聚力的定义虽然繁杂，但我们通过回顾发现，其演变大体上遵循了两条发展脉络：一是从"组织吸引力"到"组织目标"，再到"组织归属感"，形成了目前凝聚力内涵的主要维度；二是从笼统的"作用力""吸引力"细化为更具体的"目标""人际情感""价值观"等，发展为使用"社交""任务""情感"

"工具"等两两相对的构面来丰富凝聚力的内涵。这一脉络体现了研究者在研究不断深入、概念内涵不断丰富的前提下，逐步尝试为凝聚力构建一个更富逻辑性、更为精细的理论框架的努力过程。通过文献回顾和初步的研究认为，凝聚力可以分成个体、群体、组织三个层次，分别指向利益满足和任务承诺（组织能够满足组织个人的利益需求，个人有归属感）、人际吸引（组织成员之间人际关系紧密且和谐）、团体荣誉等（组织的价值观、制度、资源、文化等优势等）。

"共青团组织凝聚力"是"中国共产主义青年团组织凝聚力"的简称，是指共青团组织全体成员在共同的组织特征当中，因为目标任务的共同吸引、人际关系的紧密互动、组织特有的优势地位而产生的一种不同程度地促使组织内部成员愿意留在组织内部、组织外部成员向往加入组织内部以及组织本身不断创新完善的作用力综合的场，它反映着成员之间相互吸引程度、团体任务的综合吸引程度以及成员对组织发展前景预判的信任程度。其作用对象是团干部、团员和广大的青年三个部分。

三、共青团组织凝聚力的具体内容

综合理论分析和共青团组织实际，共青团组织凝聚力可分为三个要素，分别是个体凝聚力、群体凝聚力和组织凝聚力，团组织的凝聚力是这三个凝聚力因素的综合效果。其中，个体凝聚力就是任务承诺水平，即团组织满足团员青年利益、团干部利益、青年自组织利益而产生的凝聚力。群体凝聚力就是指共青团组织的人际吸引水平，主要是通过沟通而产生的情感凝聚，包括团干部之间的沟通、团干部和团员青年之间的沟通，团组织和党组织、团组织和自组织以及团组织之间的沟通。组织凝聚指的是团组织的团队荣誉感。包含组织的形象、价值观、资源优势、制度优势和领袖魅力优势等。一个具有强大凝聚力的共青团，首先是一个以青年为本，满足青年利益，服务青年发展的具有强大个体凝聚力的共青团；同时是一个以团干部、团员为主体，成员情感深厚，协调沟通顺畅的具有强大群体凝聚力的共青团；还是一个以团组织为载体，注重基层团组织建设，有着健全制度、先进思想、鲜明文化和良好形象的具有强大组织凝聚力的共青团。

1. 个体凝聚力

个体凝聚力包含团组织满足团员青年利益、团干部利益和青年自组织利益而产生的凝聚力等。团员青年、团干部、青年自组织为什么要跟着团走，向团靠拢，很大程度上是因为共青团组织能满足其相关利益。这里的利益不仅仅是物质利益，也包括精神利益、事业利益，如自我价值的实现等。

一是团组织满足团员和青年利益所产生的凝聚力。主要表现在团员青年发展的重大需求，包括身心健康、教育成才、职业发展、社会参与、婚姻家庭、自我价值实现及文化娱乐生活等方面的满足。在此方面，当前共青团组织存在的问题是在满足广大团员青年利益的本质利益需求和普遍性覆盖上还亟待加强。我们需要将"青年要什么，请找共青团"的口号在全社会叫响，组织才会在社会上有广泛的影响力。例如，通过我们的工作我们可不可能喊响"青年要成才，请找共青团""青年要舞台，请找共青团""青年要进步，请找共青团""青年要对象，请找共青团""青年要立业，请找共青团等""青年要参与，请找共青团""青年要维权，请找共青团"等，虽然在有些方面很难做到，共青团组织也不能四面出击，但我们确实要找到共青团普遍服务青年切身利益的鲜明特质。

二是团组织满足团干部的利益所产生的凝聚力。主要指为团干部提供事业平台、精神家园、信仰舞台等，满足团干部职业发展的需求、提升团干部综合素质等。当前需要解决的是在满足团干部事业发展的需求上我们要继续提供培训锻炼和发展路径的有效制度保障。

三是团组织满足青年自组织的利益所产生的凝聚力。团组织满足自组织利益，主要形式是纳入共青团组织体系，给自组织政治上的支持、资源上的补充和平台上的扩展。当前要解决的问题是团组织满足的方式和途径及边界。

2. 群体凝聚力

群体凝聚是指共青团组织的人际吸引水平，主要是通过沟通而产生的情感凝聚。这种沟通主要是从人际交往的角度出发，观察一个组织是否有足够的沟通途径，通过丰富多彩的形式建立人际之间的凝聚力。群体凝聚力主要包括团干部之间的沟通、团干部和团员之间的沟通、团干部和青年之间的沟通、团组织和党组织之间的沟通、团组织和青年自组织之间的沟通。

一是由于团干部之间的沟通而产生的凝聚力。目前从共青团组织来说，团干部之间的沟通往往通过工作、培训和非正式交流的方式凝聚情感，在组织制度设计上还有待强化。

二是团干部和团员青年之间的沟通所产生的凝聚力。团干部和团员青年沟通中，要转变官僚化的沟通方式，在团员和青年之中建立自然的沟通关系，增进人际情感。要研究共青团组织政治性在不同层级的表现方式，在基层，掌握青年信息是政治，促进先进和进步因素的增长是政治，和青年的感情是政治，关键时候能把握青年是政治。

三是团组织和党组织的沟通所产生的凝聚力。主要是团的书记和党政领导之间的人际沟通，需要在加强沟通的主动性、增强沟通的有效性上下功夫。

四是团组织和青年各类组织之间的沟通而产生凝聚力。主要在于共青团与青年自组织的关系，团组织更要体现出"大哥般"的宽厚性，增进组织交往，通过关心、提供资源与平台，建立情感，给予政治支持，发挥进步因素，求得多点或一点共振，才能够充分发挥共青团在引领青年组织中的作用。

3. 组织凝聚力

组织凝聚力主要是指团组织的团队荣誉感，既包括组织的形象、价值观，也包括资源优势、制度优势、团干部魅力优势等。

一是组织形象凝聚力。即通过组织外在形象的塑造使组织形象深入人心，对人们具有吸引力。在现代社会，组织形象的打造对组织影响力具有重要意义。在各种社会团体不断涌现的今天，树立良好的组织形象，能够很大程度上提高组织的号召力和影响力。当前，团组织要学会利用市场经济的元素、现代传播理念的规律塑造团组织的外在形象，特别是将在社会上已发挥重大作用的品牌工作宣传出去，形成强大的外在视觉和公众形象。

二是组织价值观凝聚力。共青团组织的核心价值观是什么？这点在党章和团章中已经作出了明确的规定。中国共产主义青年团是中国共产党领导的先进青年的群团组织，是广大青年在实践中学习中国特色社会主义和共产主义的学校，是中国共产党的助手和后备军。目前，我们所要做的是将这种价值观在不同的层级、不同的领域作群众化的解释，使得这种价值观更贴近基层团员和青年的需要，引起价值观的共鸣而产生凝聚力。在最基层，共青团的价值吸引力主要体现在服务价值上，我们应该把团组织是团干部团员成长成才成功的快车道、青年成长成才成功的大舞台的价值观做大。

三是组织资源凝聚力。共青团是一个组织系统十分完善的组织，它的政治资源和社会资源都比较丰富。我们要进一步分析共青团组织的资源优势并继续强化这种优势，扩展新的资源增长点，使共青团在服务青年上有更为充足的基础。

四是组织制度凝聚力。一个组织的优越性可以从它的制度上体现。一个组织对人的吸引更与制度上的原因不可分离。共青团有好的制度传统，当前，需要我们做的是继续在新形势下完善相关制度，发挥共青团组织的优势。特别是在组织结构制度、民主集中制度、学习制度、全团创新制度，为团员青年提供自我价值展现、团干部和团员荣誉等制度上有所突破。当前解决共青团组织的基层组织结构制度是组织建设的核心任务。共青团网络覆盖全体青年的要求从最本质上讲是无论青年走到哪里，团组织方便找到、团组织方便进入的"两方便"原则。真正实现青年走到哪里，都能进入一个团组织。要提升团员和团干的荣誉感。真正将共青团组织打造成为团干部团员和青年想干事、能干事、干成事的平台。

五是团干部魅力凝聚力。对各级团组织的领导来说，他们有很多和广大团员青年或直接或间接接触的机会，和团干部接触的机会就更多了。团组织的领导对于团的工作有着极其重要的核心作用，一些团组织"因人兴事、因人废事"这一现象也从侧面说明了团的领导的重要作用。团的各级领导要努力提升自己的魅力，特别要在政治上有高度、工作中有本事、作风过得硬、青年信得过上狠下功夫。要着力加强作风建设，特别是在密切联系群众、求真务实、艰苦奋斗、批评和自我批评上下功夫。对于基层团干部，则要全面提升自身魅力，通过形象吸引青年，通过语言感染青年，通过兴趣融合青年，通过知识征服青年，通过能力推动青年，通过沟通协调青年，通过远见引导青年，通过时尚引领青年，通过真诚取信青年，通过责任感召青年，通过尊重感动青年，通过热情融化青年，做到魅力外表和内心的统一、做事和做人的统一。

共青团组织的三种凝聚力是什么关系呢？个体凝聚力是本质，这是组织产生凝聚的基础和前提。群体凝聚力是黏合剂，是产生组织系统团队合力的关键因素。而组织凝聚力是升华，将前两者的效果更大程度地发挥。因此在加强共青团凝聚力建设中，我们要找准关键问题下大气力解决，同时要关注全面，寻求系统优化。

总之，共青团组织凝聚力问题是从组织行为学、组织团体动力学角度理解共青团的一个重要问题，也是我们现在努力探索共青团组织网络覆盖全体青年，共青团工作和活动影响全体青年的一个较好的切入点。从理论上说，目前凝聚力因素和体系研究还有待完善。从实践上来说，当前团组织的工作要朝向凝聚力的目标建设形成合力和系统。从长远来说，通过该理论体系的完善和实践的推进，我们可以逐步探索建立凝聚力测量指标体系，成为共青团组织重要的考核内容。

四、共青团凝聚力评价指标体系的具体内容

我们认为，凝聚力可以分成个体、群体、组织三个层次，分别指向利益满足和任务承诺（组织能够满足组织个人的利益需求，个人有归属感）、人际吸引（组织成员之间人际关系紧密且和谐）、团体荣誉等（组织的价值观、制度、资源、文化等优势等）。一个具有强大凝聚力的共青团，首先是一个以青年为本，满足青年利益，服务青年发展的具有强大个体凝聚力的共青团；同时是一个以团干、团员为主体，成员情感深厚，协调沟通顺畅的具有强大群体凝聚力的共青团；还是一个以团组织为载体，注重基层团组织建设，有着健全制度、先进思想、鲜明文化和良好形象的具有强大组织凝聚力的共青团。在研究中，为了让指

标体系更加通俗易懂，我们将这三个因素也称作利益凝聚力、沟通凝聚力和文化凝聚力，成为凝聚力指标体系测量的三个重点一级指标。

在利益凝聚力指标中，主要包括团员青年利益满足凝聚、团干部利益满足凝聚、青年组织利益满足凝聚三个二级指标。在沟通凝聚力指标中，主要包括团干情感沟通、干群情感沟通和青年组织情感沟通三个二级指标。在文化凝聚力指标中，主要包括信仰凝聚、制度凝聚、领袖魅力凝聚、形象凝聚四个二级指标。一共 10 个二级指标。在各个指标中开发三级指标共 40 个。这个 3、10、40 的指标体系构成了共青团凝聚力评价指标体系。（见表 1）

表 1 共青团凝聚力评价指标体系

一级指标	二级指标	三级指标	测量内涵	测量方式
A1. 利益 凝聚力	B1. 团员青年利益满足凝聚	C1. 生存健康推动率	主要测团员青年对团组织在解决青年基本生活、身心健康等实际问题上成效的认知。包括经济实惠、贫困青年资助、住房服务和心理健康支持等	测团员青年个体感知 贫困青年救助率（贫困团员青年救助数/团员青年总人数）
		C2. 教育成才推动率	主要测团员青年对团组织在解决青年基本教育和培训、促进成才等实际问题上成效的认知。包括教育培训、促进成才活动、提供学历教育等	测团员青年个体感知 青年接受培训率（团员青年接受培训数/团员青年总人数）
		C3. 就业职业推动率	主要测团员青年对团组织在解决青年基本就业和推动职业发展等实际问题上成效的认知。包括提供创业就业见习岗位、劳动就业服务、创业基金支持与创业平台提供、社会化技能提升、职业发展辅导等	测团员青年个体感知 见习岗位提供率（见习岗位提供数目/团员青年总人数），小额贷款人均数（小额贷款总额/团员青年总人数）

(续表)

一级指标	二级指标	三级指标	测量内涵	测量方式
A1. 利益凝聚力	B1. 团员青年利益满足凝聚	C4. 公共参与推动率	主要测团员青年对团组织在推动青年参与社会公共生活等实际问题上成效的认知。包括搭建与领导的沟通机制、反映团员青年愿望，特别是组织参与社会公共志愿活动等	测团员青年个体感知 人均志愿服务次数（志愿服务总次数/团员青年总人数）
		C5. 恋爱婚姻家庭推动率	主要测团员青年对团组织在推动青年参与恋爱与幸福婚姻家庭生活等实际问题上成效的认知。包括介绍对象、促进婚姻幸福、推动青年家庭建设等	测团员青年个体感知 对象介绍率（介绍对象人数/团员青年总人数）
		C6. 人际交往友谊推动率	主要测团员青年对团组织在满足青年交友需要、推动友谊发展等实际问题上成效的认知。包括搭建交友平台、促进青年交流等	测团员青年个体感知 交友普及率（交友活动总次数/团员青年总人数）
		C7. 文化娱乐推动率	主要测团员青年对团组织在满足青年闲暇、文化娱乐生活及兴趣等实际问题上成效的认知。包括开展文化娱乐活动、满足团员青年兴趣爱好等，以及活动趣味性	测团员青年个体感知
		C8. 自我价值实现推动率	主要测团员青年对团组织在满足青年自我价值实现上成效的认知。包括提供自我成就的机会、完善奖励表彰体系、提供尊重和荣誉等。对团员青年来说，特别需要关注团员青年荣誉和奖励的情况	测团员青年个体感知 团员奖励度（奖励团员青年人数/团员青年总人数）

（续表）

一级指标	二级指标	三级指标	测量内涵	测量方式
A1. 利益凝聚力	B1. 团员青年利益满足凝聚	C9. 权利保障与社会司法保护推动率	主要测团员青年对团组织在保障青年各项权益、提供法律支持等上成效的认知。包括维护权益、预防青少年犯罪、提供法律援助、促进青年社会福利保障等。对团员青年来说，特别需要关注团员青年权利的实现情况	测团员青年个体感知 法律援助提供度（提供法律援助人数/团员青年总人数）
	B2. 团干部利益满足凝聚	C10. 工作待遇指数	主要测团干部对此岗位上待遇落实情况的认知。包括级别、待遇等的评价	测团干部个体感知 人均津贴数
		C11. 职业推动指数	主要测团干部对在此岗位上工作对职业发展推动效果的认知。包括转业评价、提升素质和获得机会等	测团干部个体感知 平均工作年限
		C12. 学习培训推动指数	主要测团干部在此岗位上接受的学习培训和对其效果满意度	测团干部个体感知 人均培训天数
	B3. 青年组织利益满足凝聚	C13. 政治支持率	主要测其他青年组织对团组织为其提供的合法性支持成效的评价	测各级外围正式青年组织和青年自组织等领袖个体感知
		C14. 资源支持率	主要测其他青年组织对团组织为其提供的各类资源支持成效的评价。包括物质支持、平台扩展、活动阵地等	测各级外围正式青年组织和青年自组织等领袖个体感知
		C15. 素质推动率	主要测其他青年组织对团组织推动其骨干素质提升而提供的支持成效的评价。包括对外交流、提供培训机会等	测各级外围正式青年组织和青年自组织等领袖个体感知

(续表)

一级指标	二级指标	三级指标	测量内涵	测量方式
A2. 沟通凝聚力	B4. 团干部情感沟通	C16. 沟通体系完善度	主要测对团干部之间情感沟通体系整体设计是否完善的认知	测团干部个体感知
		C17. 沟通方式有效度	主要测对团干部之间情感沟通平台是否有效的认知。包括平台丰富性、平台有效性、平台现代性等	测团干部个体感知
		C18. 沟通频度	主要测对团干部之间情感沟通次数是否充足的认知	测团干部个体感知 月均沟通次数（沟通总次数/总人数）
	B5. 干群情感沟通	C19. 沟通体系完善度	主要测对团干部和团员青年之间情感沟通体系整体设计是否完善的认知	测团员青年个体感知
		C20. 沟通方式有效度	主要测对团干部和团员青年之间情感沟通平台是否有效的认知。包括平台丰富性、平台有效性、平台现代性等	测团员青年个体感知
		C21. 沟通频度	主要测对团干部和团员青年之间情感沟通次数是否充足的认知	测团员青年个体感知 月均沟通次数
	B6. 青年组织情感沟通	C22. 沟通体系完善度	主要测对团组织领导和其他青年组织领导者之间情感沟通体系整体设计是否完善的认知	测其他青年组织领袖的感知
		C23. 沟通方式有效度	主要测对团组织领导和其他青年组织领导者之间情感沟通平台是否有效的认知。包括平台丰富性、平台有效性、平台现代性等	测其他青年组织领袖的感知
		C24. 沟通频度	主要测对团组织领导和其他青年组织领导者之间情感沟通次数是否充足的认知	测其他青年组织领袖的感知 月均沟通次数

(续表)

一级指标	二级指标	三级指标	测量内涵	测量方式
A3. 文化凝聚力	B7. 信仰凝聚	C25. 信仰明晰度	团组织目标和价值观在团干部、团员青年的心中是否明确、稳定、清楚	测团干部和团员青年等的感知
		C26. 信仰吸引度	团组织目标和价值观在团干部、团员青年的心中是否具有吸引力	测团干部和团员青年等的感知
		C27. 信仰稳定度	团组织目标和价值观在团干部、团员青年的心中是否保持稳定	测团干部和团员青年等的感知
		C28. 信仰满足度	团员青年团干部对团组织树立先进的政治价值观、道德价值观、人生价值观上效果的认知。特别需要关注信仰满足的实际情况及推优入党的情况	测团员青年个体感知 推优入党率（推荐入党人数/团员青年总人数）
	B8. 制度凝聚	C29. 党团关系	党的资源支持、党建带团建、与党组织的沟通制度等	测主要团干部的个体感知
		C30. 组织结构设计合理度	对团组织方便找到、团组织方便进入的制度设计合理性的认知	测团员青年的感知
		C31. 工作骨干保障度	对组织工作人员的制度设计是否完善	测团干部的感知 人均工作人员数
		C32. 组织建设民主度	组织成员对组织民主制度是否完善、深刻和有效的认知度	测团干部和团员青年的感知
		C33. 组织成员荣誉度	团干部、团员对组织各种荣誉制度的认知。特别是组织对团干部、团员在突出荣誉感上的制度设计	测团干部和团员青年的感知
		C34. 组织纪律执行度	是否严格执行团组织的各项纪律	测团干部和团员青年的感知

(续表)

一级指标	二级指标	三级指标	测量内涵	测量方式
A3. 文化凝聚力	B9. 领袖魅力凝聚	C35. 领袖个体魅力指数	团组织成员对组织领袖魅力的认知，特别是在形象吸引、语言感染、热情融化、尊重感化、责任感召、真诚取信、时尚引领、远见引导、沟通协调、能力推动、知识征服、兴趣融合上所产生的魅力的评价	测团干部和团员青年的感知
		C36. 领袖团体魅力指数	团组织领导集体因团队配合而产生的魅力	测团干部和团员青年的感知
	B10. 形象凝聚	C37. 媒体传播度	对团组织在各种主流媒体上传播的次数和效果的认知	测团干部和团员青年的感知 主流媒体报道次数、网站访问量（组织网）
		C38. 品牌认可度	团干部、团员青年对共青团重大品牌知晓度	测团干部和团员青年等的感知
		C39. 仪式深刻度	团干部、团员青年对共青团仪式认识的深刻程度	测团干部和团员青年等的感知
		C40. 榜样有效度	团干部、团员青年对共青团选树的组织榜样的认可度	测团干部和团员青年等的感知

五、共青团凝聚力评价指标测量的重要问题

共青团凝聚力评价指标体系还有待在实践中不断完善。需要深入研究的重点问题如下。

1. 关于总体评价指标体系和核心评价指标体系

此文所述共青团凝聚力评价指标体系为总体评价指标体系和核心评价指标体系，根据此进一步可开发市级凝聚力评价指标体系、区级凝聚力评价指标体系、县级凝聚力评价指标体系、乡镇凝聚力评价指标体系、街道凝聚力评价指标体

系、各基层团组织（包括企业、学校、机关、事业单位等）凝聚力评价指标体系等。

2. 关于凝聚力评价指标体系的权重研究

三种凝聚力构成指标都可单独测量，可各为100分；也可以合并测量，根据权重计算，合为100分。关于各指标的权重，开展专家调查和调查对象需求调查加以确定。由于组织在不同范围（分层）、不同领域（分域）的凝聚力构成侧重点会有所不同，因此可在下一步开展不同层级和不同领域的权重调查和专家研讨及青年需求调查等，进一步确定评价指标体系分值的构成。在利益、沟通、文化三类凝聚力评价指标中，越到团的上级单位越看重文化凝聚力，越到下面越看重利益凝聚力，所以在设计权重时会有所不同。

3. 关于凝聚力评价指标体系的测量

凝聚力评估要坚持人本导向，由于共青团组织凝聚力对象主要是团干部、团员青年，因此凝聚力的特征可以通过组织成员群体个体的感知来进行测量。同时也可以通过外在客观量化的指标作为辅佐。客观数据可折算成相应分值，和主观数据一起使用。主观愿望及感受调查主要采取问卷测评，测量团的书记、团干部、团员青年、其他青年组织领袖、党政领导和社会人士等对各项指标的评价和认识。采取李克特（Likert）量表进行问卷设计。该量表是评分加总式量表最常用的一种，属同一类型的一些项目用加总方式来计分。它是由美国社会心理学家李克特于1932年在原有的总加量表基础上改进而成的。该量表由一组陈述组成，每一陈述有"非常同意""同意""不一定""不同意""非常不同意"五种类型或者类似的回答，分别记为1、2、3、4、5分，每个被调查者的态度总分就是他对各道题的回答所得分数的加总，这一总分可说明他的态度强弱或在这一量表上的不同状态。

调查可分为初级阶段和高级阶段。初级阶段是利用团组织自己的体系开展调查，开发团干部名册、团员青年名册、青年组织领袖名册、党政领导名册、社会评价人士名册等，在可以把握的资料内进行严谨的抽样调查。

高级阶段主要是指不在团组织体系内，而在全社会采取更为严谨的抽样和社会评估，通过手机、网络、电话、街头随访等开展严格的社会调查。建议探索网络调查、电话调查和手机调查体系的完善。

可先进行初级阶段的调查，然后过渡到高级阶段的调查。也可一直进行这两种调查并比较两种调查中的差异，不断完善调查。

4. 凝聚力评价指标体系的完善及运用

在实践中不断完善凝聚力评价指标体系，推动理论和实践的发展。以凝聚力评价指标的建设不断推动共青团组织创新,逐步建立以凝聚力评价指标体系为核心的共青团工作考评体系。根据评价指标体系测量结果不断改进共青团各项工作。深化凝聚力各类分指标测量体系的建设和测量,全面推进共青团工作的定量化。定期发布共青团组织凝聚力评价指标报告,不断提高共青团组织和共青团干部的社会影响力。

六、要关注共青团工作的统计思维

重视凝聚力评价指标研究和评价指标测评,最核心的是要强化共青团工作的统计思维。

"统计"一词,英语为 statistic,用作复数名词时,意思是统计资料;用作单数名词时,指的是统计学。一般来说,统计包括三个含义:统计工作、统计资料和统计学。这三者之间存在着密切的联系,统计资料是统计工作的成果,统计学来源于统计工作。原始的统计工作即人们收集数据的原始形态已经有几千年的历史,而它作为一门科学,还是从 17 世纪开始的。统计具有三大职能:信息职能是指系统地收集、整理、储存和提供大量以数量描述为基本特征的社会经济信息资源;咨询职能是利用已掌握的丰富的信息资源,运用科学方法进行综合分析,为科学决策和管理提供情况及咨询建议;监督职能是利用统计信息,对社会经济的运行状态进行定量检查、监测和预警,揭示社会经济运行中出现的偏差,提出矫正意见,预警可能出现的问题,提出对策,以促使社会经济持续、健康地发展。由此可见,统计是人类重要的发展支持工具,更是一种科学思维方式。

无论是物质世界,还是精神世界,人类社会都是在不断把握"旧数"、创造"新数"的过程中发展起来的。数字使模糊的状态变成实在的可以把握的事实。要做好工作,也要胸中有"数"。马克思非常重视统计工作和统计学习,他说:在我生病期间我是无法写作的,但是,我吞下了大批统计学方面和其他方面的"材料",对那些肠胃不习惯于这类食物并且不能把它们迅速消化的人来说,这些材料本身就足以致病。恩格斯关注量和质的关系。他指出:数字是我们所知道的最纯粹的量的规定,但是它充满了质的差异。列宁说:统计工作不是把数字随便填到几个格格里去,而应当是用数字来说明所研究的现象在实际生活中已经充分呈现出来或正在呈现出来的各种社会类型。毛泽东同志在《党委会的工作方法》一文中指出:一定要胸中有"数"。这就是说,对情况和问题一定要注意到它们的数量方面,要有基本的数量分析。任何质量都表现为一定的数量,没有数量也就没有质量。我们有许多同志至今不懂得注意事物的数量方面,不懂得注意基本的统计、主要的百分比,不懂得注意决定事物质量的数量界限,一切都是胸中无"数",结果就不能不犯错误。这些伟人对统计的评价对我们今天的工作无疑具有非常重要的指导意义。

当前,共青团组织要强化统计思维,力争胸中有"数"。这有历史和现实的原因。

从历史的角度来讲,共青团组织要传承组织的优良传统和好的作风。对"数"的追求是共青团优良作风实事求是、朝气蓬勃应有之义。实事求是就是工作要扎扎实实,具有工作的坚持性,要多做打基础的工作,讲究工作实效。邓小平同志曾经告诫团干部:团的干部要学会善于做细致的工作,特别是要善于一点一滴地去做思想工作。他说,归根到底,细致的工作,精雕细刻的工作,得益更多。把握"数"是其中重要的部分。我们要认真学习党的政策,重视有关青年工作和青年问题的调查研究,把政策弄懂了,情况摸清了,问题看准了,就要发扬工作的坚持性,抓住不放,一抓到底,有始有终。同时,朝气蓬勃也必须建立在踏踏实实了解情况的基础上,必须和实事求是的精神结合起来。绝大多数团干部热情很高,干劲很大,但要注意防止实事求是不够的弱点。要尊重客观规律,尊重客观存在。毛泽东同志曾经常教导团的干部心要热,头要冷,要冷热结合,要做冷静的促进派。要做到冷,就必须深入实际,调查研究,总结经验,获得冰冷但是极其有价值的"数",不断提高自己的思想水平和业务能力。

从现实的角度来看,在新的历史时期推动团的建设科学化需要强调胸中有"数"。当前共青团正从一个革命党的助手往执政党的助手转化,需要突出解决其工作形式方式问题。如果仅限于对青年灌输道理的传统,思想引导内容就会逐渐"虚化";如果仅满足于开展散乱而不成体系的活动,组织存在的合理性就会受到质疑。当前,避免"虚化"将工作做实,避免组织被质疑而将工作深化固化进而形成社会功能是共青团发展中亟待解决的重大课题。而做实做深必然要有客观的显现指标,必须有"数"的存在和发展。从具体方法层面来讲,以科学方法推进团的建设,最根本的是要继承和发展团在长期实践中积累的团的建设的成功方法,如思想建团、集中教育和经常性教育相结合、群众路线、思想政治工作方法、批评和自我批评等,同时更要积极探索运用现代科学方法,包括探索运用信息网络技术、数理统计分析的技术和方法,探索运用现代管理学、组织学、心理学等现代科学方法,不断提高团建工作水平。数理统计分析技术和方法的应用是共青团科学工作的重要手段,只有消灭了团工作中存在的定性分析多、定量分析少,原则要求多、量化指导少现象,任务布置多、工作评估少的现象,才能真正推动组织的健康持续发展。

共青团工作要有四类数。围绕共青团的主要任务,当前胸中要把握四类"数":

(1)要了解党和政府工作的"大数"。共青团作为党的助手和后备军,政府的重要帮手,必须了解党建发展和政府工作的准确数据,进而把握资源条件,准确定位,确定合理的工作目标。

(2)要了解共青团工作的"基数"。从根本方向来说,组织覆盖青年、活动影响青年工作要求最基本的数据关系建立在组织和青年之间。组织的状况是"基数",青年的状况是"基数"。要千方百计拿到青年的基数、组织的基数,在长期的可靠数据观察中评价我们的工作。在新的时期,要扩大我们的统计范围:既关注层级化和非层级化团组织的数据,同时也关注其他青年组织的数据;既关注团干部团员的数据,也关注其他不同类别青年的各方面数据。只有有了这个"基数",我们才能"看菜下饭",胸中有"数",真正推动工作的进行。

(3)要准确统计共青团运作中的"小数"。共青团形成社会功能的各个品牌都会呈现出丰富的数量,这是共青团在基层凝聚青年的"晴雨表"。比如,团干部团员培训数、团员活动参加数、就业创业见习岗位数、小额贷款数、青年志愿者参加数、贫困青年救助数等,要建立台账、丰富台账,运用台账。

(4)要攻克一些"难数"。从发展来说,对共青团单项活动的考评和对共青团整体绩效的考评都需要数据支撑。如何建设青年发展指标评估体系、共青团工作活动评估体系、共青团工作绩效评估体系、共青团干部业绩评估体系都需要我们进行科学研究,精心设计。

共青团工作需要学会用各种"数"。如何使用"数"?在准确把握各种"数"的基础上更要加强"数"的应用。一是加强"数"的信息职能。要通过系统地收集、整理、储存的信息不断描述共青团工作方方面面呈现出的特征,特别是在组织覆盖青年和活动影响青年方面的特征,为党和政府各级领导机构决策和宏观调控提供资料,为团推进各项工作提供资料。二是加强"数"的咨询职能。利用已掌握的丰富的信息资源,运用多种统计方法进行历史分析、比较分析、团体分析和个体分析,为进一步推动团组织发展提供情况和咨询建议。为青年了解情况、参与社会政治经济文化等活动提供详细资料。三是加强"数"的监督职能。利用统计信息,对共青团组织的运行状态进行定量检查、监测和提示,揭示不同层级团组织运行中出现的偏差,及时提出矫正意见,提示可能出现的问题,提出对策,以促使青年工作持续、健康地发展,提高全团执行力。

从"数"的统计发展来看,要努力构建团的组织最终系统工作评价指标。当前,要做好组织青年、引导青年、服务青年和维护青少年合法权益工作,落实政党的要求，就要把握共青团工作评价的最终标准。作为一个政党青年组织，最终评价团的工作最核心的是团组织在巩固党的青年群众执政基础方面所作的贡献，这是团组织和一般社会青年组织的根本区别，是衡量团组织工作做得好不好的政治标准。谁能把自己联系的青年最广泛最紧密地团结在党的周围，谁的工作就做得好，反之就做得不好。而这种"团结"核心是价值认同、感情趋近、行为遵守。因此对团的工作考评核心是评价团干部和团组织的投入和由此带来的青年对执政党价值认同，感情趋近，行为遵守上所产生的变化，而不是投入、活动数、任务完成、现场的热闹等这些较虚的因素。

研究组织凝聚力评价指标体系是共青团组织可以发展的考评体系。需要努力把握凝聚力建设上的三个维度：利益满足凝聚力、沟通情感凝聚力和文化信仰凝聚力。团组织应该在这方面下功夫，建立指标和观测点，最终使我们的工作用"数"说清道明。

从团干部成长角度考虑，团干部胸中有"数"有更为深远的意义。对团干部成长而言，胸中有"数"是一种工作要求，更是党性和品德的具体体现。从我们所开展的"转业团干部回头看"调研发现，一些团干部转岗后容易出现的不足主要体现在知识的缺失和知识结构不完整、处理复杂问题的能力需要提高、对复杂社会环境的认识程度和适应能力不足、缺乏基层工作能力和务实不够等方面。值得我们关注的是，产生务实问题和一些干部身上存在的浮躁问题很重要的原因，在于过去在工作中没有经历实干的训练，没有寻求"数"的支持，没形成获得"数"的良好习惯，从而导致"心中无'数'决心大"，导致工作大而化之、浅尝辄止的局面，这对党的事业是一种损失，对团的声誉是一种破坏。优秀团干部的发展经历告诉我们，只有在做共青团工作过程中胸中有"数"，团干部自身的发展才能真正获得胸中有"数"，有更多的底气。从这个角度来讲，共青团组织一要不放弃对"数"的不懈追求，考察各项工作。二要进一步创造条件推动团干部胸中有"数"，在全团建设学习型组织的进程中，要加大调查研究和统计学的知识普及，推动他们结合工作问题开展相应的调查，学会使用各种数据，引导他们通过观察了解国情、党情、团情和青情，真正实现工作的科学化发展。

如何看待组织中存在假数据的问题？当前，在中国的政治生态中，假数据存在有其深刻的社会背景。有工作来不及做而直接编数据上报的，有报真数据挨批而报假数据受宠最后只好"逼良为娼"的，有自己人"玩"自己人、数据中不断灌水等，我党对假数据问题和弄虚作假的问题也提出了严重的警告。2016年10月，中央全面深化改革领导小组通过了《关于深化统计管理体制改革提高统计数据真实性的意见》，严肃指出：防范和惩治统计造假、弄虚作假，根本出路在深化统计管理体制改革。要遵循统计工作规律，完善统计法律法规，健全政绩考核机制，健全统一领导、分级负责的统计管理体制，健全统计数据质量责任制，强化监督问责，依纪依法惩处弄虚作假，确保统计机构和统计人员独立调查、独立报告、独立监督职权不受侵犯，确保各类重大统计数据造假案件得到及时有效查处，确保统计资料真实准确、完整及时。在中国共产党十八届六中全会上通过的《关于新形势下党内政治生活的若干准则》中也明确指出：党的各级组织和全体党员必须对党忠诚老实、光明磊落，说老实话、办老实事、做老实人，如实向党反映和报告情况，反对搞两面派、做"两面人"，反对弄虚作假、虚报浮夸，反对隐瞒实情、报喜不报忧。领导机关和领导干部不准以任何理由和名义纵容、唆使、暗示或强迫下级说假话。凡因弄虚作假、隐瞒实情给党和人民事业造成重大损失的，凡因弄虚作假、隐瞒实情骗取荣誉、地位、奖励或其他利益的，凡因纵容、唆使、暗示或强迫下级弄虚作假、隐瞒实情的，都要依纪依规严肃问责追责。对坚持原则、敢于说真话的同志，要给予支持、保护、鼓励。以上分别从党纪国法及制度完善的角度提出了防止假数据的根本方法，理应是发展的方向。

  对团组织来讲，由于其组织的特殊性，对于其工作中数据采集和评估一定要坚持科学的态度，要直面问题，做实数据工作。首先，要进一步明确组织使命和评估项目之间的关系，抓根本，抓关键，而不要事无巨细、重事轻质。其次，各级领导机关要系统整合，政出一门，而不要各自为政，各自架屋，使下级无所适从。再次，要科学分析数据的收集过程，尊重实际，提前规划，长远设计，而不要匆忙上阵，疲于应付。最后，要分析团组织基层人力缺乏，工作重心不同的实情，因地制宜，保留空间，化繁为简而不要简单行政命令，使得下级实功虚做。最需要引起重视的是，要上下齐心创造实事求是、直面问题的工作环境，领导敢于直面问题，下级敢于大胆建议，营造上下同欲、风清气正的事业氛围，推动团干部健康成长。千万不能一味追求数据，真假不分，以致带偏下级，做空事业，做虚干部，最终得不偿失。

第十三节

共青团改革与青年发展

共青团组织的发展始终要放在政党的大的视野和当代青年的鲜活特点、本质诉求中去寻找规律。党的十八大以后中国特色社会主义进入新时代,对共青团等群团组织来说,中共中央颁布了《加强和改进党的群团工作的意见》,召开了首次中央党的群团工作会议,鲜明地提出了中国特色社会主义群团发展道路。2016年6月,中共中央办公厅下发了《共青团中央改革方案》(这个方案经过中央政治局常委会会议、中央全面深化改革领导小组会议、中央书记处办公会议分别审议,应该说是高度重视),之后,共青团组织进入了全面改革阶段,并由团中央率先改革继续往团省市县委辐射,往机关、学校、企业、社会组织等辐射,影响着各级团组织。

2016年11月3日,习近平总书记在主持中央政治局常委会会议审议《中长期青年发展规划(2016—2025年)》时,提出了要坚持党管青年的原则,指出要充分发挥共青团作为党的助手作用,强调要带好青年组织,抓实包括教育在内的十大领域青年政策。

2016年,一个是共青团改革,一个是青年发展规划的制定,这其中应该有着内在的逻辑联系,重心是进一步完善中国共产党的青年观,更好地对待青年,完善青年工作体系,使青年成为社会进步和稳定的推动力量。

共青团改革是以更好的组织化形态面对青年,发展规划则是以政府福利的方式或者政府管理的方式善待青年,这两方面相得益彰。赢得青年才能赢得未来。这是一个有远见的政党必然作出的选择。共青团改革与青年发展到底有什么关系呢?对这两个问题的深度研究能使我们找到清晰的答案。

一、共青团改革的本质

共青团改革涉及的领域很多,但透过现象看本质,共青团改革的本质到底是什么?到底要解决什么根本性矛盾?这是改革能否获得成效的关键所在。

第三章 改革从严 重塑形象

1. 两个关系的回归

一谈到共青团的发展规律，就有两个关系——党团关系和团青关系。这两个关系的内在逻辑是什么呢？原团中央书记胡耀邦曾有一个形象的比喻：共青团要像地球一样学会"公转"和"自转"。它要围绕太阳"公转"，就是说团要围绕着党。共青团要讲政治性，要讲先进性，这就是要围绕着党的路线方针政策和对成员的先进要求行动。同时共青团也要围绕地球"自转"，也就是要围绕青年人转，要充分照顾青年组织的特点，关照青年的特殊性，让青年和你紧密联系。共青团和党的关系是在围绕青年的转动的过程当中实现的，这是共青团最核心的逻辑关系。所以共青团改革并不是什么新的东西。它只是回归很多年以前对团的两个根本定位，第一要进一步系紧党团关系，更加强调政治性，要真正和政党走在同一个方向上。同时要进一步修补团青关系。这些年，共青团组织和青年渐行渐远，团组织者围着青年"自转"的力度不够，青年也就自然离开了。围绕着这两个关系，以保持和增强政治性、先进性、群众性为基本要求，着力解决"机关化、行政化、贵族化、娱乐化"，特别是脱离青年的突出问题，增强自我改革的勇气，着力推进组织创新和工作创新就成了必然的要求。

2. 共青团工作的根本考核目标

如何评价共青团改革成效呢？如何确定团组织在两个关系特别是修补和青年的关系上获得成效呢？从外表来看，全国团组织丰富的活动、多种品牌，这些能够达到组织的改革目标吗？习近平总书记在中央党的群团工作会议上指出：群团组织要承担起引导群众听党话、跟党走的政治任务，为夯实党执政的阶级基础和群众基础作出贡献。这是群团组织和一般社会组织的根本区别，也应该成为衡量群团组织做得好不好的政治标准。他进一步指出：对群团组织来说，谁能把自己联系的群众最广泛最紧密地团结在党的周围，谁的工作就是做得好，反之就做得不好。这个标准必须在群团工作中牢固树立起来，什么时候都不能忽视，更不能淡化和遗忘。

从党的领导的角度，这对团的改革成效给出了清晰的评价标准。也就是说共青团组织这么多团员、这么多团干部，干了这么多活儿，如果没有完成让团员青年听党话、跟党走的任务，你的工作就是白干。观察目前团的一些工作，外表热闹，实则没打在要害上。这个是要深度研究的。什么叫听党话、跟党走？什么样的工作才能促成听党话、跟党走？什么样的价值标准能评判这个组织干的活动是引导青年听党话、跟党走？这都是重大的理论问题。从组织外在呈现的特征来看，核心是组织的凝聚力和吸引力。什么是组织的凝聚力和吸引力？实际这也不是新提法。20世纪80年代中期，时任团中央第一书记宋德福就提出了"两团"理论，即"团要管团，团结青年"，实际上这说的就是凝聚力和吸引力。形象地说，所谓"团要管团"就是加强团的凝聚力建设，这个组织很特别，团干部团员就想跟着这个组织走，里面的人不想出去，这叫凝聚力。所谓"团结青年"就是说要对外人产生吸引，外面的人想进来，这叫吸引力。从凝聚力吸引力出发，共青团改革的目标是要让团干部、团员在这个组织里有自豪感、荣誉感，待在这个组织里感觉无上荣光。另一方面，这个组织还有对外吸引的力量，外面的人很想进来，想入团，想参加团的活动，这就是吸引力。有了这两个"力"，青年就会认同党的理论、价值；对党组织、团组织、党团干部和党团员有感情亲近；也有跟随党团要求的行为。最终达到听党话、跟党走，达到对党的价值认同、感情认同和行为认同。

3. 凝聚力和吸引力的基础是青年利益

那么凝聚力和吸引力的关键是什么？一个组织的凝聚力和吸引力来源于三方面，第一对个人层面是利益，没有利益想吸引基层青年是比较难的；第二对群体层面是人际吸引，最重要的是沟通；第三是组织层面，由团体荣誉和文化所激发，有团体的价值观、行为方式、制度体系和外在表现形式的激发，这叫文化吸引力。因此凝聚力和吸引力包含利益服务凝聚吸引、沟通感情凝聚吸引、文化信仰凝聚吸引。共青团要增强凝聚力和吸引力要在这三方面做大量工作才是。

利益服务、沟通感情和文化信仰是什么关系呢？对团干部、团员青年是讲利益、讲情感还是讲信仰？要注意到一个组织的总体功能在不同层级有不同要求，要准确把握团的各级组织在履行职责中的工作侧重点。基层组织要特别强调对青年的利益和感情的链接。建设有凝聚力和吸引力的团组织不能上下一般粗，团干部和团员青年全部放在一起不加区别地工作，在现在多元化的社会里，这样构建组织凝聚力和吸引力是不能实现的。

什么是基层团组织的政治性？对于基层团支部，服务利益是政治，为党政领导提供青年的思想状况，信息是政治；团员青年能在实践中获得进步因素是政治，感情趋近是政治，关键时候能够带动团员青年是政治。不宜用上下一般粗的看法去看待团支部的先进性。我们要用更高的标准要求团的高级干部、高级组织。但是在基层组织，则略微要有一些平常心态。这就是实事求是的组织建设方针。越到基层越要强化利益的氛围，我们当然要不断提升青年的信仰，但这是需要过程的。

可以看到，凝聚力和吸引力落到基层越来越转化为一个利益服务问题。有的人会说，共青团组织要团结引导青年，和服务青年是矛盾的。实事求是来说，共青团的核心功能是引导青年这毫无疑问，但引导的前提是接近人，你接近不了人，谈什么影响人的思想？深入地分析一下有什么思想引导是需要离开群众的利益的？说到底，思想引导也是为群众谋利益的事业。从广大群众普遍关心的事情抓起，从各方面反映最强烈的事情抓起，从大家最容易接受的事情抓起。思想引导要从实际出发，就要从大家的愿望和要求出发；思想引导要见到成效，首先要在解决人民群众最关心的紧迫问题上见到成效。

因此，在基层青年中做思想教育，任何大的思想宣传，科学的路径就是要转化，领导看的文件怎么能原封不动地给群众看、给群众讲呢？一定要解释，一定要具体化，要投入具体化的情景，找到和利益相关的问题与大家一起探讨。思想引导没有利益、没有感情、没有稳定的底线是一定不能成功的。

引导工作最本质的基础是利益，而不是光谈思想。沿着为人民群众利益服务的底线再往上走，它会上升为信仰。中国共产党所有的路线方针政策没有离开人民群众利益的，在宣传时没有感知群众的利益，也不能很好地把利益和思想引导的内容连接起来，就会形成思想教育"假大空"的局面。

因此，共青团在"服务青年"基础上提出了构建"基层服务型团组织"的命题，这个命题将有益于团组织对基层长期不能吸引更广泛青年作一个深刻反思，对一个政治组织的基层功能作一个深刻反思，更加深刻地理解团的不同级别有不同的政治功能。一个重要的青年需求和利益导向正在建立，强调了建立反映青年诉求的机制建设问题，强调了按需服务，注重微服务的问题，团的基层建设要走更加实在的服务路线。

总之，共青团改革在基层，利益是一个重要的变量。为青年谋利应该成为共青团改革在基层的最鲜明的体现，在此基础上有感情有信仰就会完成改革的任务。

二、青年发展的本质

青年发展的本质又是什么呢？世界各国都在研究这个问题，青年期是一个人除了婴儿期最大的发展阶段。这段时间，青年的生理要发展、认知要发展、社会性要发展。这段时间青年处在家庭、学校、社区、传媒、同伴等的综合影响之下。青年人在这个阶段形成责任和准备成人社会角色，面临着一种争斗：一方面，有着强烈的自主和独立愿望；另一方面，他们又需要指导和对家庭还有依赖。要理解青年发展的本质就要理解青年主体、青年需要、青年利益等重大问题。

1. 青年主体的利益本质

不同学科对青年有着不同的视角和定义。青年到底是什么？从政治学角度分析，青年期是一个人政治成熟的过渡阶段，是政治公民的过渡期。这个阶段是青年利益的主体性呈现、表达及与社会磨合以达到和谐均衡状态的阶段。在这个阶段，人的独立意识增强，有自己的政治见解，但还不成熟和不稳定；以自我价值判断为主，处在个人与社会、利己与利他的两难选择中。这个阶段是人生政治社会化的关键时期，是政治观和政治人格形成的关键阶段。

在这个阶段，一个人开始关注公共事务，走出家庭和学校，日益接触社会，学习和初步行使公民权利，关注相关公共政策，特别是关注那些与青年成长紧密相关，影响青年人生重大选择的就业、健康、教育、家庭、住房、社会参与等相关政策的时期。在这个时期，青年的政治主体性和参与意识逐渐增强，政治参与活动逐渐增多。政治青年期是一个人获得公民资格的准备期和初步实施公民资格的时期，是一个人从潜在公民变为真实公民的时期。

可以看到，青年的政治参与和政策选择内在的根本原因是这是青年利益的主体性呈现、表达及与社会磨合以达到和谐均衡状态的阶段。这是我们分析青年发展的出发点。

2. 青年利益的根源——青年需要

青年发展是指提升年轻人的地位，赋予其谋生所需的能力和技能，让他们从政治稳定、经济可行和法治环境中受益，并确保其公民参与权。相对于其他社会年龄群体，青年人有独特的需要加以关照。这种独特性一是来源于青年人独特的心理发展规律。从依赖走向独立的心理历程对自立的需要、对离开家庭后群体归属的追求需要显得比任何时候都更加强烈。二是来源于青年期需完成的独特任务，特别是生存的需要中的就业和择业的需要、恋爱和婚姻的需要，发展需要中的教育、学习与成才、求知的需要，这些重大的人生需要都要在青年过渡期中基本完成并决定了一个人的一生。总之，青年需要的特点决定了青年利益的构成及其矛盾关系。

3. 青年利益的矛盾

青年利益是处于社会关系中的青年的需要。利益和需要是不同的。而一旦生产力、生产方式、社会状况和意识等要素"走入"青年的需要，矛盾必然发生。利益是个人满足其需要的生存性展开、利益是群体需要的社会性展开、利益是人类需要的历史性展开。

从实质上说，青年这种需要的满足状况取决于社会利益矛盾冲突最终结果。

从经济上说，社会总体利益及其他社会群体的利益和青年利益之间有矛盾；从政治上说，"有权有势"和"无权无势"者（青年往往是该群体的主体）之间存在着利益矛盾。从文化上说，社会传统文化和作为亚文化的青年文化之间有或多或少的矛盾冲突。

这种冲突最终所形成的利益结构决定了青年利益满足的状况。因此青年与社会的关系、青年与家庭的关系、青年与中老年人的代际关系都是我们需要研究的重点课题。没有这种研究，我们就无法说明我们究竟如何对待青年利益。青年个人、团体（家庭、群体、集团）和社会（国家）三个大的层面、三种利益动力之间存在着不协调和矛盾关系，存在着相互抵消、摩擦、内耗的作用机制。最理想的利益格局是这三者间达到均衡。从这一点上说，青年个人、团体和社会的关系状态，青年人在家庭、学校和社会中利益的发展状态直接决定了青年参与政治生活的状态。

青年发展进程中所出现的各种现象和所面临的各种问题，往往预示了青年的基本要求和他们不断上升的高级需要的满足，所应具备的环境和条件的状况，而这种应有的理想环境和条件必然成为国家在制定社会政策尤其是制定青年政策时应充分重视的依据。如青年普遍关心的问题，例如，住房问题一定要高度关注，住房问题引起青年人的强烈反响，特别在北京等大城市，如果国家不出台相应的青年住房政策，长期说，无疑是一个社会隐患。

总之，青年发展的核心是什么？从上面的分析可以看到，青年发展的核心是照顾青年的需要，特别是解决青年的利益矛盾。

三、在推动青年发展上共青团组织的作为

从前面的讲述中，我们可以看到共青团改革的目标是在基层为青年谋利，而青年发展的核心是解决青年的利益矛盾，既然都是和利益相关，我们就可以在其中找到逻辑联系，嫁接相关关系。特别是在推动青年发展上共青团组织要有所作为。国家颁布的《中长期青年发展规划（2016—2025年）》确定了青年思想道德、青年教育、青年健康、青年婚恋、青年就业创业、青年文化、青年社会融入与社会参与、维护青少年合法权益，预防青少年违法犯罪、青年社会保障十方面的重点发展领域，这恰恰是共青团组织可以大力挺进的领域。

那么共青团到底要干什么？这是我们需要思考的。在具体领域，国家政府相关部门都有专司其职部门，共青团不可能把服务青年的工作大包大揽下来，如共青团搞就业创业，很明显就业创业是劳动就业部门的工作；共青团开展预防青少

年犯罪活动，很明显这是法律和司法部门所管辖的领域的事，因此回归初心，共青团在各领域的介入上理应有其特殊的视角。它的重点应该放在解决利益矛盾，核心是优化青年发展环境。可以在以下领域大有作为。

1. 服务

建立基层服务团组织，突出基层的利益服务含量，大力提升团的基层组织活力和服务能力。基层团要明确具体职责、丰富活动载体、获得有力保障、更好地服务青年。因地制宜设计工作内容和工作项目，使青年乐于参与、便于参与。尊重团员的主体地位。激发青年的主体性、创造性，积极发展团内民主，使之成为提升基层团组织活力的重要途径。继续动员各种资源支持基层团组织建设，在培训、经费、人员、项目等方面帮助基层解决具体问题和困难。可以通过购买政府公共产品及社会化筹资等手段解决资源的瓶颈，发挥团组织的最后一公里的独特服务功能。

2. 发现

发现利益矛盾是团组织服务青年发展的重要领域。要努力完善团的领导机关直接面对青年群众制度、青年代表联系制度（建议模仿人大建立"青年代表"制度，开发青年聚议会），让青年把这些利益反映出来，这是一个有效的途径。

3. 报告

要和政党之间建立报告制度搭建相关机制。要及时把青年的"温度"告诉党。在基层，《中国共产党章程》中明确规定：团的县级和县级以下各级委员会书记，企业事业单位的团委员会书记，是党员的，可以列席同级党的委员会和常务委员会的会议。要将推动此条的实现和青年利益维护工作结合起来，逐步确定和青年重大切身利益相关事项，并明确要求参加涉及此类事项的党的委员会和常务委员会会议，团委书记需要参加。在团的县级以上机关，逐步推动党建带团建中利益汇报专项内容：要求各级党组织一年至少要专门抽取一次时间听取团组织的专项青年利益和青年稳定汇报。

4. 协调

建立和各级政府的协调机制。青年发展规划颁布以后，各级的政府肯定会做一些工作，下一步共青团会承担起办公室的责任。为确保发展项目的顺利实施，和政府之间建立完善的协调关系就至关重要。要加大政府对共青团工作的支持和保障力度，健全政府协调工作机制，各地制定相应规划，注重与经济发展规划及相关专项规划衔接。与政府有关议事协调机构，健全与职能部门间的工作联动机制。

5. 立法

团组织要在国家保证人民通过人民代表大会行使国家权力和全面推进依法治国的进程中进一步完善通过法律保障青年利益的政治路径。充分发挥共青团在立法协商中的作用。主动代表所联系的青年群众参与立法和政策制定，推进健全协调青年和社会关系的机制，从源头上保障青年权益、发展青年利益。不断推动《中华人民共和国未成年人保护法》等与青少年紧密相关的法律落实，开展执法检查，不断完善相关法律体系，推动地方立法配套方面。

做大做强"共青团与人大代表面对面"。作为共青团代表和反映青少年普遍性诉求的重要载体，该活动在推动制定促进青少年成长发展的法律法规和公共政策、解决青少年利益保护实际问题等方面发挥了积极作用。下一步可以通过代表建议、委员提案、界别提案、社会协商对话等多种方式反映群众意见。可通过"青年人大"在人大中发出更强声音。

共青团组织要推动立法，进而在依法治国中积极发挥作用。推动人大用法律的形式确定共青团在政治生活和社会生活中的地位，目前可考虑立国家青年组织法，将共青团内容涵盖于内。同时及时向立法机关反映立法或者修法诉求。

支持青年运用法律武器保护自己的受教育权、劳动权、婚姻自主权和其他权益，为青年当事人提供或寻求法律帮助。

6. 协商

团组织要在政治协商上大做文章。要在引导青年有序政治参与中发挥作用，在国家健全社会主义协商民主制度中有所作为。共青团是青年群众依法有序广泛参与国家事务和社会事务管理的重要渠道。在党组织推进协商民主广泛多层制度化发展的进程中，团组织应进一步拓宽参与政治协商的渠道，规范参与协商民主的内容、程序和形式。要做大做强"共青团与政协代表面对面"，就涉及青年群众切身利益的实际问题深入进行专题协商、对口协商、界别协商、提案办理协商等。积极开展基层民主协商。

7. 补位

如果发现政府公共部门缺乏对青少年所需的相应服务，怎么办？这个时候共青团就把这个服务扛起来，弥补治理结构中的不足，并逐步推进其纳入国家公共服务的领域。20世纪80年代，共青团组织所开展的希望工程就是这样的一个很生动的例子。本来办学是教育部门的责任，但当时教育部门缺乏资金，团组织发挥社会资源的优势集资办学，解决了教育部门解决不了的问题，现在随着教育部门的财力日渐雄厚，传统的助学就不需要团组织再去做了。在社会治理能力不足的情况下，在政府服务青年不到位、有缺陷的时候，团组织就可以做，团组织就扛起来。实际上共青团很多工作是补位的，补服务青年这个位。补完了之后还要交给政府，这才能形成一个好的治理结构。

  总之，发挥了以上七点作用，共青团就会在服务青年利益、促进青年发展中发挥应有的作用。通过这样的一项工作也使共青团真正强大起来。通过改革共青团到底要达到一个什么样的愿景？共青团的强大形象来源于其对青年发展的高度关注；共青团的强大形象来源于它的干部和成员为了青年发展日益忙碌，日益奉献；共青团的强大形象来源于它的组织竭尽全力呼吁推动青年发展的政策落实而给青年留下难忘的组织印记；共青团的强大形象来源于在对青年的自身服务、感情构建中最终把青年和党连接在一起。共青团强大起来，青年发展起来，这就是政党和国家的未来。

第十四节

破解制约共青团发展的思维定势

本讲由20世纪80年代末期中国共青团组织对自己所存在的问题的分析提出了"为什么30年过去,共青团组织的老问题愈演愈烈"这个值得思考的问题,指出共青团发展要突破传统的思维定势。我们发现中国共青团组织在发展中在组织目标、组织建设、基层工作和干部建设四方面存在的15个思维定势亟须突破。只有充分利用共青团改革的契机,回归组织的创新特质,改变评价的标准,才能改变传统的思维定势,真正促进组织更好地发展。

一、问题的提出

2015年之后,中国共青团组织正在经历深刻的改革和转型。"强'三性'(政治性、先进性、群众性),去'四化'(去机关化、行政化、贵族化、娱乐化)""8+4""4+1""1+100""青年之声""专挂兼团干"等新词开始搅动共青团的传统工作格局。毫无疑问,改革的起点是回归初心,回归组织存在的本质——为中国共产党凝聚青年,在新的时期重新吹响聚集广大青年的集结号。

跨越历史的长河,我们在研究中发现,其实在改革开放以后,团中央早已经认识到当前所提出的一些问题:1988年5月4日,时任团中央第一书记宋德福在中国共青团第十二次全国代表大会的报告《在建设有中国特色社会主义的伟大事业中继往开来艰苦奋斗》中就明确指出:"在回顾过去工作的时候,我们也清醒地看到了青年和共青团工作中存在的问题。在新旧体制交替的特殊历史时期,社会上各种矛盾交织,青年的思想不可避免地呈现出多样性和复杂性。""青年思想上产生这些问题,除了自身的原因外,还有复杂的社会原因、历史原因。从青年工作的角度看,一方面,共青团组织在体制上存在弊端,从中央到地方各级团的领导机关不同程度地存在行政化倾向,不能很好地代表和维护青年的具体利益,一定程度地脱离了青年;团组织的吸引力、战斗力不强,相当一部分基层团组织不适应改革开放的要求,缺乏活力,有的甚至处于工作停滞状态;一些团员、团干部发挥模范带头作用不够。另一方面,青年工作缺少应有的法律地位和必要的物质条件；青少年社会教育目前还未能列入社会发展计划；一些地方和单位对共青团工作重视、关心不够，例如，许多地方至今未执行党章关于县以下团委书记是党员的可以列席同级党委会和常委会的规定，有的单位常年不讨论、不研究团的工作，长期不配齐专职团干部，随意撤并团组织，还有的单位对涉及团内重大工作和青年具体利益的问题不与团组织协商等，也是不容忽视的重要因素。"近30年过去了，宋德福所提出的两方面问题是根本改善了，往好的方向转变了，还是原地踏步，还是退步了？历史比较是一个复杂的系统工程，得出一个科学结论很不容易，但可以得出的判断是：相对于丰富变化的青年和社会，共青团跟进的速度并不理想，总体上没有改变30多年前发现的问题。

当前共青团组织壮士断腕、自我革新的热血固然可嘉，然而如果缺乏对出现这些问题的原因进行冷静和科学的分析，从根本上解决组织和系统中存在的问题则未免盲目，也会导致改革南辕北辙，费力而不讨好。到底是什么原因导致了上段所提到的现象呢？研究发现，这30年的政治发展在中国的社会中已经分出了两个"大场"：一方面，伴随着改革开放的发展，中国共产党正在努力将自己的身份从革命党转化为执政党，这种转型一直在进行，速度并不是很快，也没有完全到位，但由于中国共产党组织所影响的"党员场"和"成人场"还基本是在二十世纪八九十年代之前出生的人，因此出现了一些不适应但基本还能跟上；另一方面，中国共青团一直在努力适应新一代的政治诉求，但其面对的"团员场"和"青年场"基本是90后和00后，面对的主要是改革开放以后出生，享受改革开放成果，深受市场化、网络化和国际化影响的"新一代"，对于这一代具有不同特点的新人，传统的运作方式已严重地不适应了。相对于党员队伍的后来者对传统党组织运作的挑战来说，团员队伍的后来者对传统团组织运作带来的挑战已不能等量齐观。团组织表现的无力感很大程度上是因为在这种更大的挑战中只是跟着党组织亦步亦趋，进而无法回应青年的新诉求，最终无情地被一些新青年所抛弃。

工作的无力是传统的惯性，在过去历史环境中发展起来的思维定势并没有完全突破，使得传统的团的工作很难承担起凝聚吸引青年的重任，而到今天到了必须进行彻底改革的地步。所谓思维定势，就是按照过去的思维活动经验教训和已有的思维规律，在反复使用中所形成的比较稳定的、定型化了的思维路线、方式、程序、模式（在感性认识阶段也称作"刻板印象"）。思维定势由一定的心理活动形成定式萌芽状态，对以后的感知、记忆、思维、情感等心理活动和行为活动起自动的推动作用。在环境不变的条件下，定式使人能够应用已掌握的方法迅速解决问题。而在情境发生变化时，它则会妨碍人采用新的方法。消极的思维定势是束缚创造性思维的枷锁。用老方法面对新青年，用老传统解决新问题，这就是团组织不能发展的不适应症。中共中央办公厅关于印发的《共青团中央改革方案》的通知（中办发〔2016〕47号）在共青团改革的基本原则"坚持问题导向、有效改进作风"中明确指出"要着力破解制约共青团发展的思维定势、重点难点和体制机制问题"。研究阻碍共青团发展的思维定势，更大程度地解放思想迫在眉睫。

二、当前共青团存在的思维定势

当前团组织到底有哪些思维定势呢？组织的发展取决于组织目标、组织建设、基层工作和干部建设等方面，目前这些方面都存在一些思维定势。

1. 组织目标上的思维定势

一个组织要发展首先要明确组织的本质属性和往哪里去的问题。共青团组织到底是因何而存在呢？它的工作对象边界到底是什么？它的核心职能到底是什么？这是这个组织首先需要回答的问题。在丰富多彩的团的活动外表呈现过程中，一些传统的思维定势却使这些根本性的问题陷入了肤浅化、表面化甚至虚化，从而无法发挥团组织的本质功能。

（1）工作方向：共青团工作就是组织青年搞些活动做些项目？

长期以来，共青团给外人的印象就是带着青年搞活动，如植树造林、生产突击、志愿服务，等等。应该说，在新的时期，这些活动依然是考察共青团活力的重要标准和组织青年的重要表现，但与此同时要思考活动的背后共青团组织的政治目标，不能停留于一般技术层面，更不能娱乐化。怎么才算共青团工作做得好？习近平总书记在中央党的群团工作会议上指出，对群团组织来说，谁能把自己联系的群众最广泛最紧密地团结在党的周围，谁的工作就是做得好，反之就是做得不好。这个标准必须在群团工作中牢固树立起来，什么时候都不能忽视，更不能淡化和遗忘。仔细分析这个核心目标，无论共青团外在活动开展多少，最核心是通过考察这些活动和共青团组织的努力，青年对党的价值认同（接受政党的意识形态）、感情认同（与党团干部感情趋近）和行为认同（按照党期待的行为规范参与社会政治生活）。分析团组织的工作特别是基层团的工作，都要用这个标准去考察，很多时候，共青团工作没有和这个目标建立链接，出现了只有事情没有人、只有项目没有人的政治思想、政治行为的变化，使得组织偏离其宗旨，这是在实践过程中需要警惕的。在评价标准上，目前团组织的考评多采用党政评价、团内考核、青年评议等综合测评，从其核心来看，还要细细地研究实现把青年最广泛最紧密地团结在党的周围的考察标准,重点考察通过团的外在丰富活动实现的青年的认知变化、情感变化和行为变化。

(2) 工作对象:共青团工作要影响全体青年?

共青团工作的对象是谁?是人数众多的全体青年吗?一个青年组织有着影响全体青年的理想是好的,但我们在这个终极理想下更要确定准确的工作目标。针对团组织人财物缺乏的现状,本着实事求是的工作原则,团组织需要面对现实,收缩战线,确定重点。现实过程中我们要对青年讲信念理想,但团干部和团员的信念问题还没有解决;理想状态下我们要影响全体青年的行为,但实质上只有少部分的青年人(青年领袖等)的行为才能对现实政治生活产生影响。面对现实,我们就要在有限资源的情况下有所为有所不为。当前工作的重点应该首先是做好"团要管团",把团干部和团员的工作做好,强化政治性、先进性和群众性,同时关注青年中有影响力的人物,关注现实生活中对政治生活不稳定的群体因素,重点排查,有针对性地开展工作,要做关键人物和关键人群的工作。将社会上所有青年领袖的影响力引导到团的工作方向上来。这个工作需要深入研究,要科学地分析中国共产党的青年群众基础,分析主要依靠力量、统战力量和一般力量及破坏力量,把工作的重点放在扩大依靠力量和统战力量,减少破坏力量上。在给予青年政党知识、政党感情、政党态度、政党参与的普遍工作中更加关注政党参与的积极分子,客观分析这种参与对政党执政基础的影响,将负面影响及时消灭在萌芽状态。要逐步形成做重点群体和重点个人的工作项目和工作体系,通过重点群体和重点个人带动更广泛的组织和青年群众。

(3) 工作带动:共青团工作信号来自上级行政指令?

共青团组织有一句话:工作要让党放心,青年满意。实践过程中,有的团干部说:党要我做的事情青年不愿意,青年想要我做的事情党不愿意。往往把自己放在矛盾对立冲突的地位。这个问题要好好分析。然而更多的实践证明,如果团的工作仅仅依靠上级行政带动,但上级工作安排又没有经过从下至上的群众路线的过程,就会陷入行政化官僚化的局面,而让青年群众不买账。从本质上说,政党的满意也应来源于基层群众,青年满意了,政党也就满意,逻辑上不应该存在冲突,不存在根本的利益冲突。中国共产党说到底还是要为人民服务。党是为人民服务的。党中央的考虑,就是为人民做事。只有一切为了人民,一切依靠人民,共产党才立得住。中国共产党以人为本、执政为民的执政理念,从根本上说就是从为人民服务这个宗旨中延伸出来的。把握青年群众工作立场,共青团干部要对青年群众有真挚感情,急青年所急,想青年所想,盼青年所盼,忧青年所忧,不做青年官,要做青年友,始终保持与广大普通青年的密切联系。从这个角度来看,团的工作要眼睛往下看,形成从下至上的工作格局。团的领导机关也应该遵循群众路线的工作方法,先到下面去体会青年群众的需要,及时归纳总结,把普遍性的需要化为工作的政策和安排,再从上至下地整体安排,这样的一种从上至下到从下至上的紧密结合使得团的工作总能快速地和群众的需要互动,并在服务中紧紧地凝聚群众。从具体工作来看,对于群众的需求服务和思想引导都要逐步树立青年的"客户导向"。

(4) 工作职能:共青团一维权就站到了政府行政机关的对立面?

团组织有组织、引导、服务青年和维护青少年合法权益的根本职能。目前,维护青少年合法权益的职能需要进一步研究,特别是其定位需要进一步廓清。维权到底应该怎么做?维护群众合法权益是群团组织的重要工作。在实践过程中,团干部不敢大胆呼吁和维权,主要是考虑到有一些权利损害问题和行政相关职能部门有关,因此维权就站到了这些单位的对立面,因而在开展工作的过程中顾虑重重。从理论上说,团组织的核心功能之一是要在维护人民总体利益的同时更好地维护自己所联系的青年的具体利益。应主动有为地开展维护合法权益工作,这是政治功能的实现的重要任务,也是作为重要社会支柱的作用的应有之义。对于青年的合法权益问题,要更加重视,要在党的领导下重视有序渠道的设计,大胆地向政府等部门提出意见和建议,通过合法渠道、正常途径,合理伸张利益诉求,促进社会公平正义。在实践层面,要积极有为,将自己的维权纳入党政主导的维护群众合法权益机制,通过推动保护青年各项法律的完善不断地打造制度平台。因此,团为青年发声是这个组织功能应有之义。

2. 组织建设上的思维定势

团组织要发展就要尊重组织管理学的规律,重视组织工作队伍、组织资源建设,合理设计组织结构,优化组织文化等。共青团组织从传统的革命党的政党青年组织发展而来,今天正在努力成为执政党的政党青年组织,在适应这个新的格局中还没有完全摆脱旧有的组织建设思维,使得组织的建设方向不能够适应青年的现实情况,亟须突破。

(1) 组织推动:共青团工作的主要推动力量是团干部?

现实过程中,团的工作很多靠团干部的积极推动。团干部在那里苦思冥想,苦于无方,团干部在那里限于"一人团",苦于无人。这种状况如何解决?谁是工作的主要推动力量?应该看到,当代青年主体性和个性及强调自我价值已经越来越突出。把握正确的青年群众工作的方法从根本上要求各级共青团干部要从政治的高度深刻认识密切联系青年的重要性,放下架子,扑下身子,深入实际、深入基层,从青年群众中寻找解决问题的方案和办法,使作出的决策和决策的执行充分体现青年的民心民意。要反对命令主义和尾巴主义，充分引导和支持青年群众当家作主，发动青年群众的主动精神，尊重青年群体的主体性，注重青年参与，使青年真正成为自我教育的主体，让青年自己教育青年，让青年自己服务青年，让青年自己引导青年，寻找到共青团工作的强大内在动力。因此要改变传统的工作格局，要以青年为本，组织活动请青年一起设计，部署任务请青年一起参与，表彰先进请青年一起评议，努力把工作对象转变为工作力量。团的干部的核心作用是建好这个制度体系，搭好制度平台，让青年自己唱戏，真正形成生动的基层群众工作火热局面。

（2）组织结构：共青团基层组织主要建在单位？

团组织基层组织的单元长期是依靠单位组织发挥作用的，在《中共中央关于加强和改进党的群团工作的意见》中指出要立体化、多层面扩大组织覆盖，重点向非公有制经济组织、社会组织、城乡社区等领域和农民工、自由职业者等群体延伸组织体系。如何完成这个任务？很多团组织更喜欢在传统单位建团上做文章，这种观点亟须得到改变。青年的流动性增强已是大家公认的事实。这种流动性既包含青年在不同地域之间的流动，也包含单位之间青年人的职业转换，还包含青年在工作单位中的工作空间的丰富化等多种层面，青年的流动性直接冲击着传统的以单位人为基础的管理体系和党团工作的基石，且不可逆转。当前，共青团同许多社会组织一样，面临着重大的组织结构再造的任务。为适应市场经济中普遍出现的"单位人"向"社会人"的转化，团组织要完成从适应计划经济的传统的单位组织结构朝适应市场经济的现代的社会组织结构转化。现实工作中发现：如果这样的一种创新依然在强化"单位"的观念而不是朝"社会化"的根本方向发展，往往会产生"出力而不讨好"的局面，更值得警惕的是如果这样的一种改革只注重点上的资源积累和最重要的一点是我们要把握本质，前瞻思考，不要折腾。结点思维是我们解决以上问题的关键。所谓结点是指基层组织结构最稳定的单元细胞，也就是说在这个结点上团员青年最容易形成最集中的共鸣而聚集，是基层组织发展的根本核心引力。核心思考是什么因素会和一个青年挂钩得更加稳定？共青团组织理应建立在和青年捆绑得比较久的结点上。当前，单位的结点依然可以发挥功能，但要将更重要的结点往社区转移，而兴趣和利益结点将是更有未来发展前景的基层组织核心聚集点。当前，区域化团建最大的价值是主打社区的结点，同时也引入兴趣结点、单位结点对社区结点的支持。要把握这种方向，特别要防止用单位思维建设社区结点，忽略兴趣结点作为未来的发展方向这两种思想，真正使社区结点建设体现应有的价值。

(3) 组织枢纽：共青团组织要成为青年社会组织的核心？

随着青年社会组织的蓬勃发展，共青团和各类青年社会组织要处好关系。到底要建立怎样的一种关系，目前的思路是要通过努力成为青年社会组织的核心，在枢纽性组织中发挥核心领导作用。这确实是一个值得努力的方向。但需要注意的是青年社会组织很多都是自组织，自组织和他组织的发展有完全不同的规律，如果"收编"就不是自组织了。在这方面，共青团组织不能一厢情愿，也不能过高地看待自己。与其把自己放在中心的位置，不如把自己和其他青年社会组织放在一个"网"上平等的地位，网是联结在一起的，只要都在网上，青年社会组织就会一直跟团保持联系的状态和前进的方向。共青团要像一家人中的大哥一样，宽厚，包容，给青年社会组织的发展提供支持和关怀。真正实现这种青年社会组织的良性发展。因此成为好伙伴，好好共处共治是关键。核心是不求所属，但求所用。

(4) 组织网络：共青团组织只需要建自己的网上平台和网络体系吗？

共青团走进网络需要走上网络平台，究竟是自己建设平台还是利用现有的青年喜欢的网络平台？这一点一定要仔细思考。接近青年群众的规律是青年在哪里活动，就要靠近青年网络聚集的平台，从这一点上说，即使组织有良好的初衷，但无论共青团组织如何努力，由于其专业力量的有限和网络系统的非市场化，恐怕很难和类似腾讯、搜狐等平台的影响面相比。如果自己建平台就要成为某方面服务做得最好的"服务商"，青年才会点击团属媒体，否则还不如探索如何利用一些公共平台开展共青团的活动，这需要巧妙的设计。在实践中要进一步研究打通和网络运营商的利益共同点，实现团组织的组织目的。

(5) 组织资源：共青团工作资源主要需要靠上级行政支持？

基层组织一说共青团的困难就会说：没人没钱没权，希望上级给予更强有力的行政支持。的确，传统的团的工作依赖资源主要来自上级行政支持。而随着时代的发展，社会治理的深化，共青团的资源要越来越多地依靠社会化获得。团全会明确提出：要发挥团组织社会参与中枢纽型作用，激发青年社会组织活力，实现主要靠单位资源向社会资源并重的转变，由自上而下的行政化动员转向自下而上的群众化动员。这是一种重大变化的信号。从新时期青年群众工作推动上，强社会化，强群众化是重点解决的课题。当前许多团干部对向上级行政领导要钱的套路很熟悉，但对社会化筹资的一套技术很不熟悉，例如，如何发现需要？如何设计共赢合作方案？如何写筹划书？如何发展志愿者？如何推进活动？如何评估活动？……团干部的这一手还需要尽快地硬起来。

(6) 组织合力：共青团组织工作要上下统一、高度一致？

目前，团组织的运作保持着上下统一、高度一致的方向运行，这是传统的工作习惯。实际在推动团的工作中,有两个问题需要面对和加强研究。一是一个政治性的目标在中央、省、地市,县区、乡镇街道层面究竟应该如何系统构建,不同的层面功能应该有所不同,不能上下一般粗,要各层级功能不同。比如,越到上级越要把重点放在把方向、定政策、筹资源上,而越到下级,越要把重点放在联系青年、强化服务、建立感情、改变思想上。二是全国东部、中部、西部地区存在差异,在推动全国工作时需要分类指导。不能齐头并进,而要差别发展。因此努力研究方向一致,不同层级功能互补,不同地区差异推进,保留基层的创新空间就成为制度设计中的重要课题。

3. 基层工作上的思维定势

团的基层工作是团组织活跃的根本性工作,目前随着市场化的发展、青年群体的分化、社会治理新的格局的形成,受到最大冲击是基层工作的旧有常态,如果不冲破传统的支部工作格局,便无法对青年产生真实的凝聚和影响。

(1)基层任务:共青团基层主要的工作是开展政治学习?

一说到基层团组织,很多青年就会想到开会和政治学习,这是对团组织的一种刻板印象。一些团干部也只有在进行政治学习时才想到开展团的活动。应该说,政治学习是今天团的基层工作的重要内容,但在新的形势下,我们要进一步认清团的基层工作重点。新的时期青年的新特点要求我们重新认识共青团的政治性的表现和在不同层级的特点。团的基层政治性如何体现?共青团基层组织如何体现它的存在?基层团组织的政治性不能大而空,要重在吸引凝聚。在基层信息是政治(给党组织反映青年的情况和信息),感情是政治(团干部与青年的感情),服务是政治(提供切实的服务),有趣是政治(追求活动的趣味性),进步因素是政治(不断谋求青年的进步),关键时候是政治(重大关头能影响青年)。共青团要完成为党凝聚青年的任务,先要靠近人,有感情,然后才能靠近人的思想。这是一个合理逻辑。要抓思想凝聚,更要重视团干部和基层青年之间的感情构建、利益服务,才能最终实现组织的政治目标。因此服务和建立感情要成为基层的首要目标。在进行思想政治教育的过程中,要研究引导的内容和青年的切身利益如何联系,只有这样,思想引导的内容才能落根在地。这样的一种目标也对共青团组织的资源下沉和服务品牌指导提出了更新的要求。在筹集资源上,上级团组织更有优势;在品牌指导上,上级团组织更能科学设计。集中资源和品牌理念,放到全团的"门市"——基层团支部上,团组织就会招来众多的顾客,基层共青团就会呈现出活跃的局面。

(2)基层色调:共青团基层活动要场面热闹?

基层开展活动,团的干部都希望人多、热闹、场面大。但实际上很多时候这是一种假象。相对于团干部所负责的地区的团员青年人数，一次"广场类"的活动的人数可以忽略不计，这实际上是一场政治表现"秀"，如果党政领导不能透过表面看实质，则会诱导团干部急功近利，做出更多的花样文章。共青团最核心的热闹应该表现在基层特别是团支部层面的活跃，看多少团员青年凝聚在团支部书记周边，开展各种小但入脑入心的活动，在此中，真实的感情得以建立。同时，走出活动的误区，共青团要致力建设工作制度和品牌战略。

要搞活动，更要建制度。要发挥党建带团建的制度作用，同时不断完善了解联系青年制度、服务青年制度，健全维护青年群众利益制度。特别要注重发挥基层的创造力，完善创新制度，鼓励基层大胆创新，挖掘、提炼、推广基层青年群众工作的好做法好经验。

4. 干部建设上的思维定势

正确的路线确定之后，决定组织发展的就是干部。如何建设团干部队伍？传统的思维定势更多地将团干部放在体制内，独立化运作。当前随着新形势的发展，这些思维定势也亟须突破。

（1）团干部编制：共青团领导机关工作人员需要专职化吗？

一直以来，团的干部就有在领导机关的专职团干部（编制内）、在乡镇街道等团组织的专兼职（走团委书记的编制，还有别的活儿）和兼职团干部（有别的工作，顺便做团工作，无编制）各种类型。从工作推动的实际效果看，编制内的专职团干部更具有责任心。因此，解决团工作人数不够问题的传统思路是增加编制，增加人手。当前，在新的中央精神下，挂职兼职化的趋势还在加大。冲破传统思维定势，把共青团组织打造为党政部门青年干部培养青年群众工作能力、吸纳社会青年领袖、全面为党组织培养和吸纳青年干部的平台，强化责任，弱化等级等，这是一个趋势。往下发展，今后会形成怎样的专兼职关系呢？从长远来说，团的工作更多的兼职化是趋势。专职化的人员会留给长期从事团工作，不转业的团的各种专业力量人员（需要建设一个专职工作体系）。因此，要跳出传统思路，更多地在体制外寻找工作力量。共青团在编制内的干部多固然"捆绑"了责任感和工作的投入，但由于这种"捆绑"，也使得共青团工作的行政化加剧。同时为官提拔的观念比较浓厚，使得真正在青年中有影响力、群众工作能力强的人很难走上团的领导岗位。因此要深入研究兼职化趋势下团的工作岗位的定位和团干部队伍建设的定位，提高志愿者工作在团的工作中的分量。形成一个健全的吸纳、工作、流出体系，真正使青年干部进得来、有贡献、流得出。

（2）团干部权力：团干部威信要靠行政权力？

传统思维中，推动工作时，团干部都希望行政权力更多一些。在新形势下做好青年群众工作,既要发挥"传统青年领袖"的政治优势,更要打造"现代青年领袖"的个人魅力。要高度关注团干部人格魅力和对青年的感情等重要因素在群众工作中的重要作用。再先进的思想离开传授者的个人魅力都会变成枯燥的说教,而无论是对青年合理利益诉求的尊重和服务,还是对青年特有兴趣的满足以及青年社会化技能的培养,如果缺乏团干部的魅力和情感这一因素,总会事倍功半。团的各级干部要努力提升自己的魅力,特别要在政治有高度、工作有本事、作风过得硬、青年信得过上狠下功夫。要着力加强作风建设,特别是在密切联系群众、求真务实、艰苦奋斗、批评和自我批评上大下功夫。对于基层团干部,尤其要提升非权力性影响力,努力通过形象吸引青年,通过语言感染青年,通过兴趣融合青年,通过知识征服青年,通过能力推动青年,通过沟通协调青年,通过远见引导青年,通过时尚引领青年,通过真诚取信青年,通过责任感召青年,通过尊重感动青年,通过热情融化青年。真正增进青年信任,增强工作的亲和力和感染力。

(3) 团干部工作评价:共青团工作要突出自己?

如何评价共青团干部的工作?传统的评价格局中团干部希望从单位的群团组织包括业务部门中脱颖而出,独自显现出其工作能力,进而获得领导的好评,但也会形成工作的过分独立,不能得到系统的优化。实践过程中,共青团与工会组织、妇女组织的关系比较微妙。从理论上来说,这几个组织的工作对象有其相似性,比如,一个企业女青年,因为是团员成为共青团的工作对象,因为是女性成为妇联的工作对象,因为是职工所以也是工会的工作对象。组织可以分成几个重点,但人的有效关照却需要合力。实践过程中,共青团干部有时出于狭隘的观点,容易圈出自己的"自留地",在上面独自表现出自己的能力,博得领导的好印象;有时没有站在服务青年的角度考虑。群团组织工作内容重叠,又不通气协作,不仅造成资源浪费,而且让群众无所适从。从长远来说,大群团,系统合力是一个方向,特别是在基层资源缺乏的情况下更需要联合起来,一起服务群众。要推进基层服务型团组织建设,注重与其他组织资源共享、工作联动,形成联系服务引导基层群众的工作合力。

如何构建这个合力系统?需要党组织对群团工作中的格局进行调整。作为共青团组织要走出本位主义,通过各种路径创造和其他群团组织合作的机会。如在工会代表大会中设立青年职工委员会,在青年恋爱成家育儿的过程中与妇联创造品牌联合推动。至于对于个别青年的关心更要形成员工成长会商制度,合理分工,真正让群众工作落在实效上,让青年满意。团干部满心考虑的是如何为青年服务,如何和其他部门合作更好地为青年服务,就会有健康的成长观,也会发展得更好。

总之，以上四方面的十五个思维定势亟待突破。需要指出的是，前文提到中国共产党的"党员场"和"成人场"与中国共青团的"团员场"和"青年场"这两个"大场"的关系。当前这些思维定势已经影响了团组织功能的发挥，再过一段时间，随着大批团员进入党内，大批青年成为成人，这些挑战也会进入中国共产党的"党员场"和"成人场"内。所以当前团的改革并不是仅仅是为团自身，也是为党在探路，核心都是在构建新时期一个政治组织和群众的关系，赢得青年就能赢得未来，团的改革关系重大。

三、思维定势的深层原因和突破

为什么这么多年团的思维定势难以突破？

首先是系统支持不够。共青团组织所处的系统是在执政党的体系之中，也是在中国政治的大的系统中。系统的惯性和环境会对其产生重要影响。从政党的系统看，中国共产党目前还远未完成这种转型，整体工作格局沿袭传统年代，计划烙印较重。中国的政府一直也在市场和社会的发展中寻找它的定位，反应也还需要加速。团组织身处这种大的体制环境中，很难有大的举动作为。但相比于其他领域，青年的变化是最为迅速的，而这种变化首先让青年组织遭遇冲击，因此团的工作就很是困难。即使工作稍微有点进步，积累了一些成果又被青年更大的变化抵消甚至倒退，组织在和青年的赛跑中始终没有获得胜利。一边是变化较慢的系统环境，一边是时刻在变化的青年诉求，团组织变革就显得顾虑重重，瞻前顾后。如果党政领导不强力推动，组织很难自觉地自加压力实施变革。如何突破？当前中央在党的群团工作文件中明确指出：群团组织要坚持与时俱进、改革创新。指出改革创新是群团工作发展进步的不竭动力。各级党组织和群团组织要把握时代脉搏，适应社会发展变化，尊重基层首创精神，不断推进群团工作和群团组织建设理论创新、实践创新、制度创新，始终与党和国家事业同步前进。应该说目前努力突破思维定势，大力创新的时机已经成熟，当抓住机会，促成飞跃。

其次，不能突破思维定势来源于团自身。相比于中国共产党，团的文化特性上一定要多一分青年人的朝气蓬勃。做好新时期团的工作，需要团组织在文化建设上有所突破。特别是要重点研究如何恢复团组织"创风气之先"的青年特质，恢复其贴近青年的群众性问题。做官的原始欲望使得一些干部做事谨慎，生怕丢了位置。于是，团的原始气质受到了破坏。虽然有系统环境的约束，但这个"板子"还是要拍到团组织身上，说到根本，还是激情和理想主义保持不够，不像青年人做事的风格，考虑自己多了一些，考虑青年工作少些，组织的味道必然发生变化。如何突破？在未来的改革中，要在团组织上下兴起比创新的态势。通过各种方式激活团的创新文化。这种文化建设既对当前工作产生推动作用，也对更多团干部的成长产生长远的影响，特别强化了团组织为党培养青年干部的典型特质。建议系统研究创新考核机制，真正推动全团创新发现、研究、推广（团干部流动快，新鲜的人进入这个队伍，都有些新奇和创新之举，然而如果这些散落在基层的创新没有被发现，没有被提炼，没有被推广，那就是组织的遗憾，也是组织创新元素的流失）。团组织应该把创新型组织做大，为组织有着源源不断的创新动力做好制度平台。同时对于各地围绕党政工作做出的共青团工作创新项目被党政纳入工作格局中的应给予"共青团工作突出贡献奖"的奖励。将团的创新和服务党政中心工作更好地结合在一起。在考核上可以提出要大力倡导创新型干部的理念，制定好的创新标准，考核结果可以作为组织部开展干部考核任用的重要依据。这种综合指标的设计要将群众工作做好的指标和团干部健康成长的因素紧密结合在一起。平衡团干部成长和做好青年工作的关系，建立内在逻辑，形成逻辑关系。

最后，不能突破传统思维还有一个很重要的原因就是评价标准倒置。谁来评价团的工作？如果上级评价，从上到下，反应速度较慢。如果让青年来评，反应速度就会很快。没有青年的满意度标准，团组织可以不靠改革发展去获得领导的青睐。创新变得多余，秀秀领导眼球是王道，因此，改变传统的评价体系，越来越多地从下至上，团组织就会因时而变，自动定位想办法去解决，只有这样，团组织才能聚集更多的青年，才能有创新的原始动力，才能最终突破传统思维定势。

第四章

培养团干 助力成长

第十五节

青年干部成长的理论和实践

重视青年干部成长是中国共产党一贯的路线方针政策。习近平总书记在2018年全国组织工作会议上的讲话中明确指出要做好年轻干部工作。实现中华民族伟大复兴,坚持和发展中国特色社会主义,关键在党,关键在人,归根到底在培养造就一代又一代可靠接班人。这是党和国家事业发展的百年大计。我们党培养接班人有比较完备的制度,这是中国特色社会主义政治制度的独特优势。早在延安时期,我们党就提出"有计划地培养大批的新干部,就是我们的战斗任务"。20世纪60年代初,我们党提出了培养造就千百万无产阶级革命事业接班人的战略任务。党的十一届三中全会后,针对干部队伍青黄不接的严峻形势,在提出干部队伍"四化"方针的基础上,开展了"第三梯队"建设。通过几十年努力,干部队伍基本形成老中青年龄梯次结构,培养选拔优秀年轻干部工作站到了新的历史起点上。我们要建设一支忠实贯彻习近平新时代中国特色社会主义思想、符合新时代好干部标准、忠诚干净担当、数量充足、充满活力的高素质专业化年轻干部队伍。

一、重视青年干部的成长

回顾改革开放后的中国共产党历次10年庆的总书记的讲话,都将培养青年干部放在很重要的位置。

胡耀邦同志在庆祝中国共产党成立60周年大会上讲话中指出:建设好一支革命化、知识化、专业化、年轻化的干部队伍,这是摆在全党面前的一项紧迫的战略任务。在这一项战略任务面前,老同志负有特别重大的使命。叶剑英、邓小平、陈云、李先念同志多次讲过,如果说老同志犯一些别的错误还可以谅解的话,那么,不加紧培养年轻的接班人,就是犯了不可原谅的历史性错误。老同志要亲自动手,同党的组织部门和群众一起选拔培养年轻干部,高高兴兴、满腔热忱地把他们引上各种领导工作岗位的第一线,同时使自己转到比较超脱的地位,避免繁重的日常工作的压力,在重要和长远的问题上发表意见,提出建议。中共中央殷切希望全党老同志，都能深谋远虑，把培养接班人这个极为重要的历史责任更好地担当起来。

江泽民同志在庆祝中国共产党成立70周年大会上的讲话中指出：必须努力培养和造就千百万社会主义事业的接班人。早在20世纪60年代，毛泽东同志就高瞻远瞩，向全党提出了这个战略任务。现在，这个任务比过去任何时候都更加紧迫。干部队伍中新中国成立前参加革命的老同志，绝大多数已经或接近离休，新中国成立初期参加工作的同志，也将大批退休。近年来，陆续走上领导岗位的中青年干部，亟须在马克思主义理论水平、党性和工作能力方面，有大的提高。要认真总结干部工作中的经验教训，进一步改革干部人事制度，悉心听取群众意见，把经过实践考验证明合格的优秀中青年干部及时提拔到领导岗位上来，保证党和国家的各级领导权掌握在忠于马克思主义的人手里。同时，他在庆祝建党80周年大会上的讲话中指出：加强对年轻干部的培养，是保证党和国家长治久安的战略任务。年轻干部要担当起领导重任，必须努力提高马克思主义理论水平和思想修养水平，不断增强为人民服务的本领，善于从政治上正确判断形势和把握大局，善于在复杂条件下开展工作。各级党委都要支持、鼓励和安排年轻干部到艰苦环境中去，到重大斗争的第一线去经受锻炼和考验。

胡锦涛同志在庆祝中国共产党成立90周年大会上的讲话中明确指出：源源不断培养造就大批优秀年轻干部，是关系党和人民事业继往开来、薪火相传的根本大计。年轻干部要承担起事业重任，必须牢固树立正确的世界观、权力观、事业观，做到忠诚党的事业、心系人民群众、专心做好工作、不断完善自己。广大年轻干部要自觉到艰苦地区、复杂环境、关键岗位砥砺品质、锤炼作风、增长才干。经过艰苦复杂环境的磨炼、重大斗争的考验、实践证明优秀、有培养前途的大批年轻干部能够不断涌现出来，党和人民事业就大有希望。这段话中很具体地论述了青年干部培养的重要性、优秀青年干部所应具备的素质和青年干部成长的具体路径，内涵丰富，言辞恳切。

习近平总书记在庆祝中国共产党成立95周年大会上的讲话中指出：青年是祖国的未来、民族的希望，也是我们党的未来和希望。中国共产党的创始人之一李大钊同志说过，青年要"为世界进文明，为人类造幸福，以青春之我，创建青春之家庭，青春之国家，青春之民族，青春之人类，青春之地球，青春之宇宙，资以乐其无涯之生"。我们党取得的所有成就都凝聚着青年的热情和奉献。全党要关注青年、关心青年、关爱青年，倾听青年心声，做青年朋友的知心人、青年工作的热心人、青年群众的引路人。习近平总书记在庆祝中国共产党成立100周年大会上的讲话中指出：未来属于青年，希望寄予青年。一百年前，一群新青年高举马克思主义思想火炬,在风雨如晦的中国苦苦探寻民族复兴的前途。一百年来,在中国共产党的旗帜下,一代代中国青年把青春奋斗融入党和人民事业,成为实现中华民族伟大复兴的先锋力量。新时代的中国青年要以实现中华民族伟大复兴为己任,增强做中国人的志气、骨气、底气,不负时代,不负韶华,不负党和人民的殷切期望!反映了他对青年定位的高度认可和对青年接班人的殷切寄托。可以看出青年干部的健康成长历来是我们党高度关注的重要课题,到艰苦环境、复杂条件、关键岗位和基层一线锻炼成长是党倡导的健康成长路径。

近年来,青年干部的成长遇到了新的情况。一方面,党对青年干部的健康快速成长有了新的期待,从现实角度来看,我们党要带领人民战胜当前严峻挑战、保持经济平稳较快发展,我国要在激烈的国际竞争中赢得主动、实现发展的目标,从根本上讲取决于各级领导班子和领导干部的素质与能力,归根结底取决于一批又一批青年干部的健康成长。另一方面,新时期青年干部的成长面临新的问题。伴随着我国市场化、国际化、网络信息化的全面深入,伴随着改革开放以来成长起来的青年的代际特征,当今青年干部的成长又有其不同于原来的特点。今天的青年干部大多有较高的文化科学及技术知识水平,工作有热情、有朝气、思维比较敏捷活跃,接受新事物快,有开拓进取精神,勇于创新,但同时也有和他们所处的社会环境及其社会历史有关的不足与弱点:如很多人缺乏基层、艰苦复杂环境、关键岗位的扎实历练,工作经历比较单一;部分青年干部品行和能力素质有缺陷,对国情、民情,对党的奋斗历史和优良传统缺乏深入了解,有的青年干部理想信念不坚定,缺乏系统的马克思主义理论学习和严格的党内政治生活锻炼宗旨意识,对群众缺乏感情,做群众工作本领不够强;部分青年领导干部推动科学发展、统揽全局、应急处变和处理复杂矛盾的能力不强,有的经不起权力、地位的考验等,有的担当作为的底气还不足。如何提高他们的素质,创造良好的成长环境是党政部门关注的重要问题。这些方面都亟须我们加强关注和研究并采取相应对策。

青年干部要健康成长就要遵循青年干部的成长规律。青年的本质规律对干部成长带来的影响,主要体现在两方面,一方面是遵循青年干部的成长规律,另一方面是遵循政治工作的发展规律。

二、遵循青年干部的成长规律

青年干部成长有什么规律呢?主要有以下四方面。

1. 青年过渡性与青年干部成长

青年是什么？如果我们强调过渡性的意义，青年的本质是处于发展及过渡中的未成熟的人。同样，青年干部成长也是在全面过渡中成长。要处理好这种过渡性，作为青年干部本人对过渡期的风险要有充分的认识，要回避风险，谋求长远发展。作为青年干部的主管领导和部门，要为青年寻找"校正"支持体系，要创造不拘一格、加强磨炼、人才辈出的过渡期支持环境，使他们回避过渡期的风险。

2. 青年结群性与青年干部成长

青年是什么？如果我们强调青年在组织行为特征上的意义，青年是社会中最容易结群的年龄体。青年干部在群体中成长。首先是党政组织群体文化对他们的影响。青年干部每天都在机关中工作学习，接触党政干部，对其组织文化有着深厚的感知，其对组织文化的认可程度，对组织人物的效仿直接影响其发展的方向。二是除了工作部门外，青年干部往往也身处青年组织如团组织、青联等组织中，他们会受到该组织的文化影响，在这个群体中去寻找自身的定位。三是青年干部自己结交的朋友（亲戚、老乡、同学、同事等）也会对其成长带来影响。近朱者赤，近墨者黑，正确选择谨慎交友是青年干部健康成长的重要课题。基于以上各规律，组织要为青年干部创造健康向上的主流交友环境，要让青年干部和组织中、身边的优秀党政干部多交友，要让优秀的青年干部多交流，要促进青年干部学会交朋友，交好朋友，交真朋友，多交事业朋友，少交功利朋友。青年干部自身也要学会交朋友，学会鉴别，有所选择，多交真诚朋友，多与基层群众交友。

3. 青年文化性与青年干部成长

青年是什么？如果从文化意义上研究，青年是具有继承与创新、外显性和超前性的文化创造者。青年干部的文化构建具备双重因素：一方面它在传统的干部文化中发展，另一方面当代青年干部鲜明的文化特质也正在冲击传统的干部文化。在新的时期，青年干部富有理想，同时他们也重视物质质量、生活品质；具有强烈的民族认同感，同时也更加具有国际视野、开放心态；认可国家制度和社会秩序但有着更高的民主和法治诉求；能紧跟科技发展步伐，积极主动地学习新知识新技能，创新意识和创造活力不断增强；服从团队需求，认同集体价值，但意识更加自主，追求更加多样，个性更加鲜明，自我价值追求更加浓厚；认可传统中国的文化，但更多地和以现代通信技术、网络等新技术为代表的现代生产力紧密拥抱。在这种大的环境下，共青团干部健康成长的关键取决于能否站在文化发展的更高基点上，继承优秀的中国传统文化、党的优良传统和改革开放的宝贵精神，同时敢于创新和推动新文化的发展，形成适合中国特色社会主义道路的文化色调，真正促进中国干部文化的进步。

4. 青年选择性与青年干部成长

青年是什么？如果从决策理论的含义研究，青年是人生决策的关键时期。青年干部的成长也是在选择中发展的，选择岗位，选择在岗位上的工作态度和价值观，选择未来的职业发展路向等。同时他们在工作中及种种利益和诱惑面前要作出正确的选择，在政府工作中是选择形式还是实事，是选择眼前功利还是根本长远利益，是选择工作动静大小还是工作实效多少，青年干部成长得好和不好，很大程度上取决于青年干部的这些选择是否经得起时间的检验。在这方面，青年干部个人要提升前瞻力，站得更高，看得更远，做好人生的选择题，方能实现可持续发展。同时相关组织要创造条件，引导青年干部进行理论学习、实践观察、对比思考等，使得青年干部在选择时更添理性和实践的力量，扎实走好人生的每一步。

三、遵循政治工作的发展规律

青年干部从事政治工作，就要遵循政治工作的发展规律，主要是要不断思考几个从政的最核心问题，即从政目标、从政环境、从政智慧、从政基础等。明确了方向，就能健康成长。

1. 从政目标

政治是阳光下伟大的事业，成为政治家的人更要以天下为公，为人民利益呼吁，为人民服务，这是天下政治的公理，虽然政治有"争权夺利"的过程，但秉持公理去做这些事的人才有长久的生命力。在一段历史时期，笔者曾经和刚到政治基层的一些北大、清华选调生谈过刚工作时应该怎样选择，他们确实面临很多困惑，职务上升和为人民服务有时真的不能协调一处，但后来大家在讨论中统一了一个想法，即我们要想当初为什么选择公务员之路，是他的理想还是他的利益？能登上台面的还是我们的初心，从事为更多人服务的事业而激动（权力是其后的），大家一致认为，要追求一个目标，即无论你怎么做，最后离开这个地方的时候，周围的人都会竖起大拇指说：这是一个好官。一个从政的人需要关心政治级别，但更要关心自己的政治声誉、实际的政治贡献。年轻干部要仔细思考内心强大的动因，要把属于公的部分再放大一些，尽量压低自己私的部分，进而在从政道路不因职务升迁而焦虑，不因环境变化而茫然，坚持初心，必有所得。

2. 从政环境

说实在话，现在的从政环境要比几年前好得多。即使如此，基层政治生态还是存在差异性，作为一个二三十岁的年轻人，要能认识到中国政治场的复杂性。当前中国的政治生态正在经历深刻的变化，基于中国的环境，各地更有其政治生态的复杂性。是不是这条路非常难走，越往上越困难而不可预测？我倒并不认为困难。在一种好的政治生态下，你只可能往上走，但有快有慢。我们需要更加客观地评价政治生态，特别是政治生态的发展路向。

3. 从政智慧

那么在复杂的环境下到底有什么智慧让你避开政治的风险性，走得更远呢？政治智慧非常重要。越到上面对智慧的需求就越是强烈，即使在公务员的底层也需要智慧去保证你基本的生存。一是要有底线。现实政治生活中有些事情可以做，违法的事情不能做，政治生活中也要确定自己的底线。二是既要"埋头拉车"，又要"抬头看路"。"埋头拉车"主要是要你有实践的基础，要干好工作。"抬头看路"是指要把握方向。"埋头拉车"是你从基层发展的基础，"抬头看路"是你积累未来走到更高位置的方向感和给自己现在方向的确定性。一个最简单的方法就是时刻想着领导交办你的事，也时刻想着总书记最近的话，寻找到其中的内在逻辑和有机联系。因此要将手头的工作一件一件扎扎实实干好，同时也清楚地知道自己的工作是在宏观系统的哪一部分。单纯的事务主义者和纯粹地说大话的人都是发展不了的。三是最大限度地谋求人和。中国是个人的关系的社会，短期内很难改变，不到万不得已的时候不要去激发人际关系的矛盾，用宽容、平和、舍得付出营造好的人际关系。自然地发展关系，自然地获得领导的赏识。四是以确定性改变不确定性，提高自己可以把握的东西，如读书、写作、进修学历、研究等，从而改变自己不可以把握的东西。天生我材必有用，别人不用自己用，有时候得有"不以物喜，不以己悲"的大度之气。五是遵循人才基本的发展规律。一到两年到领导面前获得靠谱的印象，三到五年获得给力的印象（能帮助领导解决些问题了），六到八年成为一个团队的魅力领袖。从靠谱到给力到魅力，青年干部要为此而努力。

4. 从政基础

一个好的从政者必然要有好的素质。素质无非包括信仰、知识、能力和情感态度方面，这是干部需要长期积累的。这是一个漫长的过程，只有不断积累不断总结方能成功。信仰问题是不断问自己的世界观、人生观、价值观（我是谁，我从哪里来,我要到哪里去)。知识和能力积累围绕着自己的工作展开会更好一些。知识的积累需要确定读书工作计划,能力的积累需要制定重点方向。就普遍性来说,从政者要会调查研究,了解群众的需要,要有好的沟通和领导能力,要有好的书面表达和口头表达能力,要有好的创策能力等。这些就都要重新制订学习计划,在社会大学中继续深造。但最关键的是,工作后保持有心人的状态,不断反思,不断要求自己,不断丰富自己。无论多忙,保持读书,保持写作,保持研究的态度很是重要。

四、年轻干部成长路径研究的四个视角

如何研究年轻干部成长路径?当前研究年轻干部成长路径和成长规律应该紧紧围绕党的建设的新的要求:"大力发现储备年轻干部,注重在基层一线和困难艰苦的地方培养锻炼年轻干部,源源不断选拔使用经过实践考验的优秀年轻干部。"全面落实习近平同志关于选拔年轻干部的重要思想:"培养选拔年轻干部,事关党的事业薪火相传,事关国家长治久安。加强和改进年轻干部工作,要下大力气抓好培养工作。对那些看得准、有潜力、有发展前途的年轻干部,要敢于给他们压担子,有计划安排他们去经受锻炼。"树立注重基层的导向,立足于培养选拔在基层扎实历练,在"吃劲"岗位和艰苦地区经受磨炼、业绩突出的干部,优化干部成长路径,拓宽选人视野,统筹干部资源,把党和人民需要的好干部精心培养起来、及时发现起来、合理使用起来。进一步把握年轻干部成长规律,深刻理解中国共产党关于年轻干部成长的重要思想,总结改革开放以来年轻干部培养路径的成效,提出新时代年轻干部成长路径的系统构建思路。

研究可以从以下四方面展开。

1. 中国共产党年轻干部成长观研究——薪火相传

系统研究新中国成立以来中国共产党有关年轻干部成长的重要思想和重要工作。

"人事有代谢,往来成古今",干部新老交替与合作,是一个永无止境的历史过程。关于培养选拔年轻干部的问题,从毛泽东、邓小平、江泽民、胡锦涛到习近平同志都作过重要论述。20世纪90年代中期,中共中央又把培养选拔优秀年轻干部提上重要工作日程,下发了一系列重要文件,举行了一些重要会议,制订了一系列的规划,体现出一个成熟的政党对自己"薪火相传"的科学设计。特别是习近平同志在中国特色社会主义进入新时代之际,对党的干部建设提出了新的要求,同时也对年轻干部成长提出了一些新的成长路径。

本研究可以采用文献研究和历史研究的方法，系统梳理历代领导人对年轻干部成长的核心思想，历史回顾中国共产党培养年轻干部的历史发展，重点研究关于年轻干部成长思想的新特点，站在政党赢得下一代的角度揭示中国共产党年轻干部成长观的核心精髓，构建中国共产党干部传承的话语体系。

2. 新时期年轻干部素质现状和成长规律研究——成长之路

系统研究新时期年轻干部的优势、不足及干部成长规律。

新时期年轻干部成长路径的设计要基于年轻干部的特点，特别是当代年轻干部的优势和不足，核心关注新的时期干部面临的新问题特别是年轻干部政治素质的状况。明确成长路径建设的重点方向。同时要对年轻干部成长规律开展研究，系统分析在年轻干部成长中内因和外因互动关系与规律所在。

本研究可采用定量研究和质性研究的方法。通过大样本的全国调查获得新时期年轻干部的素质的相关数据。同时通过访谈优秀年轻干部等寻找年轻干部成长规律。

3. 年轻干部基层成长成效研究——根在基层

系统研究改革开放以来中国共产党各项年轻干部基层培养项目的成效及改进方向。

习近平总书记指出：越是艰苦的环境，越能磨炼干部的品质，考验干部的毅力。年轻干部的培养不是单纯的"搭台子""给位子"和"破格提拔"，更重要的是要通过下放基层、多压担子，用其所长、补其所短。本课题系统研究40年来基层锻炼挂职、交流任职、选调生、村官、青马工程、博士服务团等项目开展的成效及所存在问题。

本研究同时关注基层政治生态问题。在研究年轻干部在基层成长过程中，近一步分析如何实现让干净的人有更多干事的机会，让干事的人有更干净的环境，让那些既干净又干事的人能够心无旁骛施展才华、脱颖而出，真正实现党的建设和党的事业互促共进。

本研究可采用文献研究和质性研究的方法，系统梳理各项基层项目的有关研究成果，选取有代表性的省或者市开展系统研究，走进当前项目现场开展个人访谈和集体座谈，访问在基层项目中成长起来的干部，以获得对基层项目的客观评价，提出相关改善性对策。

4. 优秀年轻干部成长基础研究——基业长青

系统研究年轻干部走上职业岗位前的成长经历和干部素质构建，研究年轻干部培养关口如何前移。

在新时代，习近平总书记提出了好干部的五项标准：信念坚定，为民服务，勤政务实，敢于担当，清正廉洁。这五项素质是如何在青少年时期养成的？我们将研究一个人在小学、中学、大学成长过程中这五项素质的养成过程特别是团队等组织如何发挥作用，如何在青少年时期为干部打下好基础，重点关注青少年的理想、信念和价值观教育的优化过程。通过研究提出干部培养在教育阶段的重点目标和实施路径，为干部成长奠定良好的学校教育基础。

本研究可采用案例研究和实地调查的方法，进入大中小学的具体环境中，通过对团委、学生会、少先队组织的观察发现干部培养的路径和可以完善的方法，提出整体学校优化计划。

总之，薪火相传、成长之路、根在基层、基业长青构成我们对年轻干部成长路径研究的最核心的四个视角，只要持续在这四方面开展研究，就能不断积累成果，更好地寻找到年轻干部成长的规律。

培养选拔年轻干部是一件大事，关乎党的命运、国家的命运、民族的命运、人民的福祉，是百年大计。一代青年干部健康成长，中国梦的实现就有了坚强的动力团队。

第十六节

团干部队伍建设现状与发展

从理论角度看，共青团组织发展包括组织个体过程（组织成员价值观、动机等）、团队过程和组织过程，而前提是组织个体过程。因为任何组织的发展都是人带动的，适应改革开放的新要求，推动团的组织和工作创新需要依靠广大的团干部，团干部的工作动机与做好青年群众工作的能力和水平决定了团组织的发展水平。全团专职干部和兼职干部是共青团工作的骨干力量。对于这个组织的发展，当前起决定作用的是专职团干部，起支持作用的是挂兼职团干部，这两类团干部都需要有更新的状态才能满足组织的发展要求。而领导班子队伍无疑是全团工作的发动机，其建设问题关系重大。

从现实角度看，《中共中央关于加强和改进党的群团工作的意见》明确指出："有的群团组织工作和活动方式单一，进取意识和创新精神不强，存在机关化、脱离群众的现象；群团干部能力素质需要进一步提高，作风需要改。"这些不足在团内或多或少地存在。同时，提出"要加强群团组织领导班子和干部队伍建设"。结合这个方向性的精神，如何落到团组织的实际，研究准团组织自身存在的问题特别是团干部领导班子建设中存在的问题，拿出改革方针对团组织发展具有重要意义。

本节结合我们所做的共青团改革初期获得的实证调查材料，进一步提出团干部队伍建设特别是领导班子建设的一些基本思路。

一、团干部队伍建设的问题

团干部队伍建设存在以下突出问题：

1. 团的代表大会和委员会作用发挥不够

从团的制度来看，团的代表大会和委员会制度是团的权力的根本来源，是团的领导机关，也是领导班子建设的重要内容。调查发现共青团代表大会制度、委员会制度、重大事项报告制度，共青团代表和委员履职述职制度，直接联系青年、接受青年评议制度等制度总体发挥作用不够。代表大会和委员会更多的是一年开一次会或几次会而已,很难发挥其作用。目前情况有所改变,但还需要强化。

2. 团的领导班子产生亟须拓宽选拔面和选拔渠道

从团县(市、区)委的书记数据统计来看,团县(市、区)委书记多来源于党政机关和团的部门及相关事业单位,来源略显单一,这和公务员的考录制度有关。虽然专、挂、兼的制度有所改变,但更多的还是和行政级别等挂钩。

有的书记谈道:"凡进必考,但考试基本是按照公务员标准,没有充分体现出对群众工作能力的考察。"有的书记谈道:"要适应当前的工作就要把握青年的特点,而青年当前呈现出多维度的变化,特别是信息技术的发展,青年流动性的特点,这就要求团的书记学习和更新能力很强,理解新的动态,树立现代思维。怎么能够把具有这种素质的人选拔到团的领导岗位呢?目前看,公务员招考很难有这种细致的考量。"

值得注意的是,公务员队伍最近发生的变化直接影响了公务员特别是青年公务员的价值观。有的书记说:"当前公务员的体系按部就班的比较多,很多人也不会主动去做。活力缺乏。如果团干部流动快,则能保持活力;如果流动不起来,它就会变得死气沉沉。"在现有的公务员招考体系下,从机关到机关,团干部的群众性特点要突显出来很难。

有的书记指出:"还有一现实的问题,就是一些领导干部将孩子放到团的工作岗位锻炼的问题。这个问题过去比较严重,现在在改变。"

在干部选拔任用的过程中,上级团组织协管力度确实有待加强。

3. 团领导班子的经历比较单一,缺少挂职交换交流的机会

调查发现,团的领导班子成员经历略显单一。有的书记反映:"团的书记培养锻炼要加强,现在挂职交换交流少,经受的锻炼少,考验少。"

有的书记指出:"特别是要避免经历单一,一直在团的岗位上成长。从事团工作两到三年就应该转岗,和县(市、区)、乡镇(街道)相关党政职位形成良性循环。现在做不到。"

4. 对团的领导班子培训要提高针对性

对于培训,团的领导班子整体还是充足的,但要提高质量。有的书记反映,培训总体来说还是比较多,但打在"痛点"上的培训还有待提高,要解决培训的针对性问题,培训要更加解渴。有的书记反映:"培训纯课堂授课多,培训形式较为单一,交流、讨论式较少。建议增进互动,提供满足前沿、开阔视野、接近当代新青年的培训。"

有的书记提出:"要做好一把手培训,教会团的书记如何做好班长。"今后可以在培训班次设计上强化一把手培训的理念。

5. 团组织领导班子的工作缺乏科学的考核体系

调查发现:对团的领导班子来说,考核是一个风向标。团组织的干部流动快,加之考核不清,使得工作变动频繁,开展工作的连续性较差,团的工作成果无法积累。

有的书记说:"当前团干部什么都能干,事情不明确,有你不嫌多,无你不嫌少,缺乏常态下的工作。加之领导班子流动快,一任两到三年,很难有一任接一任地干,换频道较快。"

从现实情况和团委书记的普遍心态看,团干部的工作需要得到党组织的认可特别是主要党组织领导的认可,而主要党政领导对团的工作认知参差不齐,考评不很明确(团到底要干什么),很多团的功能都存在于主要党政领导的个人认定中。而这是基层团委书记考虑最核心的"指挥棒"。有的书记说:"因为团的边缘化地位,所以要引起主要领导的注意,就要'投其所好'。没多少领导知道团在干什么。有一次我们给区常委班子汇报工作,讲了很多推动基层组织建设、服务青年就业创业等工作,完了之后党委书记就说了一句:'工作干得不错,特别是上次活动开幕式,青年快闪活动很有意思。'在实践过程中,要吸引住主要领导的关注又能结合团的核心职能,这是相当困难的。这就是'社会上有人觉得团的工作启动就意味着结束'的本质原因。"

有无很硬的考核指标?也存在一些指标,如一团区委书记说:我们只有 4 分预防综合治理考核,其他则没有。

在考核体系不太完善的基础上,吸引主要领导的眼球和保持稳重成了一些团干部的主要追求。目前,专职团干部大多是参照公务员管理。由于制度上的要求,团干部与其他同级干部比总体相对年轻,这种年轻既是优势,也会成为负担。优势是在年轻时有了平台可以大干一场,以后还有长远的发展,值得期待;负担是由于年轻,则格外珍惜自己的岗位,认为不出问题就好,还要稳稳地上到更重要的岗位,因此开始因循守旧,不敢创新冒险。团干部只要想自己的职位多了一些,想青年的事少了一些,就难免滋生官僚气。而一旦团干部出现这种状态,则会使得这个组织的天生气质受到影响,也使得团组织的凝聚力大大减弱,进而使得这个组织不能完成其本职任务而最终遭到党组织的批评。毕竟这个组织的设置不是一群青年干部的"名利场",而是一个重要和生动的"群众场"。

现实创新是很难的。有的书记说,共青团工作创新需要加强,要想大批量出现创新需要允许犯错,宽容失败,在考核上要有这种信号,否则团干部不会大胆创新。

6. 转岗输出呈现随意性且方向偏窄的特点

调查发现：当前团的干部的选拔和转业问题确实存在一定的随意性，任期不太稳定，从而影响了传承性等问题。目前普遍反映没有制度。一方面，转得快的团领导无心从事长期性的工作；另一方面，转得慢的领导又没有动力继续从事团的工作。有的书记说，党组织应该给团干部定心丸，要有制度保障，否则影响工作的积极性，甚至衍生跑官要官的现象。这样的一种要求主要是希望在团的岗位上的工作有一个稳定的预期。应该说，如果从理想信念层面理解这种想法并不正确，然而在现实层面，这可以理解。

而中层干部的转岗问题非常突出，对于团的机关的中层没有一个转业制度上的设计，往往造成"少帅胡子兵"的现象。

同时团干部转岗存在去向偏窄的问题，主要转业到行政单位，很少转到企业单位、事业单位、学校中，更不用说社会组织了。团干部主要还是在公务员体系内循环。

7. 领导班子文化建设总结和传承不够

调查发现：一些书记反映团的领导班子文化建设总结和传承不够，特别是缺乏"开风气之先"的朝气。共青团是一个在中国革命、建设和改革中创造了不平凡的业绩，为一代又一代中国青年赢得光荣的组织，一提起共青团，人们总会想起"实事求是，朝气蓬勃""生力军与突击队""开风气之先""党放心、青年满意"等令人自豪的形象，这就是共青团历经时代、实践和群众考验而形成的团风，也是全体团干部和团员青年最为宝贵的精神财富。而当前这种作风受到了影响，必然对团的组织的发展带来损害。同时也对团干部未来的发展产生影响。

有的书记说："当前团的工作跟随多于探索，谨慎多于创新，稳重多于活力。"这本身就意味着组织文化发生了变化，进而影响到其本质功能。

8. 团的领导班子学习时间相对缺乏

对团的领导班子成员来讲，不断地加强学习，把握党政中心工作最新的知识和青年的最新特点是将工作开展好的关键。调查发现，总体上团干部在学习上还需要加强。这里有两方面原因：一是学习动机还需要强化，二是学习时间确实不够。

目前，团的领导班子事务性工作较多。一个书记统计了他的时间安排情况：除了在团队机关上班和例行工作外，一周开会要占去两天左右，调研工作一天，临时性工作一天左右，这样只剩下一天时间。会议多和陪会多是团的领导班子存在的突出问题。

有的书记说:"领导有一次给我们开玩笑似的批评我们不学习,说你们团干部成为青年中最没有活力的一群,学理论你们不愿意干,让你们去玩,你们也玩不出名堂。"这话确实有些尖刻。

二、加强团干部队伍建设的对策

总体来看,团干部领导班子建设问题核心是党的组织部门的制度安排问题,同时也有团组织自身加强特色化建设的问题。

总体建议一是借助中央群团改革的核心精神争取相关党建带群建政策,特别要在选拔、考核、流动上有所突破。二是要认真发挥共青团组织朝气蓬勃的文化特质,更大力度地加强自身文化建设,特别要在创新特质上有所突破。

1. 抓入口

从群团组织改变机关化的不足来看,重点是要解决入口关和考核问题。更大力度的创新需要在团组织的行政性上大胆突破。可以采取专职团干部(公务员体系)和挂兼职团干部(事业编制或者完全社会化)的方式改革团的领导班子形态,目前这个局面正在形成。建立专兼职打通、体制内和体制外打通的灵活入口机制。该体制要深度研究。

无论是什么体制,最重要的问题是要拓宽选拔面及渠道,把最优秀的青年群众工作好手选拔到团的领导岗位上来。特别是将那些青年群众工作经验丰富、在青年群众中威信高的同志选拔上来。

因此要进一步明确团干部选拔的标准,特别是要将群众工作能力作为重点考察指标。谁是群众工作经验丰富的人?要在有过青年群团基层工作经历,做过负责人,承担过组织管理工作,在基层广泛和群众打交道的优秀干部、企业事业学校等单位、青年社会组织中去选拔更多的年轻人走上团的领导平台。也可以通过生动的群众工作能力大赛选拔,将有魅力、有激情的同志选拔到团的岗位上来。

2. 抓考核

要将完善团的考核体系放在极其重要的位置加以研究。考核体系较为复杂,但是一个指挥棒。有的书记说:"当前团的工作突出的特点是没有体现出对象的特点,团干部应该具有两面性,在党政的一面和在青年的一面,要善于转换,要转变语言风格,要有转换能力。"这位书记说的是实现党满意、青年满意的统一,自己事与青年事一致的问题。从本质上说,团的工作考核一定是以巩固和扩大党执政的青年群众基础作为根本方向。

可以有几个点寻求考核的突破。

一个非常重要的建议是推动团建要纳入党建考核，推动党组织对团工作任务明确划分。在党建考核中强化党建带团建内容，从干部配备、人才培养、组织建设、重点工作上考核，发挥了很好的管理作用，也成为上级团组织发挥协管作用的最有力度的工具。

对于团自身，要探索建立适合团组织的综合性多维度评价体系。

如根据团组织要发出的项目合力进行项目考核。（建议这种考核不能太多，要根据全团基层实际情况确定广大团员青年需要的项目，当前考核项目太多且政出多门，缺乏统筹，不能够满足基层的实际情况，应该调整）

如可以对团的工作进行过程考核。即将考核定在推动组织发展的最核心的工作环节上。如调研考核（了解青年的能力）、交友考核（和青年人沟通情感）、激发组织考核（建立组织和队伍的能力）、服务青年考核（服务青年的深度和力度）等。

如可以对组织的文化进行文化考核。比如，通过各种有效的途径考察组织干部学习、服务和创新的力度，要在全团比学习，比服务，比创新。在创新上可以提出要大力倡导创新型干部的理念，制定好的创新标准，以上考核结果可以作为组织部开展干部考核任用的重要依据。

这种综合指标的设计要将群众工作做好的指标和团干部健康成长的因素紧密结合在一起。平衡团干部成长和做好青年工作的关系，建立内在逻辑，形成逻辑关系。

3. 抓流动

党的中央群团工作文件明确提出："要加强群团组织与党政部门之间干部双向交流，把群团工作岗位作为提高干部做群众工作能力的重要平台。"对于该思想要促成制度性平台。首先，团的干部任期要稳定，到了时间就可以考虑流动，避免在团内干的时间太短和太长，尽量避免在团内提拔上升。其次，要为团干部创造更多的锻炼机会，到环境艰苦、情况复杂、贴近基层的岗位锻炼。只有这样团干部才能成为一池活水，也更容易使他们成为懂党政中心工作，熟悉群众工作的优秀党的后备干部。最后，要不断完善党政干部和团干部交叉交流任职的制度设计和推动工作。

4. 重文化

做好新时期团干部领导班子建设工作，需要团组织在文化建设上有所突破。

特别是要重点研究如何恢复团组织"创风气之先"的青年特质，恢复其贴近青年的群众性问题。重点是要围绕建设学习型组织、服务型组织和创新型组织在团内大兴学习、服务、创新文化。要在全团上下兴起比学习、比服务、比创新的态势。通过各种方式激活团的文化。这种文化建设既对当前工作产生推动作用，也对团干部的成长产生长远的影响，特别强化了团组织为党培养青年干部的典型特质。

创新文化在组织中是应该特别强调的。建议系统研究创新考核机制，真正推动全团创新发现，研究，推广（团干部流动快，新鲜的人进入这个队伍，都有些新奇和创新之举，然而如果这些散落在基层的创新没有被发现，没有被提炼，没有被推广，那就是组织的遗憾，也是组织创新元素的流失）。团组织应该把创新型组织做大，为组织有着源源不断的创新动力做好制度平台。同时，对于各地围绕党政工作做出的共青团工作创新项目被党政纳入工作格局中的应给予"共青团工作突出贡献"奖的奖励，将团的创新和服务党政中心工作更好地结合在一起。

5. 重传承

基于团组织运转的特点，要下大气力解决传承问题。团组织要重点解决"传承"问题。用什么机制保证传承？靠制度，基于推动团组织科学化的制度构建；靠品牌，基于外界对团方便认知的品牌设计和社会化功能的强化。靠职业化队伍，基于专职工作队伍的职业化和青年工作标准的证书化。靠后备队伍构建，打造后备团干部的概念尽早培养。在团干部培训中，要强化"余温传递"意识，就是指要留住刚转业团干部对团的熟悉和感情，大为利用（半年至一年间）。各地做法很多，可以更为制度化和系统化，比如，聘任转业团干部为团建辅导员；比如，转业前留下自己做团工作的宝贵经验（离任箴言）；比如，成立专业的老青年工作者联谊会；等等。

6. 扩民主

不断扩大基层民主是团干部领导班子建设的动力源泉。要不断完善团的代表大会和委员会制度，扩大充分代表团员青年民意的功能。按照团章的规定：团的代表大会和它产生的团的委员会是团的领导机关，应当经常听取并认真处理下级组织和团员的意见。当前该项制度还需要大力完善。大部分的领导机关只是一年一开会，日常听取团员青年意见的工作开展得不够。建议细致研究该项制度的落实。同时，随着当前社会的发展，青年分层分类加剧，青年社会组织的活跃，可探索青年民意代表制度，使之成为团代会的有益补充，并考虑在此制度上开展团组织满意度和团干部满意度评估工作，使青年的民意真正影响团的领导机关的工作。

7. 重激励

当前全团基层活力的主要现实推动力量应该是在兼职团干部。然而在实际工作中，兼职团干部的工作动力还需要大大提高。兼职团干部本身有主要的工作，这些工作大部分有比较刚性的考核，而兼职团的工作很多并没有刚性的考核，工作很多需要依赖团干部的主动自觉，同时更存在着工作时间难开展、业务时间开展难的现实困境，如果没有十足的工作动机和个人责任心及积极性，工作势必无法推动。当前从全团完成改革目标、实现组织基层影响来看，兼职团干部的动机确实值得研究，这个问题无法解决，所有的规划也都无法实现。

团干部工作的动机应该是什么？对于专职团干部一般是从共青团岗位的特殊性上强调，特别是在理想信念、素质锻炼、有为做事上给予了高度的认可，这理应是所有团干部从事共青团工作动机的最核心的部分。

但如果从基层团干部的角度考察，从事共青团工作的动机的确呈现出多样化的趋势。我们在研究时发现，基层兼职团干部的工作动机主要有以下几种类型。一是责任信仰论：为政党工作的觉悟，奉献助人的境界，事业发展的期待。二是素质平台论：丰富自己的人生，获得新的平台和经历，知识、信息、能力的补充。三是交友尊重论：在组织内结交大批的朋友，获得难得的青春感情和人际尊重。四是领导信任论：主要是因为受到领导的重视，需要好好地展现。五是领袖"陶醉"论：成为组织和团队小"领袖"，积极而有所作为，在组织凝聚力的提升中体会个人成就。六是永葆青春论：喜欢做和青少年打交道的事情，心态年轻、热情活力，富有朝气和激情。以上几种类型在一个团干部身上也许会同时存在，但基本反映了基层兼职团干部从事工作的动因的主要方面。可以看到，基于理想信念的、基于利益素质的、基于感情人际的都客观存在，这就是基层兼职团干部的思想现实，团组织必须面对。

面对这多元的动机，如何实现一统？有的地方团组织在对团干部的激励中提出一个口号："要给团干部一个干工作的理由。"这样的提法并不合适但可以理解，不合适是指：团组织本身应该是一个信仰共同体，更多地来源于内心的一种精神追求，绝不是给个理由就可以说明。可以理解的是：团组织在工作推动过程中必须面对一批还在人生价值观形成过程中的团干部，他们的思想还不够成熟，需要经历在现实中不断提升的过程。而这个过程的完成和思想的飞跃的确需要依托，这些需要有的来自利益，有的则来自情感。尊重基层团干部的需要，按照需要的规律实现团干部精神提升是团组织在教育引导团员中同样要高度重视的重要工作，只有这样，团组织才能真正筑牢团干部工作动力的基础。

其实，有一个角度是可以将这些问题化解的，那就是要强化团组织的"学校"性质，强化团干部的"学生"性质，强化团干部之间的"同学"性质，强化团工作的"培训"性质。团章明确指出：中国共产主义青年团是中国共产党领导的先进青年的群团组织，是广大青年在实践中学习中国特色社会主义和共产主义的学校，是中国共产党的助手和后备军。从这个角度出发，兼职团干部并不存在专职工作和兼职工作的矛盾，而只存在"专职工作"和"业余学校"的矛盾。从这样的一种视角我们对团干部工作动机有了更新的解释。对这所学校来讲，工作重要，学生的素质和发展也很重要；工作结果很重要，工作过程更不能忽视。团的工作要发展、团的干部要成长需要在这所学校的培养链条中加以实现。

在这所学校里，团干部能不断提高自己的素质能力。主要体现在：共青团干部和各级党政组织有着密切的联系，在这个岗位上，他们的政策水平和全局观念有了更快的提高；共青团干部和青年有着广泛的联系，这使得他们的思想活跃，有很强的创新精神；共青团主要的工作载体是各项活动，这使得团干部精力充沛，充满活力，具有很强的组织能力、演讲能力、写作能力；共青团系统本身没有多少资源，其开展活动需要多方争取，这要求团干部协调能力强，人际关系好；共青团组织职能为团的干部拓展空间提供了舞台，使其能够充分展现自己的能力；共青团组织为一批青年人才提供了深入交流，结交深厚情谊的机会，团干部朋友多等。只要将团工作做舞台，用心对待，这些素质都会随之而来。

然而以上这些素质融化成团干部的宝贵作风，影响团干部今后的工作和生活还需要客观条件。最核心的这种作风的形成来源于学生的勤奋态度和实际付出。团干部作风并非"空穴来风"，团干部作风建设来自党性，来自对青年群众深厚的感情；团干部作风并非"弄月吟风"，共青团干部要在迎着困难、敢于碰硬的工作中锤炼作风；团干部作风需要"相习成风"，共青团干部要养成一些习惯，养成良好作风。团干部在青年群众工作的大课堂中锻炼本事，养成良好作风，共青团就能实现团工作和团干部的双重发展。

同时我们看到，在这所学校里，也会产生感情，团干部之间的感情来源于事业的共振、青春的共享和未来的共鸣。同时我们看到，在学校的学习生活中，一种"领头人"信仰也正在产生并带来更大的奋斗动力。对于基层团干部，这种正在成长的信仰是：我是组织选出的青年人的"头"，我是我的团组织委员们追随的"头"，我是感召我组织所有青年的"头"，我是能带着组织青年们一起做些有意义事情的"头"。为了这个目标，我需要不断奋斗，不断提升魅力，我是想干事、能聚人、能干事、干成事的人！

总之，对于团干部的激励问题，无论是从信仰的角度，利益的角度还是从感情的角度，当前最核心的问题是要在共青团这所大学校中关注团干部的成长和发展，在团工作中激发他们的素质提高，在学校中倾注学校对他们的培育，进一步激发他们的情感和信仰，真正使他们的正能量和组织相连，同时也使他们的提升和未来的发展、幸福的生活紧密相连。只有这样，团组织上下才能产生合力，组织的发展才会有更充分的保障。

第十七节

团干部作风要强起来

作风是一种风格（style），团干部作风就是团干部 style，是指团干部在思想、工作和生活等方面，特别是工作上所表现出来的比较稳定的态度或行为风格。团章中明确要求团干部作风要扎实。朝气蓬勃，实事求是，发扬民主，敢想敢干，深入基层，调查研究，讲实话，办实事，求实效，不搞形式主义，不沾染官僚习气，热心为青年服务，做青年的知心朋友是团干部作风的内涵。

共青团作为党的助手和后备军，要围绕党团关系、团青关系，在政治性、先进性和群众性上大做文章，全面做好党的青年群众工作。牢牢把握党团关系，把握政治方向，按照党的要求全面提高团干部和团员素质，进一步覆盖影响广大青年，源源不断地为党培养中国特色社会主义事业的接续力量。牢牢把握团青关系，密切联系青年群众，提升共青团组织凝聚力和感召力，在服务中实现引导，在工作中推动团员青年受教育、长才干、作贡献，真正赢得青年群众信任。新时期团干部作风建设要服务于这个目标。

一、作风并非"空穴来风"，共青团干部作风建设来自党性

对团干部来说，作风改变的关键是加大党性教育，增强宗旨意识，加深群众情感，强化爱心教育。共青团工作要全面推进，首要任务是确保团干部在思想上保持纯洁性、在作风上保持先进性。而其核心是引导广大团干部把握青年群众工作的立场、观点和方法。

把握正确的青年群众工作立场，就要牢牢把握党团特殊的政治关系。共青团作为党领导的先进青年的群团组织，不是一般的青年组织，它是执政党的青年组织，是党的群众工作的重要主体，其根本价值在于巩固和扩大党执政的青年群众基础。共青团干部要强化宗旨意识，对青年群众有真挚感情，急青年所急，想青年所想，盼青年所盼，忧青年所忧，不做青年官，要做青年友，始终保持与广大普通青年的密切联系。尤其要注重工作的普遍性，始终把目光投向广大普通青

年，把普遍性够不够、广大青年认不认可、能否形成面上工作态势作为评判工作的重要标准，坚持克服工作的高端化和高龄化。

树立正确的青年群众工作观点就是要求坚定地相信青年是推动历史进步的重要力量，在改革开放伟大进程中成长起来的当代中国青年值得信赖，能担当重任，要把竭诚服务青年作为共青团工作全部的出发点和落脚点，全心全意为青年服务，充分尊重青年的主体性，坚持思想上尊重青年、感情上贴近青年、工作上依靠青年，从青年群众中汲取智慧和力量，始终与青年群众同呼吸、共命运、心连心。当前要深入研究如何在团工作中发挥青年主体性问题。

把握正确的青年群众工作方法从根本上要求各级共青团干部要从政治的高度深刻认识密切联系青年的重要性，放下架子，扑下身子，深入实际、深入基层，从青年群众中寻找解决问题的方案和办法。要充分引导和支持青年群众当家作主，发动青年群众的主动精神，要尊重青年群体的主体性，注重青年参与，使青年真正成为自我教育的主体，把党的路线方针政策转化为广大青年的自觉行动；要充分照顾青年群众的特点，坚持教育青年和服务青年的有机结合；要依靠法律代表青年利益，维护青少年合法权益，反映青年诉求，引导青年群众以理性合法的形式表达利益诉求，解决利益纠纷等。

二、作风并非"弄月吟风"，团干部要在迎着困难、敢于碰硬的工作中锤炼作风

团组织要在突破青年群众工作的重要环节中艰苦奋斗、锤炼作风。

一是在把握青年群众需求中锤炼作风。团组织要对当代青年群众的需求有科学和准确的把握。当代青年的需求已日趋多样化，已远离大一统，走向小而散、散又多、多又特，呈现明显的分众和小众趋势，这亟须团组织改变传统的组织形态和工作方式。要对青年群众的需求加大研究力度，要在密切联系群众上下功夫，全面提高社会调查研究的能力，深入基层、深入群众，了解群众疾苦，了解群众所思、所盼、所忧，做到人对人、面对面、手拉手、心连心，打好青年群众工作的基础。要以建设服务型组织为工作的突破口，把竭诚服务青年群众作为全部工作的出发点和落脚点。

二是在巩固青年群众工作阵地中锤炼作风。团组织要对当代青年聚集的场所有深刻的认识，在市场、社会和网络蓬勃发展的大背景下寻找有效的基层覆盖方式。要强化农村、城市社区团组织建设，加大"两企三新"组织团建工作力度，全面推进各领域基层团建工作，扩大团组织和团青工作覆盖面。要高度关注青年

普遍聚集的"结点"。网络化生存已成为许多青年的重要选择，不走进网络社会就意味着脱离青年群众，在此过程中，不仅要积极建设共青团组织网络的主阵地，更重要的是要走进青年自发形成的网络聚集场所。要将全团的工作资源、工作力量、工作载体等向基层青年群众工作地转移。要努力建设青年工作的枢纽型组织，实现团组织"一只手"变成"千手观音"。

三是要在掌握青年群众工作语言中锤炼作风。团组织要积极适应青年群众的话语体系。要学会用青年喜闻乐见的语言表达，去交流传递党的意见主张、回答青年关注的热点难点问题，克服抽象空洞式说教、不切实际指手画脚"指示"式和"传声筒"式宣讲。要深入生活，准确把握社会机理，不仅要说正确的话，更要说青年喜欢听的正确的话。要把有意义的话说得有意思，把"大"话"说"实，把正确的思想变成"文化产品"，善于运用情感、艺术、时尚等元素，通过互联网、手机、动漫、短视频、移动媒体等手段，增强工作的时代感和时效性。特别需要指出的是，要实现思想政治工作的创新，内容上一定要密切联系群众，善于从青年最关心、与青年切身利益关系最密切的问题入手，把工作做到青年心坎上。将引导牢牢建立在对青年最现实的服务基础上。同时团的工作要"青年化"，要走出和党组织简单"对等"的局面，彰显群众工作特色。

四是要在完善青年群众工作制度中锤炼作风。要发挥党建带团建的制度作用，要将党组织对青年的关注、关心、关爱转化为各项党建带团建的制度加以落实。要进一步完善共青团入党推优制度。发挥团组织的积极性，重视从青年工人、农民、大学生中推荐先进分子作为入党重点考察对象。认真做好入党推优工作，从源头把握入党动机的纯洁性。要加大对青年入团入党动机和政治社会化规律的研究。要推动学习型、服务型、创新型组织的制度建设，全面激发组织学习、服务、创新文化，提升共青团工作的科学化水平。要完善共青团工作科学评估制度，逐步完善以凝聚力、创造力和战斗力为核心的组织工作考评制度。当前，还要特别注重共青团组织维护青少年合法权益的制度建设。

五是要在推动青年群众工作品牌化过程中锤炼作风。推动共青团工作科学化水平的提升，就要不断深化共青团工作的品牌建设工作。当前，结合党的中心工作，特别要深化完善群众工作品牌。包括：青年宣讲、志愿者工作、青年人才工作、青年创新工作、法律宣传、读书活动、青年成家立业服务、青年文化引领、青年生态文明意识养成、资源节约活动等。

六要在丰富青年群众工作资源中锤炼作风。目前，影响基层共青团活力的一个重要原因在于基层缺乏资源。要加大工作力度，通过获取党政支持、企业赞助、社会化运作等多种方式获取资源。同时优化资源布局，进一步将资源下放到关注社会发展大局、关注青年民生的重大领域，在全团形成活力。要关注基层，形成机制，将资源真正"下放"落实到基层，加强基层"细胞"的活力。

七是要在打造现代"青年领袖"的魅力中锤炼作风。在新形势下做好青年群众工作，既要发挥"传统青年领袖"的政治优势，更要打造"现代青年领袖"的魅力。对于基层团干部，要提升非权力性影响力，努力通过形象吸引青年，通过语言感染青年，通过兴趣融合青年，通过知识征服青年，通过能力推动青年，通过沟通协调青年，通过远见引导青年，通过时尚引领青年，通过真诚取信青年，通过责任感召青年，通过尊重感动青年，通过热情融化青年。真正增进青年信任，增强工作的亲和力和感染力。

三、作风需要"相习成风"，团干部要形成一些习惯，养成良好的作风

党有号召，团有行动，中央八项规定的颁布目的是改变工作作风，密切联系群众。团组织更要强化其政治性，彰显其先进性，凸显其群众性，重在养成习惯。可以在以下方面养成习惯。

首先，要养成严谨调研的习惯。加大团干部调查研究的力度，形成实事求是的良好作风。一是全面提高团干部调查研究能力，提高调查研究的能力无论是对团干部现实工作还是对未来工作都有好处。建立全团干部和全国青年需求调查体系，将团干部调研能力培训列为团干部培训的重中之重，全面提高团干部调查研究能力，使调研和工作密切结合。二是准确把握青年热点和难点问题，把握最弱势群体。建议全团干部和普通团员、普通青年长期交朋友，了解团员和青年的工作、学习、生活等诸方面状态，团干部自然地通过个人微信、微博、QQ群、博客和进入现场等方式和团干部青年交朋友，增进和青年的沟通。拿出深度调研报告，并进行研究报告的评比、分析，真正使调查研究成为团干部的看家本领。三是要继续在青年群众最关心的就业创业、住房问题、恋爱婚姻家庭上做大文章，加强服务，打造凝聚力强大的共青团。四是坚决执行调查工作轻车简从、减少陪同、简化接待，不张贴悬挂标语横幅，不安排群众迎送，不铺设迎宾地毯，不摆放花草，不安排宴请的规定。

其次，要养成务实开会的习惯。改变会风。推进去机关化和行政化工作，恢复共青团工作的群众性本色。比如，取消与领导合影、考虑开会主席台设置的改革。除特殊需要外，开会禁止念稿子。完善会议流程，全国性的会议明确任务，考察效果，细化任务，能够通过文件解决通过文件解决，建议将会议和研究问

题、培训团干部紧密结合。将庆祝会、纪念会、表彰会、博览会、研讨会及各类论坛等融合在工作的推动中。提高会议实效，强化会前准备和交流，开短会，严格控制会议流程和实践，会议倡导讲短话，力戒空话、套话。改革团代会和全会的举办方法，创造条件促使基层团干部和青年通过此机会表达民意。

再次，要养成科学表达的习惯。要反对形式主义，改变文风，简化工作简报，切实改进文风，没有实质内容、可发可不发的文件、简报一律不发。能用电子发送一律用电子发送。追求文字的实质，遵循实事求是的规律，没有数据、没有案例、没有评估、没有新观点、没有新认识就不要发文件、作讲话。

最后，要养成节约环保的习惯。在团干部中厉行勤俭节约，作节约模范，要珍惜粮食，加强学习。不断增强团干部环保意识、生态意识，引领合理消费的社会风尚，营造爱护生态环境的良好风气。

2018年，共青团中央印发《关于提高政治站位 改进工作作风的六条规定》。规定对共青团系统自我革命、全面从严治团和强化团干部作风拉起了纪律红线。在团干部作风建设上更进一步。从坚持从严从实、防微杜渐的角度，围绕提高政治站位、改进工作作风提出六条规定。

六条规定提出：

坚决反对官本位思想，严禁自我设计、投机钻营，伸手向组织要职务、要待遇；严禁为谋求个人升迁拉关系、跑门路、打招呼。

坚决反对宗派主义，严禁组织和参加以团干部或团干部经历名义举行的各种聚会联谊活动；严禁搞小山头、小圈子、小团伙。

坚决反对脱离青年，严禁追逐名利，热衷于结交名人精英，漠视广大青年；严禁以"官"自居，抖威风、耍特权；严禁把联系青年当作秀，装样子、走过场。

坚决反对漂浮作风，严禁空喊口号、不干实事，讲假话、讲大话空话；严禁好大喜功，讲排场、比声势；严禁报假数字、造假政绩；严禁搞短期行为、做表面文章、堆"盆景"工程。

坚决反对以公谋私，严禁拿团内代表委员遴选、评奖评优名额分配、工作评比评价等权力做交易、谋私利；严禁借社会赞助为个人造势、为亲友谋利。

坚决反对庸懒散漫，严禁妄自菲薄、敷衍塞责，轻视工作价值，心浮气躁、眼高手低，不琢磨工作、老想着转岗；严禁挖坑算计，只谋人不谋事，世故圆滑、不讲原则；严禁不思进取、庸懒无为、怨天尤人、暮气沉沉。

以上种种行为有以前出现过的老问题，也有现在产生的新问题，并不否定大多数团干部是合格的这一基本事实，但这些问题多点出现、反复出现必然污染团内生态，不从思想、行为、环境上根治，必然贻误党的事业，共青团组织自身也会面临被历史和时代淘汰的危险，必须高度警醒、严密防范、坚决纠正。

团干部作风强起来，团组织必然受青年欢迎，党政信赖，改革任务也终将实现。

第十八节

如何做好团干部培训

团干部培训如何做好，主要是要构建新的团干部培训体系，提高培训的普遍性、针对性和实效性。

一、要构建新的团干部培训体系

基于近年在全国对团干部培训所作的调查，我们认为要构建新的团干部培训体系。其基本思路是要关注团干部培训的特点，立足创新思维，不断追求培训的科学化，在普遍性、针对性、实效性上大做文章，推动团干部培训事业再上新台阶。

要关注团干部培训的特点。要充分考虑到共青团工作和团干部群体的特殊性。如团组织工作经费相对较少，团干部流动快，团干部兼职多，团干部有现实的工作素质要求，更有转业后的素质要求等，新的培训体系要对这些问题予以关照。

立足创新思维。要将培训创新理论的最新成果在共青团培训实践中加以利用。如创新培训观念：培训不仅仅是获得知识和信息，而是重在培养团干部良好的学习习惯，培养学习能力；培训不仅仅局限在课堂上，更应该渗透在共青团工作的一切活动中，把解决问题指标、提升工作能力等作为学习培训的过程，推动工作落实和创新，由单一培训转向复合型培训。如创新培训机制：体制决定机制，机制决定活力。在体制创新的基础上，形成有效的选学机制、考评机制、激励机制，配套出台诸如竞争上岗制度、职能评比制度、学习成才奖励制度等，从体制上保证、从制度上约束、从利益上激励团干部自觉学习、自觉参与培训，真正从"要我学"转变为"我要学"。如创新培训方式：不断创新培训方式，提高培训吸引力，从重灌输、重知识传递向重启发、重思考、重参与、重演练、重体会上转变。增强岗位之间的流动性，培训相关岗位的知识，通过轮岗学习，培养复合型人才，加强高科技手段的运用。如创新培训内容：对新时期团干部来讲，仅仅满足于基本能力和专业技术能力的培训已远远不够。对团干部综合素质方面的要求，如敬业精神、团队精神、沟通能力等，以及组织文化的熏陶和融合则日益成为教育培训中的重要组成部分。

不断追求培训的科学化，重点从可持续、三层面、四环节上构建团干部培训体系。

可持续：基于战略的职业生涯规划，既要考虑共青团工作对于团干部素质的要求，又要切实考虑团干部未来职业生涯发展的素质需求。

三层面：制度层、资源层和运营层。制度层面涉及共青团培训中的各种制度，如课程开发与管理制度、教材开发管理制度、师资开发与管理制度、培训经费使用与管理制度；资源层面描述了构成培训开发系统的各种关键要素，如课程、教材、师资、阵地、设备、经费等；运营层面主要从实践角度来介绍共青团培训与开发机构的工作内容和流程。

四环节：不断完善培训开发活动中必须经过的一系列程序步骤，即培训需求分析、培训计划制订（主要是培训课程与教材设计）、培训活动组织实施以及培训效果评估等。在四大环节上提升执行力，推动培训的有效性。

新的培训体系要重点解决团干部培训的普遍性、针对性和实效性问题。

团干部培训的普遍性亟须重视。当前存在团干部培训还远远不能满足团干部培训愿望的基本矛盾，需要加以重视和解决。主要体现在：团员培训积极性高，但参加培训次数不够充足；基层团干部和非国有单位接受培训普遍缺乏，初上岗培训还有待加强；团支部书记层级普遍缺乏培训，无时间、无意愿、无能力、无资源问题比较突出。传统团组织与新型团组织反差较大，如国企培训情况普遍好，民企非常困难，非公组织培训尤其缺乏。

团干部培训的针对性和实效性还有待加强。主要体现在教学方式还有待丰富，分层分类还需进一步完善，团干部之间的交流还需要加强。同时，目前团干部培训方式还是比较单一，主要还是采取以"教员讲、学员听"为主的课堂授课方式进行培训，学员的参与度和积极性较低。分层次、分类别的梯次培训格局尚未形成，培训的重点不够突出，形式不够丰富，灵活性不够。

这些问题在团干部培训新的体系里都亟待有针对性地解决。

二、要解决团干部培训的普遍性问题

要解决团干部培训的普遍性问题，核心途径是扩大培训资金支持、开展团干部读书活动、关注团课师资队伍建设、致力特色培训教材建设。

1. 扩大培训资金支持

基于培训资金对培训的基础性作用,要多方拓展资源,丰富团干部培训资金支持。

首先,在培训上,要牢牢立足党建带团建,将党的培训资源好好利用,在党的培训中争取自己的空间和资金、地位是一条重要经验。将团干部培训纳入政党培训,利用政党资源,在这方面需要制度性的构建。如可以推动在党校内设置重点团干部班次,在基层班组培训中融入基层团组织培训等。同时,要积极利用大学的优势资源,拓宽团干部的视野,增强学术认知。

其次,要争取上级团组织对培训的支持。继续争取团中央、团市委、团县(市、区)委的资金支持。

再次,推动经费比较充足的单位培训资源向资源困难单位转移,如培训承办、培训共享等方式。

最后,经费丰富之后,要将资金重点支持基层团组织和非国有单位团组织的培训工作,真正将团干部培训覆盖基层。

2. 开展团干部读书活动

为提升团干部主动学习的精神,建议开展团干部主题读书活动"团聚书香",常年坚持,形成品牌。结合该项活动制定团干部必读书目和选读书目,发展团干部读书组织,加强团干部读书交流,推动团干部树立终身学习态度和读书思考的习惯,为团工作发展增添主体动力。

3. 关注团课师资队伍建设

高度重视团干部教育培训机构师资队伍建设。

第一方面:要提高专职团课教师水平。要注重从知识面、专业度、适应能力等方面完善专职教师的能力结构;加强专职教师实践锻炼,促进理论教学与工作实际相结合。每年确定一定数量的调研课题,组织专职教师到农村、机关、企业、社区进行调研,充实培训教材,并安排主讲教师到团市、县委和各条战线团组织进行挂职锻炼,熟悉团的工作,增进感性认识,使教学更加贴近实际,引导教师理论联系实际,克服脱离实际开展培训的做法。不断增强教学的针对性和吸引力。对从事主体班教学教师的授课质量(包括教学态度、教学能力和教学效果)进行评估。探索建立专题课任课教师招标竞标、优秀教学骨干评选、教学工作量化考核等制度开展竞争激励,促进教学质量的提高。开展团课名师评选活动。

第二方面:建立兼职教师资源库。共青团实务工作者、相关大学教师和党政领导是我们可以继续开发的培训资源,要选聘政治素质好、理论水平高、实践经验丰富的党政领导干部、企业经营管理人员和专家学者等担任兼职教师,实现教学资源共享、优化教师结构、提高教学质量。建立健全各级团的领导干部为团员、团干部讲团课的制度。

4. 致力培训特色教材建设

为配合团干部培训,要进一步开发相关教材,提高教材质量。可通过自己撰写、招标撰写或者选择已有团干部培训教材制定团干部培训教材体系,推荐给团干部阅读。

根据调查发现,当前最需要开发的教材是共青团工作理论基础读本、共青团干部修养作风读本、共青团工作案例、共青团干部魅力读本等。

团干部手上有了生动的教材,培训的普及性就会得到大大的增强。

三、要解决团干部培训的针对性问题

要解决团干部培训的针对性问题,核心途径是开展培训需求调查、研究团干部核心胜任力素质、开发分层分类分涯培训体系、不断做大网络培训。

1. 开展培训需求调查

要保证培训质量,必须建立系统的概念,从输入即需求分析抓起,将培训作为系统来看,建立培训流程,即培训的需求分析;培训大课程设计与内容开发;培训的实施与制度保障;培训效果评估和反馈,注意各环节之间的关联,建立好反馈机制,并及时对反馈信息作出反应,保持培训课程体系的动态创新。

需求分析和需求调查是团干部培训的起点,也是解决团干部培训针对性问题的核心关键。团的培训要进行需求分析,即组织、岗位、个人需求分析。对于团干部,要开展"1+1"的学习,前者"1"是指利于共青团业务的培训,后者"1"是指利于团干部未来发展的培训。最好的培训是结合了这两点:满足当前,利于未来。

建立团干部培训需求调查体系。该体系中包括每年要将党的工作和青年发展最新动态,每年共青团最新动向,全会重要精神,团内重要方针,团干部课程调查框代表性访谈、课程评估、学科最新反馈,培训理论发展信息及时输入,将组织需求、岗位需求和个人需求紧密结合,及时为团干部培训提供更具针对性的课程设计。

2. 研究团干部核心胜任力素质

培训中关注团干部核心胜任力是重中之重。

核心胜任力是指符合组织发展要求的优秀员工的素质构成。调查发现：目前培训整体框架体系不够明确最关键的问题是对团干部核心胜任力缺乏研究。调查中发现不同层级、不同领域的团干部所需的核心胜任力有所不同，有知识层面的内容，如新上岗关心哪些是必须做的、团组织干什么、收了团费干什么，关心基础理论知识（团的工作、章程、历史、现实）。有能力层面的内容，如越到基层，越要针对工作，比如，如何了解青年需要？如何设计策划和创新活动？如何制作PPT课件？如何提升组织能力？如何进行公文写作？如何开会？如何写总结计划？……还有团干部意识、政治方向感、责任意识、服务意识、工作动机及激情等深层次问题。培训科学化就需要在培训目标的指引下解决培训层次的问题。

我们对团干部所需要的核心胜任力开展了调查，总体来看，团干部培训要从关注知识和技能往关注态度、情感、社会形象、自我角色认知和自我特质了解转化。

从核心胜任力角度研究，团干部培训主要解决理论、知识、能力和作风四个层面的问题。

第一层面是理论武装。主要内容包括马克思列宁主义、毛泽东思想基本理论、中国特色社会主义理论体系特别是习近平新时代中国特色社会主义思想和党的路线方针政策教育，中共党史、党的学说和党的建设等内容。通过政治理论的学习坚定理想信念，树立核心价值观，夯实理论基础。

第二部分是知识更新。知识可分为两方面。第一方面是基础知识。包括学科相关知识，特别是哲学、政治、经济、法律、社会、管理、科学技术、历史，当代中国和当代世界、社会热点等相关行业知识，这些知识属于干部必须掌握的共同知识部分。第二方面是专业知识。包括中国青年运动史和团史知识、青年工作知识、团务知识、世界青年、青年组织和青年工作知识。通过知识更新促进团干部养成终身学习的习惯，及时掌握最新学术前沿，适应在共青团工作岗位和未来各级党政工作岗位的知识要求。

第三部分是能力提升。能力可分为两方面。第一方面是基础性能力。主要包括逻辑思维能力、表达能力（演讲和书面表达能力）、调研能力、计划能力、决策能力、沟通协调能力、创新能力、应变能力等。第二方面是专业工作能力。主要包括群众工作能力（组织青年、引导青年、服务青年能力）、活动策划能力、资源整合能力、活动实施能力、联系和动员青年能力以及组织建设能力等。通过能力提升对团干部能力进行全面训练，更好地推动共青团工作的创新发展，适应未来党、政府、企业及社会工作的核心能力要求。

第四部分是作风修炼。本着实事求是、朝气蓬勃的核心要求，着重加强团干部各项作风建设，特别是忠诚和务实态度，学习、创新、奉献精神，群众、责任、表率和民主科学法治意识，自律和节俭品格，以及奋斗激情等。通过作风修炼建设一支忠诚党的事业、热爱团的岗位、竭诚服务青年、政治过硬、作风扎实、自律严格的高素质团干部队伍。

这些具体需求需要我们在培训中加以充分关照。对于不同层级、不同领域的团干部，我们还可以开展进一步研究。

3. 开发分层分类分涯培训体系

对培训来说，一般培训的体系应包含三方面的内容：新成员的入职培训体系，基于职能的培训体系（不同的职能部门），基于职级的培训体系（职务层次所对应的级别）。考虑到共青团组织的特殊性，调查中发现在共青团干部的培训中主要需要考虑的是团涯（career）、团域（area）和团级（grade）。只有将这些因素加以考虑，团干部培训的针对性问题才能最终解决。本次课题组对团干部这三方面的具体培训需求开展了调查，可以作为下一步开展此项工作的参考依据。

（1）团涯（career）

团涯类型包括团涯早期（包括刚上岗）、团涯中期、团涯后期（离开团岗位前）。

总体看来，新上岗的团干部对培训各项目的需求强度明显高于其他团涯的团干部。团涯中期的团干部对教育心理学、新闻传播学、当地知识、创新能力、心理调适能力等方面需求高于团涯后期的团干部，团涯后期的团干部则在管理学、社会热点、科学技术、党务知识、计划能力、政治鉴别、活动策划、决策能力等方面比团涯中期的团干部更感兴趣。马列主义与政治学在团干部的生涯中经历了从需求度较高逐渐降低，继而反弹升高的过程。

因此，在团涯早期要关注新入职引导培训、新员工导向培训。对新入门做共青团工作的同志介绍将要从事的工作和组织情况。让他们了解、熟悉共青团组织的历史、现状和未来发展，以及他们的工作岗位、工作部门和整个组织的环境、组织的规章制度、工作的岗位职责、工作程序、共青团组织的文化、工作评估制度和奖惩制度等。重点放在共青团组织文化教育培训、业务能力培训及实际操作训练、岗位专业知识和岗位职务培训上。

在团涯后期则要关注立足于未来的培训。团涯后期培训主要针对团干部流动的主要岗位，有针对性地进行强化训练，促使团干部更好更快地走入新岗位。主要针对党政岗位。这种培训也可以是团干部自己选择各种不同类型的班，这些班是按照团干部转业的不同生涯路径打造的，这种培训可以充分发挥团干部的潜能，为他们的主动选择提供培训上的帮助。

（2）团域（area）

团域类型包括农村共青团、社区共青团、企业共青团（含非公、民营）、机关事业单位共青团、大学共青团（含民办）、中学共青团、少先队工作。在不同的领域要侧重了解该领域的党政中心工作和领域青年发展的特殊性及共青团工作的特殊性，有针对性地加以培训。

（3）团级（grade）

团级类型：团的各级领导机关（团中央、团省委、团市委、团县委），团的各领域最高层、中间层与基层，各领域团支部书记。无论从知识、能力层面还是从态度层面，不同层级的团干部所需要的重点并不相同。

团的高层领导（决策层）代表一个组织，把握本组织的发展方向，确定长远目标，沟通与其他组织的关系。团的中层领导（执行层）贯彻、执行高层的意图，把任务落实到基层单位，并监督、检查、协调基层的工作，保证任务的完成。而基层团干部（操作层）是组织中最下层的管理者，直接面向在第一线的团员青年，组织他们按要求去完成各项任务。

根据我们的调查，到基层更重视技能和态度以及自我角色的认知，高层更注重知识理论和态度以及社会形象塑造。从能力来讲，处于较低层次的团干部，主要需要的是技术技能和人际技能；处于较高层次的团干部，更多地需要人际技能、概念技能和信息技能；而处于最高层次的团干部，则尤其需要具备较强的概念技能。因此在能力上培训的重点也有所不同。

根据这种分析，我们要把握在不同层级中知识、能力和态度培训的权重。同时设计能给工作带来实效的培训内容。如在基层团支部，知识层面上掌握大致的政策，对团组织有基本的认知，对青年发展特点心理有较好的把握，了解青年价值观的发展和青年成才规律；态度层面上主要是重视该工作，有责任心，有干劲，热情，耐心，激情肯干；而技能层面主要包括活动策划能力、组织与管理活动的能力、领导影响力和个人魅力建设、沟通协调调动能力、团队协作能力、创新能力、人际能力、演讲能力、写作能力、解决问题的能力、执行能力、激励能力、了解团员需要能力等。

综合以上三方面变量，对团干部核心胜任力课程体系中的课程进行"CAG"论证，从而确定更细致和分层分类分涯的培训内容。通过这种分析，生成各种不同类型的课程菜单。

落实基于分层、分类、分涯的团干部培训，可重点考虑推动关于团干部的职业资格培训与考试。可设计三级岗位职业资格培训。包括：①三级岗位培训：培训对象为团支部（总支）书记。②二级岗位培训：培训对象为基层团委书记，包括乡镇、街道团委书记,以及下设团支部(总支)的企事业、学校、科研院所团委书记。③一级岗位培训:培训对象为团市、县(市、区)委书记,以及下设基层团委的企事业、学校、科研院所团委书记。制订分级培训班次计划,区分不同级别培训目标,有计划有步骤地推动培训工作。

4. 不断做大网络培训

培训要取得最优效果就要增强针对性、覆盖性和持续性。网络教育可以符合这样的要求。要加快建设共青团干部培训网和网络团校,在该网络建设网上教学平台、网上学员的交流平台、网上学习资料的分享平台、网上读书平台等,更好地为团干部成长成才服务。要关注微信微博等新媒介的使用,鼓励组织开微信微博,通过微信微博开展工作考核,同时作为培训的一种方式。

四、要解决团干部培训的实效性问题

要解决团干部培训的实效性问题,核心途径是丰富培训教学方式、完善培训评估制度、完善立体培训系统、构建团组织传承体系、扩大可持续发展培训。

1. 丰富培训教学方式

在课程设计中,每门课程的教学方法设计非常重要。我们要根据培训内容和培训对象确定教学方法。传统的培训方法包括讲授、视听、研讨、角色扮演、游戏、案例教学、座谈会、实地参观、现场教学等。现代培训方法包括敏感性训练、技能性培训、思维培训、知识型培训、研讨会、模拟游戏、论坛式教学、情境模拟教学等。现代培训也在广泛采用新技术方法,包括计算机辅助培训(互动性录像等)、网络培训、多媒体培训和远程培训等方法。

从调查中发现,体验式教学(如实地参观等)、案例式教学、课堂研讨式教学深受团干部欢迎,这应该是我们下一步推动教学方式丰富化的最主要的提升方向。可重点研究这三种方式,选择其中相关方式加以突破。如加大对团工作创新案例研究,通过发现创新案例,研究创新案例,宣传推广创新案例等方式提升案例教学在团干部培训中的重要地位。

同时,我们应当根据团干部培训的核心内容,根据理论知识类、能力类和态度作风类不同的特点来设计方法。

理论知识类课程的主要目的和突出的特点是传授理论和知识,即补充或更新学员的理论和知识。理论和知识类课程的设计要关注学员对所学内容的理解和掌握,更要关注学员对所学知识的运用。理论知识培训一般采用讲授法,因为知识性培训涵盖内容较多,且理论性较强。讲授法能够体现其逻辑相关性,对于一些概念性内容、专业术语性内容,通过讲授,便于学员理解。但应该指出的是,理论知识类的课程同样需要直观、生动、易于接受的教学方式。即使是讲授,也应以启发式、双向交流式、发现式讲授为主。另外,读书和研讨也是理论知识学习的较好的方法,我们要在培训的前后及培训过程中加以设计。

能力类课程内容的确定,以"能"和"会"为中心,即使学员能用会做。为此,能力课程的设计要特别设置必要的环节和内容,让学员"动手"操练。能力训练,多采用角色扮演法和模拟法,因为能力培训的目的是要求学员掌握实际操作能力,学员通过角色扮演和模拟反复练习,使原来不会的事情经过模仿变得熟练,最后达到运用自如的程度。如果仅靠讲授,会出现知道怎么做,但不一定能做好的现象。对于专业工作能力的提升,采取交流式研讨的方法是一个时间短但效率高的方法,也应该在培训中加以设计。

作风态度情感类课程的主要目的是突出特点和改变态度、转化行为。为此,作风态度情感类课程内容的确定,要特别关注培训内容能够得到学员认同,促使学员思考和内省,以达到使其态度和行为得到转变的目的。与其他类课程相比,学员更关注对作风态度情感类课程内容的"感同身受",亲历直观的场景,直面典型的人物,体验触及灵魂的事例,对学员的态度改变和行为转化具有极大的震撼力、感召力和推动力,使学员从亲历和体验中体会、感悟、总结和提高。该类课程体验式、研讨式等教学方式更有助于教学目标的实现,通过精心设置各种场景,甚至是实地考察力求培训过程生动活泼,促使学员参加,引发学员共鸣。

2. 完善培训评估制度

培训要进一步强调科学性,包括科学设置班次,精心设计过程,严格培训管理,加强培训评估。

当前要特别强调建立培训评估体系。对课程设置、教师授课进行科学评估,并及时对反馈信息作出反应,保持课程体系的完善、课程师资的优化,促进培训体系的动态创新。

建议寻找第三方开展团干部培训评估。

3. 完善立体培训系统

调查发现,共青团组织培训存在经费不够充足问题,兼职团干部时间紧张问题、时间分散问题、兴趣多元问题、人分散化、流动性大的问题,兼职问题等。因此,对于基层兼职团干部,需要学习团务知识、提升能力的更为方便快捷的方式,完善立体务实有效培训模式对团组织尤其重要。

建议从两个方向发力。

一是大力推动立体培训。如推广网络培训、视频培训、档案培训、案例培训、读书培训。进一步研究开会代训、交流培训、工作带训、片区培训、娱乐带训、PPT 培训、手机培训、微信微博 QQ 培训、家庭培训、游戏培训、挂职培训等多种方式。

二是继续推动团干部列席同级党委会会议，将其作为团干部接受培训的重要方式。落实团委书记列席党的领导班子会议制度。共青团县级和县级以下各级委员会书记，企事业单位的团委书记，是党员的，可以列席同级党委和党委常委会议，让团委书记参与有关决策，更好地了解大局、服务大局，在党的领导帮助下更快地成长。

4. 构建团组织传承体系

团干部流动快，团组织要重点解决"传承"问题。用什么机制保证传承？靠制度，基于推动团组织科学化的制度构建；靠品牌，基于外界对团方便认知的品牌设计和社会化功能的强化；靠职业化队伍，基于专职工作队伍的职业化和青年工作标准的证书化；靠后备队伍构建，打造后备团干部的概念尽早培养。在团干部培训中，要强化"余温传递"意识，就是指要留住刚转业团干部对团的熟悉和感情，大为利用（半年至一年间）。做法很多，可以更为制度化和系统化，比如，聘任转业团干部为团建辅导员；比如，转业前留下自己做团工作的宝贵经验（离任箴言）；比如，成立老青年工作者联谊会；等等。

5. 扩大可持续发展培训

要根据团干部未来发展及时开展培训，弥补团干部素质上的短板。开展转业团干部回头看调查，重点了解各级各类专职团干部转业工作后素质的缺点，及时在还未转业的团干部中开展培训，使他们能够更好地适应未来工作的要求。

根据团干部成长的特点和规律，采取交流轮岗、下基层任职挂职、跨界交流等方式，把团干部放到艰苦地区、复杂环境和关键岗位砥砺意志、增长才干，在社会实践中提高群众工作能力、社会动员能力、组织协调能力、意识形态工作能力和介入经济工作能力。

总之，立足解决团干部培训的普遍性、针对性和实效性问题，以上解决路径可以全面研究，加以推动。新时期团干部培训体系的构建既要反映人力资源开发和培训中的普遍规律，又要体现共青团干部培训的特点，更要立足在继承和创新中弘扬特色，真正使广大团干部受益，推动共青团工作的全面发展。

第十九节

共青团干部的群众工作本领

当前,共青团改革亟须专业能力和专业精神支撑,共青团工作到底是什么专业这是首先需要弄清的问题。团改路线确定之后,团干部就成了决定性因素,而团干部的专业本领就成为重中之重。

党的十九大提出要建设高素质专业化干部队伍、注重培养专业能力和专业精神、增强干部队伍适应新时代中国特色社会主义发展要求的能力。这个目标对团的工作也提出了很高的要求,推进团的改革,目前最核心的任务是改变团干部的状态,最核心的是形成适应改革的团干部的专业本领。

表面上看,共青团工作的专业似乎很难用一个单独的专业来说明:团是党的助手和后备军,所以要懂政党学特别是理解中国共产党是首要任务;团的工作对象是青年,要知青年、懂青年、爱青年,所以要懂青年学(青年心理学、青年社会学、青年文化学等);团是一个重要的政治组织,要会运营这个组织,所以要懂组织管理学。共青团工作似乎是政党学、青年学和组织管理学等学科的杂体。这种多学科认识团的工作也是可以的,但实质上对共青团工作更为准确的认识,应该称为组织化的青年群众工作,它的目标是通过工作在政党和青年之间建立一种认同联系,核心是做赢得青年人心的工作,是青年人心之学问。而群众工作本领是团干部的核心专业本领。

一、专业基础——中国共产党的群众路线和群众工作

要懂组织化的青年群众工作,首要是要理解中国共产党的群众工作。党的群众工作是党的生命线和根本工作路线,什么时候坚持这条生命线,党就兴旺发达;什么时候没有坚持这条生命线,党的发展就会遇到这样或那样的问题。党的干部都要牢牢把握这条生命线,都要会做深入细致的群众工作。

中国共产党的群众工作源于中国共产党的群众路线。群众路线有22字真经:一切为了群众,一切依靠群众,从群众中来,到群众中去。这22个字揭示了中国共产党从建立走向强盛的最核心思想秘方。

政党的群众工作,从本质上讲,就是把党的主张、党的路线方针政策宣传到群众心里,化为群众的实际行动,使得党的主张和路线方针政策得以贯彻落实。

群众工作是个立体化的体系:个人层面,比如,党政领导能不能感染和动员群众;组织层面:比如,基层党组织会不会做深入细致的群众工作;国家层面,比如,国家在法律和制度层面能不能努力形成人民群众拥护的政策和制度等。党的群众工作的综合效果是这几方面工作效果的叠加。

当前,影响党和人民群众关系的最核心的问题是干部会不会开展群众工作。就拿群众工作的首要工作——和群众说话来讲,在开展群众工作方面,我们有的领导干部甚至不会说话。有的同志自嘲:与社会群体说话,说不上去;与困难群众说话,说不下去;与青年学生说话,说不进去;与老同志说话,给顶了回去。很多场合,我们就是处于这样的一种失语的状态,怎么能使群众信服呢?这也是政党现在正在解决的问题。干部一定要和群众打成一片、要在和群众摸爬滚打中建立感情,要和群众心心相印,党政领导要成为群众工作的行家里手,目前来看还有不小的差距。

二、专业目标——青年群众工作要达到的四个认同

党的青年群众工作的目标是为政党赢得青年。中国共产党的治党哲学一直信奉:赢得青年才能赢得未来。而中国共青团是中国共产党开展青年群众工作的最核心的组织形态。2018年,《中国共青团章程》修改中指出:中国共产主义青年团贯彻党管青年的原则,充分发挥党联系青年的桥梁和纽带作用,为党做好青年群众工作。特别在团的性质和职能中加上"为党做好青年群众工作",更加鲜明地提出了团的主责主业。

共青团工作到底做什么?如何评价共青团工作的全部效果?群团组织要承担起引导群众听党话、跟党走的政治任务,为夯实党执政的阶级基础和群众基础作出贡献。这是群团组织和一般社会组织的根本区别,也应该成为衡量群团组织工作做得好不好的政治标准。对群团组织来说,谁能把自己联系的群众最广泛最紧密地团结在党的周围,谁的工作就是做得好,反之就是做得不好。这个标准应该在群团工作中牢固树立起来,什么时候都不能忽视,更不能淡化和遗忘。

听党话、跟党走是一个形象的说法。但其最本质的是通过团的工作产生青年对党的认同。什么是共青团工作干得好的标准?最核心是通过开展青年活动达到方向坚定(坚决拥护党的领导)、价值认可(接受政党的意识形态)、感情接近(形成和青年之间的感情)、行为趋同(接受党所主张的行为要求)。

因此共青团工作是任务更是方向——使青年达到拥护中国共产党的政治认同，方向向党；是工作更是感情——使青年达到对政党的情感认同，感情贴党；是形式更是价值——使青年达到对党的意识形态的价值认同，思想向党；是教育更是行为——使青年产生对党所倡导的行为认同，行为跟党。目前，共青团工作的外在呈现形式是任务、工作、形式和教育，但其最终目标是政治认同、情感认同、价值认同和行为认同，从外在呈现形式达到最终目标的一致性而不是光停留在前者，这是共青团工作的全部学问。

三、专业任务——青年群众工作的五个环节

共青团干部如何通过组织开展青年群众工作？无论是什么层次、什么领域，青年群众工作都会遵循五个环节，也可以说是青年群众工作的"五步曲"。

第一步：要走近身边，团干部要和青年接触，距离越近越好。要在青年中生活，深入青年，密切联系青年，广泛覆盖青年，和广大青年联系好，覆盖好。

第二步：要提供服务，团干部要为青年提供服务，服务越实越好。把团组织打造为青年有困难时想得起、找得到、靠得住的组织，做广大青年信得过、靠得住、离不开的贴心人。要解决青年的实际问题，维护青年的权益，把青年真正服务好。

第三步：要建立感情，团干部要在青年中传递真情，感情越深越好。要和青年有那么一种亲近，要大力提倡"感动工作法"，要熏陶自己的感情，梳理自己的真心，要把工作做成热乎乎的情感传递，而不是冷冰冰的"任务完成"。

第四步：要引导价值，在青年对党所倡导的价值认识有想不顺、有困惑时能及时有效引导好，思想越亮越好。要紧抓思想政治引领这条主线，最后让价值高高大大地树立起来。

第五步：要组织力量。有了前面的基础，团组织一呼百应，围绕着党政工作大局凝聚青年力量，通过各种方式把青年的活力、想象力、创造力、热情和激情调动起来，增强大局贡献度，这也是党有号召、团有行动的生动体现。

因此团干部要做"五好"干部，走近身边好，提供服务好，建立感情好，引导价值好，组织力量好。真正解决距离、服务、感情、价值、力量这五个关键环节。实现距离越近越好、服务越实越好、感情越深越好、价值越亮越好、力量越大越好。

所有的共青团工作就是这五个环节的依次展开，目前所存在的问题一是没有按照这个逻辑推动工作，没接近人、想直接接近思想而让团组织劳而无功；二是

引导的工作能力比较缺乏，不能将宏大的党的理论通俗化，有引导力、说服力和亲和力；三是只想组织青年力量，没有前面的服务和引导，自然也无法持续动员青年。

观察一些共青团组织的"无力"感，核心还是没有按照这个工作链条开展工作，使得团干部和团组织与青年缺乏应有的"黏性"，进而出现"肌无力"，无法调动广大青年的积极性。

四、专业本领——青年群众工作本领的九个"特别会"

完成青年群众工作的任务需要青年群众工作本领。党的十九大提出要"增强群众工作本领"，创新群众工作体制机制和方式方法，推动工会、共青团、妇联等群团组织增强政治性、先进性、群众性，发挥联系群众的桥梁和纽带作用，组织动员广大人民群众坚定不移跟党走。可见群团组织对党做出的贡献主要体现在为党组织化地开展群众工作上，群团干部的本领素质更是体现在群众工作本领上。团十八大团章修订在"学习要刻苦上"也添加了"向书本学习、向实践学习、向青年学习，努力提高青年群众工作本领"等内容，突显了提高该本领迫切性。

共青团干部要成为最特别的人，主要是要拥有九项群众工作本领，做到九个"特别会"。解决"距离"问题：共青团干部要特别会提升党性修养，特别会建设组织政治文化，特别会建新阵地。解决"服务"问题：共青团干部要特别会抓青年群众需要，特别会筹集资源，特别会争取党政支持。解决"感情"问题：共青团干部要特别会打造个人魅力。解决"价值"问题：共青团干部要特别会做政治思想引领工作。解决"力量"问题：共青团干部要特别会创新工作品牌。有了这九个"特别会"，共青团干部就能在政党不断提升政治领导力、思想引领力、群众组织力、社会号召力过程中做好忠实助手和忠诚后备军。

九个"特别会"的青年群众工作本领内涵具体包括：

1. 特别会提升党性修养

团干部在青年群体中要特别像个政治组织中的人，特别讲政治，有方法不断提升自己的党性素养。有服务人民、服务青年的根本立场，有一切依靠青年的根本观点，有从青年中来、到青年中去的根本方法，不断提升自己的理论修养、宗旨意识、人民情感、纪律观念、批评精神等。

2. 特别会建设组织政治文化

团干部要理解共青团组织政治文化的层次结构，会从组织价值信仰、组织制度纪律、组织成员特征、组织外化形象上建设组织政治文化。真正使团组织有好形象，团干部像团干部，团员像团员。注重打造成员的思想特征、语言特征、感情特征、行为特征和集体工作方向。把坚定理想信念、心系广大青年、提高工作能力、锤炼优良作风凸显出来。把政治上要强、思想上要强、能力上要强、担当上要强、作风上要强、自律上要强突显出来，在社会上鲜明体现团干部的精气神。

3. 特别会做政治思想引领工作

团干部能深刻把握好思想—好方法—好效果这个政治思想引领的基本规律线条，理解当代青年相信什么，不相信什么，政治思想引领会贴着利益做、贴着感情做、贴着文化做、贴着偶像做、贴着事实做、贴着规律做、贴着底线做、贴着自己做。把有意义的事做得有意思，把有意思的事做得有意义。

4. 特别会抓青年群众需要

团干部特别知青年、懂青年、爱青年。懂得青年的语言和习惯，熟悉青年的愿望和心声，善于运用新形势下青年群众工作方式方法。知道青年需要特质、了解青年需要温度、掌握把握青年需要技巧，提升青年需要融合水平，掌握需求点、需求量、需求聚合点的分析方法，掌握需求分析和利益分析的工具。在青年最需要的时候推出活动。

5. 特别会建新阵地

团干部特别懂得青年发展的趋势，懂得工作时间、工作空间、工作组织的变化规律，用新的时间观、新的空间观、新的组织观开展组织阵地建设，打通体制内和体制外、网上和网下，努力构建单位、社区、兴趣爱好等多元组织形态。不断激发基层公益小组，厚植公益根基。

6. 特别会打造个人魅力

团干部能实现团干部行政身份到"青年领袖"的重大转变，在青年中树立磁场般强大影响力，不做青年官，要做青年友，不是一般办事员，而是"青年领袖"。要引领时尚、引领风气。真正以形象吸引青年、兴趣融合青年、时尚引领青年、知识征服青年、语言感染青年、能力推动青年、沟通协调青年、真诚取信青年、责任感召青年、尊重归心青年、热情融化青年、远见引导青年，浑身上下散发从外表到内心、从做事到做人的强大正能量，凝聚青年，凝聚其他青年领袖。

7. 特别会创新工作品牌

团干部会正确处理团的活动和团的品牌的关系，会打造核心品牌，不断推动传统团的工作品牌升级、彰显青年品牌特色、不断丰富适合基层的小品牌。深化传统品牌，打造新的时代品牌，形成共青团工作品牌体系，在全社会形成广大影响。

8. 特别会筹集资源

团干部特别能筹集各类资源。既能眼睛向内，又能眼睛向外。上下请示、左右求援、自我奋斗。把准党政领导的兴奋点、着急点、关切点、兴趣点，因势利导获得资源，不断实现跨界搭台，把自己拥有的团的系统独有的资源和优势做到极致。

9. 特别会争取党政支持

团干部特别会争取党政支持，营造好的青年群众工作环境。深入分析党政领导心中的青年工作的真实存在，能以位势求资源。紧贴党位（党章所赋予的团的地位）、政位（国家青年发展规划中赋予的团的地位）、青位（提升青年在单位中的地位）、己位（团干部作风就是团组织地位、团干部作风就是团组织形象，不断靠自己的作为形成自己的地位，有活力、有细节、有人气、有特色，想干事、能聚人、能干事、干成事），不断扩大资源支持。

这九项本领让团干部强大起来，团的许多问题自然迎刃而解。

五、专业培训——呼唤更有效的青年群众工作本领训练

青年群众工作本领如何培训？要紧紧围绕党的十九大报告中提出的党员干部要增强八种本领要求，特别是要提高团干部群众工作本领的核心要求围绕青年群众工作本领的九个"特别会"，即"特别会加强党性修养""特别会建设组织政治文化""特别会建新阵地""特别会抓青年群众需要""特别会筹集资源""特别会争取党政支持""特别会打造个人魅力""特别会做政治思想引领工作""特别会创新工作品牌"等设计课程，采取现场讲授、研讨交流、角色融入等方式进行。

提高青年群众工作本领培训需要不断推动创新。培训班可设置"领袖""领班""领伍""领歌""领舞"等岗位。"领袖"由主办方、承办方领导担任；"领班""领伍"做培训班管理事务，类同传统班主任一职；"领歌""领舞"课前、课间带领学员唱跳培训班主推青年喜欢的歌曲和流行舞蹈。开班和结业仪式要有所创新，采用青年喜欢的晚会主持的形式，要体现群众性。

提高青年群众工作本领培训要不断创造青年们喜欢的群众氛围。紧紧围绕学

员提升做群众工作的本领和经验，懂得群众的语言和习惯，熟悉群众的愿望和心声，善于运用新形势下群众工作方式方法，真正使得学员"掌要鼓起来，声要喊出来，歌要唱起来，舞要跳起来"。培训可贯穿时代正能量歌曲，带着学员创作相关歌词；围绕着青年群众工作本领的核心要素，研修班统一编排并普及"打成一片""摸爬滚打""心心相印"等标准动作和开发相应游戏，促使学员对青年群众工作的核心目标有更深的了解。

提高青年群众工作本领培训需要不断地借鉴先进经验。要创造条件，把团干部和社会组织领袖一起培训。充分发挥班级有团干部和社会组织骨干两类"青年领袖"的优势，促进他们共谈"初心"，共议开展青年群众工作的方法技巧，特别是开展如何整合资源、如何开展品牌活动的交流，共商未来可以合作的空间，起到了相互学习、相互借鉴、共同提高的效果。

提高青年群众工作本领培训要不断实践。要提升学员的"网感"，推动大家熟悉青年时尚文化，掌握开展网上思想引导的方法，布置小组作业，推动各组采用抖音、美篇等网络形式，让学员充分展示学习成果和分享学习收获。采用形式新颖的方式，充分调动学员走出培训校园，走进生动群众场，到青年中去，到基层去，在同广大青年的密切交往中提高工作本领，在同他们打成一片中找到做好青年群众工作的有效办法。

六、专业未来——成为人群中最会做群众工作的那一个

共青团干部的专业性提高也必将为政党培养优秀的群众工作者，共青团也将成为政党最重要的群众工作本领培养学校。新时代，团干部的来源已经发生变化，要把党政各领域各行业优秀年轻干部通过专职、挂职、兼职选到团的工作岗位上来，使他们在这里开展青年工作的实践中不断提高群众工作能力、培养群众工作作风、丰富群众工作经验，这样的一种作用已经成为共青团为党政培养干部的最核心的着力点。

基于团干部的流动性，当前要更加系统地研究青年群众工作本领的体系，使得青年群众工作能力和工作任务紧密结合，使得团干部在更快地获得专业能力的过程中激活共青团改革。

团干部要珍惜这个难得的机会，努力实践，努力学习，成为人群中最会做群众工作的那一个，展露出出色的专业本领，让九个"特别会"的群众工作本领伴随一生。作为一种青年个体的力量，作为一种青年组织的力量，作为一种青年干部的力量，真正通过自己的群众工作产生更大的群众场，进而改变当前的团青

关系。有了青年群众工作本领,有了群众场,团干部自然赢得了青年,也赢得了自己发展的未来。毫无疑问,一个优秀的青年群众工作者要成为高扬理想、传递活力、接续奋斗的永葆青春的人,青年群众工作专业的最优秀的学生都是毕业于这所青春大学的。

第五章

主责紧守　主业做强

第二十节

中国梦与青年梦

党的十八大后,中国梦开始在国民中叫响。实现全面建成小康社会、建成富强民主文明和谐美丽的社会主义现代化强国的奋斗目标,实现中华民族伟大复兴的中国梦,就是要实现国家富强、民族振兴、人民幸福,既深深体现了今天中国人的理想,也深深反映了我们先人们不懈奋斗追求进步的光荣传统。

毫无疑问,任何时代,青年都是最富有理想追求的群体,青年时期都是充满了梦想的时期。中国梦与青年梦究竟是什么关系?只有对青年群体进行深入的观察,把握其发展的规律,才能真正把握中国梦与青年梦的内在逻辑。

一、青年的过渡性与中国梦的日渐生成

青年是什么?如果我们强调过渡性的意义,青年的本质是处于发展及过渡阶段中的未成熟的人。分析人生的年龄分期,之所以在少年和中年之间划分出一个青年期,是因为人生的这个时期有许多不同于其他时期的特点。青年学理论认为,这是一个人从少年期到中年期的过渡阶段。在这个阶段,从受教育过渡到工作,从出生家庭过渡到自己的家庭,从依赖家长过渡到自己独立,青年正处于全面转折阶段。人生处于这个阶段的特点,可以综合概括为"两长"(长身体,长知识),"四最"(最积极,最有生气,最肯学习,最少保守思想),"两缺"(缺知识,缺经验),"五大高峰"(体力高峰,智力高峰,特征行为高峰,社会需求高峰,超常行为高峰),"五大需求"(学习受教育需求,劳动就业需求,生活和健康需求,休息和文化娱乐需求,恋爱和婚姻需求)。带给我们的启示是:青年人是一群过渡性的个体,推动青年健康成长,最主要的任务是帮助他们从不稳定走向稳定,把握方向。青年不是成人,我们不能用成人的标准要求他。

同样,中国梦也是在青年梦的全面过渡中逐渐生成的。决定青年的多元梦想能否凝聚成中国梦主要在于青年个体社会化进程的完成程度。知识的积累、历史的把握、国情的感知、感情的凝练都需要在持续的学习、实践、体验中方能生成固化。从这一点上说,中国梦并不是来自一个口号和短时的宣传,更多的是来源

于青年在过渡过程中的不断努力,而社会更应该为这种青年中国梦的生成创造良好的条件。

二、青年的结群性与中国梦的组织推动

青年是什么?如果我们强调青年在组织行为特征上的意义,青年是社会中最容易结群的年龄群体。相比于其他年龄的社会群体,青年的人际交往需求达到高峰,并且他们具有广泛交友的时间和精力。从青年的结群性特征分析,首先,青年在成长过程中,受伙伴群体的影响较大,所属的群体直接影响到青年人的价值选择。其次,由于青年较之其他群体更容易结群,所以一旦一个群体的问题有了广泛的影响,就会成为社会问题,因此各个国家都非常关心青年群体的发展和变化,特别关注特殊青年群体的发展问题,要开展工作去消除和缓解这些问题,社会才能保持平稳发展。最后,青年群体的力量引导得好可以成为进步的力量,引导得不好可以成为具有破坏性的力量。给我们的提示是一定要将青年凝聚在具有进步性的组织旁边,推动青年健康成长。

因此,青年在青年组织中接受影响,中国梦更需要青年组织的推动。共青团作为党的助手和后备军,理应发挥自己的组织优势,和青联、学联等组织一起,和更广大的青年社会组织一起携手同行,为中国梦的实现注入青年的组织力量。当前要突出解决组织的发动和覆盖、组织的服务和吸引、组织的活力和创新、组织的品牌和社会认同等关键问题,真正使得组织凝聚天下拳拳爱国之心,鼓起不懈奋斗之志,产生蓬勃创新之气。

三、青年的文化性与中国梦的创新动力

青年是什么?如果从文化意义上研究,青年是具有继承与创新、外显性和超前性的文化的创造者。青年文化作为社会文化中的一种,是发挥先锋作用的文化,是社会中重要的亚文化。五四时期《新青年》创刊中"敬告青年"就指出:青年之于社会,犹新鲜活泼细胞之在人身。新陈代谢,陈腐朽败者无时不在天然淘汰之途,与新鲜活泼者以空间的位置及时间的生命。人身遵新陈代谢之道则健康,陈腐朽败之细胞充塞人身则人身死;社会遵新陈代谢之道则隆盛,陈腐朽败之分子充塞社会则社会亡。可见青年文化对社会的重要作用。文化塑造青年,青年创造文化。青年既是人类文化的继承者,同时也是人类文化的创新者,关注青年文化就是关注人类文化的发展。青年的文化论给我们的启示是青年工作者要善

于用传统的优秀文化塑造青年,同时要善于发挥青年在创造先进文化中的活力,使他们能对社会文化的更新贡献自己的力量。

中国梦是一种传统文化的继承,更是一种新文化的产生。在中国梦的实现过程中,既要重视传统文化对青年的影响,同时也需要尊重青年的主体性,发挥青年的新文化力量。在新的时期,青年富有理想,同时他们也重视物质质量、生活品质;具有强烈的民族认同感,同时也更加具有国际视野、开放心态;认可国家制度和社会秩序但有着更高的民主和法治诉求;能紧跟科技发展步伐,积极主动地学习新知识新技能,创新意识和创造活力不断增强;服从团队需求,认同集体价值,但意识更加自主,追求更加多样,个性更加鲜明,自我价值追求更加浓厚;认可传统中国的文化,但更多地和以现代通信技术、网络等新技术为代表的现代生产力紧密拥抱。国家的希望在创新,创新的希望在青年,当代青年珍存自己的新文化特质,弘扬市场意识、开放意识、民主意识、科学意识、创新意识、环保意识,维护自由、平等、公正、法治,从身边做起,从自己做起,就能推动中国梦的早日实现。

四、青年的选择性与中国梦的信念坚定

青年是什么?如果从决策理论的含义研究,青年是人生决策的关键时期。选择既是作为个体的青年人格形成和发展的真正灵魂,也是作为社会群体的青年的真正灵魂。一个人在青年期的选择极其特殊。他要进行各种选择,如学业选择、职业选择、政治选择、价值选择、婚姻选择、家长选择。最关键的问题是,他所进行的选择绝大部分都是人生的第一次选择。第一次选择所学的专业,第一次选择所从事的职业,第一次选择信仰,第一次选择恋爱对象等,而随着第一次的结束,每个人的选择就会越来越少,毫不夸张地说,第一次选择决定未来。从这个观点出发,在如此多元化和强调青年主体性的社会中,我们的社会需要帮助青年去作出选择,这也是教育最大的任务,我们的社会需要帮助青年去作出选择,教育是责无旁贷的。要促进青年作出经济的选择、文化的选择、个人价值观念的选择,教育是教会青年学会选择,而不是给青年提供现成的答案。

青年的中国梦也是在选择中发展的。选择物质还是精神,选择奋斗还是享受,选择个人还是集体,选择抱怨还是务实,青年人选择得好与不好,很大程度上决定于青年的这些选择是否经得起时间的检验。在这方面,青年个人要提升前瞻力,站得更高,看得更远,做好人生的选择题,方能实现可持续发展。而社会的责任全在于给予青年选择的力量、选择的智慧、选择的勇气。

总之，中国梦与青年梦的关系实质上是一个理想在不同代际上的体现，是一个愿景在团体和个体中的最终融合。生活在今天伟大祖国和伟大时代的中国青年，共同享有人生出彩的机会，共同享有梦想成真的机会，共同享有同祖国和时代一起成长与进步的机会。青年是中国梦的推动者，更是中国梦成果的直接享用者。李大钊在《青春》一文中热情讴歌了青年和青春。他说：青年人进前而勿顾后，背黑暗而向光明，为世界进文明，为人类造幸福，以青春之我，创造着青春之家庭，青春之国家，青春之地球，青春之宇宙，资以乐其无涯之生，乘风破浪，迢迢乎远矣。一代青年的梦想必将必然成为中国梦中的核心组成，成为国家富强、人民幸福的强大动力！

第二十一节

青年如何学习党代会精神

全国青年学习党代会精神,虽然媒体有宣传,组织有安排,但要让青年学深学透,学出效果,绝不是一件简单的事。党的理论创新和实践创新是十分生动的,我们的学习也应该是生动的,不能仅仅停留在记住一些概念和提法上,要通过生动的方式推动青年把握住理论的历史逻辑、理论逻辑、实践逻辑。

青年开展政治学习,最核心的规律是要照顾青年特点,就是要会说"青言青语"。

一个政党的政治纲领站位很高,思想丰富,要落到青年那里最重要的是要根据不同青年的特点通俗化、具体化、青年化,把大道理讲成小道理,将过分理论性的道理讲成大白话,将宏大叙事拉进青年的生活。

有一个问题一定要研究:你知道新时代青年相信什么吗?不相信什么吗?沿着相信的逻辑去做就能取得效果,按照不相信的逻辑去说一定会让青年反感。

60个点子给青年们,看青年能不能把党代会报告这道"大菜"津津有味地吃进肚子里。

金点子1:2049年的我及我的下一代的幸福生活

围绕中国梦,围绕"两个一百年"奋斗目标的第二个战略目标,畅想属于当代青年和其下一代的美好生活,明确努力方向。为自己打拼,为下一代打拼,为自己的一娃、两娃、三娃打拼。

金点子2:青春的"小"与"大"

紧紧围绕"小小的我与大时代""我们的民族和广阔的世界"开展研讨活动。要有小追求,更要有大情怀。认知历史长河中的当代青年的际遇。开展"生逢其时"主题论坛,在报告中分析施展才干的舞台和实现梦想的前景。

金点子3:我的前半生,我的后半生

回顾走过的岁月、经验与教训,分享成长的经历,站在新时代,充电、蓄足马力再出发。也可以用我的几分之几人生等。

金点子4:"爱你长久"主题婚恋介绍活动

把学习党代会精神和青年婚恋介绍活动结合,联合多家单位,将党代会中与青年成才的核心价值观要求和家庭建设相关的议题设计成辩论话题、读书活动，在思想交流中增进感情，开展婚恋介绍活动。

金点子5：好爱你这一点

选择青年最感兴趣的一点，我最感兴趣的一点自己去加深研究，在团队中加深交流、充分交流。

金点子6：党代会的实惠研讨会

分析党代会报告中给青年生活带来的实惠，特别是和青年需要紧密相关的部分。

金点子7：职业发展，我们准备好了吗

通过分析报告明确未来五年国家行业发展趋势，分析自己求职和职业发展的新方向。

金点子8：基层青年议事会

积极发展基层民主，丰富基层直接民主制度体系和工作体系。组织和建立青年协商民主基层组织青年议事会，开展相关活动。

金点子9：法律与我紧相连

结合加快建设法治社会，弘扬社会主义法治精神，传承中华优秀传统法律文化，引导全体人民做社会主义法治的忠实崇尚者、自觉遵守者、坚定捍卫者，努力使尊法学法守法用法在全社会蔚然成风等核心精神，开展与青年紧密相关的法律学习活动，推进青年掌握法律知识，更好地守法用法。

金点子10：国家安全论坛

学习国家安全的相关知识，准确了解国家安全的方方面面，举办论坛，促进青年更好地理解国家安全的内涵，从行动上更好地推动国家安全。

（以上金点子有一个内在的逻辑机理，就是按照"青年相信利益"去设计）

金点子11：我拍掌，我感动

寻找党代会报告中的感情元素，特别是总书记在报告中获得掌声的地方。分析这些掌声代表的人民的情感。加大研究，体验中国人民的感情。

金点子12：新时代，我家的三代人

青年人寻找三代人的发展和情感元素。和爷爷奶奶、爸爸妈妈聊家庭的变化，寻找对国家、对社会感情的变化过程，体验时代发生的变化。

金点子13：新时代的情怀

寻找新时代中国共产党的情怀、总书记的情怀，理解讲述党攻克了许多长期没有解决的难题，办成了许多事关长远的大事要事的情感故事。可开展最佳朗诵的活动，回顾总书记的重要讲话。

(以上金点子有一个内在的逻辑主线,就是按照"青年相信感情"去设计)

金点子 14:一网情深党代会

充分利用青年喜欢的网络平台,通过微信、微博、网站、内网等做好相关运营,开展党代会最热帖、最多打 call、最强点赞活动。开发微信报。

金点子 15:党代会接龙

大家学习党代会报告和党章等文件后开展相应的接龙活动。可以通过词汇或者主题或其他形式前后连接。

金点子 16:弹幕党代会

利用青年喜欢的弹幕的方式,设计主题,选择平台,大家齐参与,大家齐围观。

金点子 17:我对党代会说,我对总书记说

围绕党代会以来的历史,围绕过去五年的工作和新时代的伟大变革,特别是总书记一路走来的故事开展故事会、朗诵会、演讲赛、辩论赛等活动。

金点子 18:党代会青年文创大赛

推出党代会青年文化产品创作大赛。让大家可以创作诗词、改编歌曲、朗读经典作品、制作视频等,开展比赛,相关作品可在单位食堂吃饭时播放。

金点子 19:党代会扑克

制作有党代会内容的相关扑克或者其他工具,把相关学习环节插入,边玩牌边学党代会。

金点子 20:党代会新知手册

编写党代会有关的知识的新知手册,特别结合本单位的具体情况,学习新知识,获得新理论,把握新方向。

金点子 21:漫画卡通中的党代会

创造相关政治漫画、卡通产品,在单位文化墙、卫生间等处巧妙悬挂。政治漫画值得研究。

金点子 22:中国文化博览会

围绕强化中国文化立场,推进文化自信自强,宣传中国精神、中国价值、中国力量,宣传民族的科学的大众的社会主义文化,举办大型或小型或者网上中国文化博览会。可设计茶品、美食、服饰、绘画、音乐等。也可将中华文化元素植入其他活动中。

金点子 23:寻找我的中华文化元素

作为中国人,你的中华文化元素在哪里?学习和认识中华优秀传统文化源远流长、博大精深,是中华文明的智慧结晶,其中蕴含的天下为公、民为邦本、为

政以德、革故鼎新、任人唯贤、天人合一、自强不息、厚德载物、讲信修睦、亲仁善邻等，是中国人民在长期生产生活中积累的宇宙观、天下观、社会观、道德观的重要体现，同科学社会主义价值观主张具有高度契合性。对这些文化进行讨论和交流。学习孔子等的人生哲学、汉字、丝绸之路和"一带一路"、中医、中国诗词、小说、音乐、书法、中国画、京剧、武术、中国棋等。

金点子 24：中华文化传播大使

开展专项能力提升活动，增强中华文明传播力影响力，坚守中华文化立场，讲好中国故事、传播好中国声音，展现可信、可爱、可敬的中国形象，推动中华文化更好地走向世界。

金点子 25：党代会过关

设计学习游戏软件或者 APP。把党代会文件设计成游戏软件，可设计党代会届别级过关。开展谁最先过关电子竞技活动。

金点子 26：中国如歌

举办歌曲欣赏会。找出歌推出套餐，可听可唱。选择新中国成立以来的反映中国变迁和青年风貌的音乐，配以相关图片和视频，反映时代变化。例如，1951 年创作的《我的祖国》，那时候青年爱唱的《青春友谊圆舞曲》；1981 年的《在希望的田野上》，那时候青年爱唱的《年轻的朋友来相会》；1991 年的《爱我中华》，1994 年《春天的故事》和 1997 年的《走进新时代》，那时青年爱唱的《20 年后再相会》，2010 年的《五星红旗》，2017 年的《不忘初心》和青年爱唱的《我相信》等，新时代以来的重点歌曲如《领航》《少年》《星辰大海》《强军战歌》《再唱山歌给党听》《今朝》等，做个好的音乐欣赏会，在音乐和歌声中认识国家发展。

金点子 27：团结就是力量

举办主题活动，唱响《团结就是力量》等歌曲（如《众人划桨开大船》等团结类歌曲），从历史视角、理论视角、实践视角探讨为什么团结就是力量，团结才能胜利。

（以上金点子有一个内在的逻辑机理，就是按照"青年相信文化"去设计）

金点子 28：我的这五年，我的这十年

回顾五年来和十年来自己的变化，自己生活等各方面的进步，周边社会环境的变化，大家在讨论中描绘出大家的五年和十年变化地图，可以得出国家发展的事实。可回忆五年和十年来大家难忘的典型事件。制作照片墙等。

金点子 29：十年，青年的力量

回顾十年中国青年奋斗史，开展主题活动，体会青年的力量。比如，在脱贫攻坚战场摸爬滚打，在科技攻关岗位奋力攀登，在抢险救灾前线冲锋陷阵，在疫情防控一线披甲出征，在奥运竞技赛场奋勇争先，在保卫祖国哨位威武守护等历史，也进一步激发青年前行的动力，感悟发挥青年优势的路径，真正发挥民族复兴的先锋力量。

金点子30：党代会就要大数据

广泛学习报告中的大数据，采集大数据，特别是从历史、世界角度分别比较我国经济实力实现历史性跃升的数据，大家一起利用更多的数据反映时代的变化。开展数据分享，数据分析等活动。

金点子31：攻坚分享会

分析党代会报告中提到的攻克了许多长期没有解决的难题，办成了许多事关长远的大事要事，分析攻坚取得成效的方法和经验，展开深度学习和研讨。

金点子32：中国式现代化论坛

学习中国式现代化理论，通过生动的方式促进青年理解中国式现代化，是中国共产党领导的社会主义现代化，既有各国现代化的共同特征，更有基于自己国情的中国特色。中国式现代化是人口规模巨大的现代化，是全体人民共同富裕的现代化，是物质文明和精神文明相协调的现代化，是人与自然和谐共生的现代化，是走和平发展道路的现代化。

金点子33：我是世界第一

围绕中国的世界第一和世界之最开展研究和分享。将"老四大发明"（造纸、指南针、火药、印刷）和"新四大发明"（高铁、支付宝、共享单车、网购）及新时代以来的新突破一起讨论，研究世界上最大的高速铁路网和高速公路网的发展历史，研究"新四大发明"和5G等为什么产生，寻找自身成长动力。

金点子34：红色党代会

充分利用各地红色资源，结合党代会精神，深入学习建党精神，巧妙设计，进行现场体验和历史回顾。

金点子35：精神摆"谱"

学习以建党精神为源头的中国共产党人精神谱系，开展精谱系研究，更好地推动青年传承革命优良传统和作风。

金点子36：党代会的精神餐

寻找党代会报告中所提到的精神，分析精神的内涵，对照自己，提高自己的精神力量。重点弘扬伟大建党精神，大力发扬斗争精神、永葆奋斗和奋发有为的精神，发扬钉钉子精神、法治精神、首创精神，弘扬劳动精神、奉献精神、创造精神、勤俭节约精神等。

（以上金点子有一个内在的逻辑机理，就是按照"青年相信事实"去设计）

金点子37：我的立场、观点、方法分享会

围绕坚持人民至上、自信自立、守正创新、问题导向、系统观念、胸怀天下开展分享会，设计深入探讨环节，结合国家、民族、政党和自身发展深刻认识其哲学原理，强化在实践中的运用。围绕战略思维、历史思维、辩证思维、系统思维、创新思维、法治思维、底线思维开展"思维风暴会"，提高青年前瞻性思考、全局性谋划、整体性推进事业发展的能力。

金点子38：我为中国强素质

针对有的外国人说中国人素质不高，结合党代会提出的素质要求，寻找自身差距，确定行动目标。如你的法律素质如何、你低碳了吗、你公益了吗等。在这方面，可进行国际比照。

金点子39：最有精气神

理解志气、骨气、底气的内涵，理解不信邪、不怕鬼、不怕压的具体所指。开展情景模拟和角色扮演。深入探讨斗争精神培养的重要意义。

金点子40：精神素养加油站

围绕党代会报告中提出的"广大青年立志做有理想、敢担当、能吃苦、肯奋斗的新时代好青年"，深入探讨对此内涵的理解，结合自身，给自己的精神加油。开展相关主题活动。

金点子41："又又有你"主题团日

分析"怀抱梦想又脚踏实地，敢想敢为又善作善成""两又"的内涵，确定自己的提升目标。

金点子42：我的正能量

探讨：自己的正能量在哪里？我的理想、我的价值、我的道德观念是否和谐统一？我对周围的影响是否积极向上？

金点子43：新时代，我的新机会

结合党代会学习，了解国家的发展趋势，结合自己的实际情况，寻找自身的机会和努力方向。探讨我在中国的机会，我在世界上的机会。

金点子44：走过世界的我

结合中国构建人类命运共同体，寻找自己在世界上的发展机会，研讨自己的国际跨文化能力，在世界上构建精彩的自我，为民族发展作出自己的贡献。

金点子45：人类价值模拟联合国

开展模拟联合国活动，深化青年理解世界各国弘扬和平、发展、公平、正义、民主、自由的全人类共同价值，促进各国人民相知相亲，共同应对各种全球性挑战。开展世界文明多样性学习活动。

金点子46：我的成才路

在人人渴望成才、人人努力成才、人人皆可成才、人人尽展其才的时代里要早日成才。深入探讨成才的相关课题，研讨自己的成才根基、成才主干、成才匹配和成才环境，和杰出青年进行交流。

金点子47：跟上世界最前沿

结合国家推进新型工业化，加快建设制造强国、质量强国、航天强国、交通强国、网络强国、数字中国的新形势，积极开展读书、学习、交流活动，努力学习这些新知识、新技术。

金点子48：我是大国小工匠

结合国家正在建设知识型、技能型、创新型劳动者大军，弘扬劳模精神和工匠精神，培养卓越工程师、大国工匠和高技能人才，营造劳动光荣的社会风尚和精益求精的敬业风气，探讨自己在工匠精神上的现状和下一步的奋斗目标。开展交流和学习活动。

金点子49：青年创客工作室

结合当前国家正在培养造就一大批具有国际水平的战略科技人才、科技领军人才、青年科技人才和高水平创新团队，开展创新主题活动，着力激发青年创新素质，推动单位创新事业。（这个活动很有发展前景）

金点子50：根在基层

结合当前国家正在抓好后继有人这个根本大计，健全培养选拔优秀年轻干部常态化工作机制，大力发现储备年轻干部，注重在基层一线和困难艰苦的地方培养锻炼年轻干部，源源不断选拔使用经过实践考验的优秀年轻干部的形势，创造各种机会到基层和艰苦地区调查、体验、挂职等。了解国情，加深和基层群众的感情。

金点子51：我的困惑我来解

在学习的过程中，收集大家的学习困惑。比如，如何理解中国特色社会主义理论体系的新飞跃？如何理解中国式现代化道路和西方所提的现代化道路的差别？如何理解有理想、敢担当、能吃苦、肯奋斗的时代内涵？发现困惑后，自己和团队一起研究寻找答案。

金点子52：青年民生工程

在"青年民生"上要有更大的作为。结合报告中"增进民生福祉、提高人民生活品质"部分探讨大家相关的就业、健康心理、教育成才、恋爱婚姻家庭、社会参与等发展中的实际问题，结合国家中长期青年发展规划，确定相关服务重点，开展长期品牌活动。。

金点子53：我的"厚薄青春"

把党代会报告读厚，把党代会报告读薄。"厚"是指不明白的地方继续读书和相关材料。"薄"是指将党代会报告提炼出最简单的三句话。大家可以在这个活动中增进交流。

金点子54：党代会台历

设计党代会台历或电子台历。每天学"习"一点点，每天进步一点点。深化党史学习教育，不断探索常态化长效化学习机制，开展每天的党史、政治生日相关活动。

（以上金点子有一个内在的逻辑机理，就是按照"青年相信规律"去设计）

金点子55：最精彩批注

可以将报告原文重新排版，留下批注空白，发给每个团员青年，可读后批注，收上来后可以将精彩批注拍照，放在组织微信里晾，可以每十条每十条通过网络投票评出一条优秀的，给予红包奖励。

金点子56：青年政策理论宣讲员

开展宣讲研讨，不断提高宣讲水平。结合党代会的宣讲，同时结合演讲和口才的培训（注意，这一点我特别强调，一定要把青年兴趣和才能增长叠加进去），评选出最佳青年政策理论宣讲员。到街头、广场、食堂的青年聚集地开展活动。

金点子57：青年培训师

可围绕党代会的内容，青年选择相关的感兴趣的点，申报可讲的培训内容，举行讲课，开展最优青年培训师评选。可和团课讲授结合。

金点子58：特别的我贡献特别的党代会

每个青年考虑自己的个性特长和潜能，看能为党代会学习贡献什么。设计进去，开展个性服务于党代会的学习活动。

金点子59：我公益、我组织、我影响

结合党代会精神，比如，党代会提出的在全社会弘扬劳动精神、奋斗精神、奉献精神、创造精神、勤俭节约精神等，可在单位建立推动勤俭节约公益小组，团组织予以大力支持。以此类推，激发单位公益达人，夯实单位公益基础，团组织予以大力支持。年度可进行公益青年公益创新评比。

金点子60：我们的中国

结合增强中华文明传播力影响力，坚守中华文化立场，讲好中国故事、传播好中国声音，展现可信、可爱、可敬的中国形象，推动中华文化更好地走向世界。从可信、可爱、可敬深度学习和分析,通过线下和线上、中文和外文、文字和音视频对外讲好中国故事。

(以上金点子有一个内在的逻辑机理,就是按照"青年相信自己"去设计)

已经很多了,头脑风暴之后,大家知道青年学党代会的核心方法了吗?青年在网络上,你不在网络上行吗?青年比较关注个人价值的实现,你不关注行吗?青年更多出国了,你不具备世界眼光行吗?……一条,按青年喜欢的路径,把握住青年的利益逻辑、情感逻辑、文化逻辑、事实逻辑、规律逻辑、个人逻辑去开展活动就好。把党代会学习这件很有意义的事情做得很有意思,把青年每天玩的有意思的事情引到学习党代会这件有意义的事情上来,你还犹豫什么?

最后,我还有一个很重要的建议。政治学习从来就不是一阵子的事情,要长远,要构建长久落地的青年学习政治有效机制。如继续开发类似于"模拟党代会""跟总书记学""每天的党史""政治生日""青年政策宣讲员""青年培训师""政治辩论赛""政治漫画赛""政治故事会""网络政治报"等品牌,这才是政治学习最基础最巩固的阵地。

第二十二节

新时代共青团思想政治工作

新时代共青团思想政治工作的秘方在哪里？今天主要和大家交流两个最核心的问题，一个是要重视价值观的引领，另一个是要树立科学思维。这两个问题把握准确了，共青团思想政治工作就能迈上一个新的台阶。

一、思想政治工作要重视价值观的引领

价值观是人们判断事物、评价行为以确定目标的内心准则，是驱使人行动的内在动力，它支配着人的思想、驾驭着人的行为。我们要对不同类型的青年价值观进行深入的分析并采取对策。

今天我以青年公务员价值观为例来说明这个问题，可以看见进入新时代青年的思想价值观比过去呈现出更加复杂的局面，思想引导工作变得更难，更需要精心设计。机关青年价值观还处在不稳定的发展阶段，充分分析当前机关青年价值观的特点并有针对性地加以引导是机关青年工作的核心。

总体上说，和社会其他青年相比，机关青年的价值观呈现出积极和进步因素更多。但是，我们依然要关注当前在一部分机关青年中存在的价值观矛盾心态，这些矛盾如果不能有效解决，将对青年公务员的状态产生消极影响，进而影响到机关事业的发展。

从近年的大量调研发现：这种矛盾主要体现在以下方面。

第一，机关青年政治素质高，但一些青年对党的理论的深度理解还有待加强。近年，机关调查发现：虽然机关青年政治素质整体偏高，但其"软肋"出现在理论功底上。比如，对深层的理论问题解释不清进而不能理直气壮；比如，对爱国和坚持中国特色社会主义道路、坚持共产党的领导认可度出现的不一致现象；比如，认同党的路线方针政策但同时对未来发展信心不足。这些都是这种矛盾的反映。

第二，机关青年集体价值观占据主流，但近年也对个人价值和自我价值观更加重视。当前机关青年认同理想抱负，但也渴望实现个人价值。近年，考虑个人

因素和自我价值有所上升，并进而对机关工作的传统管理体系和激励体系提出了更多的看法。

第三，机关青年有着积极的幸福观和健康的成功观，但相比于过去，幸福和成功中的家庭因素和对个人生活品质的强调有所上升。大部分青年能为公共利益而工作，并渴望得到社会的承认和他人的尊重，但也希望能同时处理好个人健康和家庭幸福，因此对加班加点，带病工作等现象有了更多的认识。

第四，机关青年高度重视精神因素，但近年随着青年人现实生活压力的增大，收入、住房等物质因素及家庭育儿等现实问题也开始影响机关青年的职业选择。越来越多的人不得不承认，这些基础问题如果不能很好地解决，的确影响部分青年公务员的心态。

第五，机关青年希望展现自己的价值，但由于单位岗位稀缺，上升空间有限，加之机关的激励文化尚显单一，青年存在后续激励不足的问题，使得部分青年向上动力缺乏，不思进取，得过且过。

第六，机关青年迫切希望提高自身素质和能力，但由于平时培训时间少，往基层锻炼的机会相对缺乏，素质能力难免较长时间在一定高度水平徘徊，这使得他们对自己未来发展充满忧虑。

第七，机关青年有比中老年更多的创新思想和创新观点，但基于机关的工作性质和文化特征，特别是青年参与的渠道还有待拓宽，青年人不得不对自己的言行举止有所约束，使得青年人的激情不能很好地释放，机关创新资源没有得到很好的利用。

第八，机关青年对党团活动能够积极参与，但由于工作繁忙，同时由于党团工作的宣传方式和活动方式还不能满足青年的要求，有的青年存在消极心态，存在"人在现场，心思皆无"的现象，思想政治工作作用发挥大打折扣。

应该说，以上这些价值观的矛盾都是在机关青年工作中要高度关注的课题。解决这些问题的方法是什么？核心是在青年中高扬机关的公共理想。而这个过程既来自优秀机关公务员对自己内心的严格要求，同时也要依靠强大的机关支持体系，分析青年理想的产生发展特点进而更好地保护理想、支持理想、激发理想是机关青年工作的重要使命。

总体上说，机关青年工作应该紧紧围绕实现中国梦，推动机关党政事业发展的中心目标，以高扬理想为旗帜，在一个巩固和五"做"五"真"中采取对策，全面推动青年工作的发展。

更好地把青年团结组织动员起来
如何做好新时代共青团工作

1. 青年工作机制建设成果要巩固，给青年的理想以强大的后盾支持，形成好态势

机关要进一步巩固青年工作机制建设成果，重视和加强对青年工作的领导。积极创造条件，为青年成长成才搭建平台。加强基层团组织和青年工作组织建设，做好团干部培养工作。

当前，进一步创新青年工作机制需要在思想上有更大的解放。和过去一样，青年工作的目标是将青年紧紧凝聚在单位党政中心工作周围，激发青年的积极性，使他们快乐成长，早日成才，走向成功。和过去不一样的是：对于新时代成长起来的青年，对于生活在一个不同于前人的政治经济社会文化环境中的青年，他们从不成熟走向稳定，在激情和现实的碰撞中寻找理想的过程注定是特殊的。青年工作的重要目标是立足他们的特点和现实，创造新的青年工作文化，从而真正推动他们的健康成长。

当前核心是要直面青年理想高扬、需要服务、感情沟通这些方面的重大关系，重点回应正在成长的青年自我价值、多元个性与传统价值观的内在矛盾，着力解决机关青年日益增加的生存压力问题。

2. 思想引领往"深"做，给青年的理想以深度理性支撑，追求"真信仰"

推动机关青年成为"觉悟高"的好青年，就不能满足于对党的路线、方针、政策支持的较高数据，更要追求支持的深度理性。

把握理论武装的重点方向，在有的问题上要深度解决。如：①对马克思主义的科学理解；②对中国特色社会主义的科学理解；③对党的发展所面临问题的理解；④对中国传统陋习发展的理解；⑤对自我价值和服务社会关系的理解；⑥对个性释放和团队价值关系的理解……

把握理论武装核心路径。只有通过寻找规律、发现现实、认识历史等丰富的方式才能真正使机关青年在以上问题面前心中有数，选择明确而达到理性认同，激发自发力量。这种"深"一定是不回避任何问题，仔细探讨，答疑解惑，抱定不搞清楚不停步的探索精神，真正获得理性的支持力量。

在这方面，当前青年理论学习小组是一个很好的载体，可以加强建设。

3. 职业发展往"宽"做，给青年的理想以多元理念丰富，追求"真价值"

什么是机关青年的职业发展？答案只有一个，为党政事业作出自己的更大贡献，这是最真的价值、最高的理想，而这种价值并不必然与职位、工资等对等。

要让机关青年感到心情好，不可能去提拔所有的年轻人。这提醒我们机关单位激励体系一定要更加丰富，回到真正的价值原点。当前，如何走出略显单一的激励体系，特别是约束有余、激励不足的问题是激发青年投身职业发展的本质问题，要重塑激励新体制。塑造多元成功观，让青年积极向上的劲头都能及时得到认可，巩固职务价值（让职务升迁成为机关青年的强大正激励），强化核心价值（丰富机关青年的工作感知，促使他们真心感受到自己推动了机关的事业，激发内心高度自豪感）、丰富沟通价值（开展与领导和同事沟通的相关活动，增进青年与领导的信任，促进单位的良好的人际关系）、延伸发展价值（提供更多的培训和进修机会，推动青年不断进步，素质提升）、重视个人价值（为青年提供更多的个人多元展示平台，包括自组织、爱心活动等，促进青年的潜能的及时发挥和认可）。而这一切需要我们更加细致地了解每名青年员工的需要，真正做到以人为本，"个人定制化"打造激励体系方能得到实现。

4. 培训学习往"细"做，给青年的理想以坚实能力支撑，追求"真本事"

对机关青年的培训总量和针对性是亟须解决的问题，要将培训学习视野拓宽，真正提高机关青年的能力，使其获得真本事。

采取更大力度的读书、培训、讲座报告等方式丰富机关青年的知识；采取更大力度的实践、考察、实训等方式提高机关青年的能力；启动机关青年实习挂职计划，增进机关青年对基层的了解。下大气力增进青年和各方面的交流，设计相关培养项目，使得青年懂市场、懂社会、懂基层、懂国际。

5. 服务青年往"实"做，给青年的理想以扎实需要基础，追求"真利益"

由于机关青年当前的生活压力增大，在提倡青年高扬理想的同时，要高度关注青年的切身利益。青年的理想需要物质基础强化，服务青年要有干货，在过去青年工作较好的服务基础上，还需提升服务的实效，重点关注青年各类需要的满足。当前服务的重点有服务青年的收入、住房和职务发展等。最核心是，在这些方面开展深度调查，摸清青年情况，反映青年声音，给机关决策部门提供政策依据；如注重心理支持，加大单位青年心理压力缓解工作的力度；如加大对机关青年家庭的支持。对于未婚青年，继续开展相关服务，推动"鹊桥"工作更有实效。对于已婚青年，重点加强孩子的成长教育支持工作，将家庭幸福和事业发展紧密联系，实质地推动机关青年的幸福感提升。例如，加大青年在单位积极参与的渠道和途径。鼓励青年对单位的发展提出创新建议，举办机关青年创新论坛或类似品牌的活动，推动机关领导和青年更多的沟通交流。

6. 青年工作往"新"做，给青年的理想以生动活力激发，追求"真凝聚"

发扬机关青年工作的优良传统，全面改进青年工作方式，实现团工作的全面转轨。例如，推进青年工作的网络化；将更新宣传方式作为创新的突破口，思想引导工作去概念化，增加生活化，增强问题意识；巩固效果好的青年工作品牌活动，扩大参与面，增强活动实效；加强创新制度的建设，及时发现、总结、推广基层最鲜活的创新案例，坚持用典型引路的方法激发基层团组织活力，推动基层团工作创新，通过以上的工作，真正使机关团委成为机关青年想得起、找得到、靠得住的组织，全面提高团组织的凝聚力。

总之，一个"巩固"是紧紧地发挥党政组织对青年工作的支持作用，五"做"五"真"的全面突破则是全面挑战团干部和青年工作者的激情和智慧，这些目标的实现将真正推动机关青年工作的发展。

二、共青团开展青年思想政治工作的四种思维方式

青年核心价值观的引领工作是一个大课题，共青团组织所做的工作只是这个大体系中的一个小部分，团组织只有认清自己的定位，把握工作须为、能为、可为等关键问题，才能在思想引导中发挥更大的作用。无论共青团组织活动呈现得多么丰富，其核心功能是为政党凝聚青年，通过各种方式传递与政党相关的政治知识、政治情感、政治信念等。这种传递要特别关注到四种思维方式。

1. 共青团开展思想引领活动要树立系统思维

什么叫系统思维？就是共青团不能"包打天下"。那种认为核心价值观引领的工作就是共青团要做的，青年思想产生问题就说明团组织工作存在这样或者那样的问题，这种思维方式并不科学。青年价值观的形成有一个大的系统，第一来源于学校，第二来源于家庭，第三来源于社会传播，一个青年的价值观就是在综合体中完成的。以大学为例，虽然大学团委能做许多引领工作，但专家教师、青年社团，还有父母、家长，还有社会上的影响都很重要，共青团做这项工作要在系统的角度里面去考虑自己的地位和作用，思想引导工作才能够做得很好。

系统思路给共青团提出的启示有两方面。

首先，把组织的触角渗透到其他相关影响因素中。比如，共青团在学校能做什么？比如，在学校里努力做一个大学生喜欢的校园媒体。共青团能在课堂里面

做什么？在教室里，很多学生社团贴了一些标语和海报，包含着需要传导的价值理想。共青团活动能进入家庭吗？共青团能把它的工作延伸到社会传媒吗？这些方面都值得探索。总之，思考要系统，触角要进入系统中，这项工作和团的组织建设都可以很好地结合。

其次，要建立青年价值观引导评价体系。发挥团组织的组织动员优势，团组织要努力发现社会上存在的种种问题，发现学校有什么问题，家庭有什么问题，社会传媒有什么问题，通过组织成员和网络的优势定期研究青年思想引导上社会系统存在的种种问题并进行判断，将这些材料总结及时上交党政相关部门，及时将青年的"思想温度"告诉党，成为优化系统的重要推动力量。

2. 共青团开展思想引领活动要树立传播思维

团组织当前做了许多工作，但确实影响力有限。究其原因，很重要的是没有把握传播规律，形成青年不喜欢的刻板印象。比如，现在一讲核心价值观，很多人想到的就是举办团日活动开展学习，就是拿一张报纸、拿一份文件在那里读让团员学习，这种单向灌输式的传输方法太强求青年，已完全不适应当代青年的需求。政治传播具有很多规律，不遵循规律就会影响到效果。从现在的情况看，网络宣传工作对基层团干部难度很大，基层的团干部并不知道该靠什么引导，而只知道把上级的短讯在网络上进行转发，不能够面对基层的问题去落实，进行非常深入的引导。

其实核心的东西就是要尊重传播规律，就是要了解当代的青年，新时代的青年到底要信什么，确实要正视当代青年存在的一些"政治冷漠"现象。比如，很多青年信利益，信需要，他信很实在的东西，如果你的思想引导和利益相关，他就会很感兴趣。青年人相信感情，特别是他会关注谁在传递信息。如果是一个他所喜欢的人，有感情的人传递信息，他就会更加相信。青年相信规律。比如，现在号召大学生到基层去工作，告诉他们基层能够成长起来，他们会问：大学生下基层到底是什么情况？他会说我想留在大城市，这里机会多，更公平。但是到基层，大学生就会淹没在复杂的人际关系中，如果你拿不出事实去说服他的这点小心思，你就无法说服他，总之事实是什么，规律是什么？这是教育的关键，还真的不是靠一时的情感感染，对此，我们要有充分的认知。

因此在网上开展思想引导工作，要经常问：在做的思想引导工作，有利益吗？有感情吗？事实在哪里？有基本的底线吗？如果没有这些东西，青年人是不会相信的。团组织要研究思想引导的这些深层次问题，进行整体设计和推动、渗透，才能推动网络思想引导工作。

3. 共青团开展思想引领活动要树立组织思维

共青团组织的引导工作有什么特点和优势？特别是和学校比，和家庭比，和社会传媒比到底有没有优势？这是需要充分研究和高度关注的，如果确实存在，毫无疑问要发挥出来。

中国共青团是一个非常生动的青年组织，怎么发挥这个组织的力量，这是最重要的，而这种组织的力量从核心上说是组织性和社会性的力量。

要发挥这种力量，当前有几个问题需要突出解决。第一，共青团组织的发动力、团干部的意识形态工作能力亟须增强。当团组织遇到复杂的思想问题时，团干部首先要有这种能力去辨别、说服、引导。第二，共青团组织的主体——广大的共青团员的先进性和组织意识还要增强。如果作为核心的团干部带着广大团员，不断表现出先进性特征特别是典型行为，就不可能在整个社会上缺乏影响。但是，这个先进性需要更加具体化和可视化。比如，传播社会主义核心价值观，如果对个人来讲提爱国、敬业、诚信、友善，那么对团员到底提什么，爱国到底是什么？团组织不能提个工作口号。爱国到底是什么？可以有各种具体的解释。如果说爱国就是要爱我们的国家环境，组织就可以动员全国已经工作的团员在下班路上顺便拾垃圾，全国在职团员都这样做，建一个体系，就会有很大的影响，长期坚持，必有功德。又如，爱国就是维护我们国人的良好形象。目前，一些国外的人瞧不起中国人，认为中国人素质低，我们要正视这种鄙视。团组织可以好好研究一下，在与国际交流的过程中，一些国人到底需要提升什么？把这种研究工作也作为教育团员的鲜活素材并外化为一些主题活动。这都体现了团组织践行社会主义核心价值观的要求，将这些概念化的东西落在实际过程中，这样做，核心价值观引导就具体和鲜活了，青年一定也会喜欢。还有要强化组织的品牌建设问题。比如，青年志愿者这个品牌是团组织很有社会影响力的金字招牌，但是如何深化，这是一个极大的问题。同时，这样的品牌对于团组织还太少，一个关键的原因是团干部的流动性使得团干部很难静下心来做积累，这个问题一定要解决好，否则共青团组织就无法发展甚至失去存在的逻辑空间。

4. 共青团开展思想引领活动要树立专业思维

在推动专业发展上，当前存在着一些重大的矛盾。专家们对理论把握得比较多，但他们不了解共青团工作；而许多团干部谈论问题就事论事，规律把握得不够，也无法找到对策。当然团干部队伍里也会出现一些理论水平很高的领导，但是他们不可能长期做团的工作，这就是一个矛盾。要解决这个问题的话，核心是把专家和团干部的队伍结合起来，创新平台。这样的平台能推动专家接触一线实际，让他懂得团的工作，并且长期跟着团，他就会对青年的类型了解得越来越具体，对青年的价值观的发展就会把握得更加深刻，那工作就可以上一个台阶。

共青团组织在思想引导上可以有所为，但不可能全部为，推动有所为的关键是在系统思维、传播思维、组织思维、专业思维，有了这四种思维方式，共青团的思想引领工作才能更上台阶。

第二十三节

促进青年成才，建功伟大新时代

进入新时代，共青团要围绕主责主业，把培养社会主义建设者和接班人作为根本任务，推动青年成才是共青团的核心要务。

青年的成才规律是什么？在人生道路上不断得到成长和发展，获取事业上的成功和早日成才是广大青年的愿望。怎样能够在人生的道路上不断获取一个又一个的成功，国内外的专家、学者、成功人士等都对此问题进行过探索。伟大人物的传记、时代人物的事迹，以及成功学、成功术等各式各样的成功学论著和读物成为希望获取成功的广大青年经常翻阅、学习和借鉴的资料。

今天我给大家介绍我们开展的全国杰出青年成才规律研究和结论并对共青团推动青年成才工作提出相关建议。什么是青年人才的成长规律？我们开展了"杰出青年成才规律"的课题研究。课题试图通过对全国各项工作中出类拔萃的杰出青年的调研和访谈，总结出杰出青年成功和成才的主要规律和基本做法，以便使广大青年参考和借鉴，正确处理好工作生活学习中的各种矛盾，更好地在国家发展的各项事业中发挥生力军的作用。

一、概念、研究方法和过程

一个好的研究必须明确内涵，方法科学，过程严谨，方能得出科学结论。

1. 概念

所谓"杰出青年"是指在单位这一组织的工作中作出了突出贡献，并且在广大青年中具有影响力的青年，而不泛指在社会生活中或在家庭中取得杰出成绩的青年。"成才"是指成为单位人力资源中较为优势并对单位有创新性贡献的人。"规律"是指从众多杰出青年的成才的经验中抽象出来的普遍性法则，循此法则，青年便可成才。

2. 研究方法

本研究采用质的研究方法，针对评选的"十大杰出青年"作为研究样本，进行访谈和调研。通过采取结构性访谈的方法抽象出青年人才成长的规律。同时也关注从杰出青年的经历和做法中总结出可供借鉴和具有可操作性的处理问题的方法、经验和规律，提供给广大青年参考和借鉴，以便引导青年树立正确的世界观、人生观和价值观，帮助广大青年解除困扰，更好地投入国家发展的事业中。

3. 研究过程

为了更好地发现青年人才的成长规律，我们的研究开展了四个阶段。

第一阶段：在杰出青年的单位组织了青年座谈会以及与主要领导的访谈，从青年本人和组织要求两个角度充分了解和掌握目前青年在成长和发展道路上最为关心的问题、面临的最主要的困惑、最突出的矛盾和最需要处理的关系，他们对优秀青年人物的评价等。

如和青年的座谈会的主要内容是：①你认为杰出青年需要什么样的素质？本单位杰出青年成长有何规律？你最关心的关于成长的问题是什么？本单位青年成长中最突出的矛盾和最需要处理的关系是什么？②你如何评价本单位的杰出青年人物？

和单位领导沟通的重点问题是：①你认为在本单位杰出青年成长需要什么样的素质？成长有何规律？单位领导最关心的青年中成长的问题是什么？本单位青年成长中最突出的矛盾和成长中最需要处理好的关系是什么？②你如何评价本单位的杰出青年人物？

第二阶段：根据第一阶段的访谈记录，对广大青年在访谈过程中提出的主要问题、困惑和矛盾进行归类和梳理，同时总结大家对优秀青年人物素质的评价，在此基础上提出研究假说，设计对杰出青年的访谈提纲，并广泛收集历届"杰出青年"背景材料。

第三阶段：根据访谈提纲，对"杰出青年"开展细致的访谈，让他们讲述自己成才的过程和关键因素，针对广大青年所最为关心和最为困惑的问题，也询问"杰出青年"自己的处理方法和经验。

第四阶段：根据访谈记录，对"杰出青年"的成才共性与处理主要矛盾和主要关系方面的经验和做法进行梳理和总结，提出杰出青年成才规律。

二、结论："成才树"理论

根据我们前期对青年成才研究相关文献的整理及对座谈会及领导访谈内容的吸收，特别是对杰出青年的访谈分析，对提出假设的验证，我们初步构建了青年成才的"成才树"理论框架。

所谓"成才树"理论是将能够影响个人发展和成才的众多因素进行分类及对变量的把握,总体上说,这些变量和规律呈现出类似树的结构,"成才树"包括树主干、树根部、树分支和影响树的成长的阳光、水和空气等外在因素。我们分别把它们叫作成才根基、成才主干、成才枝茂和成才环境。这四大方面构成了青年人成才的关键变量。

1. 成才根基

成才有先天因素。"成长树"根部因素是指促使青年获得成功,作出杰出贡献,发挥青年影响力的基础特质。这些基础特质主要具备以下几方面的特点。第一,成长期前即已形成,成长期难以改变。一般来说,"成长树"根部因素主要是在青年进入成长期之前已经形成,在进入成长期之后基本无法改变的能够促使青年成长的因素。比如,性别、家庭教育因素、学校教育背景、性格特征、相貌等。第二,内隐性。"成长树"根部因素相对于"成长树"主干因素和枝条因素来看,它不像主干因素和枝条因素一样在平时的工作业绩和人际关系中外显出来,而是深深隐藏在地下,是一些看不见、摸不着却对青年成长有重要推动作用的因素。比如,自信心、创新精神等。第三,给养性。"成长树"根部因素为"成长树"主干因素和枝条因素发展与壮大输送着源源不断的养料。比如,自我成就动机、责任感、使命感等。总体来看,"成长树"根部因素主要包括家庭教育背景、学校教育背景、性别、性格特征、相貌特征、自信心、创新精神、自我成就欲望、责任感、使命感等。

2. 成才主干

成才需要普遍素质。"成长树"主干因素是指无论性别、年龄、行业、部门和工种,杰出青年成长均具备的因素。"成长树"主干因素所具备的特点是:第一,主体性和核心性。判断一棵树是不是栋梁之材,能否长成参天大树,主要看树干是否完好和粗壮。因此,判断一个青年能否成为杰出青年,主要看"成长树"的主干因素是否都具备和满足了。如果一个青年主干因素都满足和具备,那么再给予合适的环境和养料,就有可能成长为栋梁之材,反之,如果树主干遭受了严重的病虫害的袭击而损害,即使周围环境再优越,也很难成长为栋梁之材。第二,普适性。无论白杨树、银杏树、梧桐树还是松柏树,无论小树还是大树,无论是高山上的树、丘陵上的树还是平原上的树,无论是南方的树还是北方的树、无论是国内的树还是国外的树,只要被称为树,它可以没有枝条,但必须有主干。同理,无论是什么职业,无论是男性还是女性,无论是20岁、30岁、40岁还是50岁,只要是杰出青年均需要具备和满足的因素。第三,外显性。树的主干粗细、好坏，有没有遭受病虫害，很容易可以观察到。因此，"成长树"主干因素也是看得见、摸得着的，具有可衡量性，比如，业务水平高、人际能力强、道德修养好、谦虚等。第四，可改善性。对树来讲，可以通过修剪和病虫害防治等一定的方法来帮助树干变粗变壮。同样，对于"成长树"的主干因素是可以通过一定的方法而提高和改善的。比如，人际能力是可以通过掌握一定的方法而提高的。总体来看，"成长树"的主干因素包括对待自己：（如学习精神、创新精神、务实精神）、对待他人（如道德修养好、注重人际关系、团队能力强、谦虚，尊重他人等）、每天的总结提升机制（如抗压能力强、善于反思和总结等）。

3. 成才枝茂

成才需要匹配。"成长树"枝条因素是指杰出青年成长具备的，与职业特性和要求相匹配和切合的因素。"成长树"枝条因素所具备的特点是：第一，匹配性。对树来讲，杨树的枝条一般比较高并且伸展性强，而不像松柏的枝条那样低且聚拢好，银杏树的枝条较直并且坚挺，而垂柳的枝条又垂又柔，随风轻摆更具美感。杨树不应该长出松柏的枝条，银杏的枝条要像垂柳一样向下低垂并轻摆也不能被称为银杏树。同样，对"成长树"来讲，不同的职业、岗位上的"成长树"需要具备不同的枝条因素。枝条因素只有与其相应的职业和岗位的特点相匹配，枝条因素才能为整个"成长树"的茂盛和蓬勃发展发挥应有的作用和贡献。如果不相匹配，就像银杏长出了垂柳枝，"成长树"不是成长为这个领域中的栋梁之材，而是可能成为奇怪之材。第二，辅助性。"成长树"枝条因素在满足了与职业特点和要求相匹配的前提下，枝条的多少只起到辅助作用，而不是关键作用。枝条较多的树是比较茂盛的成才树，而枝条较少的树也是成才树，只不过不太茂盛而已。因此，在满足了与职业要求匹配的前提下，枝条因素多则多多益善，少则无伤大雅。第三，可改善性。"成长树"的枝条因素也是可以通过修剪等一系列的方法来改善的。总体来看，"成长树"枝条因素主要包括有远见、对职业发展目标清晰、善于把握机遇、认清自己的潜能、善于展现自己、坚持目标并为之奋斗、业务水平高等因素。不同的职业、不同的岗位对于"成长树"枝条的要求也不一样。

4. 成才环境

成才需要环境。"成长树"的环境因素是指有利于"成长树"成长成枝繁叶茂的参天之材的外部环境因素，就像阳光、水和空气一样。具备同样根部因素、主干因素和枝条因素的"成长树"，在阳光充足、水分充沛的优越外部环境中更容易成长为参天大树。相反，即使根部因素、主干因素和枝条因素都非常不错，但缺乏阳光的照耀、水分的滋养，树木也很难存活和生长。总体来看，这类因素主要包括成才环境好，如领导、单位发展、制度安排、人才气场、家庭关系等。

总之，"成才树"理论框架是用来生动说明青年成才的过程和所需要素。青年成才既有偶然性又有必然性，用自然生长的树木来模拟成才过程，其中具有诸多共同性。但并不意味着严格按照树的生物规律推理所有的结论，只是方便大家理解。这种解释目前只是作为一种理论假设，还需要得到更多的验证。

三、应用：青年人才工作的全面完善

基于青年人才的"成才树"理论，单位人事管理部门、青年工作部门可以加以利用，全面推动青年人才更好地发展。

基于成才根基的先天性，建议关注新员工的童年和早期生活经历，包括在选用新员工时多进行更加深度的考察，以避免单位新员工的先天不足。

基于成才主干的普适性，建议重点关注青年的学习、务实、创新、人际、抗压等重要素质的培养，及时开展培训。

基于成才枝茂的匹配性，建议重点关注青年的潜能、兴趣和特长，创造更加灵活的用人环境，使岗位和青年匹配，同时加快青年技能的持续提高。

基于成长环境的决定性，建议重点关注为青年人才的成长创造良好环境，推动青年人才选拔、培养、管理、输送等。

毫无疑问，一代青年人才更快地成长起来是事业发展的关键，十年树木，百年树人，赢得青年，才能赢得未来。

四、走向人人都能成才、人人皆可出彩的新时代

人才是实现民族振兴、赢得国际竞争主动的战略资源。在人才工作的推进上彰显出两个重要特点：一个是在全世界吸纳人才，要聚天下英才而用之，要有识才的慧眼、爱才的诚意、用才的胆识、容才的雅量、聚才的良方；另一个是鼓励人才流动，努力形成人人渴望成才、人人努力成才、人人皆可成才、人人尽展其才的良好局面，最终让各类人才的创造活力竞相迸发、聪明才智充分涌流。

人人都能成才、人人皆可出彩是人才之歌在新时代最激动人心的青年成才乐章。早在2013年6月20日，习近平总书记在同团中央新一届领导班子集体谈话时就指出：青年身上蕴藏着巨大的创造能量和活力。要充分认识青年的这种特

质，适应这种特质去拓展工作，否则就会落后于青年。一方面，团的工作要注意为青年成长成才创造条件，把蕴藏在青年身上的创造能量和活力激发出来，使青年人人都能成才、人人皆可出彩。团组织帮助他们成才了，他们也就会心向团组织。另一方面，团组织要善于关爱人才、发现人才，加强对社会各方面青年的工作，特别是要加强对一些有才华、有能力、有创意的青年的工作。因为这些青年在青年群体中影响大、有号召力，把他们的工作做好了，就可以对做青年工作产生事半功倍的效果。

新时代青年已充分准备好走进这人人都能成才、人人皆可出彩的新时代。应该说走进这样的时代，青年的个性条件和价值观已经准备好。现在大多数青年人都很愿意追求自己的个性，珍爱自己的价值。很多人评价他们：这一代越来越无所谓，越来越"佛系"，但从另一个角度看，实质是其中蕴含着一种全新的价值观和人生成才动力。

毫无疑问，当代青年更接近"真正的个人"。传统时代唯有牺牲个体的发展，才能保证整个人类的生存与发展。而自由个性是人的发展的理想状态，其实质是每个人的自由的全面的发展，这时期的人表现为"真正的个人"，或者称为"有个性的个人"。马克思讲到共产主义社会时指出："代替那存在阶级和阶级对立的资产阶级旧社会的，将是这样的一个联合体，在那里，每个人的自由发展将是一切人自由发展的条件。"以人为本的历史性飞跃，意味着全人类的普遍解放，意味着完全意义的人本社会得以降临。到那时，人既摆脱了人身的依附，也摆脱了物的奴役，任何人都不必拘束于特殊的活动范围，而是可以根据自己的兴趣在任何部门内自由发展，每个人都可以自由地发展自己的才能，每个人的自由发展是一切人自由发展的条件。人终于成为和自己的社会结合的人，从而也就成为自然界的主人，成为自身的主人。看到社会上越来越多自由流动的个体，看到社会上体制内青年的辞职风潮，看见网络上越来越多的网络创业，看到越来越多的斜杠青年，我们应该大声欢呼这个离"共产主义社会"更近的时代的到来。

人人都能成才、人人皆可出彩的新时代是彻底打破职业贵贱区分的时代。三百六十行，行行出状元，这是我们长时间在呼吁的社会人才环境，但从整个社会文化形态来看，对职业高低贵贱还有不少的错误认识。特别是影响孩子的一部分父母的观念还是封建陈旧的。"万般皆下品，唯有读书高""书中自有黄金屋，书中自有颜如玉"，"官本位"的思想依然束缚着一些青年的思想。走进新时代，我们就要在社会上真正地形成职业公平和平等，只要对社会作贡献，每个职业都应该得到尊重，同时在工资水平上进行调整，让每个职业最优秀的人享受同级的劳动报酬。

更好地把青年团结组织动员起来
如何做好新时代共青团工作

人人都能成才、人人皆可出彩的新时代是彻底打破体制内和体制外界限的时代。无论体制内还是体制外，都是成才的重要阵地。过去对体制内的热衷源于体制内稳定的待遇和社会地位，现在对体制内和体制外的评价态度更多应该转化为兴趣不同的选择。离开体制的人，每一个都是勇士，为梦想而战的人都值得点赞；坚守体制的人，每一个都是英雄，为信仰而战的人都值得尊敬。应该看到，做大体制外是这种人才时代到来的核心关键，更大的平台在体制外，在网络上，在市场中，在社会里。

人人都能成才、人人皆可出彩的新时代是极其珍视个人禀赋的时代。每个人都是地球上唯一不可替代的最珍贵的生命，发挥其最独特的天生禀赋是一个人自信和最大限度地发挥生命力量的核心所在，也是一个青年人幸福一生的根基。走进新时代，无论是在哪个环境下，都要有让每个人得到肯定的视角，都要让他的潜能得到发挥，人人价值得到认可。要量才施用。全才、通才固然好，但在实际工作中首先要注意发挥人才的长处。关键是人岗相适，让各类人才都能各得其所，人尽其才、才尽其用。市场和社会更是要沿着人生幸福的核心追求不断创造更好的环境。

人人都能成才、人人皆可出彩的新时代是高度弘扬创新文化的时代。创新是一个民族进步的灵魂，是一个国家兴旺发达的不竭动力，也是中华民族最深沉的民族禀赋。要不断激起当代青年的创新创业热情，在激烈的国际竞争中，唯创新者进，唯创新者强，唯创新者胜。青年当弘扬新文化，积极投身创新创造实践，有敢为人先的锐气，有上下求索的执着，得风气之先、开风气之先，力争有所突破、有所发展、有所建树。

人人都能成才、人人皆可出彩的新时代是高度重视道德的时代。中国是个重视道德的国家，修身、齐家、治国、平天下，起步在修身。厚德育人。德领才、德蕴才、德润才，不养德修身，难以成为有用人才，更难成为"内圣王"。要不断强化核心价值观的引领，把厚德作为培养人才的首要任务，努力造就一批又一批品学兼优、德才兼备的青年人才。

人人都能成才、人人皆可出彩的新时代是高度重视人才竞争的时代。要搭建更多的人才竞争的平台。有比较才有鉴别，有竞争才有活力。人才成长的过程，是一个相互竞赛、比学赶超、拼搏前进的竞争过程。这个竞争，规则应当公平公正，程序应当科学公开，能够激励各类人才在竞争中增强动力、开发潜能、脱颖而出。

人人都能成才、人人皆可出彩的新时代是高度重视最佳成才期的时代。自古英雄出少年，从一般情况看，中青年时期是人一生中创新思维最活跃、精力最旺盛的时期,是人才成长和使用的"黄金期"。要创造各种环境鼓励成年社会将青年用在当时。强化有志不在年高、无志空活百岁的社会氛围。

人人都能成才、人人皆可出彩的新时代是高度重视实践导向的时代。实践出真知,实践出人才。这是人才成长最根本、最管用的规律。着力解决培养与使用脱节、科研与生产脱节、理论联系实际不够的问题,引导青年人才深入人民群众、深入生产一线、深入现实生活,真正让人才在实践中锻炼、在一线上建功、在社会里成长。

总之,要着力于突出抓好创新型科技人才、经济社会发展重点领域急需紧缺人才的培养;也要着力于让更多的青年成为治党治国治军的青年领导人才、高水平企业经营管理人才、高素质专业技术人才、高技能人才、农村实用人才和社会工作人才。"我劝天公重抖擞,不拘一格降人才",伟大的中国梦的实现就有了根本的人才支撑和青春力量。

第二十四节

新时代共青团服务青年工作

走进新时代,共青团要更好地为青年服务,才能让青年有获得感;青年有了获得感,共青团组织才有存在感。如何认识服务的内涵,如何确定服务的内容,都需要我们在理论上进一步廓清,在实践中进一步创新。

2007年,在服务青年上,有一本书引起了全球的关注。《2007年世界发展报告——成长与下一代》(以下简称"2007年报告")是世界银行2007年度发布的世界发展报告,该行每年都发布一份相关领域的报告,表达了世界银行的投资立场。世界银行行长保罗·沃尔福威茨在评述该年的报告中指出"投资青年恰逢其时",他说:"眼下,对生活在发展中国家的青年人进行投资恰逢其时,这是今年的世界发展报告带给我们的启示。目前,12~24岁这个年龄段的青少年高达13亿,成为历史上这个年龄段人数最多的一个人群,并且是历史上该年龄段中最健康、受过最好教育的人群,对一个不仅仅要求具备基本技能的世界来说,他们是推动世界发展的强大基础。"2007年报告中讨论了政府在培养青年人力资本的五个转折期的工作重点所在,这五个转折期是:学习、工作、保持健康、组建家庭以及行使公民权。对这些转折期中的每一个,政府不仅需要增加直接投资,还必须设法改善青年及其家庭对他们进行投资的环境。这一点可以通过扩大机会、提高能力以及提供第二次机会这三方面广泛的政策导向来予以实现。扩大机会主要是指通过诸多措施来扩大开发人力资本的机会,包括扩宽接受高质量教育和服务的途径,并且改善教育和保健服务;帮助青年走上工作岗位;让青年人有更多的发言权,表达他们希望得到哪些方面的帮助,并且让他们有机会参与提供这些帮助。提高能力是指通过诸多措施来培养青年人对各种机会作出良好决策的能力,包括把他们看作决策者;确保他们在作决策时得到充分的信息,具有足够的资源,作出明智的决定。提供第二次机会是指通过有针对性的项目来为第二次机会提供一个高效的体系,这些项目将给青年人带来希望,并且鼓励他们从运气不佳或错误选择中重新奋起。应该说,2007年报告从人力资本投资角度说明了重视青年工作、服务青年的重要性,并且进一步说明了服务的领域和服务的层次。投资青年就是投资未来,就是奠定未来可持续发展的基础,青年人力资本的壮大,不仅对于减贫与发展非常重要,时势和环境的变化也在提示许多发展中国家:必须比以往任何时候更重视这个阶段。站在全球视野,应该说该报告中的一些观点对我们开展共青团的服务工作有许多新的启发,在借鉴时我们可以全面分析,同时借鉴其他青年分析理论,灵活运用。

一、服务青年的前提——对"青年"内涵的再认识

谁是青年?研究共青团组织服务青年首先需要明确我们的服务对象。关于青年的内涵,理论界有不同的认识,分别从社会学、文化学、心理学等方面提出了不同的定义,并没有统一的结论。2007年报告中对青年的分析有两点对我们确定青年的内涵有启发。一是从人生的过渡阶段定义青年并对这个过渡时期提出了具体的过渡领域,使我们服务青年的领域有了具体的内容。在社会科学领域,青年时期意味着逐渐享有了成年人的各种角色,它以初潮、毕业、工作、结婚、参与选举投票等重要事件为标志。学习、工作、保持健康、组建家庭以及行使公民权利这五方面在社会科学中被称为"过渡期",这五方面,就是要积累、维护、使用、再生产人力资源,对消除贫困、促进发展有着决定性的影响。对许多过渡来说,挽救的代价将会相对较高,这也是早期重视青年的基本需求、为青年人拓展机会并且帮助他们明智地选择显得十分重要的原因。二是凸显青年决策能力的培养和青年参与权的提升对青年过渡期的重要作用。该报告提出青年期是一个充满了风险和机会的年龄,风险行为习惯在青年时期达到顶峰,为了减少青年人的冒险行为,要求他们去获得信息,具备作出决策并且按照决策来行动的能力。因此要大力发展增强能力的政策:把青年培养为决策者。要想帮助青年人抓住现有的机会,他就必须"有能力"。那么是什么来决定这种能力呢?就是获取信息、掌握实际资源、对信息进行加工和根据信息采取行动的能力。而服务青年可以在这三方面提供帮助。向青年人提供信息就是让青年人知道得很多。帮助青年人掌握资源就是开展相关计划帮助年轻人解决资源上的欠缺。提升决策的能力就是强调诸如主动性、坚持不懈、合作、团队意识,以及处理风险和冲突等思维和行为能力,而正是这些能力才能帮助青年人对信息进行加工,并且得到明智和有根据的决策。因此我们服务青年既是为他们提供相应的资源条件,也要将重点放在提升其选择能力上,这是一个非常独到的视角,它指出了我们在服务青年项目上的侧重点。借鉴2007年报告,厘清我们在工作中对于青年的理解有利于我们开展青年工作。类似于五四青年节的放假年龄的争论也可以有较好的说明。从这种对青年的界定来说,五四青年节并不是全部青年都放假,因为每个人所处的青年过

渡期因个体的差异及环境的差异而不同，因此很难有一个对青年统一的年龄划线。14~28岁可以是一个青年的集中年龄（该年龄还可以适当调整，如14~30岁），而五四青年节的意义更多的是唤起全社会关注年轻人的各种过渡需要并给予满足。团组织的活动以团员为主体，但青年工作对象并没有一个固定的年龄限制，只要有这种解决过渡需求的人都可以参加，团组织要强化对几大过渡需要的服务提供，共青团组织也要在机制上打造以共青团工作为核心的大青年工作的局面。另一点启示是我们在具体提供服务的过程中要将重点放在提高决策能力上，提供决策可能性上，提供决策资源上，促进其在过渡的选择中能够顺利进行。

二、服务青年的内容——对青年需求的再认识

从2007年报告来看，青年面临的五个转折期，包括学习、工作、保持健康、组建家庭，以及行使公民权。这五方面是青年发展最重要的五个需要，同时也是从过渡的角度定义青年的最重要的五个领域，通俗地讲，就是教育、就业、健康、家庭和参与的需求。我们对比了国际和中国关于青年需求的研究，可以看到这五方面是青年需求最核心的部分，具有一般性和普适性。如对世界青年事务有巨大影响的《到2000年及其后世界青年行动纲领》列举的全球青年需要发展的十个优先领域，包括：教育、就业、饥饿与贫困、健康、环境、滥用毒品、青少年犯罪、闲暇活动、女孩和妇女，以及青年全面而有效参与社会生活和决策过程。联合国经济与社会事务部《2003年世界青年报告》《2005年世界青年报告》及《2007年世界青年报告》又提出了《到2000年及其后世界青年行动纲领》通过以来的五个新的关注事项包括：全球化对青年的影响、青年与信息技术、青年艾滋病感染率激增以及对青年生活的影响、青年武装冲突和暴力问题、老龄化社会中的青年代沟问题。发达国家服务青年工作的领域广泛全面。如欧洲各国为青年提供的服务涉及青年发展的各个层面，包括青年的教育、就业、心理辅导、福利、维权、健康、闲暇生活、预防违法犯罪等。在我国，对青年的需求分析和以上分类有相似之处，如《当代中国青年发展状况指标体系研究》中研究的青年发展状况一级指标包括青年人口状况、青年健康状况、青年教育状况、青年劳动就业状况、青年恋爱婚姻状况、青年消费与休闲状况指标，青年公民参与指标，青年人际交往状况指标。上海青少年发展"十一五"规划（经上海市人民政府审定，2007年3月16日市青年工作联席会议办公室印发）提出了上海促进青少年发展的优先领域包括教育、就业、参与、健康、闲暇活动、维权及预防青少年违法犯罪。总之，借鉴国际上对青年需要的研究，从我国青年的需求发展实际来

讲，青年需要服务的领域主要包括教育、就业、健康、家庭、参与、闲暇、环境保护、预防青少年犯罪等领域。

国家《中长期青年发展规划（2016—2025 年）》聚焦当前我国青年成长发展迫切需要关注的核心权益，从思想道德、教育、健康、婚恋、就业创业、文化、社会融入与社会参与、权益维护、预防违法犯罪、社会保障十个领域，分别提出了每个领域的具体发展目标，并且针对每个领域青年发展面临的突出问题，有重点地提出发展措施。可以说这份规划对青年服务的领域作了政策上的划分，是我们服务青年的最重要的依据。

当前中国社会在以上各个领域的服务有其特殊性，这是我们在研究当代中国青年时需要加以关注的。青年是国家经济社会发展的生力军和中坚力量。党和国家事业要发展，青年首先要发展。必须清醒认识到，青年发展事业与社会主义现代化建设的新要求、经济社会发展的新形势、广大青年的新期待相比，还存在不少亟待解决的突出问题。主要是：青年思想教育的时代性、实效性有待增强，用共产主义和中国特色社会主义引领青年，用中国梦和社会主义核心价值观凝聚共识、汇聚力量的任务尤为紧迫；青年体质健康水平亟待提高，部分青年心理健康问题日益凸显；青年社会教育和实践教育需要加强，提高教育质量的任务仍十分艰巨；青年就业的结构性矛盾比较突出，影响就业公平的障碍有待进一步破除；青年创业创新的热情有待进一步激发，鼓励青年创业创新的政策和社会环境需要不断优化；人口结构的新特点新变化使得青年一代的工作和生活压力不断增大，在婚恋、社会保障等方面需要获得更多关心和帮助；统筹协调青年发展工作的体制机制还不完善，各方面共同推进青年发展的合力有待进一步形成。这些问题都需要我们在服务中加以解决。

三、共青团的核心职能和在服务青年中的定位

要把握共青团组织服务青年的切入点就需要准确把握共青团组织的性质和职能。共青团组织是一个"复合型社团"，它既是执政党的青年组织，要发挥好作为党的助手和后备军的作用，为党的教育事业团结和带领好青年，是党的接班人；也是服务型政府的帮手，要发挥好作为国家政权的重要社会支柱的作用，积极协助政府管理好青年事务，是政府的助力人；还是青年的权益维护组织，要发挥好作为党和政府联系青年群众的桥梁和纽带的作用，依法代表和维护青年的利益，反映青年的意愿和呼声，是青年的娘家人，融三种角色为一体。在实践中它需要处理好服务政党、服务社会和服务青年的内在关系。它也是一个"双压力型

组织",即团组织接受的外在压力和团组织对社会的反压力可以使这三项职能在不同时期呈现出不同的功能,包括侧重点和着力点的变化,包括共青团组织地位的变化。

分析这三种职能在新时期的变化有利于我们理解团组织服务青年的定位。首先,共青团组织要做好一个强化服务职能政党的助手。改革开放以来,市场经济的发展对执政的中国共产党提出了许多必须研究和解决的课题。顺应这种变化,中国共产党正在建设一个服务型政党,满足中国最广大人民的利益需求。过去党的领导方式是通过宣传群众、发动群众、组织群众和武装群众完成政治任务,现在却是要通过组织群众、引导群众、服务群众、维护群众合法权益的作用来达到其执政的目标。我们党面临的一个重要的课题是如何完善各种利益协调机制、诉求表达机制、矛盾调处机制、权益保障机制等,真正促进全社会利益均衡和利益发展,分配利益和协调利益。随着我国市场经济的发展和利益分化的格局,青年利益已经日益凸显。赢得青年才能赢得未来。中国共产党的助手中国共青团如何在新形势下为党做好工作,反映青年的利益诉求,凝聚青年的思想,巩固中国共产党执政的青年群众基础成为共青团的核心任务。这是一种新的变化,共青团组织需要在这种变化中把握方向,发挥自己的长处。因此,当前共青团组织需要重点考虑的课题是在我国公共需求快速增长和利益关系深刻变化的重要时期,共青团如何在完善社会利益协调机制中发挥作用,承担相关职能。包括如何带领青年有序参与社会民主生活、依法维护青年的正当权益、积极稳妥地发展青年社团、加强青年利益协调机制的建立等。

其次,共青团组织正从一个管理型政府的帮手向服务型政府的帮手转化。当前我国政府正在建设服务型政府,政府提出了"向人民学习,为人民服务,请人民评判,让人民满意"的建设方向,这样的政府和传统的管理型政府截然不同。政府明确了要深化行政体制改革,进一步转变政府职能,在搞好经济调节、加强市场监管的同时,更加注重履行政府的社会管理和公共服务职能。这是一个根本的变化,势必影响到共青团工作的全面部署和重点方向。从长远发展来看,青年事务管理应走向党委总揽全局、政府主导实施、社会组织和群众团体共同参与的体制。因此我们的政府从工作效率的角度出发正在逐渐向社会转移原来掌握的一些青年事务的公共职能,共青团在承接一些和青年相关的公共事务上可以大有可为。因此当前共青团组织需要重点考虑的课题是如何抓住政府相关职能向社会转移的有利时机,充分发挥共青团在国家青年事务中的优势,在我国政府加强社会管理和公共服务两个基本核心职能过程中,发挥作用,承担相关职能。共青团在加强社会管理的过程中,可以从扶助青少年弱势群体、预防青少年违法犯罪、带领青少年投身环境保护建设、提高青少年安全意识,积极维护社会稳定、做好青年外事管理工作方面入手承担相应的职能。在政府加强管理,推进和谐社会建设的过程中,团组织可以在青年的学习成才、就业创业、身心健康、休闲娱乐等重要领域发挥重要作用,提供相应的公共服务。同时,共青团组织还要努力成为青年政策制定、执行、监督的主要协调部门。从本质上看,青年问题是一个跨部门的问题,大多数对青年工作产生影响的政策却是由各个部门内部制定的,因此对协调工作提出了挑战。从2007年报告中我们可以看到,在青年工作上取得成功的国家,都是那些在国家各个部门支持下建立了统一的青年工作框架的国家。共青团组织要促进国家青年发展规划的完善,纳入国家政策;促进相关法律的健全,建立青年发展指标评估青年政策的实现情况。当前共青团组织应该开发一套青年需求的测评体系,这种测评体系是一种科学工具,通过我们的研究定期发布,既能够对社会服务青年的需求情况进行准确的反映和监督,同时也能够使共青团组织更好地把握我们对青年的服务点,反映服务需求,实施服务评价,监督服务提高。

最后,共青团组织正从名义维权组织向实质维权组织转化。过去,由于我们国家经济和社会发展不足,青年的利益无法凸显,共青团的工作更多的是在引领青年服从全民利益,今天随着社会的进步,青年利益日益凸显,因此在代表和维护青年权益上共青团组织要有更大的力度。团组织要加紧研究青年权益理论,进一步加强各级共青团代表和维护青年权益的职能,运用经济、法律、行政及舆论等多种措施,协调各有关部门和单位,努力保障青年在生存健康、受教育、劳动就业、公共参与、婚姻家庭、社会保障、文化娱乐、法律保障等方面享有合法权利,不断促进青年的全面发展,并努力探讨群体维护的工作运行机制。

目前,这种三位一体的职能结构从长远发展来说可能还会有变化,主要取决于国家政治制度的发展和党与时俱进的创新,而在不同方面侧重点会有所不同。从这个角度去理解,共青团目前引导青年、组织青年、服务青年和维护青年权益的职能并不能等量齐观,在新时期,引导服务是方向,服务维护是基础。

四、共青团服务青年的具体领域

综合研究共青团的三大职能,如果从服务角度切入,可以从国家青年发展规划十方面开展工作,目前团组织可以重点介入的领域主要在以下几方面,这几方面需要逐渐凝聚品牌,做大做强,这是共青团组织适应转型社会的必然要求。

(1)教育。在教育领域服务青年,就是要在加快建设现代化教育体系的过程中，保障青年享有平等的受教育权利和机会，提高青年整体受教育的水平和层次，为青年终身学习创造条件，从而不断满足青年的教育和成才的需求。可以介入的点包括防止青年辍学、介入青年的职业技能培养、参与学校政策制定、开展读书活动、提供实践锻炼的机会等。

（2）就业创业。在就业领域服务青年，就是要开展相关活动促进青年充分就业，为青年积极创造条件，不断提高青年的整体就业竞争力。可以介入的点包括辅导青年职业生涯、促进青年地域流动、提供见习岗位、建立创业基金、解救童工、开展职业培训、提供就业信息、指导创造更多的就业机会、开展青年导师活动等。

（3）社会参与。在参与领域服务青年，就是要进一步优化青年组织和青年社会参与的环境，为青年提供参与的机会。可以介入的点包括继续发挥各级人大和政协共青团和青联届别及青年代表的作用，建立人大代表、政协委员和青年的沟通机制、开展社区小议会、青年咨询会（理事会、议会）等。

（4）健康。在健康领域服务青年，就是要大力推进青年群众体育活动，加强对青年的心理健康救助和咨询辅导服务，从而不断提高青少年的健康水平。可以介入的点包括防止酗酒、吸毒、吸烟，防止健康风险行为，开展减肥促进活动，建立青少年核心健康团队，提供信息推送服务，建立女青年互助机制等。

（5）婚恋家庭。在家庭上服务青年，就是要为青年求偶及建立家庭提供服务，促进社会的稳定和谐。可以介入的点包括开展婚恋介绍服务、服务青年孕妇、服务年轻母亲培育子女等。

（6）文化和闲暇活动。在文化和闲暇活动领域服务青年，就是要重视对闲暇活动的指导，大力发展青年文化事业，加强文化阵地建设，扶持青年文化社团组织，从而为青年健康、快乐成长提供好的环境。可以介入的点包括打造符合青年特点的文化品牌、提供青年特长展现阵地、培养青年文化骨干力量等。

（7）预防青少年违法犯罪。在预防青少年违法犯罪领域服务青年，就是要为青年提供法律服务，建立社会救助网络，强化维权意识。可以介入的点包括全面落实各项维护青少年合法权益的法律、法规和政策，保障特殊青少年的合法权益，建立健全青少年维权网络，加强青少年法治宣传教育，有效预防和减少青少年违法犯罪等。

（8）环境保护。在环境保护领域服务青年，就是要动员全社会和青年关心环境建设，为青年参与各类环境保护活动提供帮助，创造条件。可以介入的点包括继续深化保护母亲河活动，开展环境教育、环境监督、环境建设等。

应该讲，在以上八个方面，共青团在多年发展的过程中已经有了不少的好品牌、好做法。如希望工程、青年志愿者、青年文明号、青年岗位能手、保护母亲河等。我们可以通过系统整合和优化形成更好更大的品牌项目。同时需要注意即使在这八大领域，共青团服务青年也不能全面出击，需要研究和固化我们的核心品牌，注重服务的日常化和制度化，解决过去服务青年针对性不强的局面，在此核心框架内，我们要研究不同类型、不同地域的群体的需求情况，有针对性地开展工作，将群体性满足和个体性满足很好地结合起来。

从共青团三个职能的发挥来讲，可以以维护权益为出发点，努力保障青年的生命健康权、受教育权、劳动就业权、公共参与权、婚姻家庭权、社会保障权、文化娱乐权、法律保障权等合法权利。同时在青年事务中促进政府在这几方面形成系统的服务合力，并通过自己的努力充分发挥社会的力量，弥补政府服务的不足。在此基础上进行思想政治教育类活动，真正将引导青年、组织青年、服务青年和维护青年权益有机结合起来。

五、共青团服务青年的基本战略

目前在服务青年方面，团组织要积极采取相应的战略，以稳固组织地位，扩展服务成效。

（1）服务"抢位"。服务青年需要"抢位"。当前共青团组织服务青年是一项必须做的工作，也是一项需要加快速度做的工作。青年的服务主体包含政府、市场和社会等多元群体。共青团组织服务青年不能与市场和政府去"争夺"服务内容，但和一些社会群体有竞争关系，有为有位，有位有为，共青团的服务地位需要依靠共青团自身事业推进和发展。我们有什么优势"抢位"呢？要充分发挥共青团组织组织网络健全，社会动员力量大，对青年的研究深入，有着一大批素质强、有活力的团干部队伍和青年志愿者队伍的优势，把自己的事情做好、做大。把过去成功的工作上升为品牌，全面实施精细化管理，及时总结经验，扩大社会影响，固化组织形象，夯实组织地位。就目前来讲在服务青年领域我们缩小阵线、上下合力、强化过程、打造精品非常必要且紧迫。

（2）组织结构再造。服务青年需要组织结构转型。为了更好地服务青年，共青团组织结构要朝着适应市场经济转化。近年，制约共青团组织发展，影响团组织的凝聚力的重要因素是团组织在计划经济下形成的组织结构方式不能有效地覆盖市场经济中的组织成员。一是青年的广泛的流动带来大量团员流失。传统的以行政单位为线条的团组织结构方式在吸引团员上已出现一些问题。二是青年自组织社团组织的出现、"两企三新"组织的发展，传统的团组织难以有效吸纳。

因此，要重点探索共青团组织结构的再造问题，要以提升基层团组织服务含量为先导，实现区域互动、上下互联、横纵结合、虚实结合的组织体系，真正实现团员无论走到哪里都能够找到组织，并且乐于参加团的活动。

建议团组织成立思想政治工作、青年事务管理、青年权益保护三个委员会（团内三权分立、相互协调）。指导各领域团的工作（包括城市、农村、学校等），并综合平衡这三个职能的关系。在完善调整过去的协会的基础上尽早建立一些服务青年的专业社团，由团组织领导并成为青联的团体会员。如可以围绕青年的八大需要建立重点社团，包括青年成才协会、青年读书协会、青年实践社、青年职业发展协会、青年创业社、青年婚恋协会、青年健康协会、青年爸妈协会、青年环境保护协会、青年领导力发展协会等。团的机关只"掌舵"，这些协会组织"划桨"，各级团组织除了团的机关的纵向指导外，也接受各级协会的纵向指导。同时根据需要由这些协会吸纳青年自组织。在基层，要将协会的活动覆盖到团支部（在支部中围绕这几大需要开展活动，统一分配资源，同时鼓励围绕中心需要根据各地的具体情况创新，并依靠协会实现团组织的横向互联，实现单位团组织和社区团组织的联合），协会组织的社会化运作和专业化发展将大大提升共青团组织的服务能力和服务成效。

（3）组织绩效考核。服务青年需要强化绩效考核。随着市场经济的完善、社会组织的精细化发展，一个组织的工作要能够说得清、道得明，并且对于国家和社会有独特的贡献率，在实际发展中具有不可替代性。从发展的角度，共青团工作要走出过去粗犷式的发展道路，而追求精细化、可持续发展。从全团来讲，我们可以先在服务青年领域建立考核机制，即在八大领域的实际成效，或者先从成熟的几方面开始建立考核体系，强化过程管理。建立全团从上至下的硬性考核体系，形成硬约束。

（4）组织资源延续。服务青年需要资源。我们要发挥团组织吸纳资源的能力，不断优化团组织的资源来源。要从行政化、社会化、国际化等方面考虑。行政化指我们需要继续从党政方面获得资金和政策的支持；社会化吸收资源是我们目前常用的手段，我们还可以进一步扩大和探讨成形的途径。国际化是指和国际组织合作，从国际组织处获得资源。

（5）组织创新动力。服务青年需要创新。将基层的服务创新惠及全团，需要我们从上至下建立创新机制。包括创新案例发现、创新经验总结、创新方式推广等。要强化团组织文化建设，丰富创新内涵。

（6）组织骨干培养。服务青年需要骨干。服务青年的队伍包括各级共青团干部、社团负责人及志愿者等，我们要通过对他们的帮助提升他们的服务能力。

最主要的是加大培训力度（不仅培训团的干部，同时培训社团领袖等），加强管理。需要高度关注团的干部的流动问题。今天，随着党和国家人事制度的完善，青年干部的培养和提拔已有了众多的渠道，我们要在新的视野上审视共青团干部的素质培养和团干部流动问题。一方面，困扰共青团的中层团干部流动较大的问题既有专业机制上的问题，但同时也有部分团干部素质上的问题。团干部在共青团舞台上确实锻炼了自己，在政策水平、创新性、组织、协调、宣传等方面有着自己的优势，但同时我们也要看到，一些团干部在适应社会主义市场经济的素质上还有待提高，特别是在社会化工作方法和技巧、现代政府管理的方法和技巧、现代企业发展的规律和方法，现代社会第三部门的管理和技巧上，应急管理能力、处理复杂问题能力、依法行政能力、把握宏观经济发展的能力有欠缺，我们要采取相应的方式"补课"。

同时我们要考虑建立稳定的职业化青年服务工作队伍。服务青年工作是一种知识与技能相结合的专业工作，其每一项新的工作项目的推出都需要经过调研论证、策划、评估、完善等复杂过程，实施中还要有明确具体的指导。这种专业化的工作必然需要稳定的职业化队伍保证其工作的顺利实现。要适应青年工作职业化的要求，推动一部分团干部成为职业青年工作者，比如，可以考虑在各级团组织内设立青年辅导员，并通过全团职业资格培训和认证等方式形成一支懂得青年发展、懂得共青团工作规律的职业青年工作者队伍，成为各级团组织领导的专业智囊，从而解决一些团组织工作思路不稳定、基础成果不能积累的问题。

另一个可以考虑的方面是建立吸纳更多的人成为青年工作者的机制，如采用青年工作志愿者、青年的良师益友等方法，吸纳一切关心服务青年的人士进入我们的工作队伍。

（7）组织基层活跃。服务青年最重要的是基层服务活跃。需要加大基层创新力度。目前可以做的工作包括：①增大基层活动服务的含量。强化基层团干服务青年的意识。及时反馈青年的服务需求，通过全团上下的一致努力，真正将服务落到实处。③创新服务青年的方式。要满足青年自我价值观实现的需求，服务更加民主；要改变基层工作方式陈旧问题，广泛利用网络、手机等现代方式促进共青团服务工作的时尚化。④创新基层组织结构。在基层，促进灵活建团，积极发展社团和青年兴趣小组等多种方式，增强服务的针对性。⑤扩大基层服务资源。目前，影响基层共青团活力的一个重要原因在于基层缺乏资源。应该说，近年来，各级团的机关通过获取党政支持、企业赞助、社会化运作等多种方式都能够获得一些资源，这是共青团发挥自身职能的优势，但需要注意的是，有一些资源在众多分散的项目中消耗了，没有形成系统合力，基层团员没有得到实惠，类似希望工程和青年志愿者品牌的社会影响力大的活动品牌缺乏。因此，我们要进一步研究关注社会大局发展、关注青年发展的重大领域的重点拳头品牌，形成合力，在全团上下广泛开展，并打造机制，将资源真正"下放"落实到基层，加强基层"细胞"的活力。

六、将服务和引导紧密结合

共青团的工作中都要有思想引领的含量，这是共青团主责主业的必然要求，如何将服务和引导相结合？我们可以举基层团组织经常开展的青年婚恋服务为例来说明这个问题。共青团如何服务青年婚恋？建议做好"团聚爱"品牌。

最近共青团服务青年婚恋的问题随着国家中长期青年发展规划的实施又成了热点，共青团的婚恋介绍活动也火爆了起来。实质上，这些年来，共青团组织一直在这方面付出了努力，各地有不同的做法，或大或小，但一直没有形成全团品牌效应，也还没有创造"青年要对象，请找共青团"的全面影响。对这个问题的谨慎思考是必要的：共青团到底在这方面是否要有所作为？怎么作为？在现代社会，共青团如果不能在最重要的青年需求"成家立业"上发出声音，有所作为，则大部分青年对这个组织是不会接近的。可以把"团聚爱"这个品牌做大做强。

1. 解决找不到朋友的第一个问题："团聚爱"的品牌要做大交友圈

恋爱的最大问题，一些青年找不到对象的最关键的困难，是他（她）的工作生活圈特别是朋友圈较小。虽然当代社会给青年人自由交友提供了许多更为丰富的条件，但城市带来的"陌生人"社会突出地带来了交友不便不畅等问题。其实，单身青年总是相信世界上总有一个人在前面等着你，可是这条路没打通，失之交臂，生出太多的遗憾。在中国这个社会里，如果要考察组织，毫无疑问共青团组织有其巨大的优势，它在全国较为健全的组织网络体系（主要是传统的，当然现代的组织还要继续打造），这是任何现代影响力大的婚介网站或组织难以比拼的（何况团组织还是公益的，何况团组织介绍对象有团干部的担保，还有些靠谱优势）。如果加以明确设计，落实成为每个团支部的工作，并且进行区域内的横向连接，则毫无疑问有着巨大的造"圈"优势。目前，一些基层单位的做法就是找几家友好团组织共同开展相关活动，但这都有点"小打小闹"，形成不了"大圈"优势，最有效的方向还是"高举高打"，一开始就把圈做大（起码在一个地区做到资源共享），这就要借现代网络和大数据的力量了，不要做"婚恋介绍"的"小作坊"，要做就做"大商场"。

2. 解决找不到朋友的第二个问题:"团聚爱"品牌要做好匹配系统

恋爱的最关键的问题是一对青年的匹配,如何做好这个匹配?这要深入研究不同青年婚恋行为的特点加以设计。一般现在的做法就是找一群单身青年搞个联谊活动,这个效率也低了些,实质上可以逐步做细这个匹配系统,进而获得更高的匹配效率。

首先,可以在网络上进行匹配选择,一旦选择上可以在网络上进行初步的交流。

其次,继续做好见面现场的匹配工作,不过在这个见面活动中一定要考虑青年求偶的心理特点,常常发生的事情是外向的青年结束后就立即表达。不过,这种公开的表达不一定是所有青年所爱,特别是内向的青年并不愿意公开表达,所以举办活动者最好要让大家在手机上留下其心仪的异性(比如,最后男 A 相中女 1,男 B 相中女 2,女 1 相中男 C,女 3 相中男 D 等),但这只有主办者知道。

于是,下面我们就要开展一个很有意思的神秘派对了。可以采取吃饭、唱卡拉 OK 等形式。通知那些暗自心仪的青年一起聚会(AA 结算),如上例:男 A、B、C 和女 1、2、3 一起吃饭或者唱歌。这种方式可以消除这些青年的难为情和心理压力,并有一些微妙之感。然后举办方在活动之后再可收集信息,一旦看见相互瞧上,则可鼓励大胆私见。如果这个能做大,可以发展一批"团聚爱"餐厅、"团聚爱"K 歌包房,服务商还可培养一些专门从事"团聚爱"活动的主持人,推动他们充分交流。

3. 解决找不到朋友的第三个问题:"团聚爱"品牌要解决好两人价值观同向的问题

这个问题提出来似乎有些吓人。不过价值观确实是最关键的。好的婚姻建立在双方价值观同向、性格相融、双方家庭互相支持上。在恋爱过程中打造更一致的价值观很重要,这一定是美好婚姻的最重要的基础。但是怎么找到价值观的"最大公约数"呢?可以明确提出"团聚爱"的口号:在奉献爱中寻找爱。就是组织青年们一起做公益,在做公益的过程中相互了解。基于未来家庭的建设,公益核心主要做三个方向:关爱老人,关爱孩子,关爱环境。这也是未来幸福家庭的三个最重要的元素。"团聚爱"在介绍朋友的过程中也播下家庭健康发展的"爱的种子"。这也算一种婚恋观和家庭观的教育和引导吧。

当然还可以发展出一起读书、一起运动等,强化那种健康的价值观。

4. 解决找不到朋友的第四个问题:"团聚爱"品牌要解决好青年红娘的数量问题

社会上还需要更多的热心红娘,共青团干部可以有所作为。可以将给青年介绍对象作为团干部的重要任务；也可以创设必备的场景工作，比如，以后同一个地区的团干部培训班，要求每个培训的团干部要将本单位和周边单身青年的求偶条件带来，课后安排一个整块时间开展一个"团聚爱"对对碰的活动，大家将自己的信息对对，一旦对上，通知本单位的团员青年大胆联系，岂不快哉！说白了，共青团干部还是要有点典型行为特征了，那就从一见到青年就问"你有没有对象"开始。

5. 解决找不到朋友的第五个问题："团聚爱"要做那个青年没对象时想得起找得到靠得住的品牌

目前，中国尚无一个大的青年婚恋品牌，为何不努力？除了以上那些环节之外，还可以做大做强以下工作。

（1）"团聚爱"专项：从中学到大学在团的工作中设置"团聚爱"专项，推动开展将婚恋教育辅导和课程纳入团的工作和教育体系，强化青年对情感生活的尊重意识、诚信意识和责任意识，引导青年树立文明、健康、理性的婚恋观。

（2）"团聚爱"论坛：设置适当议题，发挥大众传媒的社会影响力，广泛传播正面的婚恋观念，鲜明抵制负面的婚恋观念，形成积极健康的舆论导向。

（3）"团聚爱"集体婚礼。倡导青年乐于参加、新兴时尚、文明节俭的集体婚礼。

（4）"团聚爱"网络体系。团组织在核心品牌框架的基础上可以广泛调动婚介机构、网站及相关社会组织的力量，共同将"团聚爱"体系做大。

（5）"团聚爱"组织。团的各级领导机关可成立青年婚恋协会，统筹"团聚爱"的活动，筹集资金，打造平台。开展全国各地的青年红娘评选。鼓励更多的企业和公益组织支持青年婚恋问题的事业。

总之，对于服务的研究可以持久深入地做下去，当前一项可做的重要工作是围绕国家青年发展规划的实施尽快建立青年需求发展的监测指标并定期对国家服务青年的实际状况进行评估，从而评价政府、社会服务青年的发展水平，准确预测服务青年的机制变化，进而更好地确定共青团服务青年的切入点和发展战略。

第二十五节

青年需要和共青团工作

当前共青团工作发展的重要考量因素是青年的需要,对于青年需要的研究、需要的发现、需要的服务、需要服务融合和需要服务引导等诸多问题是共青团改革发展和服务青年的核心逻辑主线,而研究青年的需要及其特殊性是揭示这条逻辑主线的重要起点。

一、需要

什么是需要?需要是人的行为的动力基础和源泉,是人脑对生理和社会需求的反映,是人们对社会生活中各类事物所提出的要求在大脑中的反映。心理学家也把促成人们各种行为的欲望称为需要。人的需要具有对象性——人的需要不是空洞的,而是有目的、有对象的,也随着满足需要的对象的扩大而发展;阶段性——人的需要是随着年龄、时期的不同而发展变化的;社会制约性——人不仅有先天的生理需要,而且在社会实践中,在接受人类文化教育过程中,发展出许多社会性需要;独特性——人与人之间的需要既有共同性,又有独特性。

关于需要的规律,现代西方普遍接受的是美国行为科学家马斯洛的需要层次理论,认为需要可以分为各种等级(五个层次:生理、安全、社交、尊重、自我实现即抱负),反映不同的人的不同要求。

马克思主义则认为,个体的需要是个体行为积极性和动力的源泉和基础。在现实世界中,个人有许多需要,其中最基本的需要是生存需要。马克思在1845—1846年完成的《德意志意识形态》一文中指出:"一切人类生存的第一个前提也就是一切历史的第一个前提,这个前提就是:人们为了能够'创造历史',必须能够生活。但是为了生活,首先就需要衣、食、住以及其他东西。因此第一个历史活动就是生产满足这些需要的资料,即生产物质生活本身。"他把衣、食、住称为人的第一需要,只有当第一需要满足之后,才能产生新的需要。当马克思把人的需要同个人活动特点联系起来时,就把人的需要分为自然的、精神的、社会的三种需要,并设想共产主义社会人的需要层次为劳动成为人的生活第一需要和人的全面发展的需要。

恩格斯在马克思的需要观点基础上,分析了资本主义社会的各种弊端之后,从物质资料的角度,第一次提出了社会主义社会人的需要层次,即生存需要、享受需要、发展需要。根据这种划分,恩格斯在《自然辩证法》中把人的需要的对象物分为"生活资料、享受资料和发展资料"。恩格斯说道:"人类的生产在一定阶段上会达到这样的高度:能够不仅生产生活必需品,而且生产奢侈品,即使最初只是为少数人生产。这样,生存斗争——假定我们暂时认为这个范畴在这里仍然有效——就变成为享受而斗争,不再是单纯为生存资料而斗争,而是为发展资料,为社会的生产发展资料而斗争。"十月革命胜利后,列宁曾提出一个带有共产主义本质特征的新需要——"共产社会劳动";斯大林根据苏联社会主义建设的实践对社会主义社会人的需要做了进一步的论述,把人的需要归纳为物质的、文化(精神)的需要。这样根据列宁、斯大林的观点,社会主义社会人的需要被归纳为三种:物质需要、精神需要和"共产主义劳动"需要。

结合需要理论前人的研究成果,笔者认为:人类的需要包含着三方面的内容:一是生存的需要,二是社群的需要,三是发展的需要。生存的需要主要是满足人类生存的基本条件,与马克思主义需要理论的生存需要和马斯洛需求层次的生理和安全需要基本相同。缺少此类需要,人类将无法生存。社群的需要是因为人需要社会性满足而带来的要求。包含着人类的基本社会交往的要求,如家庭、结群等的欲望,包含着马斯洛需求层次理论中的社交与尊重的基本要求。发展的需要指个人发挥自身潜能,实现最大价值的一系列要求,和马克思主义需求理论的发展需求及马斯洛需求层次论的自我实现要求基本相同。应该说,从生存需求到社群需求到发展需求,人类的需求层次逐渐上升。越到上层精神需求满足越充分,而其基础是物质需求的满足;越到上层,社会性需求满足越充分,而其基础是自然性需求的满足;越到上层,理想性需求满足越充分,而其基础是现实性需求的满足。在人类的需求阶梯的逐渐实现中,人类也将物质和精神需求、社会和自然需求、理想和现实需求紧密地结合在一起。从需要理论出发,把握生存、社群、发展这三大需要是开展共青团工作需要重点关注的领域。

二、青年需要

青年的需要的具体内容和人生其他阶段有什么不同?不同的学者从不同的角度说明了青年的特殊性。

从人生发展的阶段性任务分析是一种重要的观点。发展任务(developmental

tasks）认识人的发展过程方法之一是把它看作成长中的个人为从一个生活阶段进入另一个生活阶段而必须解决的一系列问题。这些在一定社会背景里基本上每一个人都会面临的问题就被作为发展任务。自从20世纪30年代一些进步教育家在美国提出了"发展任务"的概念后，人们在儿童抚养、教育和建议等方面设计和应用了好几种任务形式。其中，最著名的就是哈维格斯特（R. J. Havighurst）提出的理论，他将人的一生分为六个阶段，并为每个成长阶段提出了六到十个任务。对青少年期提出的十个任务包括：与同龄男女青少年形成更为成熟的关系，充当男性或女性的社会角色，了解自己的体格并有效使用之，从父母和其他成年人那里获得感性上的独立，获取经济独立的保障，选择和准备职业，准备结婚和家庭生活，发展公民能力所需要的智力技能，进行对社会负责的行为和形成指导行为的价值观念体系。而青年的八个任务有：选择配偶，学会与婚姻伴侣共同生活，建立家庭，抚育孩子，扶持家庭，从事一个职业，承担公民义务和寻找一个志同道合的社会集团。

国内的许多研究也从各方面反映了青年需求的丰富性，结合不同的青年群体对青年需要给出了不同的说明。但在不同中我们也可以找到相同和青年最普遍性的需求，和其他群体相比，青年的需要到底包含什么内容呢？相对于其他社会年龄群体，青年人有独特的需要满足。这种独特性一是来源于青年人独特的心理发展规律。从依赖走向独立的心理历程对自立的需要，对离开家庭后群体归属的追求需要显得比任何时候都更加强烈。二是来源于青年期需完成的独特任务，特别是生存的需要中的就业和择业的需要、恋爱和婚姻的需要，发展需要中的教育、学习与成才、求知的需要，这些重大的人生需要都要在青年过渡期中基本完成并基本决定了一个人的一生。而中老年这些需要基本已经满足或者定型，不再成为人生的激励因素。青年的需要包含生存的需要，特别是生活和身心健康的需要、就业和择业的需要、恋爱和婚姻的需要，社群的需要包含交往和友谊的需要、社会参与的需要、自尊和荣誉的需要，发展的需要包括教育与成才的需要、娱乐和审美的需要、理想和成就的需要等。青年需要的特点决定了青年利益的构成及其矛盾关系，直接决定了共青团工作的方向。按照这条主线，同时结合不同类别的青年的具体情况，我们就可以生成青年需要的菜单，成为我们开展工作的重要指南和方向。

三、青年需要满足

服务青年需要是当前共青团工作的核心，在服务中体现对中心工作的融合、在服务中体现引导的含量是共青团工作的核心技巧,但其前提是把握服务青年工作的定位。理论上讲,青年需求的满足最主要的是通过政府、市场和社会的力量。世界各国在服务青年工作方面的格局不同主要在于这三大方面的宏观划分不同。有的国家主要是市场化,有的国家主要是政府化,有的国家主要是社会化。但中国的情况和许多国家很不相同。中国服务青年的工作当然也依靠市场、政府和社会的共同努力,但目前我们的实际情况是:从市场来说,市场发育并不完善;从政府来讲,中国政府的有关部委承担了服务青年事务的相关职能,包括教育部、人力资源和社会保障部、卫生部门、司法部门等,但没有统一的青年服务协调部门,影响了服务青年需求的系统效果;从社会来讲,中国第三部门还亟待发展。因此中国服务青年的模式和国外许多国家的体制不尽相同,有更为鲜明的群众工作化的特色。

这种群众工作化的特色是如何体现的呢?群众工作化是指以先进性和群众性相结合的方式开展服务青年工作,从而弥补中国服务青年体系上的不足。类似共青团这样的群众工作组织亦官亦民,它能够弥补中国现有制度的多种不足,即在法律缺位的情况下,发挥道德的作用;在普遍民主不足的时候,发挥有序民主的作用;在政府和市场缺位的情况下,发挥社会的作用。从中国特色社会主义青年工作道路的构建来讲,目前这样的一种格局也在发展变化,共青团组织也正在全面适应社会发展的变化,而在职能上与时俱进。从青年服务的市场化运作来说,共青团组织并不是市场经济中的独立经济个体,所以该领域是无法进入和需要逐渐退出的领域。从政府来讲,共青团有协助政府管理青年事务的职能,一是适应我国政府行政管理的要求,在政府委托公共管理和社会事务时承担职责;二是共青团常年补缺所做的一些青年事务会转化为政府事务。这个过程是在适应我国政府的改革需要和我国行政体制改革的整体需要中变化的。共青团更大的服务空间是在第三部门领域,一是发挥组织自身的优势,及时发挥服务青年的作用;二是发挥"掌舵"的职能,带动社会的发展;三是通过法律的渠道,作为青年权益的维护主体,要寻找法律赋权,利用法律的武器保护青年群体。因此,服务青年需要,共青团更多地要掌舵而不要划桨,通过自己的组织优势汇聚服务资源,通过自己的组织发展建立核心枢纽充当服务发动机,通过带动更多的青年社会组织完成服务的多元多层分工,从而看到服务"合唱"的生动场景,在此基础上更好地实现共青团的组织宗旨。

第二十六节

新时代共青团维护青年权益工作

当前,维护青年权益工作在共青团工作布局中越来越重要。从共青团组织核心功能上研究,特别是随着国家政党、政府的新发展,团组织维护青年权益工作的政治空间应进一步系统规划,稳步推进。

一、意义:新的历史时期高度重视青年权益维护工作

共青团组织当前的核心职能"组织青年、引导青年、服务青年和维护青少年合法权益"是在历史的发展中逐步完善的。其中,维护青年权益的工作将有着越来越重要的意义。

1. 来自新时期政党的要求

作为中国共产党的助手和后备军,党有号召,团有行动。中国特色社会主义事业是面向未来的事业,需要一代又一代有志青年接续奋斗。全党都要关注青年、关心青年、关爱青年,倾听青年心声,鼓励青年成长,支持青年创业。中国共产党只有赢得青年,才能赢得未来,而赢得青年的根本之法在于三"关"(关注、关心、关爱)和真心实意地倾听心声,鼓励成长,支持创业,在青年关心的根本需要根本利益上大做文章,从而不断产生感情、深化信仰,而青年权益恰恰是青年根本需要根本利益中最核心的部分,亟须得到维护。

从中国共产党发展的战略任务看,更好地发挥共青团的作用维护青年权益已成为推动该组织发展的重要课题。中国共产党在全面提高党的建设科学化水平中指出:要支持工会、共青团、妇联等人民团体充分发挥桥梁纽带作用,更好地反映群众呼声,维护群众合法权益。党的十八届三中全会通过的《中共中央关于全面深化改革若干重大问题的决定》指出:"人民是改革的主体,要坚持党的群众路线,建立社会参与机制,充分发挥人民群众积极性、主动性、创造性,充分发挥工会、共青团、妇联等人民团体作用,齐心协力推进改革。"党的十八届四中全会通过的《中共中央关于全面推进依法治国若干重大问题的决定》明确指出:"全面推进依法治国是一个系统工程,是国家治理领域一场广泛而深刻的革命,

需要付出长期艰苦努力。""发挥人民团体和社会组织在法治社会建设中的积极作用。建立健全社会组织参与社会事务、维护公共利益、救助困难群众、帮教特殊人群、预防违法犯罪的机制和制度化渠道。支持行业协会商会类社会组织发挥行业自律和专业服务功能。发挥社会组织对其成员的行为导引、规则约束、权益维护作用。加强在华境外非政府组织管理，引导和监督其依法开展活动。"可以看到推进党建科学化、深化体制改革和推进依法治国都需要共青团组织发挥作用。

2. 来自团的基本职能和职能发展的要求

从共青团本身的职能来讲，权益功能也是组织发展的应有之义。

团章中明确规定：中国共产主义青年团贯彻党管青年的原则，充分发挥党联系青年的桥梁和纽带作用，为党做好青年群众工作。积极协助党和政府管理青年事务。规定：要在维护国家和人民利益的同时代表和维护青年的具体利益，围绕党的中心任务，开展适合青年特点的独立活动，关心青年的工作、学习和生活，切实为青年服务，向党和政府反映青年的意见和要求，开展社会监督，同各种危害青少年的现象作斗争，保护和促进青少年的健康成长。

从当前提高团的凝聚力、吸引力和扩大有效覆盖的要求来看，团的权益工作是激活基层活力的重要路径。团章中对团的基层组织基本任务明确规定：要了解和反映团员与青年的思想、要求，维护他们的权益，关心他们的学习、工作、生活和休息，开展文化、娱乐、体育活动。这是基层团组织吸引基层团员青年的重要方面。

对共青团历史的纵向研究表明：共青团维护青年权益功能是顺应时代发展的重要举措，有其深刻的逻辑。从1922年到今天，中国共产主义青年团紧跟着中国共产党的步伐在夺取政权、开展建设、走向改革开放中发挥了助手和后备军的作用。从政党的宏观方位来看，它经历了从一个夺取政权的革命党助手和后备军转向执政党的助手和后备军的变化。从人民利益和青年利益互动来看，它经历了强化青年利益—强化人民利益—再次凸显青年利益的一种螺旋上升，走向回归的变化。研究团的职能发现从2003年团十五大开始至今，共青团服务青年的职能愈加受到重视，维护青年权益问题开始重点提出，团职能稳定为：组织青年、引导青年、服务青年、维护青少年合法权益。团十五大报告中强调共青团组织要带领青年参与社会主义政治文明实践。在"在全面建设小康社会的实践中建功立业"部分指出：引导青年参与社会主义政治文明实践。引导青年在基层民主选举、民主决策、民主管理和民主监督中依法行使民主权利，促进基层民主管理制度建设。发挥好共青团代表和维护青年具体利益的作用，积极向人大、政协反映青年的意愿和呼声。值得注意的是，继团十五大报告中拿出单章写服务青年的问题之后，团十六大报告中又拿出单章写"代表和维护好青少年的合法权益"，对该领域的工作作了详细的描述。"共青团作为党领导的先进青年的群众组织，作为党和政府联系青年的桥梁和纽带，必须在维护全国人民总体利益的同时，代表和维护好青少年的具体利益。在社会主义民主法制建设不断推进、青少年权益意识明显增强的形势下，各级团组织要深入实施青少年维权工程，继续坚持法制化、规范化，更好地代表和维护青少年合法权益。"团十六大后，共青团权益工作力度加大。2007年以来，共青团组织就开始加大在人大和政协中参政议政的力度，开展"人大代表、政协委员与青少年面对面"系列活动（后改为"共青团与人大代表、政协委员面对面"）。活动目的主要是发挥青年人大代表、政协委员的积极作用，建立共青团与人大、政协等有关部门沟通协调的机制，加强人大代表、政协委员与广大青少年的联系，畅通青少年向人大代表、政协委员反映诉求的渠道，切实帮助青少年解决学习生活中遇到的困难和问题，维护青少年合法权益，促进青少年健康成长。活动主题是倾听青少年呼声，反映青少年诉求。取得了良好的效果。团十六届四中全会上提出共青团继续做好青年权益代言人的工作，首次确定团组织青年权益代言人的角色。新时期，共青团要围绕青年权益代言人的角色开展工作。

团十七大后随着中国社会的发展，利益格局的调整和利益矛盾的多元，青少年群体也出现了明显的分化，权益工作的领域和方式都面临着新的变化和要求，团组织对权益工作更加重视。

从长远讲，共青团不能在维护全国人民的整体利益的同时表达和维护青年的具体利益，职责就没有尽到，凝聚力和吸引力也会受到很大的影响。

当前团组织权益工作的现状是有认识，有创新，有发展。但总体上说，在声势和影响上还比较缺乏，离党对团要求，离青年群体对团的愿望还有不小差距，亟待改革加强。

二、概念：对政治空间的初步认识

维权到底如何开展呢？政治空间的概念可以给这项工作一个实在的理论支持。"政治空间"并不是政治学中一个常用的概念。所谓政治空间是指能够综合发挥政治效应的场域，这种场域既是现实政治所形成，同时也在反作用于现实政治。人要参与政治必须借助一定的空间，政治要影响人也要借助一定的空间，由此可见，空间联系着人和政治。必须注意政治影响空间和空间影响政治是一个辩证的关系。

政治空间最核心的问题是进入问题，不是人人都可以进入政治空间的，因为空间具有条件性。因此在探讨政治空间的问题时，根据现有的政治环境、政治基础可以进入或者可以影响生成因素至关重要。如果进入不了政治空间或者不能对空间生成发生影响，就不可能发挥政治效应。

研究政治空间发现，政治空间具有以下特点。

政治空间既包括关于政治权力、政治结构、政治运行的机制因素，即静态的秩序形态状态，同时也包括动态性、过程性政治过程、政治意识等因素。

政治空间既存在于国家政治领域，也同样存在于社会领域。从国家和社会的边界看：政治空间不仅生存于政治领域内，也会在国家和社会的边界变化中改变空间的大小，政治空间界限会随着国家与社会的关系的变化而变化。

政治空间包括不同政治主体间的互动关系。特别是人民代表机构、政党、政府、政治团体等的互动关系。政治的综合效应是在这些因素之间可能的分立、冲突、竞争、谈判、合作与磨合等过程中产生的。

政治空间既要考察政治权力的来源和变迁，同时也要考虑政治参与的制度化空间和由于政治参与所扩张的空间大小，特别是在公共领域所造成的影响及对政治的未来推动。

政治空间有具体空间，也有抽象空间。具体空间是指现实存在的某一具体地域领域，抽象空间是指诸如网络空间、思维空间之类。当前抽象空间对政治空间有了越来越多的影响。

以上对政治空间的理性思考是我们思考分析共青团维护权益工作政治空间的重要出发点。

三、路径：共青团维护青年权益工作政治空间的构成

多年共青团实践告诉我们，要更好地维护青年权益工作，政治空间是关键。共青团维护青年合法权益工作的政治空间是以维护青少年合法权益为宗旨的政治空间，由共青团总体建立、推动、带动、发动、激活、渗透的空间；这种政治空间既立足于团组织自身，又不局限于共青团系统本身。是团组织现实可以进入或者可以影响生成的空间。根据政治空间发展的自身规律，这种政治空间的建立应该包含以下几个重要方面的内涵：第一，共青团自身的空间打造；第二，利用现有政治权力、政治结构、政治运行机制的现有秩序空间进行打造；第三，通过带动相关权益维护社会组织的打造；第四，通过网络和新闻媒体的发动打造；第

五，通过介入政治社会化过程进行打造。

总之，共青团维护青年权益工作的政治空间由自身空间、秩序空间、社会空间、传播空间、文化空间等构成，团组织可以在这些方面有所作为。

1. 自身空间建立

该空间是在现有共青团权益工作的基础上立足共青团自身进一步深化相关工作，特别是在了解青年权益诉求、建立沟通机制、开展社会稳定风险评估上。

可以做的工作包括：青年代表联系制度（建议模仿人大建立"青年人大"制度，开发青年聚议会）；全国青年权益调查制度（相关调查结果提供给不同层级的党的机构和相关部门）；全团社会监督品牌工作（如青少年维权岗等品牌）；青年稳定评估工作（如建立权益监测体系，积极开发监测系统，建立基层监测站点和队伍，会同专业机构进行分析研究）；团的领导机关直接面对青年群众制度；结合团组织强化在社会管理和服务中的职责，完善青年信访制度，完善青年调解工作体系；加强维权领域青少年事务社工队伍建设；等等。

2. 秩序空间推动

该空间是共青团推动政治空间的重中之重，也是最能发挥效果的空间，要努力推动，逐步实现。主要包括政党空间、立法空间、协商空间、政府空间和政治团体空间。

（1）政党空间

政党空间的着眼点是实现"及时把青年的温度告诉党"。

在基层，《中国共产党章程》中明确规定：团的县级和县级以下各级委员会书记，企业事业单位的团委员会书记，是党员的，可以列席同级党的委员会和常务委员会的会议。要将推动此条的实现和青年权益工作结合起来，逐步确定和青年重大切身权益相关事项，并明确要求涉及此类事项的党的委员会和常务委员会会议，团委书记需要参加。在团的县级以上机关，逐步推动党建带团建中权益汇报专项内容：要求各级党组织一年至少要专门抽取一次时间听取团组织的专项青年权益和青年稳定汇报。

（2）立法空间

立法空间的着眼点是充分使用法律的利器。

团组织要在国家保证人民通过人民代表大会行使国家权力和全面推进依法治国的进程中进一步完善通过法律保障青年权益的政治路径。充分发挥共青团在立法协商中的作用。主动代表所联系的青年群众参与立法和政策制定，推进健全协调青年和社会的关系制度机制，从源头上保障青年权益、发展青年利益。不断推动《中华人民共和国未成年人保护法》等与青少年紧密相关的法律落实，开展执法检查，不断完善相关法律体系，推动地方立法配套方面。

做大做强"共青团与人大代表、政协委员面对面"。作为共青团代表和反映青少年普遍性诉求的重要载体，该活动在推动制定促进青少年成长发展的法律法规和公共政策、解决青少年权益保护实际问题等方面发挥了积极作用。下一步可以通过代表建议、委员提案、界别提案、社会协商对话等多种方式反映群众意见。可通过"青年人大"在人大中发出更强声音。

共青团组织要推动立法，进而在依法治国中积极发挥作用。推动人大用法律的形式确定共青团在政治生活和社会生活中的地位，目前可考虑立国家青年组织法，将共青团内容涵盖于内。同时及时向立法机关反映立法或者修法诉求。

支持青年运用法律武器保护自己的受教育权、劳动权、婚姻自主权和其他权益，为青年当事人提供或寻求法律帮助。

（3）协商空间

协商空间的着眼点是在政治协商上大做文章。

共青团要在引导青年有序政治参与中发挥作用，在国家健全社会主义协商民主制度中有所作为。共青团是青年群众依法有序广泛参与国家事务和社会事务管理的重要渠道。在党组织推进协商民主广泛多层制度化发展的进程中，团组织应进一步拓宽参与政治协商的渠道，规范参与协商民主的内容、程序和形式。

要做大做强"共青团与人大代表、政协委员面对面"，就涉及青年群众切身利益的实际问题深入进行专题协商、对口协商、界别协商、提案办理协商等。积极开展基层民主协商。

（4）政府空间

政府空间的着眼点是充分发挥政府的力量。

共青团没有直接承担行政管理职能，做好青少年权益工作，必须加强与相关政府部门的沟通协调；把青年实际需要（身心健康、学习成才、就业、住房、恋爱婚姻、社会参与、文化娱乐等）纳入国家和地方经济社会发展规划，推动制订和完善地方青少年发展规划，目前国家在这方面已经强势推进。在政府和各级政府部门制定涉及青年利益的方针、政策和行政性法规时，团组织应积极反映情况，提出建议，使政府和各级政府部门能及时了解和照顾青年的具体利益。

要推动建立政府的青年工作联席会或者工作委员会。继续用好预防青少年违法犯罪专项组工作平台。在综治部门的领导下，各级团组织切实履行专项组组长单位职责，加强与成员单位的工作联系和协调沟通，全面推开重点青少年群体服务管理和预防犯罪工作。

在青年的具体利益、合理要求与政府、行政方面发生矛盾的时候，应该作为青年的代表与政府、行政部门协商，建立协商制度，推动问题的解决。发挥共青团创新社会治理和维护社会稳定和谐的重要作用，积极承接政府购买公共服务项目，引入专业社工力量，广泛联系社会组织共同开展工作。

（5）政治团体空间

政治团体空间的着眼点在于寻找青年权益维护的"同盟军"。

和相关社会团体建立合作机制，特别是寻找和工会、妇联在权益维护上的联动机制，关注青年职工和青年妇女的切身利益；和其他一些社会团体建立合作关系推动青年权益保护。

3. 社会空间带动

该空间是青年权益的社会化路径。最核心的是发挥社会维权组织的力量，建设青年权益维护的枢纽型组织体系。

可以做的工作有：成立各级青年权益维护中心（或协会）、未成年人保护委员会、青少年法律服务中心等机构；寻找社会公信度高的权益维护组织，形成合作关系；关注青年权益社会热点，挖掘典型案例，集体发声；委托社会组织开展相关研究和活动；发挥青年的主体性，引导青年政治表达，特别是发挥枢纽型社会组织的作用，加强对青年社会维护权益组织的联系服务，培养和孵化新型社会维权组织，以服务引导社会组织健康发展。

4. 传播空间发动

该空间充分利用传媒政治的力量。最核心的是尊重政治传播规律，积极使用网络和新闻媒体空间开展权益维护活动。当前网络空间对政治的作用越来越不容小视，共青团要加以利用，形成声势。

可以做的工作有：精心设计，利用网络、报刊、广播、电视等形式，反映青年的意愿、要求，支持青年参与社会民主监督，同官僚主义和各种不正之风作斗争，同损害青少年合法权益的行为作斗争。推动微博等新的形式、工具维护青年权益；打造网上网下相互促进、有机融合的群团工作新格局，建设共青团维权特色网站，推动互联互通，加强与主流媒体、门户网站的合作；建设群众网宣队伍，办好维权热线等平台。加强12355青少年服务台建设。把服务台作为构建社会化维权体系的重要平台，稳定联系专家队伍和志愿力量，提高核心服务能力，探索多样化发展模式。

5. 文化空间渗透

该空间充分发挥共青团和少先队组织的优势，将青少年权益维护观念系统植入青少年的政治社会化过程，达成共识。

可以做的工作包括：在小学少先队组织和中学团组织中加入权益维护内容、法律普及内容，重点开展宣传和文化传播工作。

以上五个空间形成共青团维护青年权益的系统空间，都需要关注。从推动过程讲，当前要以自身空间建设、文化空间渗透为基础，稳步推动秩序空间和社会空间，有序发展传播空间，促进维护青年权益政治空间系统优化和不断发展，形成声势，取得实效。

从推动工作的角度看当前团组织需要有三方面机构改革。一是建立一个从全团角度推动权益维护的综合"指挥部"（建议成立团中央及各级青年权益维护工作委员会或直接放权给维护青年权益工作部门），基于合力的要求统一设计全团权益工作方向，是政治性的机构。二是可以考虑成立更具专业化水平的团属事业单位青年权益维护中心（协会），综合负责推动青年权益政治空间的打造工作，是专业化的机构。两个机构的建立，最终将形成政治性和专业性社会性紧密结合的青年权益工作维护工作新局面。三是要重心下移，推动各县（市、区）及乡镇（街道）、村（居）设立青年权益保护工作机构，真正实现青年权益维护的全覆盖。

第二十七节

落实青年发展规划,促进青年发展

2017年4月,中共中央、国务院印发《中长期青年发展规划(2016—2025年)》(以下简称"规划"),改变了我国长期没有国家独立、专门的青年政策存在方式的现状,对于中国青年进行了整体性的关照,为已有的青年政策的整合和协调提供了足够的原则和指导,有着重要的历史意义。规划设计了一个关心青年发展的国家机制,为了推动规划的实施,要坚持党委领导,政府、群团、社会协同施策,共同营造青年人健康成长的良好环境,同时设立推动规划实施的部际联席会议机制,由中央领导牵头,51家部委包括共青团中央在内一起实施。各地都要制订青年规划,都要建立青年工作联席会议制度。这样一种国家机制将对青年的发展起到巨大的推动作用。

规划已经颁布,接下来的重点工作就是推动规划的执行,落实发展规划,促进青年发展。为避免出现"规划规划,本上画画,墙上挂挂"的政策失效现象,加强规划执行的深入研究非常必要。

本节探讨两个问题:一个是发挥青年主体在《规划》执行中的作用问题;二是如何推动规划执行的系统优化,以达到强化动力、优化系统之目标。

一、发挥青年的主体作用

青年是国家青年发展规划的受益者和政策目标群体,也是该政策执行的重要主体,对规划执行中的青年因素进行深入分析有助于我们更好地理解规划执行的过程和推动规划落实的关键动力因素。

1. 青年发展规划的执行的特殊性? ——青年发展和青年充权

青年发展规划的执行的特殊性在哪里呢?和别的规划执行相比有何不同?只有掌握了该规划的特质,才可以发现规划执行中最需要解决的问题。

从理论上分析,发展规划执行最基础的理论首先是关于青年身心健康、教育、就业等多领域的多学科的基础理论。随着社会实践的发展,亟须政府解决的政策问题的日益复杂化和动态化,仅仅凭借某一领域或专业方面的知识很难揭示政策执行过程的全貌，或者探求政策执行失败的根源。因此，政策执行越来越注重学科和专业之间的交流和借鉴。其次是从政策运作层面的分析特别是公共政策执行的基础理论，但最具有特色和最核心的理论应是青年发展的相关理论。青年发展是在一定社会发展阶段所形成的各种因素的影响下，尤其是受一定的社会结构的性质和特征所决定的，作为一个独特社会群体的青年，在他们的本质内涵所规定的各个外延方面即生理、心理、社会、文化方面所表现出来的演进的过程、特征和现状。在青年发展中，青年充权非常重要。青年充权是以青年为主体，以人为本强化受助者的自主观念，使其从附属地位到拥有自主的地位；通过改善工作、学习、生活的能力，使其在获取社会、组织和他人资源时，有自决的权利。青年充权作为一种手段和过程，能使青年成为他们自己生活的力量，通过可操作的有效训练，激发自己的信心和热情，并且在获得各种知识和信息之后形成自己的洞察力，将不会作出盲目或屈从的决定。某种程度上，青年发展的成功和失败由青年自己把握，青年充权便是实现一个个青年发展指标的关键。

从这个理论上理解，青年发展规划不能仅仅理解为一个个单独领域的青年发展而要强调其发展的系统性的构建，青年发展规划不能仅仅理解为一个青年单方面受益的过程而要强调青年主体性构建的意义。在青年发展中推行青年充权的策略和原则强化了我们分析青年政策执行中青年自身的意义，对青年的主体因素分析能使我们更好地理解规划的执行过程，改善规划的执行过程，获得更好的政策效果。

2. 谁是青年？——对规划青年年龄的界定

"青年"是青年政策的基本概念。对"青年"作出科学界定是制定和执行国家青年政策的基本前提。

青年的年龄到底是多少？这一直是青年研究界没有说清楚的问题。规划一开头就明确指出：本规划所指的青年，年龄范围是14~35周岁（规划中涉及婚姻、就业、未成年人保护等领域时，年龄界限依据有关的法律法规的规定）。可以看到，这种规定包含着年龄的统一（14~35岁）规定但同时也包含着务实的考虑，最核心的一点是按照不同视角下青年的实际情况而定，应该讲这是一种比较好的折中。

对青年概念的理解，目前尚未形成各方面均能一致的看法。不同学科从各自不同的研究角度，对青年加以了不同的界定，也导致了对青年年龄的不同区分。不同国家和地区在对于青年界定特别是年龄的界限问题上也有差别。原因在于青年的自然属性和社会属性受其所处的背景影响，其身心发展和社会定位起止期各有差异，且现代科技发展和社会文明程度对其也有促进和延缓作用；加之青年期是一个承前启后的过渡阶段，很容易导致青年年龄界限的前伸后延。因此联合国《到2000年及其后世界青年行动纲领》（1995）指出："关于青年的定义随着政治、经济和社会文化情况有波动而不断有所改变。"列宁指出："人的概念并不是不动的，而是永恒运动的、相互转变的、往返流动的，否则它们就不能反映活生生的生活。对概念的分析研究，运用概念的艺术始终要求研究概念的运动、它们的联系、它们的相互转化。"一种具体问题，具体分析的态度，符合事物发展的本身实际。因此对青年的理解，并不需要刻意地去追求一个准确的定义和年龄限定，为了开展研究的便利，笔者更赞同把"青年"放在具体环境中，对它作出相应的界定。

规划更多的是从政策法律上对青年的年龄予以确定。青年是人生的一个过渡时期，成长成熟是其主题，不稳定性和群体亚文化是其特征。青年群体有其共同的群体特质和群体利益，需政府作出积极应对。因此厘清我们在工作中对于青年的理解有利于我们开展青年工作，实施青年规划。从政策学的青年意义来看，更多的是要唤起全社会关注青年人的各种过渡需要并给以满足。只要在大致的范围内，有这种解决过渡需求的人都可以参加，青年政策要强化对重大过渡特别是对青年"成家立业"等方面的需要提供相应服务的理念，而不是固守着一个统计年龄生搬硬套。

对于14~35岁，我们还可以进行更为细致的分类开展服务，可分为以下几个阶段：14~24岁，青年前期，完成中高等教育，身心发育成熟，初步进入社会工作；25~30岁，青年中期，完全进入社会趋于社会成熟；31~35岁，青年后期，社会定位完成，青年发展任务基本完成。

3. 青年知道规划吗？——青年政策的宣传

规划是对青年制定的政策。对任何一个政策目标群体来说，都有一个对政策从不了解到了解，从了解不多到了解较多的过程。随着时间的推移，人们会对政策的认识逐步加深，执行的自觉性也会不断提高。而要做到这一点，必须注意政策宣传。青年政策出台之后，如果只有少部分青年能直接或间接地参与其中，政策执行时的情况就大不一样。青年政策对青年的作用和青年对青年政策的反作用同时存在。青年政策实施能否获得预期效果，要看政策执行者和青年群体互动关系而定。

一项青年政策颁布之后，人们的思想认识不会一致。有时甚至一些青年人在政策实施相当一段时间后，还不知道有一项与他自身利益相关的政策。青年只有在对政策的意图和政策实施的具体措施有一个明确的认识和充分的了解的情况下，才有可能积极主动地配合青年政策的执行，知晓了政策理解了政策，才能自觉地接受和服从政策。为此，必须先宣传政策，为政策实施作舆论准备，促使更多的青少年对政策产生认同。对政策执行机构来说，要宣传政策的意义、目标，宣传实施政策的步骤、方法，宣传政策实施后的效果，等等。

我国政府历来重视政策宣传工作，青年政策也不例外。一项青年政策开始实施时，报纸、杂志、广播、电视等大众传媒都会广为宣传。国家中长期发展规划颁布后也受到舆论的关注，但目前看这种宣传只是出于"新闻"的视角，而远没有达到推动规划实施的战略影响高度，青年政策宣传的长期性应该得到充分的重视。一项青年政策在刚开始实施时一般都能够大张旗鼓地宣传，在执行中宣传就往往越来越少，长此以往，政策原本的含义不能被青年或者其他群体充分理解，政策的新的发展不能被青年所把握，都会影响青年政策的执行。

为了使青年政策迅速、准确地到达执行者和各级青年那里，要加大政策宣传的力度。相关组织特别是政府组织为了宣传政策，提高青年工作者与广大青年理解和执行政策的水平，还应该举办各类政策培训班。政府机关、青年组织、学校等还通过宣传橱窗、黑板报、张贴标语、印发宣传提纲、制作电视宣传教育片等形式，宣传青年政策。

政策宣传所达到的功效除上面所说的政策宣传的普遍作用外，还有创造有利于规划实施的社会环境，营造浓厚社会氛围的重要意义。中国是个青年人口大国。青年在全中国几近三分天下有其一，比例尤为巨大，因此青年问题社会化、社会问题青年化已成为人们的共识，重视青年问题的解决就是重视我们社会的稳定和社会发展的实现。但从中国文化背景来看，尽管市场经济的发展在很大程度上改变了过去一成不变的模式，但论资排辈、"嘴上无毛，办事不牢"的传统观念仍然是社会对待青年群体态度的主流，青年在社会中的相对弱势使他们缺乏一种和其他群体在法律上平等的地位。这样的一种社会背景使得政策制定者深受其影响，青年很难分得更多的社会利益。要完善我国青年政策的执行过程，推动我国青年政策的进一步发展完善，首先必须在全社会确定一个认识上的前提，高度重视青年群体在我国现阶段发展中的作用，从而重视在我国发展青年政策的必要性，充分认识到它是建立我国社会主义市场经济体制和实现社会长治久安、繁荣发展的需要。因此宣传不仅必要还要深入人心，改变观念，才能使青年发展规划得到社会的广泛理解和支持。

4. 谁是规划推动者？——青年的组织和制度化

规划在组织实施的安排中明确规定：在党中央统一领导下，设立推动规划落实的部际联系会议机制，共青团中央具体承担协调、督促职责。同时明确要充分发挥共青团维护青年发展权益的重要作用。加强服务发展青年阵地建设。应该讲，这样的安排，将政府的管理和群团组织的组织网络体系联系起来，成为中国推动国家青年发展政策的独特制度优势，充分地调动了中国青年组织的力量，并提升了制度化推进的空间。

中国的青年组织是以党团青年组织为核心的青年组织体系（包括青联、学联等），中国共产主义青年团是主要的核心组织，现在全国有健全的组织机构和各项规章制度。这使得青年组织有着明确的社会目标，有着成员的群体意识、价值体系以及共同遵循的准则和规范，各个成员按一定角色和分工承担组织任务和责任，青年组织有更强的稳定性和时间持续性。这样的一种组织化和制度化的格局，使得青年政策的执行有了较为完善的载体，共青团组织可通过宣传、督促等手段配合青年政策的执行。如规划颁布的若干政策中包含青年的有关部门规定，共青团系统可以另外发文提醒各级组织引起注意，配合执行。

这种青年的组织和制度化的特点也使青年能较好地完成政治社会化的过程。在组织中，青年人逐渐掌握了特定的政治观念，培养了自己政治行为的基本模式，形成对国家、政党、权威、意识形态、权利义务及社会制度的认识，从而适应特定的社会生活的过程。因此青年在潜移默化中树立了拥护、支持和谅解现行政策的倾向。

共青团组织推动规划的另一个独特优势还在于它能够站在青年发展的系统角度上全面推进规划的实施。青年发展规划不同于别的规划而在于它是基于青年优先发展和青年全面发展的规律来系统地为青年服务。青年发展的本质是什么呢？世界各国都在研究这个问题。青年期是一个人除了婴儿期时间较长的发展阶段，这段时间，青年的生理要发展，认知要发展，社会性要发展。这段时间青年处在家庭、学校、社区、传媒、同伴等的综合影响之下。因此共青团在推动规划落实过程中要完成三个非常重要的链接。一是全领域的链接，即在规划的十个领域进行全面的考察，认识青年发展不同领域的轻重缓急和重点问题，对整体规划推动和各个政府部门提出有针对性的建议。二是全景链接，即发挥组织的优势，在学校、单位、家庭、社会等领域全方位介入，谋求系统的优化。三是全程链接，即在政策的制定、执行、监督、评估上进行全程系统优化。完成这三个链接，青年发展规划才能够成为一个真正的系统化发展规划。

在推动规划的实施中，共青团组织如何处理好协助政府管理青年事务和青年群众工作的关系是一个非常重要的问题，两者不可偏废，更要相互促进。除了协调、督促之外，还要走出自己的特色发展道路。那么共青团到底要干什么？这是我们需要思考的。在具体领域，国家政府相关部门都有专司其职的部门，共青团不可能把服务青年的工作大包大揽下来，如共青团搞就业创业，很明显就业创业是劳动就业部门的工作；共青团开展预防青少年违法犯罪活动，很明显这是法律和司法部门所管辖的领域的事，因此回归初心，共青团在各领域的介入上理应有其特殊的视角。它的重点应该放在重点解决利益矛盾，优化青年发展环境上。可以在服务、发现、报告、协调、立法、协商、补位七个领域大有作为。通过这样的一项工作也使共青团真正强大起来。

5. 青年认可规划吗？——对青年政策的接纳

一般情况下，目标群体对政策的顺从接受程度既与目标团体衡量政策的成本利益有关，也与政策对目标团体行为的调适量有关。一项政策出台，如果目标群体认为能够增加自身利益，或行为调适量较小，就容易被接受，反之，就容易被拒绝。青年对青年政策的最终接纳取决于青年群体对自身利益、要求、义务和责任的认定是否与政策制定者的认定相一致。从历史上看，完全一致的时候几乎没有，通常有基本一致、基本不一致（乃至冲突）的情况。前一种情况说明政策制定者较为完整地把握现实中的青年群体的基本状况、愿望要求，对青年利益的界定较为合理，青年对政策的接纳度高，对这一政策的实施所施加的影响中积极成分就要多一些。后一种情况在社会变革时期尤其明显。青年对政策出现不接纳的现象，往往意味着大量的非社会和反社会的现象会出现。造成这种情况的原因比较复杂，政策制定者对青年群体的利益的规定可能是真正地囿于认识的局限，也可能是一种广泛的社会策略的选择。

发展规划是否得到了青年的广泛拥护？拿婚恋服务为例，在规划新闻发布会上团中央提出要为大龄青年开展婚恋服务以后，网上舆论非常热烈，主流认为规划能够抓住青年最关心的问题，增强了服务的实在性。但也有舆论对服务婚恋质疑，核心观点是婚恋是个人的事情和选择，不应该有过分统一的安排。有的则向团中央提出：同性恋、变性人等青年需求团组织是否应该服务？这将服务青年的问题推向了道德伦理的复杂争论。如果应对不及时，含糊不清，青年自然也不会全盘接受，出现团组织"吃力不讨好"的局面。

青年群体总是在与其他社会群体的利益、需求、权利与义务的比较中确定自己的相对位置的，这实际引申出各种社会群体的基本关系问题。从各个角度来讲，无论在哪一个时期，和成人群体相比，青年群体总是处在"相对剥夺"的地位。因此青年特别强调自己利益的特殊性。这样看来，青年政策的制定与执行过程实质上是不断调整青年群体和其他社会群体之间关系的过程，根据实际情况不断修改对青年群体利益、要求、权利和义务的规定。在许多国家和地区，往往引申出加强对青年的教育和引导问题，甚至视为青年政策的核心。

考虑到我国的青年政策的实践，过去较为重视发挥青年的社会作用，重视对青年的教育和引导，在过去相当长的一个阶段，青年政策发挥了较好的效果。随着我们国家市场经济的发展，个人利益的凸显，这种忽视青年自身利益和发展的政策的不足也体现出来，青年在政策接纳上存在着这样或者那样的冲突，因此如何调整青年政策的定位，从过去的教育性政策往服务性政策转化将成为青年政策是否被青年群体接纳因而顺利执行的关键。

6. 青年是主体吗？——对青年规划的参与

青年的参与将是青年政策执行的前提条件，青年参与程度如何、参与素质如何将极大影响着青年政策的执行效果。所谓的青年参与，不仅包括青年在决策上的参与，也包括他们通过享受教育、就业、卫生等对社会的参与。青年应该从参与关于自己生活的决定，逐步发展到在他们的学校、社区、当地或全国的社会及文化组织以及在国家、地区及国际层面上参与民主决策。

而在中国现实生活中，青年通常被排除在影响他们生活的讨论和决策之外，这里面有着复杂的社会因素，也有着青年本身社会参与能力较低的因素。这样的一种情况下，青年在青年政策面前只能成为一个被动的接受者，而不能成为青年政策执行的一个活跃的有机体，使青年政策失去活力。以《中华人民共和国未成年人保护法》的执行为例，法律的顺利执行的一个重要因素是法律主体权利意识的增强，未成年人是法律保护的主体，他们本身对法律的态度对法律执行也起着非常关键的作用。许多未成年人对《中华人民共和国未成年人保护法》缺乏基本的认识，在自己的权益受到侵害时也不知道拿起法律的武器，因此即使在现实生活中有许多违反法律的事件发生，但由于未成年人自身的权益意识淡薄，也没有反映出来，这也将成为阻碍《中华人民共和国未成年人保护法》执行的重要因素。

出现目标群体对法律陌生、维权意识淡薄现状的原因除了该法律颁布时间较短、影响面不大的因素之外，还有很复杂的社会因素，中国社会的发展给了人们更多的服从、遵守秩序的传统，缺少维护自己权利，用法律武器保护自己的精神。这使得《中华人民共和国未成年人保护法》的执行缺乏最强大的自发推动力，毕竟权利是权利主体争取的，而不是别人给予的。

在其他青年政策执行过程中，青年的平均社会参与程度较低的问题也是阻碍政策顺利实施的一个关键因素。

从社会发展的角度来说，无论在政治、法律、经济方面，还是在社会文化方面，青年都应该能够参与，并且参与各种决策制定过程。青年参与不仅为青年的成长与学习提供机会，它还能够真正为他们所处的社会的发展发挥作用。促进这种参与将极大地激发青年的参与热情，发挥他们的才能，国家如保证年轻人有机会为社会的发展贡献他们的思想、观点和专业知识、就能从中受益,这也对青年自己发展有益。因此鼓励青年的参与实质上是就是为了青年政策更好地执行。

青年参与的内容方面,随着改革的发展日益增强。青年有着自己的观念和行为方式,对此人们有着不同的评价,但我们还是看到了青年观念变化的主流——人的主体意识正在觉醒。人的独立性、自主性和创造性得到了发扬。这种变化与中国社会已发生的变革相呼应,正是市场经济的发展,呼唤与之相应的新意识。青年的参与和实践,又往往是得到锻炼和迈向成熟的必要条件。青年参与的形式正从计划体制下的、社会动员安排和有组织的体制内的参与,逐步发展为主动的、体制外的社会参与,显示出以往少见的活力和深度。

总之,在新的形势下,仅靠过去的大张旗鼓的宣传、发挥青年组织的优势已不能够使政策目标群体对青年政策接受和执行,青年政策是否能反映青年的切身利益、青年是否能够有效地参与成为青年对政策接纳的至关重要的因素,而这恰恰是青年政策要作出相应改变的。

二、推动青年规划的执行系统优化

青年政策本身带有很强的实践性,其实践意义远远大于其理论意义,重视政策执行过程的研究可以使我们更加明确政策发展的内在理念,解决执行过程中的实际问题,产生积极的实践意义,从而推动国家青年政策的发展。因此我们把视野投向中国青年政策的执行研究,利用公共政策模型对其进行分析并提出具体的政策建议,希望对中国青年政策的发展有所助益。

1. 中国青年政策执行过程的分析方法

在达到政策目标的过程中,方案确定的功能只占10%,而其余的90%取决于有效的执行。如果有了正确的理论,只是把它空谈一阵,束之高阁,并不实行,那么这种理论再好也没有意义。因此现在当人们判断一项政策效果是"好"还是"不好"时,人们通常联想到政策的规定性是否合理,也会联想到政策执行是否坚强有力。政策执行对于政策的实际结果有着决定性的影响。探讨中国青年政策如何更好地发展有多种途径。我们从政策的执行效果入手是一个较好的角度,把研究的重点集中于如何有效地执行政策,剖析影响政策执行的诸因素,政策执行所遭遇到的困难和障碍,政策执行失败的原因。通过对中国青年政策执行过程的研究,进而对政策本身、政策执行机构、政策环境等可以提出合理化的改革建议。

对政策执行的研究有多种方法,而模型方法是其中最重要的方法。史密斯的政策执行模型影响较大。史密斯（T. B. Smith）创建的政策执行模型认为，理想化政策、执行机构、目标群体、环境因素是影响政策执行过程的几个重大因素。理想化政策是政策制定者试图追求的理想表现方式，包括政策的形式、类型、渊源、范围、合理性及受支持度、社会对政策的印象等内容；执行机构是政府机构中负责政策执行的组织，包括执行机构和人员，主管领导的方式和技巧，执行的能力和信心；目标群体是受政策影响最直接的，必须对政策采取适当反应的符合政策要求的群体和个体，包括组织和制度化程度，接受领导的情形以及先前的政策经验；环境因素指政治、经济、文化等环境中那些影响政策执行和受政策执行影响的因素。这些都是在政策执行过程中影响其成败所必须考虑和认定的因素。这四种因素之间存在着互动关系，其系统运动的方向决定了一项政策执行的结果。在过去，人们在研究政策时往往把大部分精力集中在制定理想化政策上，而很少注意执行机构、目标群体和环境因素的影响。然而，政策实践，尤其是政策失败的教训告诉我们这样做是极其错误的。史密斯政策执行模型的崭新意义也在于此，他把政策执行的分析带到一个更为广阔的天地。

研究中国青年政策必然会涉及组织机构、政府职能、组织状况、个人偏好及政策执行背景等因素，对这些要素本身以及要素内部结构过分细化的研究，会使这一问题更加复杂。模型方法有可能在满足系统整体性的前提下，将复杂的问题转化为易于处理的简单模型，将有利于我们对要素进行个别和综合分析。把注意力转向政策执行过程的研究可以使我们更加明确政策发展的内在理念，解决执行中的实际问题，产生积极的实践意义，从而推动中国青年政策的发展。

2. 中国青年政策执行过程的四因素分析

根据史密斯政策执行模型，我们将分别研究青年政策的四方面（理想化政策、执行机构、目标群体、环境因素）的情况及其互动关系。

在理想化政策上我们可以考察青年政策类型、政策形式、政策体系、政策内容。可以看到我国迄今为止所实行的青年政策确保了青年基本需要的满足达到一定的水平，保证了青年的健康成长，发挥了青年的潜能，广大青年在贡献社会的同时也促进了自我的发展，对社会起到了积极的推动作用，这是不可否认的。但从理想化政策的角度看，现行的青年政策类型较多、形式松散、体系不够完整、内容不够细致具体，这会给政策执行带来极大的困难。国家青年发展规划在此方面已有了很大的提升，但还需要细化。

在目标群体上，我们着重研究影响青年群体对青年政策态度的相关因素。青年政策的宣传效果、青年的组织和制度化程度、青年对政策的接纳程度、青年的参与都是可以研究的重要因素。

在环境因素上，可以从经济环境、文化环境、国际环境上考察。可以看到，从党和国家的号召中，青年群体和青年工作应该受到社会的高度重视，但是实质上，由于经济基础薄弱，历史文化积淀深厚，政治权力人格化，中国青年政策的大环境还有待完善。

应该看到，执行机构是政策执行中最关键的因素，我们可以加以详细分析。

3. 青年政策执行机构有待优化

作为一种政策资源，执行机构的关键在于既定的政策执行是否可以依托一个坚强有力、行之有效的组织。公共政策执行是一种典型的组织行为，组织得力与否会对政策执行的力度和效果产生影响。但执行机构的生成并不是一个"自建立"的过程，而是一种"他建立"的过程，也就是说，公共政策的执行机构都是上级机构决定的结果。因此上级机构关于政策执行机构的规定性是影响甚至决定政策执行机构有效性的关键性因素之一。但在上级规定性确定的条件下，政策执行机构自身的价值标准、行为能力、团体氛围等就成了决定政策执行效果的最主要的因素。

（1）机构设置

由于中国青年政策的分散性，中国青年政策的执行机构也呈现出多元化的特点。有的政策由党的组织执行，有的政策由国家行政机关依照法律的要求来执行，有的政策由群团组织代理执行。

总的来说，可划分为中央主管部门和地方执行机构两大类。

①中央主管部门

我国政府没有主管青年工作的部门，有责任承担青年政策的是政府相关部门，尤其是教育、劳动、卫生等部门。但是这些部门一方面有自身的功能而不会只集中在青年事务上；另一方面它们有各自的职权范围，不能执行在其管辖权以外的政策。例如，教育部门不能执行保护青年劳工的政策，因为这应该属于劳动部门管辖。作为主管某一方面业务的个别部门在执行青年政策时很难有全面的见解。全国最大的青年工作组织共青团缺乏行政约束力，因此在执行青年政策时"心有余而力不足"，更多的是呼吁、协调而不具备实质性管理意义。在现行的体制下，党的领导层、立法机关、行政首脑、群众团体似乎都有制定有关青年政策的权力和责任，又似乎都没有明确的义务和清晰的授权作有关决策。很多时候，具体的有关政策的决定甚至取决于领导的个人行为，其决策的程序不严谨，缺乏科学性。在政策决定转化为行动规划和贯彻落实方面，常规的方式是由各政府部门按各自系统分头负责、推开实施，有时采取多部门联合行动、共同推行的做法。每个部门似乎都有一定的权力和责任，但又无任何一个部门明确地担负保证政策效果的职责。因此，就中央主管部门而言，缺少一个统一组织、领导和协调青年工作的有权威的专职行政机构，缺乏一种对青年政策的执行过程中的各个环节进行整合的机制，这极大地影响了青年政策的执行效果。

②地方执行机构

虽然青年政策在地方的执行有一定的效果，但由于机构的不完备性，青年政策在地方的执行呈现出"边缘化"的趋势，从中央到省，从省到地市，从地市到县，在执行青年政策方面关系较为松散，基本上是各地自主，各部门各自为政。在青年事务方面缺乏合作和团结，在执行中出现的问题无法得到有效的解决，更无法产生系统合力。这种状况不同程度地影响和制约了青年政策的宣传、贯彻和实施。

（2）各级主要领导

政策执行活动的基本特点是，需要很多人的共同活动，而共同运转的首要条件也是要有一个能处理一切所管辖的问题的起支配作用的意志。这个意志就是权威。没有权威，就不可能形成人们共同的、相互协作的活动。就我国现有体制来说，政策的执行深受人格化权力的影响。它对政策执行有正、负两种效应，一方面由于权威的支持政策执行相当顺利甚至超出预期的效果；另一方面由于权威的反对或者冷漠，政策执行有很大的障碍甚至夭折。在一项政策的执行过程中，我们不能不考虑主要领导的偏好及其所采取的行动。

因为中国青年政策还没有形成上下强力统一要求组织的格局，各地方的执行机构的建立和由此而需要配套供给的人员编制、资金、场地等由各地方自行决定，而在这里，地方主要领导是否重视青年工作成了极其重要的条件。机构建设问题固然反映了一个地区的经济、社会发展状况，但更反映出这一个地区有关部门的领导对青年政策实施工作的认识和偏好，这就形成了中国政策的一个很明显的特点，即主要领导的偏好指挥着政策的导向。领导重视则工作好开展，领导不重视则工作难开展。在全国范围青年工作做得好的省份除了和本省的经济、文化条件有关之外，很重要的因素是领导的支持。至于领导为什么要支持或者不支持，这里面有着复杂的社会因素和体制因素。这也难怪共青团干部要学会"铜头铁嘴飞毛腿"，拼命地去钻，拼命地呼吁，拼命地去跑，从根本上都是为了争取领导的重视。在这样的一种情况下，青年政策的执行并不是一个常态和稳定的过程，常常会随着领导的偏好而改变。

（3）共青团组织

共青团组织是中国唯一的"半行政性"的全国统一的青年工作机构，在中国青年政策的制定与执行中都有着举足轻重的地位，其未来发展变化更将直接影响到青年政策的执行。一方面，共青团组织本身是一个群众团体，代表着青年的要求和声音，所以它要反映青年的切身利益，监督青年政策的制定和执行过程；另一方面，共青团在推行青年政策方面也有某些行政功能，要求它行使国家管理的权力，制定并执行青年政策，这便为共青团组织带来了角色混淆。作为青年政策的制定者、执行者，同样也是青年政策的监督者，它必然处于一个尴尬两难的困境，而且因为共青团组织不是国家的行政主管机关，虽然党和国家赋予了共青团组织相关的政府职能，但这些职能是方向性的，没有实际的行政权力，在青年政策的执行中共青团组织的法律地位是"协助"而不是"协调"政府部门的工作，因此只能充当"敲边鼓"的角色，不能解决根本问题。共青团干部对具体工作职能并不清晰，更多的是在奔走呼吁，沟通联络，工作开展有相当的难度。

另外，随着我国行政体制的改革和人事制度的变化，共青团组织现在也面临着困境，许多团的组织面临精简、合并，在人员、经费、精力上都存在着许多问题，更为其发挥青年政策的执行功能增添了变数。由于没有行政权力，团的机构工作难以开展，很多文件需要行政部门转发才有更大的效果。有些共青团组织的工作看似热闹，但围绕政府的中心工作更多，围绕青年本体工作较少，没有处理好这两者的关系，工作并没有深入青年中，没有很好地代表他们的利益。

（4）执行人员

青年政策的执行队伍中包含一个比较大的群体，包括党和政府相关职能部门的工作人员、立法单位的相关人员、执法队伍的相关人员、共青团的各级干部，等等。这个群体的队伍素质如何直接影响到政策的执行效果。总的来讲，这支队伍的整体素质（包括青年政策意识、政策水平、个人文化素质等）还需要提高，而且从中央到地方，越往下走，素质整体水平呈递减趋势。这是一个很大的矛盾，因为基层恰恰才是最实际的青年工作的领域。因此，青年政策的执行呈现出上下不平衡，号召和实施、形式和内容不平衡的局面。

政策执行水平的高低在相当程度上是由政策执行人员的素质决定的。在青年政策执行过程中，政策执行人员的政策水平主要与以下素质相关：首先，政策执行者的专业技术水平，表现为准确把握青年政策规定的能力，以及进一步制订执行计划，全面开展青年工作的各项能力；其次，青年工作的经验尤其是处理公众关系的经验，表现为正确地预测青年政策执行的效果的能力和选择解决方法的能力；最后，服务青年的信念和自律的精神，表现为忠实地维护青年政策的动机，不谋取个人的私利。

一个现实的问题是，共青团干部的矛盾心理不能不对青年政策的执行产生影响。有些共青团干部很关注自己的转业，因此在工作的过程中存在着相当程度的短期效应和工作的表面化，更关注如何引起党政领导的注意，如何使活动开展得更热闹，更有声势，而忽视踏踏实实地为青年做一些实事。这将使青年政策的执行发生变形，失去其原来的政策目标。

总之，在执行机构方面，以共青团组织为核心的青年政策执行机构在过去的实践中发挥了巨大的作用，在引导青年做党的助手和后备军上，在动员社会资源为青年服务上成效显著。随着时代的发展，青年工作局面的调整，共青团组织遭遇前所未有的困境。在青年政策执行中，中央缺乏统一的权威性的政策执行管理机构，地方机构各自为政，主管领导对青年政策的不重视，还有执行人员的短期效应都会影响到政策的执行效果。不进行体制的更新，就无法担负起很好地执行青年政策的使命。

4. 国家青年政策执行的综合分析

（1）四个因素的互动

史密斯政策执行模型的基本价值更多地体现在对四方面因素的系统分析中。基于这种理念，对于青年政策执行过程的系统分析应包括以下内容。

——如果四个因素都呈现优化的状态，则青年政策的执行将非常顺利；如果四个因素都呈现出不良状态，则青年政策执行将障碍重重；实际上这两种情况都是较为少见的。

——任何单方因素的不良都会引起执行中的障碍，但其障碍的大小程度可以因其他因素的优化而得以消减，反之亦然。

——各因素之间都存在着互动关系，即优化的传递和不良的传递。

——仅仅优化单项因素并不能给执行系统带来根本性的改变。如果整个系统得不到优化，则单方面的优化产生的效果将只能局限在有限的范围内。因此追求系统整体优化是克服执行障碍最有效、最根本的办法。

以上的结论都可以在现实青年政策执行过程中得到验证。例如，假如青年政策不理想，但青年群体如果充分发挥其主观能动性可以及时弥补其不足之处；如青年积极参与社会，能改变社会环境，但是恶劣的社会环境因素也有可能减少青年参与的激情等。利用这种分析方法，我们可以分析全国各地及某具体领域青年政策执行的实际情况及其变化的趋势，并可以采取相关行动影响整个系统的优化。

（2）利益分析

但是要从根本上改善一方面因素或者优化整体系统环境，则要寻找政策执行不力的根本原因。到底是什么原因使政策执行产生障碍？回到公共政策的本质，我们还要从青年得到利益的实际状况找原因。

公共政策是政府依据特定时期的目标，为了增进全社会公共利益和分配社公共利益而制定的一系列权威性的行为准则。利益是公共政策的核心。马克思主义认为，利益不仅仅作为一种个人的东西或众人的普遍的东西存在于观念之中，而且首先是作为彼此分工的个人之间的相互依存关系存在于现实之中。人们所奋斗所争取的一切，都同他们的利益相关。满足公民的利益，保护公民的利益，发展公民的利益，是公共政策的本质。作为组成社会整体的各类成员，有着不同的需求，而且这种需求总在不断地变化。满足人们需求的利益总是有限的，因此利益上的矛盾与冲突必然会发生，因此政府对利益有一个分配的原则和方法。

类似青年这样的自然性的特殊利益群体在当代中国始终存在着。他们是怎样获得自己的利益的？他们获得利益的多少决定了青年政策的情况，也决定了政策的执行情况。理想化青年政策上的种种问题实际上是利益被分割（例如，各部门分管青年的不同方面），利益反映不完整、不周全（青年政策体系不完整，内容粗糙）所带来的问题。在实际的运作过程中，青年政策的执行情况始终受下面四种利益运动情形的影响，决定了青年政策的最后结果。

（1）党和政府分配青年利益

从历史上考虑，青年组织在过去很少主动地提出自己的利益要求，在决策过程中发挥作用不大，一般是由党和政府主动对其进行关心，青年并没有形成自己的利益结构。因此党和政府在社会资源普遍缺少的时候能分给青年组织多少利益成为青年政策的关键。

党和政府分配给青年群体的利益一般分为物质性利益和精神性利益两种。所谓物质性的利益指的是青年获得国家资金和物质支持的数量，青年政策执行的实质情况要以这些物质为依托。作为精神性的利益，一般是号召性的、指导性的而非强制性的，是为青年工作提供的精神支持和舆论环境及其政策的合法性解释。这一方面对青年政策的执行来说虽然是必要的，其效果却取决于它能否转化为实实在在的物质性利益。在中国的现实环境下精神性利益通过执行的各个环节能转化成多少物质性的利益是一个未知数，存在着很大的不确切性。从我国的实际情况看，青年政策精神性的利益多于物质性的利益，因此青年政策在执行过程中呈现出多种多样的格局就很自然。整体来说，青年群体中所获得的物质性利益是极其有限的。

（2）主要领导的利益的偏好及再分配

在中国的政策制定格局中主要领导的利益偏好对利益的最后的分配也起着至关重要的作用，这一点在前面已经有所论述。从利益的角度分析，领导的偏好决定了利益的流动主要是因为领导决定着如何再分配精神性利益，特别是决定着精神性利益如何转化为物质性利益的分配格局。对青年利益来说，这种情况是有一定影响的。

（3）执行者利益的转移

执行者能否严格地贯彻政策是利益可否完整到达利益群体的关键。而在所有的政策执行过程中，利益都会发生流失，并没有完全到达利益群体，而是被中间执行群体或多或少转移了一部分。这样也会影响到利益的最终分配结果。在青年政策的执行过程中，原本是分给青年的利益有可能成为中间执行者谋求自我利益的资本，而最终使青年群体利益受到损害。比如，利用本是为青年办事的资金开展形式主义、外表热闹却无实际效果的活动，就是政策执行者只顾为自己"争面子"而忽视青年群体利益的结果。在这个过程中，由于政策目标的曲解，相应的利益也发生了转移。这种转移会影响政策执行的结果。

（4）青年对自己利益的争取

任何一种利益结构都客观存在一定的利益需要，在当代中国，各利益结构的需要大多是由政府加以体察和认定的，并将其某些合理的利益转变为公共政策。但由于决策者不可能对社会上方方面面的利益需求体察入微，因而难免对一些利益需求有所疏漏；这时候利益群体的自我努力和利益表达就显得尤为重要。而青年群体在这方面是比较薄弱的，缺乏有效的稳定的利益表达制度性渠道。青年如果对自己的利益争取不够，也很难让政府对之有更多的利益投入。

从以上四个角度分析，基本能够说明在青年政策执行过程中四方面不足的根本原因。要改善青年政策的系统环境，最根本的就是要从利益的角度入手，根据上面四方面分别采取对策。

强化国家青年政策实施过程中的青年主体动力，优化政策执行的系统，国家青年发展规划的执行才能够切实有力。

第六章

联系青年 彰显力量

第二十八节

新社会阶层青年发展与共青团工作

近年来，新社会阶层群体的发展问题越来越受到社会的关注，也成为共青团工作的重要领域。

一、新社会阶层的出现和工作的重要意义

新社会阶层的出现最早是在 20 世纪 90 年代早期。通过一系列的制度性改革，我国社会发生了巨大的变化，经济体制经历了由单一制公有制的计划经济向允许多种所有制形式存在的计划为主、市场调节为辅的双轨制经济体制，再到以公有制经济为主体、多种所有制经济并存的社会主义市场经济体制的深刻变化，使原有的"两个阶级，一个阶层"的社会结构发生了迅速的大规模的分化和重组，新社会阶层孕育而生。"新社会阶层"的概念来自江泽民同志在2001年庆祝建党80周年大会上对"新社会阶层"的界定，是指民营科技企业的创业人员和技术人员、受聘于外资企业的管理技术人员、个体户、私营企业主、中介组织的从业人员、自由职业人员。所以，从产生上讲，新社会阶层是非公有制经济发展的结果。

新社会阶层群体也进入中国共产党的工作视野，为此中央统战部还专门设立部门开展专项工作，足见其意义重大。在党的十九大报告中指出："加强党外知识分子工作，做好新的社会阶层人士工作，发挥他们在中国特色社会主义事业中的重要作用。"这已彰显了新社会阶层对社会和政党的影响。随着社会不断进步，经济逐步发展，商业推陈出新，新的社会阶层规模不断壮大。

党有号召，团有行动。新社会阶层中有大量青年，开展新社会阶层青年群体的工作对共青团来讲意义非凡。习近平总书记对于共青团的工作多次提到要关注新社会阶层青年群体，2013 年 6 月 20 日在同第十七届团中央新一届领导班子集体谈话时指出："扩大有效覆盖面的问题，实质上是团的工作如何延伸的问题。党政机关、事业单位、国有企业、学校中的青年工作要做好，社会其他领域的青年工作也要做好，而且更要下大气力做好。现在，很多青年人在新经济组织、新

社会组织、社区里,在网络空间、虚拟社会里,在农民工群体、个体工商户、网民、'北漂'、'蚁族'里,尤其是那些自由职业者、网络意见领袖、网络作家、签约作家、自由撰稿人、独立演员歌手、流浪艺人等种类繁多的新兴群体,里面有很多有本事的人,有的甚至可以一呼百应。工作做不好,他们可能成为负能量;工作做好了,他们就可以成为正能量。随着社会发展,这类青年人群将会越来越多,团组织必须适应这个发展趋势,努力去做他们的工作,深入他们、帮助他们、引导他们,而不要排斥他们、拒绝他们、疏远他们,不要让他们游离于社会组织之外。"

2018年7月2日,在同第十八届团中央新领导班子集体谈话时的讲话习近平总书记又进一步强调:"我多次讲,要关注那些'北漂''蚁族',特别是那些自由职业者、网络意见领袖、网络作家、签约作家、自由撰稿人、独立演员歌手、流浪艺人等新兴群体。目前我国从事快递、外卖工作的'快递小哥'有一千四百多万人,网约车司机有一千多万人,这些群体都以青年为主。最近几年涌现出一大批小微企业,就业人数超过七千万,其中很多是青年。现在,各类青年群体很多,团组织要主动关注、积极联系、有效覆盖,否则工作就很难跟上去。"

可以看到,随着社会的发展变化,新社会阶层青年群体的工作已成为共青团在新时代最前沿的工作阵地。

二、新社会阶层青年群体的类别

新社会阶层青年群体主要是指以下四类青年,具体发展情况如下。

第一类是私营企业和外资企业技术人员,主要是指非公企业的从业青年。他们在全国经济社会发展全局中,发挥着重大的作用和巨大的影响。伴随着时代的进步和经济的发展,这种作用和影响会越来越大,在2000年前后上市的一批民企,部分企业的现在的主要负责人都是新经济第二代的接班人,以80后为主;一批互联网新贵、独角兽企业掌门人,也都是80后。民营企业管理技术人员具有学历高、收入高、职位高的"三高"特征,党外人士多,思想活跃,以独立思考和理性的眼光评判社会经济、政治现实,具有较强的现代民主意识,具备较强的参政能力等。

第二类是中介组织和社会组织青年。主要包括中介组织(律师事务所、会计师事务所、资产评估机构,以及各种代理、经纪、咨询机构等)、社会组织(行业协会商会、专业学会、社会团体、基金会、民办非企业组织等)等单位的青年。中介组织和新社会组织中的知识分子,如律师、会计师、评估师、税务师、工商代理人、财务代理人等专业人士，都是改革开放以来快速成长起来的新的社会群体，流动性大，思想活跃，一般化工作方式对他们影响不大，但他们许多人根据职业和兴趣加入社会组织，比如，各种专业人士协会组织。作为介于政府和市场之间的第三方组织，中介组织以专业的知识和技术向委托人提供公证性、代理性、信息服务性等多种类型的服务。中介组织发展是市场经济快速成长的内生需求，对于良好市场秩序维护、交易成本节约发挥着至关重要的作用。随着政府职能转变的深入推进，市场经济的迅速发展，以社会团体、基金会、民办非企业组织（社会服务组织）为主要类别的社会组织在全国经历了快速的成长。这些社会组织活跃于社会服务、公益事业等众多领域，对提升公共服务专业水平，促进社会治理精细化转型，发挥着重要的作用。庞大的社会团体形成当下人民群众的"生活矩阵"，大家在不同的维度、不同的空间，都会主动或者被动地成为若干社会组织的子集，或者若干社会组织中的交集。社会组织具有高知人群聚集、提供服务专业、联系群众广泛、社会影响力大等特点，是社会主义现代化建设的重要力量、党的工作和群众工作的重要阵地。

第三类是新媒体从业人员主要是指网络上从事新闻工作的青年。当前，中国网民规模、互联网普及率、青年网民数量都在世界上居于前列，互联网的不断发展，推动了新媒体的快速成长，新媒体从业人员也越来越多。

新媒体从业人员青年群体占比绝大多数。新媒体从业人员呈现出年轻化的趋势，其中党外人士和体制外人士居多。他们关注社会最新动态，传递社会正能量，为弱势群体发声。随着互联网的发展，新媒体从业人员的数量也在不断攀升且呈现出自身的特征。新媒体从业人员主要有四个类型：一是媒体工作人员，包括从传统媒体融合过来的人员、利用微信微博新闻客户端等新媒介平台从事内容生产的人员，其商业模式主要为利用内容吸引流量，将流量转化为广告收入；二是互联网商务人员，如网商、微商、餐饮、快消品等，需要借助互联网、新媒体扩大影响，传播品牌，获取订单，既是线上实体店，也是新媒体新贵；三是专业人士，如文字工作者、艺术从业人员，原来活跃于一些传统的BBS、论坛，现在通过新媒体来扩大自身影响，进行宣传包装；四是自带流量的偶像明星、政界领袖、商业精英，他们在互联网时代有一定的话语权和一定数量的粉丝。

第四类是自由职业人员，指不供职于任何单位和组织，凭借自己的知识、技能和专长，为社会提供某种服务并获取报酬的青年。随着市场经济的逐步发展，科学技术的不断进化，市场商品的不断细化，物质产品和精神产品的日益成熟，新的工作岗位和就业机会也层出不穷。年轻人的择业观日趋多元化，不仅去参加公务员考试，选择进入国有的企事业单位，也产生了自由职业群体，并且近年来，在市场经济深入发展的过程中，这一群体的规模持续扩大。

自由职业群体主要分为三类。一是在文化领域，以自由撰稿人、网络签约作家等自由写作人员，自由画家、书法家、音乐创作人、摄影师等自由文艺创作人员，自由导演、制片人和独立演员、DJ、独立歌手、舞蹈演员、流浪艺人、自由书画工作者、独立制片人、自由摄影师等自由艺术人员构成。二是在经济领域，以媒体与营销策划师、企业培训师、市场调研咨询师、品牌策划师、婚礼顾问、FA（Finance Advisor，在企业和资本之间的中介人）等自由策划咨询人员，自由经纪人、设计师、翻译等知识型市场服务人员，健身私人教练、个体工程机械技术人员等技能型市场服务人员。三是弹性（临时）就业人员，主要是指不在任何一家单位上班，但其服务可以成为多家公司的购买对象，如品牌商临时雇用促销人员、夜场酒推、网约车司机，包括快递小哥等职业群体。

总体来说，从各方面数据反映的情况看，这四个群体还在不断扩大，不断更新，不断分化。

三、新社会阶层青年群体的特点

研究发现，新社会阶层青年群体主要有以下特点。

1. 新社会阶层青年群体不断壮大，且不断涌现新的职业群体

进入新时代，新社会阶层有了新的发展。一方面体制外的青年人口不断增大。早在2013年北京1%青年人口抽样调查结果显示，北京体制外职业青年已增至2/3；另一方面，社会职业不断丰富。主要是随着新媒体的发展和网络创业就业的"井喷式"发展，青年们走出体制内，从事越来越多的自由职业，如网店个体户、网络主播、网络作家等，而且这种趋势还在加大。

2. 群体走向中高等收入阶层，知识型、技能型特征明显

总体来说，这个群体在社会上的影响力越来越大。一方面，该群体的收入在社会上走向中层和高层，相比于体制内传统职业，他们有了更多的在市场和社会中淘金的机会，只要努力，他们有着更为自由的薪酬提升空间。

另一方面，该群体知识水平不断提升，一些人拥有较高的技能，具有自己的核心优势。特别是80后、90后出国留学人员不断增多，许多具有国际视野的优秀青年回国后进入新社会阶层队伍，大大增强这个群体的国际性和在社会上的影响力，他们有着不一样的视野、胸怀及人生抱负。

3. 群体流动性不断增强

伴随着社会市场的发展，特别是新时代青年职业观的变化，新社会阶层青年

群体流动多，岗位变动快，职业和身份有较大的不稳定性。这种流动一方面对社会福利公共政策的均等化提出了更高的要求，另一方面对社会管理提出了尖锐的挑战。很多新社会阶层青年只把自己当作"自由人"，不把自己和一个固定的单位"捆绑"。这使得该群体"原子化"存在的状态成为常态。

4. 网络生存状态明显，批判意识强烈

这是依赖网络生存的一代。网络已经成为新社会阶层青年群体工作、生活、娱乐的主要阵地。在这种趋势下，青年的公共参与生活也是更多地在网络上运行。

从研究来看，新社会阶层青年群体批判意识强烈。他们的生活一般会围绕着自己的切身利益展开，一旦遇到比较关注的敏感问题，一般从社会角度批判更多，而不是从建设角度思考问题。

5. 组织化程度低，自组织能力弱

相比于前人，新时代青年的自主意识增强，结群愿望并非那么高涨，独自"宅"在家中或者寻找网络朋友更为普遍。因此，新社会阶层青年群体组织化程度较低，自组织能力弱。和政治组织疏远，新的社会阶层人士大部分不是共产党员，也和团组织关系不紧密。其群体政治社会化和政治参与处于无序状态。尽管新社会阶层的经济地位和社会地位不断提高，阶层队伍不断扩大，但其阶层意识尚不成熟：阶层成员对本阶层缺乏应有的归属感和认同感，尚未形成自觉、统一的政治要求，虽然多数成员都关心自己的政治地位和财产安全等，但远未上升到阶层自觉统一的高度，在政治协商、民主监督、参政议政、组织领导等方面也表现出主人翁意识不强的问题。

6. 公益精神明显，有更多的公益性参与

在公共参与上，新社会阶层呈现出功利性与公利性并存，并渐趋多元的趋势，但相比于前人，新时代青年公益导向不断增强，因为其物质基础有了较好的保障，很多青年也在追求更多的自我价值实现，更多地通过奉献社会获得大家的认可。许多公共参与行为也是在这个过程中集体产生。

四、新社会阶层青年群体发展潜在问题

总体来说，新社会阶层的发展是社会进步的表现。随着市场经济的发展和知识经济时代的来临，我国职业种类日趋增多，人们就业观念也发生了很大改变，新社会阶层所从事的很多职业为社会所认可。更多的人勇敢地从体制内走向体制

外，依靠自己一技之长谋求更高的收入和更自由的生活方式。同时，政府和社会各界也渐渐认识到新社会阶层所作出的种种贡献，对于新社会阶层也更加重视和肯定，这些都是新社会阶层发展壮大的重要因素。随着非公有制经济的迅猛发展，个体户、私营企业主及在非公有制企业从业人员数量迅速增加，民营企业创业人员和从业人员数量激增。正是宏观的经济和政治环境为新社会阶层的成长提供了生长的土壤，新社会阶层队伍呈现出不断扩大的趋势。同时也要看到，对政治安全来说，能不能将新社会阶层的政治力量有序地纳入制度化框架中是当前要着力解决的问题。对于正在成长中的青年群体更是如此。

相关问题突出表现在：

1. 要高度重视新社会阶层青年群体的"组织权"问题。就是谁来组织新社会阶层青年群体？由于新社会阶层青年群体组织化不够，在特定的环境下，该群体会更快地形成自组织化的行为，因此谁最先有能力影响这个群体并在这个群体中建组织，谁就会引领这个群体的发展。这个问题要引起高度的关注。现实过程中，新社会阶层青年群体很自然地有了一些组织形态，是自然建立的过程，外在"他组织"和"强力"进入一般效果不佳，如何因势利导需要加强调查研究。

2. 要高度重视新社会阶层青年群体的"价值有序释放"问题。就是如何让新社会阶层青年群体的价值理念有序地表达和释放？新社会阶层选择体制外，主要是喜欢独立性和自由。这是体制外青年的根本追求。要避免由于道路不畅，出现无序的破坏社会的极端情况出现。如何建立有序渠道让他们表达，需要更科学的途径设计。要避免当出现国家利益受损，社会不公平现象严重，群体尊严受到打击，发展上升通道阻滞等类型的社会事件时，新社会阶层中有的人频频发声，煽动群众娱乐和民众情绪。也要预防因独立参加基层选举导致无序政治参与以及社会价值观混乱等问题。

以上两个问题的解决都需要扩大新社会阶层青年公共参与渠道，然而总体来看，新社会阶层青年公共参与渠道极其缺乏。

应该说，政党已经关注到新社会阶层对整个社会政治体系的影响。新的社会阶层人士代表人物一方面有着雄厚的经济基础，另一方面具有较高的文化素养。加上国家从政策、法律层面均肯定了他们的社会政治经济地位，新社会阶层的政治参与意识越来越强烈。从政党当前的工作重点看，目前做的大部分工作还是扩大新社会阶层的公共参与制度内渠道，但目前还处于"非正式渠道多，正式渠道少；象征性参与多，实质性参与少"的阶段，即政治参与渠道广度不够、深度不足被认为是新的社会阶层人士在政治参与过程中存在的最主要的问题。

总之，新社会阶层青年群体的新诉求需要共青团大力推动社会创造更好的制度平台才能更好地加以满足。

五、各地共青团已开展的工作

党有号召，团有行动，随着新社会阶层的发展特别是中国共产党新社会阶层工作的展开，为巩固和扩大党执政的青年群众基础和阶级基础，全国各地共青团组织积极采取相关行动，开展了大量工作，更好地服务新社会阶层青年群体公共参与，将其有生力量纳入社会有序轨道。

总体来看，目前所做的工作有四方面的成效。

一是走上门，建组织，能联系。各地都深入调研，摸清本地各类新兴领域青年群体的基本情况，建立和不断完善信息库，将把握需求作为工作的出发点，科学设计工作流程。建立各种组织和实体化活动阵地，加强对新社会阶层青年的吸引和凝聚。

二是说上话，建感情，能交流。各地建立对话机制，采取差异化工作方法，注重网络吸引，把握好新兴领域青年群体中的核心骨干力量，发挥他们的影响带动作用。

三是帮上忙，扩资源，谋服务。发挥整合资源的优势，有效地"借力"，搭建项目资源供需平台，为这个群体提供实在的帮助。

四是交上心，促变化，能引导。充分认识新兴领域青年的优势和特征，向广大青年传递正确的思想主张，抓住新社会基层代表人物的思想引领，凝聚积极的社会正能量。

具体工作如下。

1. 进一步明确工作对象，摸清底数

各地都开展了大量调查研究工作，以摸清新社会阶层的基本情况。

勤调研，建档案。各地组织开展新社会阶层青年专项调研，通过走访、调研紧密联系新社会阶层青年群体，通过共青团、相关组织、街道等，对其进行沟通，建立健全档案，做到心中有数，不断建立新的社会阶层青年群体档案，把握其规模结构、分布特点、思想状况、利益诉求、行为特征和发展趋势，探索做好新社会阶层青年工作对策。

抓需要，寻突破。不了解新社会阶层的需要是很难和这个群体建立相关联系的。以新媒体从业青年为例，解决该群体的组织失联难题迫在眉睫。要想正确引导，必须有效联系；要想有效联系，必须解决困难。团组织只有把网络从业青年的困难记在心中，提上日程，才能真正赢得他们的欢迎。只有从他们住房、交

友、相亲、培训、创业的具体需求入手，寻求共青团可以开展工作的空间，才能有效地开展团建及建团工作，实现对网络从业青年的有效覆盖。

建平台，招青年。新社会阶层青年群体呈现出分散化的特点，只有不断建立吸引他们的各种各样的平台，帮助他们实现专业提升、才艺展示和价值实现，他才可能从暗处走到明处，从幕后走到前台。全国各地启动的"筑梦计划"初见成效，通过调研座谈、青情走访、网络沟通、活动参与、建立组织等途径，加强与新社会阶层青年群体的联络；针对新社会阶层青年兴趣爱好和专业特长设计工作项目，吸引他们参与到团组织的生活中，加强情感联系；通过创建筑梦基地，举办揭牌仪式，开展"筑梦计划"等各种专题活动，使团组织真正把握该群体的脉搏。

2. 努力将新社会阶层青年组织起来

（1）加强社区青年工作，增强对新社会阶层青年群体的覆盖。鉴于新的社会阶层人士在社会中流动性强，而对社区和行业主管部门来说具有相对的稳定性，因此，团结引导新的社会阶层青年群体人士以社区为依托，发挥行业主管部门的优势作用，通过条块结合，联合社区与行业主管部门的力量，扩大联系的覆盖面，增强工作实效。夯实工作基础，以深入开展调研为抓手，摸清本地区各行业新的社会阶层人士的底子，建立数据库，并确定重点联系对象，为开展工作提供有力支撑。

（2）发挥社会组织作用，探索成立面向新社会阶层青年的青年社团。

积极搭建联系新兴青年群体的平台。一是可充分发挥青少年法律工作者协会、青少年社会工作者协会、青少年科技工作者协会作用，充分利用各协会专业优势，吸纳专业人才，增强新社会阶层青年归属感。二是通过"自己建、联合建"等方式，探索建立兴趣小组、"青春沙龙"等逐步建立起联系、服务和引导青年的稳定的组织化渠道，把新社会阶层青年凝聚在团组织周围。在中心组织轮值竞聘，实行轮值管理，开展自主学习交流和品牌活动，促进青年社会组织发展。三是成立青少年新媒体协会，积极吸纳网络大V，发挥新媒体作用；成立青年电商联盟，建立凝聚青年电商精英，整合电商资源，加强电商行业沟通，促进青年电商发展的青年电商平台。

（3）建立青年社会组织孵化机构，打造枢纽型组织。各地成立青年社会组织服务中心作为服务联系青年社会组织平台阵地，以青年社会组织中心为依托，以平台搭建为枢纽，服务指导青年社会组织，团结凝聚广大青年。

（4）以青联改革为契机，增进青联委员与新社会阶层青年的联系。一是在青联换届中，将新社会阶层青年吸纳到青联当中来，将新兴领域青年与青联紧密联系起来。二是不断增进青联委员与新社会阶层青年群体的交流。充分发挥青联委员协商代言作用，切实将青联委员与新社会阶层青年群体联系起来，为新兴青年群体普遍打开向上成长的通道。

（5）组建新的社会阶层青年联谊会。将各个界别的青年群体联系起来，发挥共青团的枢纽作用。让其互相交流，营造统战氛围，搭建起与新的社会阶层人士保持经常联系的桥梁，在沟通交流中掌握新的社会阶层人士的最新思想动态和利益诉求，引导新的社会阶层人士形成健康的政治观念。

3. 重视利用网络平台开展新社会阶层工作

注重新社会阶层青年对网络的依赖，不断扩大网络阵地，这方面有很多鲜活的做法。

4. 呈现差异化开展工作的态势

如何对新社会阶层青年群体开展工作？新社会阶层青年有自己的兴趣特点，一般不喜欢正式的会议和活动形式，还需要我们进一步创新方式方法。随着工作的深入，已逐渐形成差异化推进的态势，能充分尊重差异性，分门别类研究出台工作举措。新社会阶层包括民营企业和外资企业管理技术人员，中介组织和社会组织从业人员，自由职业人员和新媒体从业人员，彼此之间行业差异大，必须针对不同的类别进行不同的联络机制。

比如，非公经济管理技术青年经济地位较高，但对自己政治地位自我评价较低，团组织重点加强对他们的教育引导，提高其政治素质；中介组织青年专业特征明显、政治诉求强烈，团组织努力拓宽他们参政议政渠道，在人大、政协、青联、各类联谊会等组织的政治吸纳方面为他们多创造机会，搭建平台；青年社会组织代表人士经济地位不高，团组织重点帮助他们解决工作、生活中的实际困难，成立青年社会组织创新中心，帮助青年社会组织人士解决事业发展中遇到的问题；新媒体青年代表人士普遍年轻，思维比较活跃，与网络意见人士有密切联系，具有一定的社会影响力，团组织着力加强对他们的思想引导，依托微信公众号等平台，与新媒体青年代表人士合作开发新媒体文化产品，推动他们积极发挥正能量；自由职业青年思想独立、对组织有渴望，团组织着重发挥青联团体会员、行业协会等的组织作用，逐步把他们组织起来。

5. 不断扩大开展工作的资源

针对服务新社会阶层青年群体资源不够的问题，各地开始关注加大政府购买投入，助力社区社会组织成长壮大，更好地服务新社会阶层青年群体。积极参与政府购买青少年工作服务，逐步加大财政投入力度，重点在禁毒、防艾、社区养老、社区矫正、特殊人群帮困、留守儿童关爱等方面开发和设置服务项目，大力培育发展社区服务性、公益性、互助性社会组织。在开展公益创投等政府购买项目时，吸纳群团组织联合发文、联合开展，吸纳群团组织负责同志作为评委，从而最大限度体现群团组织所代表的群体意见，更加重视吸纳群团组织作为购买主体，由群团组织直接向社会组织发表购买服务，获得更多的支持。

6. 注重新社会阶层青年组织代表人士的培养

火车跑得快全靠车头带。各地注重对新社会阶层中代表性青年的培养，努力建设一支政治坚定、业绩突出、群众认同的新社会阶层青年代表队伍，通过他们更加广泛地吸引和组织青年群体多形式开展交流、引导，同时推荐优秀新社会阶层青年进入人大、政协，或者列席一些共青团工作会议，给予他们政治认可。

（1）举办专题培训班。创新团结引导方式，吸收优秀的新社会阶层青年群体中的优秀代表人物加入青联、青企协、青优班，以及举办"青年中国特色社会主义建设者培养工程"培养班，每期精心选拔青年社会组织负责人、网络大V等进行为期一年的培养，实行"理论培训"+"实践锻炼"+"经常性活动"+"自学"四位一体模式，长期跟踪，严格管理。组织社会组织骨干、网络大V新媒体代表人士开展了多次相关业务培训、座谈交流和观摩学习会等，注重加强社会青年志愿公益组织团建工作，培养一支思想政治强、行业代表性强、参政议政能力强、社会信誉好的新社会阶层青年群体代表人士队伍。

（2）吸纳新社会阶层代表人士成为兼职团干部。如可以吸纳市青年音乐人为团市委宣传部兼职副部长，社会组织领袖为市非公经济和社会组织团工委兼职副书记。推荐网络作家协会主席当选全国青联委员等，有效提高其参与社会治理的积极性，把工作对象转变为工作力量。

（3）推动团干部进入新社会阶层青年群体影响代表人士。可号召各级团干部到新的社会阶层青年群体中去扮演角色，勇当领袖，发挥作用，走进新社会阶层，直接面对面交流，开展联谊交友，影响新社会阶层的青年代表人物。

六、当前工作存在的问题

应该说，全国共青团组织目前推动新社会阶层青年群体工作尚处在起步阶段。

一是理念上各地组织已经越来越认识到该群体工作的重要性，但实际工作力度还需大大加强。当前针对新兴青年群体的具体工作机制尚待健全，工作力量尚显不足。

二是全国分散化工作比较明显，统一的制度设计和品牌化运作不够。尚没有形成推动新社会阶层青年群体公共参与的大的品牌活动。

三是工作创新还有待加强。新的社会阶层人士生活压力大，尊重和实现自我的要求高，价值取向多元。一些传统工作方法和平台无法唤起新的社会阶层人士的兴趣，需要共青团大力创新。

四是连接政府资源不足。新社会阶层青年群体在发展过程中会面临从生活压力到资源投入或个人提升发展等多种需求。共青团针对新社会阶层青年群体的甄别与联系机制依然无法满足新社会阶层青年群体的跨部门诉求，目前共青团系统及其他主管部门服务新兴青年群体诉求方面尚处于开始阶段，共青团系统居中连接青年群体与政府职能部门的功能尚未全面发挥，投入力量与聚焦手段都无法适应该群体发展的趋势。

五是要继续探索吸引分散性、流动性、隐蔽性与差异性青年的工作方法。新社会阶层行业背景差异大、收入水平差异大、职业认可差异大、政策敏感度差异大、政治诉求差异大，要吸纳新社会阶层青年群体公共参与有序之道就要致力建设一种机制能够把分散的河流（小河、大河）都流到主河上来，而这需要更好的制度设计。

七、强化"代表"思维，扩大对新社会阶层青年的有效覆盖

毫无疑问，新的社会阶层人士工作越来越重要，正在成长的新社会阶层青年群体也要得到更多关注。赢得青年才能赢得未来，这是共青团完成党赋予的政治使命的重要前沿阵地，需要予以高度重视。

党有号召，团有行动。改革开放以来，我国所有制形式、社会治理方式、社会分工和产业结构发生了深刻变化，出现了许多新的社会阶层人士，他们是建设中国特色社会主义事业的重要力量。加强对新的社会阶层人士的团结引导，增进政治认同，坚定中国特色社会主义道路自信、理论自信、制度自信、文化自信，是新形势下我们党治国理政必须妥善解决的现实课题。各级党委都在从全局和战略的高度，切实增强责任感和使命感，将他们纳入工作视野，不断扩大团结面。做好新的社会阶层人士统战工作，关键是牢牢坚持"充分尊重、广泛联系、加强团结、热情帮助、积极引导"的方针，科学把握工作原则，明确目标要求，不断提升工作水平。

在这个大的工作方针指导下，共青团做好新社会阶层青年群体工作要照顾青年特点，特别是做好新社会阶层青年群体工作的核心工作——公共参与的引导工

作要尊重规律。从大的理论分析来看,新社会阶层青年群体首先是以有影响力的个人、组织出现为代表,形成个人和群体的影响,这是新社会阶层青年群体公共参与的首要前提;其次是因为新社会阶层青年群体的实际需要和现实冲突所导致的矛盾激发公共参与的行为,这是新社会阶层青年群体公共参与的核心动力;最后是该群体在公共领域特别是网络上的行为导致了广泛的公共影响,这是新社会阶层青年群体公共参与的核心阵地。

共青团引导新社会阶层青年群体只有强化"代表"思维,紧紧抓住代表人物、代表组织、代表需要、代表阵地,综合施加影响,才能更有效地将这个新生力量引导到公共参与的有序道路上来。

1. 代表人物

对代表人物加大影响的关键是及时发现代表人物,加大对新社会阶层青年群体代表人物的培养和影响力度。

(1) 发现代表人物

如何发现新社会阶层代表人物?要将组织发现和自我呈现结合。

组织发现是指共青团组织要通过组织体系发现在青年中有影响力的新社会阶层代表人物,可以"发现新代表"为工作主题,加大调研和把握力度。特别是要关注新的社会组织领袖和在社区中发现有影响力的青年。

自我呈现是指创造自我价值展现平台,使新社会阶层青年代表人物主动来找团组织。可以目前团组织已开展的活动为基础,开展"中国梦,我的梦"青年影响秀,通过政府购买和团组织的资源开展"我为你圆梦"支持活动,用自我价值展现和实际物质支持鼓励新社会阶层青年代表人物积极主动参与团组织的活动。

(2) 做好新社会阶层青年群体代表人物的政治安排

一方面主要指一些新社会阶层青年代表人士经过团组织和其他青年组织的推荐,进入人大、政协,或在工商联、青年联合会、青年企业家协会等组织中任职,参加相关的政治社会活动,以便更好地发挥他们政治代表的作用,并通过他们带动其他新的社会阶层代表人士。

另一方面,由于人大、政协等组织正式名额较少,还不能满足新社会阶层青年群体的参政要求,共青团要创新议政形式,尝试设立"青年人大"和"青年政协"。"青年人大"可以青年人口比例和代表人物系统构建打造,把新社会阶层青年群体纳入其中一并考虑进行制度安排,定期开展青年议政和参与活动。"青年政协"可以青年联合会为基础,进一步丰富功能。

可向人大和政协争取开展"代表青年助理"和"代表青年工作团队"项目,

将这些新社会阶层青年人物与现在的人大代表和政协委员联系起来，明确参政议政任务和活动。

建议青联设计代表工作小组，将社会上有影响力的新社会阶层青年代表吸纳到小组中来。精心设计工作任务和要求，促进新社会阶层青年参与代表活动，不断提高自身参政水平。

（3）开办新社会阶层青年代表人士重点培训班

目前，各地对新社会阶层青年代表人士培训取得了一定的成效，但调查中发现，培训班的水平参差不齐，效果还需要提高。为什么培训？培训谁？谁来培训？培训什么内容？这些问题并没有完全清晰，影响了培训效果，降低了培训主体和学习主体的培训热情。因此我们必须重构网络培训体系，提高培训实效。

建议系统打造以"同心聚力"为主题的青年领袖领导力培训班，全国统一设计推行。培训班内容可以为加强政治培训、领导力培训特别是公共参与能力培训。可重点关注以下三方面。

第一，提高政治参与能力

全面提高青年参政议政能力，了解政治参与的基本知识。把握政治参与的关键环节：如了解民意、表达民意、综合民意各环节的相应知识。掌握各种政治参与的技巧如选举、结社、公共决策参与、政治表达等基本参与方式并善于利用。

第二，转变参与意识

青年参与需要四种新意识：见到"官"强化主体民主和平等意识，见到社会公益之事强化参与奉献意识，处理个人之事强化法律规则意识，处理人际关系强化博爱大爱意识（走出狭隘人情关系）。

第三，促进理性的增长

引导青年更加全面、辩证、历史地看待各类社会问题，增加理性科学思维精神，使青年参与真正务实有效。

（4）启动新社会阶层优秀青年入党培养工程

新社会阶层青年大部分不是党员，要积极发现，主动联系，加强培养，从在该群体中有影响力的人物中发展党员，真正使他们在所属群体中发挥正能量，产生凝聚力。

（5）启动新社会阶层代表人物团干部培养工程

推动新社会阶层青年进入兼职团干部队伍，积极加以培养，发挥他们凝聚青年的优势，努力做到激活一个人，带动一大片。

2. 代表组织

对代表组织施加影响的关键是，加速推进建设覆盖各类新社会阶层青年群体的组织形态。

加强组织化建设是公共参与的重要方面。从青年的特殊性来看，青年人相对于别的年龄群体有更强的结社和交往的欲望，努力致力青年的组织化是将青年政治参与纳入制度的重要诀窍。以共青团组织为例，从中国青年政治参与来看，类似于共青团这样的组织在吸纳青年政治参与上还比较传统，当前加强组织再造应该成为重要的策略，目标是吸纳更多的青年和青年组织，积极纳入有序的政治参与中。对新社会阶层青年群体更是如此。

新社会阶层成员缺乏管理和组织依靠，组织化不够，这是这个群体显著的特点，也是可以影响这个群体的重要切入点。目前，我国新社会阶层的发展尚处于起步阶段，各方面的发展尚不完善，因此，这一阶层的政治参与主要是以个体参与为主，带有个人性、分散性的特点。这种"散兵游勇"式的政治参与所产生的社会回应较小，因为不同个体间的不同主张抵消了他们应有的能量，从而降低了参政的绩效。以组织化的形式来进行政治参与，在组织内部统一不同主张，利用组织来反映要求主张，这样才能以较为强大的力量，引起国家政府的注意，从而提高参政的有效性。从国内外的经验和新社会阶层自身的发展趋势来看，高度组织化的政治参与应成为我国新社会阶层政治参与的主要目标。要推动新社会阶层青年群体公共参与的组织化。推动新社会阶层青年在参与国家政治生活的过程中，能够自发地形成一定组织或参与一定的组织，在组织内部整合各方面的要求主张，并利用组织的形式来影响政治决策和政治生活。

共青团组织加强青年社会组织建设要关注新社会阶层青年这个群体，通过各种方式加强该群体的组织覆盖。具体做法包括：

要加强和已建立的新社会阶层青年组织的联系。注重服务，注重和领导人物建立感情，将他们的力量纳入团组织的工作中来。

要建立青年社会组织孵化机构。推动新社会阶层青年形成自己的团体，更好地发挥自己推动社会发展的作用。

要主动建立相关组织覆盖新社会阶层青年群体。在条件成熟的情况下，结合重点群体，主动建立组织，主动吸纳新社会阶层青年群体。

要发动团干部主动加入新社会阶层青年组织，积极参加活动，形成组织影响，影响管理格局，使社会阶层青年组织发展更加健康。

3. 代表需要

对代表的需要施加影响的关键是进一步准确把握新社会阶层青年群体的需要，建构复合型参与模式。

（1）准确把握新社会阶层青年群体的需要

一是要把握这个群体的普遍性深层需要。只有紧紧把握了新社会阶层青年群体的深层需要，才能够了解新社会阶层青年参与的内在机理。

青年是一个人政治的不成熟状态走向成熟状态的过程。在这个阶段青年利益得以呈现、表达及社会磨合以达到和谐均衡。相对于其他社会年龄群体，青年人有独特的需要应加以关照。这种独特性首先来源于青年人独特的心理发展规律。从依赖走向独立的心理历程对自立的需要，对离开家庭后群体归属的追求需要显得比任何时候都更加强烈。其次来源于青年期需完成的独特任务，特别是生存需要中的就业和择业的需要、恋爱和婚姻的需要，发展需要中的教育、学习与成才、求知的需要，这些重大的人生需要都要在青年过渡期中基本完成并基本决定了一个人的一生。青年需要的特点决定了青年利益的构成及其矛盾关系。

从实质上说，青年这种需要的满足状况取决于社会利益矛盾冲突最终结果；从经济上说，社会总体利益及其他社会群体的利益和青年利益之间有矛盾；从政治上说，"有权有势"和"无权无势"者（青年往往是该群体的主体）之间存在着利益矛盾；从文化上说，社会传统文化和作为亚文化的青年文化之间有或多或少的矛盾冲突。这种冲突最终所形成的利益结构决定了青年利益满足的状况。

如果新社会阶层的这些根本利益诉求不能在现行政治体制中得到反映和协调，参与愿望没有畅通的渠道表达，就可能在体制外寻找解决途径，这会危及社会稳定和政权巩固。

二是要把握不同新社会阶层青年群体的特殊利益诉求，加强对新社会阶层青年群体政治参与的分类引导。

新社会阶层的政治参与呈现出多层次、多样化的复杂形态，不同群体政治参与机会、参与能力、参与程度不同，对政治参与的满意度迥异。对于经济实力强、社会影响大、专业水平高、参政能力强的新社会阶层的代表人士，能够获得相应的政治安排，在参政议政中他们的意见和建议也能得到党和政府的重视和反馈，对政治参与的满意度相对较高。而对大多数的新社会阶层一般成员来说，利益表达的渠道尚不畅通，政治参与的机会甚少，对政治参与的满意度比较低。他们参与政治的途径一般是"参加社团和行业组织"，但他们普遍认为，个体协会、私营企业主协会、律师协会等中介组织作为反映他们要求和愿望的"娘家""权力太小"，说话不被重视。因此，在重视新社会阶层精英参政的同时，还需更多关注新社会阶层草根参政的需求。此外，新社会阶层中的非公经济人士和自由择业的知识分子，在政治参与的价值取向上也表现出较大的差异性。非公经济人士比较关注国家对非公经济的政策走向，寻求非公经济的平等待遇，政治参与的功利性较强。自由择业的知识分子除了关注自身和行业发展之外，更加关注社会的公共利益，更加关注社会的公平正义和民主法制，更加关注民生和社会的弱势群体。对非公有制经济人士的政治参与，要着重引导他们正确对待自己的社会责任，为构建和谐的劳资关系、促进社会各阶层关系的和谐作出贡献。对自由择业的知识分子，特别是其中以律师为代表的专业人士，要努力在现有的政治框架内为他们提供政治参与的制度化渠道和途径，不断扩大他们有序的政治参与，充分发挥他们在社会主义民主政治和法治建设中的作用。

总之，共青团组织要更好地发现新社会阶层青年群体的普遍性需要和个性需要，通过团的领导机关直接面对青年群众制度、青年代表联系制度、青年权益调查制度、社会监督制度等及时发现新社会阶层青年群体的诉求。

（2）把握新社会阶层青年群体的话语模式，构建复合型参与系统

新社会阶层青年群体更喜欢"去严肃性"的生活，不喜欢以政治形态进入，传统的共青团工作往往把建立团组织放在首位，政治目标放在首位，过于强调组织目标，难以吸引成为"社会人"的新社会阶层青年群体。建议在新社会阶层青年群体工作中，要把有效服务放在首要位置考虑，找到他们喜欢的沟通方式，从而吸引凝聚更多青年。打造利益领先，情感跟上，最后开展引导的复合型参与系统。

要"利"字当头。要研究利益服务的工作，从新社会阶层青年基本需要入手，如成家立业、教育成才、休闲娱乐等入手，提供实在的服务。从各个不同的新社会阶层青年的特殊需要入手，提供有针对性的帮助。围绕着基层服务型团组织建设，继续动员各种资源支持基层，在培训、经费、人员、项目等方面帮助基层解决具体问题和困难。不断提高服务的时效性，增强青年的获得感。要紧抓新社会阶层青年群体公益的需要，打造公益品牌，形成社会影响。将公益这个中国青年当前最大的需要公约数做大做强。

要"情"字领先。共青团组织要细致研究和新社会阶层青年群体的"情感进入"工作，大力推动"感动工作法"，真正将工作和对新社会阶层青年群体成长成才成功的关爱结合在一起，传递感情，凝聚众人。

要"引"字为果。要在服务中巧妙引导。共青团组织要研究在服务中如何加强核心价值观引导的重要工作。真正做到春风化雨，润物无声。

利益、感情、信仰，这是一个对于新社会阶层青年公共参与的理性逻辑，理应得到尊重，复合型公共参与系统应该尽早建立。只有实现了这三点影响，新社会阶层青年群体才可能在制度框架内知无不言，言无不尽。

4. 代表阵地

要关注代表阵地，对代表阵地施加影响的关键是注重网络参与，打造网络公

共参与平台。

当前,要吸纳新社会阶层青年有序公共参与,就要注重网络的重要作用,构建满足新技术的制度。对于青年政治参与,需要及时把握青年"听"的方式、"看"的方式和"说"的方式,特别要把握青年使用的新技术手段。当前,新媒体技术在新社会阶层青年中广泛利用并且日益成为青年生存的方式,也越来越多地进入政治生活,赢得青年就要在这些媒体中吸引青年,为他们创设有效的参与平台,及时将他们的诉求加以了解,加以反映,真正使传统的政治参与和青年的新手段融为一体。

要借助网络大力推动电子民主,拓宽新社会阶层有序政治参与。电子民主是利用信息通信技术实现民主的各种方式,比如,电子投票、电子选举、民意调查、政民交流、信息公开等。电子民主为公众提供政策过程、公共服务以及作出选择的信息和知识,并通过各种手段促使公民从被动的信息获取转变为积极的政治参与。随着电子政务的发展,政府通过信息通信技术吸纳民意是一种趋势,互联网、通信工具以其强大的即时性、交互性和公共性为公民包括新社会阶层实现知情权、表达权和建议权提供了一条快速便捷的通道。共青团要巧为利用,建构网上民主平台和协商平台,拓展新社会阶层青年群体参与的政治空间和政治现场。

要注重开发网络内参品牌。网络上的很多留言都集中反映了青年的参与态度,但一些言论最后被管理员处理而没有呈现出来。团组织可以通过自己的网站和获得其他网络传播平台的支持,加大对网络真实留言的研究,形成相关内参,真正把握青年的温度。

总之,如果我们将代表人物、代表组织、代表需要、代表阵地等工作凸显出来,创造性地设计出新社会阶层青年群体公共参与新的系统,就能够开创推动新社会阶层青年群体有序公共参与的新局面,把他们的力量汇聚到实现中国梦的新时代的伟大事业中。

第二十九节

建设更加现代化的共青团组织

当前,青年的流动性增强已是大家公认的事实。这种流动性既包含青年在不同地域之间的流动,也包含单位之间青年人的职业转换,还包含青年在工作单位中的工作空间的丰富化等多种层面,青年的流动性直接冲击着传统的以单位人为基础的管理体系和党团工作的基石,且不可逆转。

对于当前共青团工作,党中央有一系列明确的要求。习近平总书记指出:"扩大团的工作有效覆盖面,关键是要把工作延伸到广大青年最需要的地方去。青年在哪里,团组织就建在哪里;青年有什么需求,团组织就要开展有针对性的工作,努力使团组织成为联系和服务青年的坚强堡垒。""使团组织成为广大青年遇到困难时想得起、找得到、靠得住的力量。"而要完成这个艰巨的任务,组织的再造和新的组织化已成为大势所趋,建设现代化的共青团已成为团组织发展中的迫切命题。遵循当前世界组织发展的基本规律,照顾中国青年组织的自身特色是共青团再组织化的核心所在。当前世界组织的转型呈现出三大趋势:一是科层制组织逐步向扁平化、功能化转型,二是大量的管理型组织向服务型组织转变,三是组织由单一的组织架构向网络化的方向发展。这些都是我们在现代团建中应该重点关注的课题。建设更加现代化的组织,再组织化、一体化和开放性是其三个发展趋势。

一、再组织化的关键结点

当前,共青团同许多社会组织一样,面临着重大的组织结构再造的任务。适应市场经济中普遍出现的"单位人"向"社会人"的转化,团组织要完成从适应计划经济的传统的单位组织结构朝适应市场经济的现代的社会组织结构转化。在这种情况下,各地团组织纷纷因时而动,致力组织的创新。但需要注意的是我们要科学分析这种创新的路向,如果这样的一种创新依然在强化"单位"的观念而不是朝"社会化"的根本方向发展,往往会产生"吃力而不讨好"的局面,更值得警惕的是如果这样的一种改革只注重点上的资源积累和工作侧重而忽视了普遍性提升而当作发展的经验，则会误导团组织的发展。同时"不怕多重覆盖，就怕覆盖不到"的提法也应该是有条件的，这样的一个提法应建立在覆盖的新的形式应该符合社会的发展趋势上；最重要的一点是，我们要把握本质，前瞻思考，不要折腾。

结点思维是我们解决以上问题的关键。所谓结点是指基层组织结构最稳定的单元细胞，也就是说在这个结点上团员青年最容易形成最集中的共鸣而聚集，是基层组织发展的根本核心引力。当前，单位的结点依然可以发挥功能，但要将更重要的结点往社区转移，而兴趣和利益结点将是更有未来发展前景的基层组织核心聚集点。

1. 单位结点

从现实角度来看，单位结点虽然传统，但依然是全团最重要的基层组织结点。单位结点是传统的结点，是按照行政及党组织关系对等的结点，目前主要包括农村乡镇团委、村团支部，城市街道团工委，社区团支部，以及学校、企业、机关事业单位、部队等行政单位的基层团支部，也是共青团发挥效力最大的团的基层组织形态。虽然这些单位团组织面临如何增强基层活动服务的含量，如何创新服务青年的方式，如何创新基层组织结构，如何扩大基层服务资源的多种问题，特别是一些基层团组织不能很好地处理围绕服务单位中心工作和服务青年上的关系。但毫无疑问，依靠单位本身的资源和完整的传统体系依然可以发挥凝聚青年的功能。

2. 社区结点

从市场经济的深化看，单位已不再成为能对社会人全部覆盖的结点。而居住社区会成为较单位更为稳定的结点。无论是哪个青年人，他都会在农村或者城市社区居住，可以存在没有单位的青年人，但不存在没有居住地的青年人。加强单位团建存在局限性，加强社区团建无疑会成为一个重要的抓手。然而当前全团的现状是单位团的工作力量较强，社区团的工作力量较弱，呈现出覆盖发展重要性和工作力量的反差。

这里讲的团员青年包括居住在社区的各单位的团员和青年，他们可能是在各单位参加团组织的活动，而与社区无关，因此社区团组织的覆盖对象更多地包括务工青年、闲散青年、罪错青年等。社区的统一性因为这样的划分而造成了人为的分割，这是我们应该高度关注的问题。如何实现社区团的工作对所有社区居住青年的覆盖成为我们亟须突破的课题。

从全团发展的历史来看，2003 年团十五大上提出的全团建青年中心已关注到了构建以社区为团组织基层组织结点的问题。建设青年中心，是2002年周强同志在团中央的扶贫点山西省灵丘县调查研究时提出来的。随后团中央专门召开务虚会，进行了深入的探讨，大家一致认为建设青年中心是团组织在新的历史起点上推进团的事业发展的重大战略举措，是共青团适应建立公民社会、适应青年社会结构变化、适应市场经济条件下解决青年问题、适应不断增强团组织内在活力的重大创新。城乡社区青年中心是服务青年、服务社区的新型基层青年组织，是基层共青团工作和青年工作的新的显示终端。对于青年中心的核心概念一直在进行探索，一种提得较多的说法是青年中心是在共青团领导下，以29~40周岁青年为会员骨干，以联系、服务、引导青年为目的，以会员制、理事会制为主要运作方式的新型城乡社区青年组织。青年中心应具有三个组织特性。第一是社团组织特性，解决青年中心法律地位问题；是非营利机构（社团），依法管理。在组织形式上，青年中心可以探索会员制、理事会、网络化等组织形式，在当地民政部门注册社团法人，明确法律地位，真正建设成为有效联系青年、服务青年、凝聚青年的新型青年组织。第二是社区组织特性，明确组织的工作内容即服务。第三是社会组织特性，定位青年中心的组建形式为开放性。青年中心有自身的阵地，它不同于团属实体，它是在共青团引导和指导下的，一个群众自愿参加的组织。青年中心实现团的组织、工作、阵地有机结合，鲜明地突出了"组织"概念，当时建设的目标是一个组织、一个骨干、一个依托、一个网络、一套项目、一个章程、一个形象。

青年中心建设工作开展以来，各地发展很不均衡，但困难居多。从现在来看，2003年提出的青年中心的组织是一个很好的设想，代表了打造社区基层组织建设结点的方向，但如果过高地估计了基层组织筹集社会资源的能力，高估了基层青年中心之间的自生推力，难免有一厢情愿之感，从根本上说社区结点的建设还应走行政主推、社会配合的方式更切合当前的实际。

从更深远意义看，社区发展是中国公民社会发展的重要基础。强化社区自治、发挥青年人作用是推动社区发展可以长期关注的着力点。实质上服务青年的很多项目都可以在以社区为基础的团的工作项目中做大。青年的几大需求，包括身心健康、教育、就业、恋爱婚姻家庭、社会参与等都可以以社区为基础开展，甚至在许多方面会比单位更有优势。单位的团组织始终要处理服务青年和服务中心工作的关系。而强化社区团的工作，可以使今后共青团的活动出现单位和社区的不同重点，单位重在围绕中心工作开展，而社区重在围绕服务青年具体需求展开，一定程度上也可以化解基层团组织所面临的矛盾。比如，类似于婚姻介绍等活动完全可以通过社区联合的青年联谊会的方式去做。而在社区基层的服务中，团组织在离青年最近和朝夕相处的地方凝聚了青年，巩固了和青年的感情。

当前社区结点发展工作的最大的问题是对社区作为全团的基础工作单位还缺乏必要的认识，工作力量、工作资源、工作项目上都有着较大的不足。

3. 兴趣结点

社区是团基层组织建设较单位更为稳定的结点，但是否是团基层组织建设最后的结点，也不是。从服务青年角度看，青年的利益和兴趣、爱好是基层组织建设最重要的结点。当前青年自组织在网络上大量出现在于每个自组织都有一个指向非常明确的兴趣、爱好和共同点，这些组织通过现代网络手段而连接。这个结点恰恰是共青团组织需要把握和努力营造甚至是要抢占的结点。

基于这个结点的启发，我们可以在完善调整过去的协会的基础上尽早建立一些服务青年的专业社团，由团组织领导并成为青联的团体会员。如可以围绕青年的需要建立重点社团，包括青年成才协会、青年读书协会、青年实践社、青年职业发展协会、青年创业社、青年婚恋协会、青年健康协会、青年爸妈协会、青年环境保护协会、青年领导力发展协会等。团的机关只"掌舵"，这些协会组织"划桨"，各级团组织除了团的机关的纵向指导外，也接受各级协会的横向指导。同时根据需要由这些协会吸纳青年自组织。在基层，要将协会的活动覆盖到单位团支部和社区团支部（在支部中围绕这几大需要开展活动，统一分配资源，同时鼓励围绕中心需要根据各地的具体情况创新，并依靠协会实现团组织的横向互联，实现单位团组织和社区团组织的联合），协会组织的社会化运作和专业化发展将大大提升共青团组织的服务能力和服务成效。

总之，分析和研究这三个结点，明确重点发展的方向，构筑结点附近的组织结构覆盖方式是我们可以探索的重点方向。例如，我们可以进行团员的"双重管理"甚至是"三重管理"，同时这样的一种建设要符合组织转型的发展方向。

当前，区域化团建最大的价值是主打社区的结点，同时也引入兴趣结点、单位结点对社区结点的支持。要把握这种方向，特别要防止用单位思维建设社区结点，忽略兴趣结点作为未来的发展方向这两种思想，真正使社区结点建设体现应有的价值。

二、再组织化的系统支持

任何组织的形成、完善、壮大都需要基于组织考察的必要和系统条件，共青团区域化团建工作也概莫能外，结点已经明确，根据各地的条件不断积累系统支持是区域化团建最终成功的关键。其最关键的系统因素是：工作推动力量、工作支持力量、工作资源、工作项目、工作阵地等。

1. 工作推动力量

区域化团建核心工作推动力量和区域化团建的"发动机"是谁？毫无疑问，共青团内部的力量自然是区域化团建的推动力量和核心"发动机"。主要包括：①各级专兼职团干部。街道团工委和社区团组织的干部、街道格局创新所吸纳的团干部、区域内团组织的干部应该成为主要力量。②共青团系统的品牌活动所产生的品牌组织。如青年文明号、青年突击队等，可以根据具体情况引入区域，寻求双赢的局面。③团组织所属的各类社团的力量。比如，大学学生社团的力量如何引进区域化团建。④各级团代会的代表。⑤青年联合会的会员和理事。⑥团的事业单位可以延伸触角。如各级团校、团的新闻宣传媒体、团的校外教育阵地（如青少年宫等）等。实现团的重点工作领域的战略转移，打造单位团和社会团齐头并进的生动局面。

2. 工作支持力量

区域化团建最广大的同盟军和最可依靠的力量是谁？答案是要更广泛地调动青年自身的积极性。当前最重要的力量是：①社区中的各类单位青年的力量。要设计和青年紧密联系的项目共同开展，获得双赢。②调动各类青年社会组织的积极性，成为区域化团建的鲜活力量，形成社会组织带动青年进入社区服务的生动局面。③培养更多的青少年社会工作专业人才，壮大社区专职社工队伍。④充分调动各类学生特别是大学生的积极性，成为区域社区工作的重要力量。既可以大学走进所在地城市社区开展活动，也可以在大学生返回原籍地由当地团组织召集建立组织，开展相关活动。⑤注重调动区域内的青年自身力量，通过建立团员团干部双报到制度（在单位和社区都需要报到），构建团员覆盖的社区模式。目前，在区域化团建中重点打在前面几点的较多，但实质上后面的点特别是第五点才是最能够调动更多青年的积极性的思路。重视社区内生动力，调动社区中居住的团员和青年自发的组织需求是下一步区域化团建需要重点突破的关键工作。

3. 工作资源

工作的资源从哪里来？无非是通过行政化、社会化和市场化路径。行政化路径：发挥组织优势，争取党政的行政支持，特别是要在政府公共服务购买中凸显团组织的优势，稳定区域服务中的品牌。社会化路径：发挥团组织社会化动员的优势，巧妙设计品牌，更大力度地调动社会力量，争取社会更多的支持。市场化路径：巧妙利用市场力量，可以吸收一些和青少年相关的市场机构进入社区，开展相关服务，要求低于市场价格，鼓励企业承担社会责任，同时也为社区带来更好的青少年高质量服务。

4. 工作项目

要走出区域化团建项目过分分散化和多元化的特点。紧紧关注青年身心健康、教育成才、就业创业、恋爱婚姻家庭、社会参与等的核心需要，统一设计常态稳定的品牌，加强上层支持和标准化管理，形成全国性合力，真正打造组织的影响力。

5. 工作阵地

青年通过哪里找到团组织？最核心的是他们的身边有组织。强化区域化团建的阵地建设，大力推进青少年综合服务型建设，丰富网络阵地，使得青年容易识别区域化团建的终端显示，方便进入团组织开展活动，真正实现团组织随时可找到、可进入的目标。

三、再组织化的创新思维

在全国范围内推进区域化团建是一个极其艰巨的任务，不能不正视全国不同地区的差异和发展不平衡的问题，不能不面对全团不同层级间的工作能力和力量差异问题，不能不面对各地党政支持力度有差异的问题，不能不面对因百花齐放而带来的工作合力问题，解决这些问题还是需要依赖进一步解放思想，形成全国上下一盘棋共同推动、务实推动的局面。

1. 构建全国共青团组织相互支持的生动局面

广泛形成单位团支持社会团，城市团支持农村团，学校团助力职业团，东部团支持西部团，外部团支持内生团的格局。真正形成全国团组织一盘棋，互相支持，共同前行。

2. 构建团干部打破层级直接面对群众的工作常态

传统的共青团工作推进依靠行政化管理的方式亟须改革。过去是一级管一级，团的工作的具体实施者都在薄弱的基层。这种局面需要改变。未来的发展方向是：所有的团干部可以打破层级关系，在自己的单位、社区、社会上直接面对青年开展工作，在流动之地、居住之地快速地集合成团组织，集合成项目组，快速行动，这样做既能够有效地克服团存在的"官僚"气，更好地展现干部的青年群众工作的能力，同时也能够为基层带来活力。

3. 寻求更好的制度支持

将全团现有的资源给予体系、表彰体系更多与区域化团建结合，构建激励各单位及社会力量推动区域化团建积极性的制度。寻求党组织的制度支持，形成群团工作的新局面。将区域化团建融入党的基层组织建设中，融入群团组织建设中，突出服务青年的个性化特征，发挥团组织的组织优势，真正在大局中体现作用，在系统中突显特色。

4. 强化文化建设，更加明确地形成团组织的价值理念、行为文化和认知系统

从长远来看，青年的流动性加强，单位、社区都会存在弱化的趋势。只有构建了灵活流动但保存团干部和团员的鲜明价值观、具体行为、加之统一标识的组织形态，才可以在流动中清晰地界定出组织成员并能够灵活聚合，形成有机组织，共同开展活动，从而在全社会构建起无处不在、功能强大的组织，真正增强团组织的影响力。这种思维打破了单位的思维，打破了社区的思维，而强化了流动中有机组织的生成思维，需要我们大力创新才是。

四、推动共青团工作一体化

纵观中国的政治场，共产党、共青团、少先队是一体的。这三支队伍分别是先锋队、突击队和预备队。这几个组织分布在不同的年龄阶段，但都有着共同的政治愿景和递进的政治目标，因此党团队一体化推动系统优化问题，值得关注。这里我们先不研究这个宏大的系统体系，只说共青团工作的系统优化问题，

我们可以从大学和中学团的工作如何一体化推动来说明这项工作的开展思路。2012年，团中央学校部提出了高校对口中学团建促进行动试点工作，我们当时对此问题进行了粗浅的思考，今天看来，依然有现实意义。及时总结这些成果，将有效的模式推广到更多的大学和中学，对推动当前共青团工作科学化水平，促进工作一体化建设具有重要意义。

共青团组织是党的助手和后备军，是党联系青年的桥梁和纽带，是中国特色社会主义建设事业的生力军。共青团组织的巨大优势在于它的组织网络的完善性，特别是时间和空间的跨度。作为一个组织化形态，从小学少先队工作，到中学大学共青团工作，它一般可以连续稳定地影响一个中国青少年16年。这宝贵的16年恰恰是共青团更好地推动青少年政治社会化，使青少年对政党产生正确的政治认知、政治情感、政治评价的大有作为的重要时期。然而在过去工作过程中，这种科学化的视角和一体化的思路并没有得到很好的体现。通常存在的问题一是对青年初期中学阶段共青团工作的基础和源头认识不够；二是从青年期开始特别是中学共青团工作和大学共青团工作各自为政，缺乏连续性和系统性，影响

了共青团组织可以发挥的系统效能。而高校对口中学团建促进行动恰恰是在此方面作出的弥补，是共青团工作一体化设计的重要举措。促进行动不仅促进了中学共青团工作的发展，同时也促进了大学共青团工作的活跃。

从现有的建设经验看，这样的一体化过程主要在组织建设一体化、干部培养一体化、思想引导一体化、项目品牌一体化、资源建设一体化和阵地建设一体化上得以体现。

组织建设一体化。促进行动推动了中学团的组织建设。针对中学团的工作基础相对薄弱的现状，通过高校、中学团组织共建等方式，大学团学干部帮助中学团组织建立健全各级组织架构，明确团员发展程序，规范中学生团校培训等工作，切实加强团的规范化建设。从客观效果来看，这些团学干部从过去的大学团学建设的执行者转化为中学团学建设的领导者，角色的转换毫无疑问提升了他们责任意识与对组织建设的熟悉和了解，其效果同样会反馈到大学的组织建设工作中来。

干部培养一体化。当前推动团工作的核心重点是提高学生团学干部的领导力水平，使他们成为激发活力组织的重要力量。一批大学中领导力较强的学生干部进入中学，无疑会对中学团干部的水平提升起着重要的推动作用。同时高校团学干部担任中学团建辅导员，高校优秀学生骨干担任对口中学学生会、社团指导教师等方式，也帮助高校团学干部更直接地面对青年，增强了高校团学干部领导力提升的厚度，提高了他们团学工作水平。

思想引导一体化。一体化推进学校团队建设是当前团队工作的重要思路，深入探索一体化分层教育体系的核心重点是思想引导。大学团学骨干走进中学要开展大量的思想引导工作，特别是在引导中学生自觉弘扬爱国主义、集体主义、社会主义思想，心中有国家、有社会、有人民，做一个肯付出、勇担当的有责青年上。在引导中学生自觉遵守社会基本道德规范，弘扬中华民族传统美德，积极倡导社会公德、职业道德、家庭美德，做一个守底线、讲诚信的有德青年上。在引导中学生带头学雷锋，积极参加志愿服务，多做扶贫济困、扶弱助残的实事好事，倡导良好社会风尚，做一个热心肠、愿助人的有爱青年上。这样的一种培养中学生有责、有德、有爱的过程毫无疑问也同样对大学生团学干部的思想引导起着积极的强化作用。

项目品牌一体化。当前高校进入中学后将大学生社会实践、科学技术服务、关爱农民工子女及留守儿童、志愿服务、心理辅导、扶贫支教、生态保护等活动引入中学，推动中学共青团工作的品牌化建设。同时大学共青团工作品牌也得到了很好的延伸，形成了更为强大的社会功能，增强了共青团品牌在基层中学和大学中的美誉度和影响力。

资源建设一体化。资源缺乏是困扰中学共青团工作的重要问题。促进行动将大学和中学的资源联结在一起，发挥了 1+1>2 的功效，同时扩大了大学和中学共青团活动的资源。

阵地建设一体化。业余团校、业余党校、社团、学校媒体是共青团工作的重要阵地。促进行动推动大学生团学骨干在所在中学加强中学生团校建设，配合学校党组织办好高中生业余党校，科学设计课程内容，积极创新教学方法；担任社团指导教师，推动社团阵地的建设；参与学校媒体（包括报纸、电台、电视台等）建设。这样的阵地建设的实践同时也会对大学中同样存在的阵地建设产生更好的作用。

总之，高校对口中学团建促进行动是遵循教育规律和共青团工作规律，通过工作项目结构调整和工作资源优化配置，引导高等院校结对帮扶中学团建的一项工作。这是一种难得的"大手"拉"小手"，其重要意义不仅体现在促进中学团组织活力和团干部能力的显著提升，促进共青团实践育人工作的深入开展，提升中学共青团工作的科学化水平上，同时也为大学共青团工作的开展提供了巨大的发展空间，为推动共青团工作提供了难得的制度空间，值得深入研究、务实推动。

五、把团组织建设得更加开放

2014年4月末，在五四青年节即将来临之际，共青团中央举办了首次"开放日"活动，包括企业青年、进城务工青年、农村青年、高校青年学生和青年网友在内的53名青年代表，走进团中央大楼，亲身感受团的发展历程和主要工作。团中央书记处第一书记在座谈会上与青年朋友面对面深入交流，问需求、询建议、提希望。青年朋友们还参观了共青团组织宣传展板和实物展览，听取介绍和观看视频，在团中央就餐。团中央机关"开放日"活动是共青团组织在开展党的群众路线教育实践活动中形成的一项密切联系青年的举措，它的核心内涵是"开放"，分析这种趋势并且建设开放性组织是共青团走向现代化的必然趋势。

1. 更加生动的开放

团中央机关的"开放日"活动是团组织在过去加强和青年联系工作基础上创造的一次更生动的形式，这种生动还需要在全团传递，固化为更为稳定的形式和品牌。

"开放日"活动达到了如下目标。首先，向青年朋友传递了党的声音。团中央领导与青年朋友一起重温了习近平总书记重要讲话，特别是对广大青年提出的"坚定理想信念、练就过硬本领、勇于创新创造、矢志艰苦奋斗、锤炼高尚品格"的殷切期望。其次，告诉了青年朋友共青团组织在干什么。团中央书记和部长们通过座谈会和网络向青年朋友介绍了团的职能定位和团十七大以来共青团工作的主要部署，具体介绍了"我的中国梦"主题教育实践活动，"奋斗的青春最美丽"分享活动，"青年好声音"网络文化行动，"挑战杯"、创新创业创青春活动特别是"创青春"大学生创业大赛，青少年"增绿减霾共同行动"，"振兴杯"青年职业技能竞赛，青年文明号和青年志愿服务等团的各项重点活动，鼓励青年们积极参加。最后，了解了青年需要什么，青年为共青团"挑挑刺"、提建议。例如，"团的活动有意义，还要更有意思些""共青团要为青年就业创业和职业发展提供更多具体帮助""共青团要加强对青年社会组织的联系和指导，进而更广泛地服务各类青年群体""网络对青年的影响是根本性的，共青团要引导青年加强网络自律，在网上多传递正能量，等等。可以看到从共青团本质属性上的党—团—青这样的链接在这次活动中都得到体现，这恰恰是开放的核心本质。

此次活动是团中央的首个"公众开放日"，在这个基础上，全国团组织理应出现更多生动的开放形式。

2. 更具本质的开放

团组织要变得更加"开放"，核心是组织由上至下构建一套更为完善的密切联系青年的制度，及时把握青年"温度"，及时有效传递党的声音，更为实在地组织青年、引导青年和服务青年。

从这次活动的影响看，53名青年走进了团中央大楼，和团中央领导面对面，网上的"开放日"活动直播页面访问量超过40万次，青年网友通过微博、微信提出130余个问题，共青团中央微博发布的直播信息阅读量超160万人次，富有成效，然而相对于团中央的工作对象而言，又是微乎其微，影响有限。共青团是党领导的先进青年的群团组织，是党和政府联系青年的桥梁和纽带。"开放"的本质要求各级团组织和广大团干部要密切联系青年、真正深入青年，把握青年需求、倾听青年建言，切实增强引导服务青年的工作本领，不断提高团的吸引力和凝聚力，扩大团的工作有效覆盖面，努力把共青团建设成为广大青年遇到困难时想得起、找得到、靠得住的力量。

因此，基于这个本质，团组织"开放"要谋求更大的空间，就要立足发挥团的桥梁和纽带作用，在党—团—青的关系链条上谋求更大的突破，全团上下各级各领域立足实际情况进行更大的制度创新。如立足了解青年诉求，致力青年需求调查体系构建、青年代表联系制度、团干部融入青年群众制度的完善等。例如，立足反映青年诉求，"及时把青年的温度告诉党"，强化与党组织汇报沟通制度，做大做强共青团与人大代表、政协委员面对面制度，及时和政府进行相关协商制度等。又如，立足在全社会有更为广泛的影响，与相关社会团体和青年社团建立合作机制，扩大连接，在传媒上构建强大影响力，等等。通过这些联系，推动共青团组织等的"开放"系统优化和不断发展，形成声势，取得实效。

3. 更有前瞻的开放

要将组织真正"开放"，还需要发扬团干部的理想气质和青年的创新精神，洞观当前组织发展之大势和规律，更加前瞻性地寻求组织转轨和创新。

当前，团组织面临提高团的吸引力和凝聚力，扩大团的工作的有效覆盖任务，而其本质是密切团组织和青年的联系，增强团组织在青年中的影响力。团组织构建组织"开放"性首先要求团干部"开放"，主动走进青年；同时也要让组织形态变得开放，去掉束缚团干部和青年联系的诸多行政壁垒。

纵观当前世界组织的发展形势，许多组织为了使自己更具竞争力，开始致力新型组织结构的构建，纷纷减少组织层级，强调取消组织边界。虚拟组织和无边界组织就是其中的典型代表。例如，无边界组织主张取消组织内部的纵向界限和横向界限，并且取消组织和被组织者之间的外部界限。通过取消组织的纵向界限，管理者可以使组织更为扁平化；通过取消组织的横向界限，促进了组织不同职能、服务线条和工作单元之间的互动和流通。结合团组织来看，团干部要克服官僚气，要做青年友，不做青年官，在强调团干部的"党性原则"前提下要懂青年、懂基层、懂社会。因此，面对新的形势，如何实现团组织层级化往扁平化发展；如何实现团的干部无论上下打破层级、打破领域一起面对群众，了解群众，一起开展工作，激发组织的服务团队；如何真正使团的各级委员会更加准确地反映青年的"温度"需要等都是增强团的"开放性"的重点课题，需要在实践中更加大胆地探索。

总之，适应青年的流动性对团组织再组织化，一体化设计团的工作，推动团的开放性是走向现代化共青团的重要工作，当大力创新，务实推动。

第三十节

做好团支部建设[1]

团的工作建设重心在基层,创新在基层,活力在基层。基层组织建设决定着共青团最本质的影响力、战斗力和生命力。这里的最基层指的是团支部建设。目前,基层团支部建设的关注和研究的整体水平还不高,提升团支部研究的学术含量,拓宽研究的学科视野,增强研究的具体实践,为推动基层团支部建设提供坚强的理论和实践支撑,将是一项长期的工作,需要不断深入探讨。本课程以国有企业调查的数据和访谈(对团支部书记和党支部书记调查及访谈)为依托,分析了团支部的现状和对策,别的领域的团支部情况有所不同,但大致情况相似,可供借鉴。

现状调研和分析研究结果显示,目前,企业基层团支部在组织结构方面,主要还是依靠行政建制或与党组织对应设置,虽然形成了一定的组织体系,但形式还比较单一,对企业团员和青年的覆盖有限;在组织活动方面,还偏重于娱乐性方面,技能性和思想性方面相对较少,虽然青年比较喜欢,但活动的持续性、长期性和有效性不强;在干部队伍方面,兼职现象较为普遍,政治和经济待遇较少,队伍的稳定性不高,素质参差不齐;在组织制度方面,大部分单位都制定了相关的规章制度,但习惯于照抄照搬,与基层工作实际相脱节,适用性和可操作性不强;在组织环境方面,虽然存在一定的基础,但整体上关注不够;在组织资源方面,仍然面临着经费不足、力量不足、载体不足、阵地不足等困难;在组织文化方面,主要服从于本企业整体的文化价值观念。在组织功能方面,由于对企业发展的需求、团员青年的特点等方面认识不深、把握不准,特别是组织结构、组织活动、干部队伍、组织制度、组织资源、组织环境、组织文化、组织功能等方面存在的不足,使得基层团支部的作用发挥不够。具体情况如下。

---

[1] 此讲稿杨名老师参与写作。

一、团支部组织结构现状分析

组织结构（Organizational Structure），是在组织理论的指导下，经过组织设计，由组织要素相互连接而成的相对稳定的基本形式或框架模式。组织结构对组织行为具有长期性和关键性影响。目前，企业基层团支部的组织结构现状如下：

1. 基层团支部设立情况

基层基本上都能够设立团支部，但设置的形式较为单一。问卷显示，98.2%的团员青年表示本单位有团支部，其中大部分为团支部这种形式，只有6.4%为联合团支部的形式。根据访谈结果，96.5%的党支部书记表示本单位团支部是依靠行政建制或与党支部对应设置的，97.2%的团支部书记表示本单位团支部是根据团员人数，与党支部同步建立的。

2. 基层团支部的构成方式

基层团支部主要由支部书记和委员构成，处于一个较为简单的结构模式。问卷显示，基层团支部由支部书记、组织委员、宣传委员三者构成的比例达84.7%，有的单位结合企业工作实际，在此基础上增设了青年委员、文体委员、劳动委员或生产委员。从访谈结果看，表示团支部是由支部书记、组织委员、宣传委员三者构成的党支部书记和团支部书记分别占78.3%和83.4%，其中65.2%的党支部书记认为没有必要设其他委员。另外，在调研中了解到，62.6%的团支部书记表示其他委员基本为"挂职"，89.5%的党支部书记表示团支部书记是各项工作的具体执行者，其他团支部委员基本不负责具体工作。这说明基层团支部的工作很大程度上依赖于团支部书记。

3. 基层团支部的覆盖面

调查发现，目前团支部不能完全覆盖全体团员和青年，尤其是对青年的覆盖面比较有限。问卷显示，认为团支部网络完全覆盖单位全体青年的团员青年为24.2%，基本覆盖的占40.3%，较多覆盖的占31.0%，其中在28~35岁的青年中，认为较少覆盖的占57.2%，没有覆盖的占18.7%。访谈中，认为基层团支部对团员青年"完全覆盖"和"基本覆盖"的党支部书记分别占15.2%和53.7%，其中大部分表示青年相对团员更少；78.4%的团支部书记表示对青年的吸引和凝聚比较困难。没有覆盖的主要原因有青年多为党员、学历较高、流动性强、海外员工较困难、出差较频繁等，特别是对流动团员青年，77.2%的团支部书记表示不能够有效管理。

4. 基层团支部的吸引力

团组织中所占团员青年的比例较高，但并不占据绝对优势。调查显示，在加入组织方面，党组织的占15.3%，团组织的占39.8%，自组织（网络组织、兴趣小组等）的占21.9%，其他政治组织的占10.2%，民间社团的占6.3%，没有参加任何组织的占4.5%，其他占2.0%。但是，由于国有企业具有一定的独特性和封闭性，团员青年与社会上的自组织接触相对较少，因而社会自组织的影响还相对较低。

综合统计结果表示，企业基层团支部的组织体系虽然相对较为完善，但组织形式还比较单一，构成方式较为简单，传统观念影响较大，创新意识不强，对团员和青年的覆盖面比较有限，与基层团组织的地位和作用匹配仍有一定的差距。因此，必须主动适应形势变化，打破原有的严格按照行政体制设置团组织的条条框框，积极探索创新，努力构建充满活力、永葆先进的组织模式，进一步扩大团组织的有效覆盖面，增强团组织的吸引力和凝聚力。

二、团支部组织活动现状分析

组织活动（Organizational Activity），是指为实现组织目标所必需的各项业务工作或活动。组织活动是组织行为的主要特征。企业基层团支部的组织活动现状如下。

1. 团员青年参加活动情况

大多数团员青年都很愿意参加团支部开展的活动，但由于时间方面的原因，很大一部分团员青年未能参与。调查显示，对参加团支部开展的活动表示"非常愿意"和"比较愿意"的团员青年分别占52.1%和21.7%。而不愿意参加活动的原因分别为（按比例高低排序）：太忙没时间的占57.3%，感觉太过于形式、并没有太多内容的占22.2%，没什么原因、就是不想去的占12.6%。在没有参加团支部活动的主要困难方面，时间原因的占56.0%，活动安排时间不科学的占10.8%，个人特殊原因的占11.7%，活动没意思的占6.5%。我们看到，广大团员青年作为企业生产经营的一支重要力量，大都处于生产经营工作一线，参加活动的时间确实相对有限。

2. 基层团支部活动的效果

大部分团员青年对团支部开展的活动效果评价较高，但情况参差不齐。以下是本次调查的团支部开展活动效果的评价情况（见表1，按评价为"效果很好"

的高低排序）。

表1 基层团支部开展的活动效果评价

活动内容	效果很好	效果较好	效果一般
娱乐活动	53.10%	31.50%	12.70%
体育活动	52.80%	30.50%	14.30%
青年安全生产示范岗	52.50%	31.70%	12.00%
创新创效	52.30%	27.50%	16.00%
导师带徒	51.70%	29.80%	15.30%
文化活动	51.50%	25.90%	17.50%
青工技能培训、竞赛	50.60%	30.20%	14.30%
青年突击队	50.50%	28.20%	17.80%
岗位能手	49.80%	31.60%	14.60%
青年文明号	49.40%	30.50%	16.70%
青年权益维护（行动层面）	49.10%	30.60%	16.00%
维护企业稳定	48.50%	29.10%	18.10%
科学、文化、法律、业务培训	48.50%	30.80%	16.40%
服务青年工作	48.10%	29.40%	18.20%
团员意识教育	47.50%	30.40%	17.10%
马克思列宁主义理论学习	46.60%	31.10%	18.70%
维护权益（思想层面）	46.30%	30.80%	18.70%
党的路线方针政策宣传	45.70%	32.60%	17.70%
团章及团的基本知识学习	45.70%	32.50%	17.10%
青年志愿者	44.20%	37.40%	14.60%

从表1可以看出，团支部开展的娱乐性活动评价较好，思想性活动评价相对较低。在访谈中，54.6%的团员青年认为思想教育活动的效果一般，53.1%的团员青年认为活动与企业中心工作融合一般；84.7%的党支部书记表示文娱性活动开展的效果较好，如外出踏青、体育竞赛、才艺大赛、素质拓展等；71.4%的团支部书记表示技能性活动团员青年比较喜欢，如入职培训、导师带徒、经验交流、技能培训、知识讲座等，大部分党（团）支部书记表示思想性活动效果较差，如征文活动、参观爱国教育基地等。这说明，娱乐性活动相较于思想性、技能性活动更容易开展。

3. 团员青年喜好的活动方式

体育、文艺等休闲娱乐活动比例较高，有利于自己成长的知识、技能性等活动介于中间，写思想汇报和读书体会等思想性活动相对较低，进一步反映了团员青年对各项活动效果的评价结果。具体情况见表2。

表2 团员青年喜欢的活动方式排序情况

团员青年喜欢的活动方式	百分比（%）
体育活动	11.18
文艺活动	8.78
网上活动	8.17
收听收看音像辅导资料	7.80
青年联谊会	7.70
组织知识竞赛等寓教于乐活动	7.02
吃饭	6.29
结合实际参观考察	5.66
读书活动	5.24
听报告和专题讲座	5.16
茶吧	5.01
自学、集中辅导和讨论相结合	4.56
结合工作实际进行专题研究	4.51
集中办读书学习班	4.08
发材料自学	2.40
和领导面对面	2.38
写思想汇报和读书体会	2.33
其他	1.73

4. 基层团支部活动的影响

大部分党支部书记、团支部书记、团员青年对团支部开展的活动比较认可，但表示活动并不能够影响全体团员青年。调查显示，对团支部工作表示"满意"和"比较满意"的党支部书记占67.6%；对团支部的服务水平表示"高"和"较高"的团员青年占75.4%。在活动对团员青年的影响程度方面，认为"影响全体"和"影响部分"的党支部书记分别占25.3%和58.6%，团支部书记分别占32.5%和46.8%，团员青年分别占22.4%和62.9%。

5. 基层团支部活动的设计

总的来说，不能完全满足团员青年的发展特点和需求，活动设计有待进一步提高。调查显示，在团支部活动能否反映团员青年的思想和需求情况方面，认为"能"的团员青年占32.4%，"一般"的占59.2%，"不能"的占8.4%。

在生存性、社群性、发展性需求方面，比例分别为26.1%、35.6%和38.3%；在生活和健康、就业和择业、恋爱和婚姻需求方面，比例分别为62.9%、29.6%和7.5%；在交往和友谊、社会参与（投票、选举等）、自尊和荣誉需求方面，比例分别为49.7%、22.7%和27.6%；在教育和成才、娱乐和审美、理想和成就需求方面，比例分别为38.5%、23.4%和41.1%。而在物质需要和精神需要方面，比例分别为36.1%和63.9%；在个人需要和群体需要方面，比例分别为28.4%和71.6%；在现实需要和理想需要方面，比例分别为65.6%和34.4%。以上结果表明，基层团支部活动的设计必须更加注重团员青年在发展性、生活和健康、交往和友谊、理想和成就以及精神、群体、现实等方面的需求。

综合统计结果表明，企业基层团支部的组织活动还是具有一定的效果，团员青年的整体评价较高，但活动设计的针对性不强，偏重于娱乐性活动方面，思想性活动相对薄弱。因此，必须更加准确地把握企业党政组织和团员青年的需求，注意防止靠娱乐性活动代替思想性、技能性工作的倾向，注重活动的科学性、实践性和创新性，逐步推动活动由集中向分散、单一向多样、封闭向开放转变，进一步扩大团组织的有效覆盖面，增强团组织的吸引力和凝聚力。

三、团支部干部队伍现状分析

组织骨干（Organizational Mainstay），是指领导或推动组织实现目标的中坚力量。组织骨干对组织的生存和发展具有重要影响。企业基层团干部队伍作为基层团支部的骨干，对推动基层团支部建设具有重大作用。企业基层团支部的干部队伍现状如下。

1. 基层团干部岗位的吸引力

基层团干部岗位比较受团员青年的欢迎，但主要原因是大部分团员青年认为团干部的发展机遇较多。调查显示，团员青年表示"非常愿意"和"比较愿意"做团干部的分别占44.1%和31.7%；在参加基层团干部的公开竞选上，34.6%

的团员青年表示肯定会参加，51.1%的表示可能会参加，14.3%的表示不会参加。在问及原因时，83.6%的团员青年表示能够锻炼自己，发展机会更多。而访谈结果显示，8.4%的党支部书记表示发展机遇增加，89.3%的表示和其他人平等；5.2%的团支部书记认为有一定的培训机会，83.8%的认为和其他人一样。说明，基层团支部的岗位并不具备太大的发展优势，只是团员青年的心理预期较大。

2. 基层团干部的综合素质

大部分党支部书记、团员青年对基层团干部各方面的素质整体评价较高，但服务青年方面的素质表现比之个人自身方面的素质表现相对较差。根据访谈结果，党支部书记对基层团干部表示"非常满意"和"比较满意"的分别占35.4%和51.3%。大部分团员青年对基层团干部的评价很好。具体见表3（按评价"很好"的高低排序）：

表3　团员青年对基层团干部的评价情况

	很好	较好	一般
工作勤奋	61.90%	30.30%	6.30%
品德高尚	60.60%	28.90%	9.10%
作风扎实	60.50%	27.90%	9.10%
综合素质	57.20%	32.90%	7.80%
政治坚定	56.90%	31.30%	8.90%
学习刻苦	55.20%	33.30%	10.10%
服务青年	52.80%	31.90%	12.60%
引导青年	51.20%	29.40%	14.90%
组织青年	51.10%	31.60%	13.20%
维护青年权益	50.70%	33.60%	13.20%
关心和了解青年	50.20%	32.80%	13.40%

3. 基层团干部的配备和待遇

主要为兼职岗位，虽然大多数单位能够及时配备，但给予兼职团干部的待遇整体上较差。调查显示，团支部书记表示"非常及时"和"比较及时"配备的分别占53.1%和32.7%，但普遍为兼职。在政治待遇方面，大部分团干部都不是党支委委员，只有5.7%的基层团干部是党支委委员，其中大都能列席支委会；在经济待遇方面，93.7%的基层团干部表示没有任何形式的经济补助，

6.3%的表示享有每月100~200元的经济补贴。在问到作为基层团干部最希望得到什么待遇时，希望是培训的占67.4%，经济补贴的占27.3%，政治待遇的占5.3%。说明基层团干部相比于政治和经济方面的待遇，还是更注重于个人发展方面的机会。

4. 基层团干部的任期

基层团干部虽然没有固定的任期时间，但大都能在团章规定的两到三年内换届。调查显示，在团干部换届时间方面，23.9%为一年以下，26.5%为一年，25.4%为两年，12.8%为三年，4.1%为四年，4.6%为五年及以上，2.7%为其他。访谈中，76.3%的党支部书记认为任职时间不宜过长，一到两年为宜，否则容易失去工作热情，也不利于锻炼新人。另外，大部分基层党支部书记表示，基层团干部一般都是各单位的业务骨干，随主业的变动而流动较快，说明基层团干部队伍相对不稳定。

5. 基层团干部的选拔、培养、管理和考核

基层团干部的选拔、培养、管理和考核等工作整体不规范，随意性较强，没有形成一个完整的体系。

在选拔方面，主要以党组织直接任命为主，公开选举的相对较少。调查显示，团员青年认为团干部经党组织直接任命的占33.8%，经团组织推荐、党组织任命的占16.9%，经党组织提名、团组织投票选举的占18.1%，经团组织提名、公开选举的占19.2%，经海选的占5.1%。访谈中，51.4%的党支部书记表示团干部的选拔为党组织直接任命，37.3%认为是团组织提名、党组织任命；64.9%的团支部书记认为是党组织直接任命，24.3%认为是团组织提名、党组织任命。

在培养方面，大多属于无意识培养，上级单位主要通过举办业务培训班，但次数很少。从访谈结果看，94.8%的党支部书记表示支部没有专门的培养计划，上级单位有相关的培训制度，但支部主要靠下发任务、压担子，促使团支部书记在实践中锻炼成长。82.7%的团支部书记表示支部没有进行过培训，但党支部书记在日常工作中不定期会进行一些思想交流，大部分参加过上级单位组织的培训，一般每年1~2次。

在管理方面，方式较为简单，上级组织有制度，但大部分支部没有具体落实措施，主要依靠评优激励和团干部的自觉性。访谈中，74.7%的党支部书记表示对团干部没有硬性要求，但必须不定期汇报工作，很多时候靠其自觉性，主要借助于活动方式或激励措施进行管理；82.5%的团支部书记表示自己主要通过工作计划、工作汇报、工作总结、工作会议、下达文件、电话通知等方式被管理，很

多时候就是评优管理。

在考核方面，大部分单位都能够开展，但具体量化考核的很少。调查显示，团员青年表示对团干部进行"定期"和"不定期"考核的分别占32.3%和45.9。访谈中，79.2%的党支部书记表示有考核，其中93.1%表示没有考核标准；87.5%的团支部书记表示有考核，其中93.6%表示没有考核标准。大部分单位都是通过团费收缴、工作落实、工作计划、工作总结、组织活动、纪律考勤等日常行为进行考核，有的单位采用团员投票的方式进行，有的单位采用走访调查的方式进行，有的采用问卷调查的方式进行，有的单位借助员工综合素质考评进行。

6. 基层团干部的凝聚力和魅力

基层团干部具有一定的凝聚力和个人魅力，其影响因素主要包括思想觉悟、业务能力、品德修养、工作作风、集体意识等方面。调查显示，表示基层团干部凝聚力"很强"和"较强"的团员青年分别占26.3%和49.2%，表示基层团干部个人魅力"很强"和"较强"的占29.7%和49.1%。从访谈结果看，党支部书记认为基层团干部的凝聚力、吸引力和魅力的影响因素主要有思想觉悟高、组织能力强、文字功底好、业务能力强、语言表达能力强、有大局观念、作风扎实、解决问题能力强、应对危机能力强、有奉献精神、以身作则、公平公正、认真负责、富有责任心、亲和力、幽默感、良好的沟通能力，善于团结协作、学习总结，性格活泼开朗、能吃苦。团支部书记认为基层团干部的凝聚力、吸引力和魅力的影响因素主要有以身作则、关心帮助团员青年、性格活泼、业务能力强、自身修养高、富有责任心、沟通能力强、策划能力强、公平公正公开、了解青年需求、热情奉献、细心、人际交往好、解决实际问题、认真负责、创新意识、多才多艺、人品好。团员青年认为基层团干部的凝聚力、吸引力和魅力的影响因素主要有业务能力强、以身作则、真心服务青年、组织协调能力好、有大局观念、有奉献精神、踏实肯干、敬业爱岗、热情大方。

7. 基层团干部的作风和能力

基层团干部的作风和能力整体上受到认可，但缺点也比较明显。调查显示，党支部书记对基层团干部的作风和能力表示"非常满意"和"很满意"的分别占17.3%和43.8%，其不足之处主要表现在思想高度不够、理论研究欠缺、工作经验不足、工作方法不灵活、沟通能力不强、考虑问题不周、投入精力不够、急功近利、缺乏自身特色、不善于总结等。大部分党支部书记认为基层团干部应具备的作风主要包括乐于奉献、能够吃苦、以身作则、积极热情、为人正直等，应具备的能力主要包括组织能力、学习能力、写作能力、领导能力、业务能力、沟通能力、协作能力等方面,特别是在团的岗位上具备良好的组织能力、学习能力、沟通能力、协作能力、执行能力更有利于自身发展。

综合统计结果表明,企业基层团支部的团干部岗位虽为兼职,但仍具有较强吸引力,且配备比较及时,各方面评价较高,不过待遇稍差,选拔、培养、管理和考核等工作还不规范,基本处在"靠自觉""靠团性"的模糊控制状态,造成队伍的整体不稳定和素质的参差不齐,使得企业基层团支部的工作往往随着团干部的变化而起伏不定。因此,必须全面把握发展要求,进一步健全完善管理机制,将青年认可、能力出众、思维活跃的青年选拔到团的岗位上来,实现团的岗位短期化与团的工作事业化相统一,提升基层团干部的个人魅力和凝聚力,更好地服务团员青年,进一步扩大团组织的有效覆盖面,增强团组织的吸引力和凝聚力。

四、团支部组织制度现状分析

组织制度(Organizational System),是指组织管理中借以约束全体组织成员行为,确定办事方法,规定工作程序的各种章程、条例、守则、规程、程序、标准、办法等的总称。组织制度是调整组织内各种关系、维系组织运转的有效方式。企业基层团支部的组织制度现状如下。

1. 基层团支部的制度落实和推行

大部分单位都有相应的管理制度,团员青年对基层团支部的制度运行情况整体评价较高,但仍存在一些不足之处,需要进一步改进和加强。调查显示,团员青年认为基层团支部制度落实和推行"很好"和"较好"的占 28.7% 和 48.9%,对管理和监督表示"非常民主"和"比较民主"的分别占 29.5% 和 48.1%,对团内奖惩表示"非常满意"和"比较满意"的分别占 24.2% 和 48.9%,对纪律执行情况表示"非常满意"和"比较满意"的分别占 30.2% 和 46.3%。认为基层团支部的制度"运行好"的都在 50.0% 以上,具体情况见表 4(按照评价为"运行好"的高低排序)。

表 4 团员青年对基层团支部制度的评价情况

相关制度	有制度,运行好	有制度,运行一般	有制度,没运行	没制度
支部团员大会	60.90%	32.70%	4.60%	1.80%

（续表）

相关制度	有制度，运行好	有制度，运行一般	有制度，没运行	没制度
主题团日活动	60.90%	33.40%	4.50%	1.20%
民主选举制度	59.80%	34.10%	4.50%	1.60%
团支部工作条例	59.50%	34.40%	4.10%	2.00%
支部委员会	59.40%	34.30%	5.20%	1.10%
团员发展与超龄团员离团	59.20%	30.70%	1.70%	8.40%
入团青年培训制度	58.20%	32.80%	6.30%	2.70%
支部组织生活制度	57.60%	36.10%	4.50%	1.80%
团员年度团籍注册制度	57.00%	33.40%	7.70%	1.90%
支部工作目标管理制度	56.70%	35.70%	5.90%	1.70%
民主评议制度	56.40%	34.90%	5.40%	3.30%
团员参加活动考勤制度	56.30%	36.60%	5.10%	2.00%
流动团员管理制度	55.90%	35.00%	5.90%	3.20%
团小组会（民主生活会）	54.70%	33.90%	7.30%	4.10%
团员证制度	52.70%	36.80%	6.30%	4.20%
支部工作定期检查、考核制度	52.40%	36.00%	9.80%	1.80%
团员教育评议制度	51.10%	37.10%	8.30%	3.50%
团课制度	50.30%	39.30%	6.30%	4.10%

其中，根据访谈结果，绝大多数员工在入企之前就已经是团员或党员，要求入团青年培训和团员发展工作目前基本没有；超龄团员一般为自动离团，但团支部会举行各种纪念方式，如五四联欢会、发放寄语卡片或小纪念品、唱歌等；93.7%的支部委员会以碰头会的形式不定期召开；33.9%的支部开展过团课；大部分团支部都开展过素质拓展、五四、技术交流、爱国主义教育等主题团日活动；大部分团支部书记表示团支部参与本单位民主管理和民主监督的机会较少，有的偶尔能参加职代会、工作会、测评会、干部考察会以及党支部扩大会，或通过公共信箱、QQ等方式提合理化建议。

2. 基层团支部的组织生活

大部分支部组织生活比较健全，团员青年整体评价较好，但开展的质量、效果、频率等仍要进一步加强。调查显示，团员青年对支部组织生活的质量和效果表示"满意"和"基本满意"的分别占24.2%和49.6%；认为每周开展的占3.2%，两周的占7.1%，每月的占8.9%，两个月的占11.6%，半年的占39.5%，一年以上的占29.3%，没有的占0.4%；表示定期进行团员年度团籍注册的占43.2%，不定期的占45.3%，没有的占11.5%；表示三个月收缴一次团费的占23.6%，半年的占30.8%，一年的占36.7%，一年以上的占4.3%，没有交过的占4.6%。从访谈结果看，76.3%的团支部书记表示没有定期开展组织生活，但大部分都能每季度召开一次。

3. 基层团支部的评优和推优

大部分团支部都开展了推优和评优工作，团员青年整体上比较满意，但仍需进一步加大力度。调查显示，在推优入党方面，团员青年表示"非常满意"和"比较满意"的分别占16.8%和35.1%；在党支部从团员中发展党员经团支部推荐方面，团员青年表示"经过"的占32.8%，"偶尔"的占23.3%；从访谈结果看，党支部书记表示团支部开展过推优的占25.6%，团支部书记表示开展过的占71.9%，说明团支部推优工作仍存在较大不足。在评优方面，团员青年表示"定期"和"不定期"开展优秀团员评比的分别占48.5%和39.7%；在团支部发现、培养和推荐优秀青年人才方面，团员青年表示"很好"和"较好"的分别占33.2%和42.8%；对团支部推优制度表示"非常满意"和"比较满意"的分别占27.8%和61.4%；从访谈结果看，87.3%的党支部书记表示团支部很少定期开展业务学习和岗位培训，72.1%的团支部书记表示没有开展过业务学习和岗位培训，但借助日常观察、同事评价等渠道，也能够较好地发现、推荐一些优秀的团员青年。

4. 基层团支部的沟通交流

整体上还不规范，大多数支部都没有相应的制度。调查显示，在与上级团组织沟通交流方面，79.3%的党支部书记表示不能定期汇报工作，只是有重要活动时沟通较多，有时一年难得一次；82.7%的团支部书记表示没有定期汇报工作，主要为每年一次总结汇报。在与党支部沟通交流方面，87.3%的党支部书记表示不能够定期汇报工作，只是有事时才能见到团支部书记；78.3%的团支部书记表示没有定期汇报工作，有事时才会去向党支部书记汇报。在与团员青年谈心方面，团员青年表示定期开展占为28%，不定期占为56.7%，很少的占14.3%，没有的占1.0%；86.3%的团支部书记表示能够经常性地与青年谈心，但主要为日常交流。在团员与青年之间沟通方面，团员青年表示很多的占22.7%，较多的占43.8%，一般的占27.1%；78.5%的团支部书记表示没有具体的措施。

综合统计结果表明，企业基层团支部的制度建设总体上比较健全，团费收缴、年度团籍注册等基础工作都能定期或不定期进行，大部分团员青年都比较认同，但有的还存在不足，有的与基层实际脱节，有的适用性和操作性不强，有的创新不够等，影响了基层团支部工作的规范化。因此，必须积极适应新的环境、新的变化，大胆探索，建立健全各项规章制度，努力实现基层团支部工作的规范化、科学化和系统化，全面提升管理效率，进一步扩大团组织的有效覆盖面，增强团组织的吸引力和凝聚力。

五、团支部组织资源现状分析

组织资源（Organizational System），是指组织拥有的，或者可以直接控制和运用的各种要素。组织资源是组织运行和发展所必需的重要元素，对实现组织目标具有重要推动作用。企业基层团支部的组织资源现状如下。

1. 基层团支部的经费

基层团支部的经费情况整体上不足，来源较窄，各支部之间存在很大的不均衡。调查显示，在活动经费方面，团员青年表示非常充足的占17.1%，比较充足的占27.9%，一般的占26.1%，有点不足的占15.3%，非常不足的占13.6%；表示"有点不足"和"非常不足"的党支部书记占76.3%，团支部书记占87.4%。97.2%的团支部的经费都来源于行政按照团员青年人数拨付和上级团组织补贴。其中，经费在3000元以下的支部占65.3%，3001～5000元的占21.6%，5001～10000元的占7.7%，10001元以上的占5.4%。

2. 基层团支部的阵地

虽然能够共享使用上级组织的部分阵地，但基层团支部的阵地建设整体上较为薄弱。调查显示，团员青年对团支部的主要活动阵地表示充足的占10.7%，一般的占56.7%，比较缺乏的占24.2%，缺乏的占6.9%，没有的占1.5%；79.3%的党支部书记表示团支部没有专有活动阵地；85.8%的团支部书记表示没有专有活动阵地，但偶尔能够共享使用上级组织的部分活动阵地，如 QQ 群、MSN、青年网站、网络论坛等网络阵地。目前，基层团支部的专有活动阵地主要有板报橱窗、读书角、阅览室、文化走廊、青年书屋、青年之家等形式。

3. 基层团支部的社会资源

基层团支部运用社会资源的能力不强，自筹自创经费能力较弱。调查显示，在与外单位团组织交流方面，87.6%的团员青年表示很少；在使用网络、手机开展活动方面，团员青年表示非常完善的占13.2%，比较完善的占28.3%，一般的占46.2%，不太完善的占8.0%，不完善的占4.3%。从访谈结果看，访谈的单位都没有运用过社会化动员的方式筹集经费，97.3%的团支部书记表示不知如何去运用社会资源。

综合统计结果表明，企业基层团支部的组织资源比较有限，经费来源较窄，专有阵地不足，综合服务功能较弱，使得基层团支部的活动得不到有效保障，工作缺乏生机和活力。因此，必须合理配置和有效运用既有资源，在此基础上积极广泛地寻求外部资源投入，努力提高资源利用率和资源拥有量，有效推动基层团支部工作的开展，进一步扩大团组织的有效覆盖面，增强团组织的吸引力和凝聚力。

六、团支部组织环境现状分析

组织环境（Organizational Environment），是指所有潜在影响组织运行和组织绩效的因素或力量。组织环境是组织管理活动的内在与外在的客观条件。企业基层团支部的组织环境现状如下。

1. 党建带团建

整体氛围较好，但基层落实情况较差。调查显示，团员青年表示本单位有党建带团建制度的占68.4%，83.2%的党支部书记表示看过这方面的文件，74.8%的团支部书记认为本单位的党建带团建工作氛围"很好"和"好"。但是，81.7%的团支部书记表示党支部没有相应的具体落实措施；68.4%的党支部书记表示因为工作较多，对这方面重视不够。

2. 上级团组织协管

上级团组织对基层团干部的管理较好，但对基层团支部的工作关注和支持不够，很多只局限于发文件、下任务，至于对工作的进展和效果较少过问。调查显示，对上级团组织在基层团干部的管理上表示"非常到位"和"比较到位"的团支部书记分别为43.5%和22.7%；73.8%的党支部书记表示上级团组织在基层团干部的协管方面发挥了较大作用。但在关心和支持基层团支部工作方面，表示"非常关心和支持"的团支部书记占12.4%，"比较关心和支持"的占17.6%，"一般关心和支持"的占18.7%，"不太关心和支持"的占17.8%，"不关心和支持"的占33.5%。访谈中，75.1%的团支部书记表示上级团组织很多时候都是通过下发文件、电话通知等方式布置工作，很少关注过程和效果。

3. 党支部领导的重视和支持

基层党支部领导对团支部的工作指导不够，口头上重视的较多，具体执行的较少。调查显示，团员青年表示基层党政领导对共青团工作"非常重视"的占 12.4%，"比较重视"的占 19.3%，"一般"的占 63.6%；表示基层党政领导给团员青年定期上党课或形势教育的占 19.3%，偶尔上的占 42.4%，从来不上的占 38.3%。从访谈结果看，党支部书记表示有时间都会参加团支部的活动，一般每年 1~3 次；63.8% 的团支部书记认为党支部领导对团支部的工作指导不够，除非重大活动，否则基本不参加。

4. 同级部门的支持和参与

大部分部门都比较支持，与工会组织联系较为紧密，合作交流较少。调查显示，83.6% 的团支部书记表示同级部门都比较乐意参加团支部组织的活动；76.3% 的团支部书记表示在工作中与党群部门合作最多，特别是工会部门，其经常给予经费、阵地等方面的支持；87.2% 的团支部书记表示很少组织参与其他部门组织的活动；71.6% 的党支部书记表示与其他团支部之间合作开展活动较少，合作开展的主要为篮球、足球等文体活动。

综合统计结果表明，企业基层团支部的组织环境还是有一定的工作基础，但自身的创新能力不足，主动意识不强，使得工作开展面临着更为困难的局面。因此，必须不断开阔工作思路，积极争取各方支持，努力营造良好的发展环境，全面推动共青团工作的开展，进一步扩大团组织的有效覆盖面，增强团组织的吸引力和凝聚力。

七、团支部组织文化现状分析

组织文化（Organizational Culture），是组织信奉并付诸实践的价值理念。具体地讲，就是组织全体成员，在长期的创业和发展过程中，培育形成并共同遵守的最高目标、价值标准、基本信念和行为规范。组织文化对于组织发展具有凝聚内力、增强外力的重要意义。企业基层团支部的组织文化现状如下。

基层团支部的文化特点。主要服从于企业文化，但初步形成了一些自身的核心价值。调查显示，认为团支部的文化应服从于企业整体文化价值观念的党支部书记占 87.2%，团支部书记占 92.7%，团员青年占 83.5%。党支部书记认为团支部的组织文化为服务的占 12.1%，民主的占 19.3%，奉献的占 27.2%，创新的占 13.7%，学习的占 24.2%，其他的占 3.5%；团支部书记认为团支部的组织文化为服务的占20.7%，民主的占13.6%，奉献的占22.9%，创新的占24.5%，学习的占13.2%，其他的占5.1%；团员青年认为团支部的文化特点是服务的占14.3%，民主的占23.4%，奉献的占17.3%，创新的占16.4%，学习的占22.5%，其他的占6.1%。

综合统计结果表明，企业基层团支部的组织文化主要服从于企业的文化价值观念，自身特色文化建设比较薄弱，没能有效突出共青团的特点。因此，要紧密结合工作实际，在坚持服从于企业整体文化建设的基础上，逐步形成具有共青团特色的文化价值观念，全力服务企业和服务青年，进一步扩大团组织的有效覆盖面，增强团组织的吸引力和凝聚力。

八、团支部组织功能现状分析

组织功能（Organizational Function），是指在管理过程中，组织职能所具有的管理功效和实现管理功效的能力。具体来说，就是明确组织要做什么的问题。企业基层团支部的组织功能现状如下。

1. 团员青年对党的态度

多数青年希望加入党组织，并愿意听从本单位党支部的号召，团员荣誉感较强。调查显示，对于"中国共产党有能力把国家建设好"的观点，完全同意和比较同意的团员青年分别占52.9%和25.6%。关于加入党组织态度情况，52.9%的团员青年完全愿意，34.3%比较愿意，10.1%无所谓，1.6%不太愿意，1.1%不愿意。在听从本单位党支部号召方面，56.8%认为完全愿意，33.3%比较愿意，8.7%无所谓，0.9%不太愿意，0.3%不愿意。关于作为一名团员的态度情况，55.8%的团员青年认为很光荣，29.8%认为一般，14.4%的认为与一般群众没有区别。从访谈结果看，83.5%的党支部书记表示团员青年入党的积极性非常高，对党的凝聚和拥护比以往更加支持；67.2%的团支部书记表示团员青年对党的态度和以往没什么区别。

2. 团员青年的工作态度

整体上表现较为积极，对当前从事的工作也较为认可，但也存在一些焦躁、不满的现象，特别是在住房、待遇等方面较为突出。调查显示，团员青年对于加班工作表示支持的占24.1%，可以接受的占66.4%，不能接受的占9.5%。其中，在当前的工作状态方面，35.7%的团员青年表示专长得到发挥、干劲十足，36.2%表示工作很苦、但对工作很有感情，23.6%表示为工作而工作、很少考虑其他，4.5%表示工作平淡乏味、常考虑换个工作；在从事的工作能否体现人生价值方面，18.9%的团员青年认为完全能，67.2%认为部分能，7.7%认为体现不了，3.2%认为完全相悖，3.0%认为不知道；在目前从事工作的基本地位方面，42.7%的团员青年表示全心投入、人生目标就是在这个职业中奋斗到尽可能辉煌，45.1%表示尽忠职守但人生方向仍有变动可能、蓄势以待良机，7.8%表示目前工作就是职业规划里的一块跳板、现在侧重于技能学习与人际铺垫等方面，4.4%表示对当前工作不满意、随时准备跳槽。

在单位的激励机制方面，团员青年表示非常满意的占16.8%，比较满意的占38.3%，一般满意的占31.4%，不太满意的占7.9%，很不满意的占5.6%；在单位的管理机制方面，团员青年表示非常满意的占17.9%，比较满意的占43.2%，一般满意的占30.0%，不太满意的占7.0%，很不满意的占1.9%；在对单位哪些地方不满意方面，团员青年表示信息闭塞、上下级交流困难的占17.4%，福利待遇不及同等其他单位的占23.3%，工资太少的占19.6%，升迁困难的占10.4%，同事关系紧张的占0.6%，住房问题未得到解决的占23.1%，其他占5.6%。

3. 团员青年的心理状况

大部分都展现出较为健康的心态，对社会和企业比较认同，自我调节能力较强，但也有部分存在较大的心理压力。调查显示，团员青年对近期心理状况表示心情舒畅、充满生气的占24.6%，心情很平和的占50.2%，心态不平衡的占12.4%，总觉得自己心里缺什么的占12.8%；认为心理压力很大的占34.7%，一般的占58.8%，没有的占6.5%。关于对社会的总体感觉的情况，8.8%认为非常公平，42.4%认为比较公平，31.8%认为一般公平，13.2%认为不太公平，3.8%认为很不公平；关于工作环境类型的结果显示：26.3%团员青年认为民主型，48.4%认为民主较多、专制较少，22.5%认为专制较多、民主较少，2.8%认为专制型。在排解压力方面，团员青年表示自我调整的占61.8%，他人协助解决的占13.2%，发泄的占5.9%，顺其自然的占8.5%，求助心理医生的占0.8%，逃避的占2.1%，其他的占7.7%。

4. 团员青年的当前需求

团员青年的需求呈现多样化，但大部分表示住房和收入是最为关注的问题。调研显示，关于团支部在促进青年发展过程中最重要的领域情况，团员青年表示身心健康的占30.4%，职业发展的占23.9%，教育成才的占17.6%，社会参与的占14.9%，婚姻家庭的占7.9%，其他的占5.3%；在住房方面，团员青年表示有自己住房无贷款的占 10.3%，有自己住房正还贷的占 15.4%，租房的占 27.2%，集体宿舍的占 38.5%，其他的占 8.6%；在父母是否会帮助买房方面，表示没有帮助的占 31.5%，一部分的占 45.5%，全部的占 15.2%，其他的占 7.8%。具体情况见表 5（按照关注高低排序）。

表 5　团员青年的需求情况

需求	百分比（%）
住房	25.1
工作发展空间	24.4
收入	17.4
培训	9.4
找对象	6.3
教育孩子	4.0
家庭关系问题	4.1
孩子入托和上学问题	2.6
其他	2.2
父母的养老问题	2.0
夫妻两地分居	1.5
对象发展问题	1.0

从访谈结果看，党支部书记认为当前团员青年最关注的问题主要有住房、婚恋、职业发展、工资收入、人际交往、工作生活氛围等方面，团支部书记认为团员青年最关注的问题主要有住房、婚恋、职业发展、工资收入、企业发展、人际交往等方面。

5. 团员青年的业余生活

团支部对团员青年的业余生活关注不够，聚会成为消遣业余生活的首选。调查显示，在团支部是否关注团员青年业余生活方面，团员青年表示不太关注和不关注的分别占 49.6% 和 38.2%，73.8% 的团员青年表示团支部的活动集中在上班时间，业余时间安排相对较少。而团员青年表示业余生活非常充实的占 12.6%，比较充实的占 21.1%，过得去的占 17.4%，比较无聊的占 35.9%，很忙、没有的占 13.0%；在如何排解业余时间方面，21.8% 的团员青年参加部门活动，41.6% 参加朋友聚会，15.9% 上网，6.5% 逛街，6.2% 为其他。

6. 团员青年的权益维护

团支部维护青年权益相对薄弱，团员青年在维护权益时更优先借助于法律途径，或求助于朋友、父母。调查显示，团员青年最需要维护的权益按高低排序分别是生存健康权（20.6%）、社会保障权（17.3%）、劳动就业权（14.7%）、受教育权（13.4%）、文化休闲权（12.4%）、公共参与权（8.5%）、司法保障权（8.5%）、婚姻家庭权（4.1%）；表示没有开展过维权的党支部书记占86.3%，团支部书记占73.8%。团员青年的维权途径和求助对象选择如下（见表6，按高低排序）。

表6 维权途径和求助对象选择

维权途径	百分比（%）	求助对象	百分比（%）
通过法律途径	23.4	朋友	20.8
求助于亲戚朋友	11.3	父母	20.1
找单位领导	8.7	配偶、恋人	14.8
找政府主管部门	6.7	同事	8.9
找工会	6.6	（外）祖父母	7.1
找共青团	5.6	同学	6.6
找妇联	5.1	兄弟姐妹	6.0
集会、游行、示威、静坐	4.9	邻居	4.4
打电话及各种热线	4.6	单位领导	4.1
没有行动	3.8	其他	2.3
通过新闻媒体反映	3.8	党团组织	1.7
找人大政协	3.3	老乡	1.6
找社区相关机构	2.3	老师	1.6
用暴力解决	2.0		
通过网络反映	1.8		
找公安局	1.7		
签名请愿	1.3		
其他	1.2		
罢工	0.9		

综合统计结果表明，企业基层团支部的组织功能相对薄弱，作用发挥不够，与团员青年的期望还有一定差距，特别是在维护团员青年权益方面需要加大力

度。因此，必须主动适应企业改革发展变化和团员青年成长发展需求，坚持围绕中心、服务大局，贴近基层、服务青年，充分发挥团组织的作用，进一步扩大团组织的有效覆盖面，增强团组织的吸引力和凝聚力。

综合以上分析研究，对于企业基层团支部建设中存在的一些好做法和好经验，我们必须坚持继承并不断创新发展，但对于存在的一些问题和困难，还需要进一步改进。特别是在现有条件下，我们发现，组织结构和组织活动受基层团支部的主导较大，相对来说更容易去加强和改进，而干部队伍、组织制度、组织资源、组织环境、组织文化、组织功能等方面受整体氛围、上级支持等外部条件影响较大，相对来说更难以去加强和改进。因此，在改善团支部的功能中应该重点对基层团支部的组织结构和组织活动进行研究分析。

综合基层团支部的现状研究，我们认为基层团支部在推动单位改革发展、服务青年成长成才等方面发挥了一定作用，并形成了一些好的做法和思路。但是面对新形势、新情况、新任务，也逐渐呈现出一些不相适应的地方，特别是在组织结构和组织活动方面，没有充分发挥出团组织的自身优势。因此，加强基层团支部建设必须着眼于经济社会发展的新形势、共青团事业发展的新要求、企业改革发展的新任务、青年群体变化的新特点，按照密切联系青年、调动青年的总体目标，坚持"党建带团建"指导方针，以不断扩大基层团支部的有效覆盖面为基础，以提高基层团支部的服务能力为核心，以切实加强基层团支部的组织结构为关键，以积极创新团的组织活动形式为抓手，努力构建与共青团事业发展、企业改革发展以及青年群体变化相适应的组织运行机制，切实增强企业基层团支部的吸引力、凝聚力和战斗力，不断巩固和扩大党执政的青年群众基础。

九、基层团支部改革的系统分析

组织系统具有多个维度的属性，任何一个属性都对组织的生存发展有着不可替代的作用。从微观分析和宏观分析的互动整合来看，它是内部个体有目的行为和外部独立自然环境交互作用的开放系统，受内部发展问题和外部环境变化的影响。综合前面的现状和案例分析情况，企业基层团支部在组织结构、组织活动、干部队伍、组织制度、组织资源、组织环境、组织文化、组织功能等方面面临着自身创新不足、缺乏活力等内部因素和整体氛围、上级支持等外部因素所带来的严峻挑战。特别是在现有条件下，我们发现，组织结构和组织活动受基层团支部的主导较大，相对来说更容易去加强和改进，而干部队伍、组织制度、组织资源、组织环境、组织文化、组织功能等方面受外部条件影响较大，相对来说更难以去加强和改进。因此，我们把组织结构和组织活动作为研究重点，着重从基层团支部内部应该如何发挥作用进行分析。

其中，在组织结构和组织活动方面，我们建议积极推动"开放式"和"创新型"基层团支部建设，具体分析详见第十、第十一部分的论述。在干部队伍方面，我们认为要把团支部书记的选拔作为重点，应该放宽视野，广开渠道，坚持高标准、严要求，把那些思想政治素质好、科学文化水平高、组织领导能力强、政绩突出、群众公认的优秀青年选拔到基层团干部岗位，建议积极推进公推公选、直选等形式。要改"无意识培养"为"有意识培养"。在组织制度方面，我们认为要坚持继承与创新结合、约束与激励并举，积极探索和把握新时期的工作规律，有效克服基层团支部工作的短期行为和随意性，努力构建体系健全、切合实际、动态开放的基层团支部的制度体系。在组织资源方面，我们认为要把开辟资源的获取途径作为主要方向，树立勤俭节约、力所能及的思想，合理整合既有资源，突出责任成本效益，努力提高资源的利用率和拥有量，积极联合工会等其他部门。在组织环境方面，我们认为要把党建带团建作为基层团支部建设的根本保障，积极借助企业党政工作在基层形成的新格局和新成果，使基层团建与党建在工作空间和工作内容方面紧密结合，将团的工作融入整个企业党建工作之中，积极推进党建带团建达标活动。在组织文化方面，我们认为要坚持服从于企业文化核心价值，准确把握企业青年的特点，积极探索支部文化建设的有效途径，努力营造具有企业特色和时代特征的青年文化和团队氛围，切实增强团员青年对基层团组织的向心力，根据团员青年成长成才的需要，建立共同发展愿景，从而凝练支部文化。在组织功能方面，我们认为要主动适应青年群体的需求和特点，找准工作切入点，深入细致地工作，竭诚服务青年成长成才，切实增强青年对团组织的认同感和归属感，建议积极推进团员青年需求表达机制的建立。

十、团支部改革方向一："开放式"基层团支部建设

"开放式"基层团支部建设，主要是指根据现代组织结构理论的发展趋势以及企业基层团支部的现状分析，从系统、平台、动力、边界、对象五方面实现开放，构建基层团支部的组织结构模式，以满足团的组织网络覆盖全体团员青年的需要。

1. 现代组织结构的发展趋势

目前，国内外对组织结构创新的趋势研究较多，如斯蒂芬·罗宾斯、凤良志、吴京芳的相关研究等。这里主要介绍组织结构中最现代化的概念。

（1）无边界组织。主要是指横向的、纵向的或外部的边界不由某种预先设定的结构所限定或定义的一种组织设计。其优点主要在于高度的灵活性和反应能力，能吸引任何地方的人才。

（2）网络组织。主要通过自身员工的工作活动或外部供应商的网络为他人提供所需的产品部件和工作流程。其优点主要在于组织能把精力集中在自己做得最好的业务上，而把其他业务活动外包给做得最好的公司。

（3）矩阵-项目型结构。矩阵型主要是指组织将不同职能部门的专家分派在项目小组中工作，项目完成后，专家再返回各自的部门；项目型主要是指员工持续在项目小组中工作，一个项目完成之后，再进入另一个项目。其主要优点在于流动性和灵活性的设计使组织更能应对环境变化，更快地制定决策。

（4）虚拟组织。主要由少量专职员工组成，此外，组织有时根据项目工作的需要临时雇用外部专家。其优点主要在于能通过全球的自由职业网络，获得一大批人才，而不存在不必要且复杂的管理和结构问题。

（5）团队结构。主要是指由 Google 的共同创建者拉里·佩奇和谢尔盖·布林设计的一种采取高度集中的小型团队处理大多数大型项目的公司结构。在团队结构中，整个组织由执行的各项任务的工作小组或团队完成，其优点主要在于员工参与更多，并得到了授权，减少了职能部门之间的障碍。

2. 基层团支部的结构开放

比利时科学家普里戈金的耗散结构理论认为，任何系统要求的发展，从无序发展为有序，或从低级的有序发展为更高级的有序，都必须首先对外界开放，这样才能有适应环境的能力和旺盛的生命力。根据现状分析研究结果，我们发现目前企业基层团支部受行政体制的限制、信息技术的发展、自组织的兴起以及青年群体的变化等方面的影响，组织结构比较单一化，影响覆盖比较有限，特别是对青年的吸引更为弱化。为此，我们结合现代组织结构的最新概念以及耗散结构理论，把基层团支部的组织结构开放分为系统开放、平台开放、动力开放、边界开放、对象开放五种模式。

（1）系统开放。主要是指基层团支部的组织结构应该打破原有的严格按照行政区划来建设团组织的条条框框，从纯粹的以单位为依托向以单位、社区、阵地等多种依托并重转变，努力构建属地为主、条块结合的新型组织结构模式。例如，可以针对团员青年相对较少，单位之间比较邻近的实际，积极开展联合建团或区域建团；针对团员青年上班时间较忙，下班各自回家，不好组织开展活动的实际，以社区为单位建立社区团支部；针对部分企业团建工作较弱，工作难以开展的实际，积极与属地政府开展团组织共建等。

（2）平台开放。主要是指基层团支部的组织结构应主动适应科技进步，特别是信息技术给共青团工作带来的新变化以及团员青年喜欢的沟通、交流、联络和聚集的新方式，充分运用互联网、手机等新媒体的技术优势，积极创新基层团组织建设和基层工作，努力构建传统为主、技术结合的新型组织结构模式。例如，可以针对团员青年利用微信，QQ 沟通交流较多的实际，建立微信、QQ 群团支部；针对团员青年使用网络论坛进行讨论较多的实际，建立青年网络论坛团支部等。

（3）动力开放。主要是指基层团支部的组织结构应主动满足不同领域、不同层次的团员青年的兴趣爱好，充分利用各类自组织所形成的影响力和号召力，积极探索自组织建立团支部的工作模式，努力构建传统支部为主、自组织为补充的新型组织结构模式。例如，可以针对一些团员青年组织成立的体育协会、文学社团等自组织，建立协会团支部；针对一些生活较为困难的团员青年，建立青年互助小组等。

（4）边界开放。主要是指基层团支部的组织结构应充分发挥团支部的传统优势作用，积极借助青年突击队、青年安全生产、青年创新创效等"青"字号品牌活动所形成的吸引力和凝聚力，不要怕对团员青年双重覆盖甚至多重覆盖，努力构建传统支部为主、活动体系为延伸的新型组织结构模式。例如，一名青年员工可以作为团支部的一员参加各种活动，又可以作为青年突击队队员或青安岗岗员或创新创效小组成员，从而实现团组织对团员青年最大限度的覆盖。

（5）对象开放。主要是指基层团支部的组织结构应坚持面向普通团员青年，根据团员青年的不同年龄、不同身份、不同学历等，改变以往单一化的工作模式，努力构建团员为主、多元发展的新型组织结构模式。例如，可以针对团员较少、青年较多的实际，建立青年工作站或青年工作小组；针对一些高学历青年的需求，建立青年知识分子管理协会；针对流动团员青年较多的实际，建立流动团支部。

十一、团支部改革方向二："创新型"基层团支部建设

"创新型"基层团支部建设，主要是指基层团支部的组织活动，可以划分为内容、功能、形式、流程、界面五方面的元素，然后从服务创新研究的角度，将活动元素与产品创新、形式化创新、传递创新、重组创新、专门化创新、过程创新和对象创新等创新方法相结合，形成活动创新案例，以满足团的活动影响全体青年的需要。

1. 基层团支部的活动元素

我们把活动看作团组织服务团员青年所提供的服务产品。从服务产品创新流程的角度可以将基层团支部的组织活动分解为活动内容、活动功能、活动形式、活动流程、活动界面五方面元素，进行开发设计。

其中，活动内容是对上级组织和本企业工作重点的理解以及对团员、青年实际状况及兴趣、爱好和兴奋点的把握而确定的。活动功能是实现思想性、技能性、娱乐性的有机统一，最大限度地吸引和凝聚青年。活动形式是时时出新、不落俗套，让团员、青年喜闻乐见。活动流程是持续优化和调整，满足团员、青年需求。活动界面是尽可能开放，让团员、青年全面参与。

2. 基层团支部的活动创新方法

服务创新是服务组织通过服务概念、服务传递方式、服务流程或服务运营系统等方面的变化、改善或提高，向目标顾客提供更高效、周到、准确和满意的服务产品，提高顾客忠诚度，创造更大的服务价值和效用。从服务创新研究的角度，我们可以将基层团支部活动服务创新分为产品创新、形式化创新、传递创新、重组创新、专门化创新、过程创新和对象创新七种形式。

（1）产品创新。在创新管理研究领域中，产品创新的基础是开展新的活动概念的产生，以及基于需求分析的服务产品内容、功能、形式、流程和界面的设计。基层团支部活动的产品创新是为团员青年提供全新的活动或者改进的活动。企业基层团支部必须主动适应企业改革发展的新变化以及团员青年发展的新特点，不断创新活动内容，有针对性地设计活动，从而更好地实现对青年的吸引和凝聚。例如，针对企业生产过程中出现的难点问题，组织建立青年科技攻关小组，既为企业有效地解决困难，又服务青年成长成才。

（2）形式化创新。在创新管理研究领域中，形式化创新主要是服务要素的明确化、标准化过程，不存在服务特性或者组织结构的质变或者量变。基层团支部活动的形式化创新是服务团员青年的活动形式包括服务的命名、指导标准和方法建立等方面的创新。企业基层团支部必须结合团员青年特点，注重改变传统活动的单一化模式，积极运用团员青年喜闻乐见的方式，使活动更具有针对性和实效性，从而更好地吸引和凝聚团员青年。例如，可以将传统团课创新为技术团课、安全团课等模式，更好地服务团员青年成长成才。

（3）传递创新。在创新管理研究领域中，传递创新存在于服务的生产、销售、使用的全过程，其中以客户界面创新和前台创新为主要创新内容。基层团支部活动的传递创新是以团员青年活动界面创新为主要创新内容。新的活动界面是团员青年与团支部交流方式的创新。如人性化与非人性化形式、虚拟或现实的人性化沟通方式、新的电子化界面。中央企业基层团支部必须根据青年喜欢的沟通、交流、联络和聚集的新方式，充分利用当代新媒体对团员青年的影响，积极借助各种新的传递手段，从而更好地吸引和凝聚团员青年。例如，可以用网站、手机短信、QQ、E-mail、微信等新的传递方式服务青年。

（4）重组创新。在创新管理研究领域中，重组创新也称作二次结合创新或结构创新，是服务企业在现有经济基础和发展轨道上，将已有服务生产和运营资源进行系统性的重组或重新利用而产生的创新。基层团支部活动的重组创新是通过对服务团员青年的活动内容和活动功能进行多维度属性变化而产生的重组性服务创新。中央企业基层团支部必须主动适应企业改革发展的现实需要，打破活动之间的界限，合理整合调配资源，充分发挥优势功能，积极重组创新活动，从而更好地吸引和凝聚团员青年。例如，可以将青年突击队与青年文明号、青年岗位能手相结合，积极开展"号手"创建活动；将青年技术比武和导师带徒相结合，积极推进青年素质工程等。

（5）专门化创新。在创新管理研究领域中，专门化创新是只针对客户的某一类特殊问题提出具体的解决方案，并进一步将解决方法样板化、规范化和标准化的创新模式。基层团支部的专门化创新是针对部分团员青年的特殊需求而进行的活动内容上的创新。企业基层团支部必须主动了解不同学历、不同岗位、不同年龄等青年群体的特殊需求，从活动内容上进行专门化创新，使活动更具专业性和针对性，从而更好地吸引和凝聚团员青年。例如，可以针对一些学历较高的青年开展科技论文竞赛，针对单身团员青年开展鹊桥联谊会，针对生活较为困难的团员青年开展爱心扶助活动等。

（6）过程创新。在创新管理研究领域中，由于服务创新的特性决定了服务的生产、销售和使用过程基本是同时发生、进行和完成的，服务产品本身往往表现为一项服务流程或者服务过程。基层团支部活动的过程创新是对服务团员青年的活动流程进行再设计。企业基层团支部必须根据工作实际，注重服务过程的优化，先调研再设计活动、先了解再开展活动，从而更好地吸引和凝聚团员青年。例如，可以根据青工技能振兴计划，分别开展导师带徒、技能竞赛等活动。

（7）对象创新。在创新管理研究领域中，对象创新就是针对在服务过程中一些没有涉及的客户而进行的创新模式。基层团支部的对象创新是通过对一些没有涉及的团员青年从活动内容和活动界面上进行的创新。企业基层团支部必须坚持面向全体团员青年，打破传统体制机制的束缚，从活动内容和活动界面上融合不同领域的团员青年，积极组织开展形式和内容多样的活动，从而更好地吸引和凝聚团员青年。例如，可以把企业的外来务工团员青年纳入本单位团组织的管理，开展外协青年"五同"管理；可以将传统的座谈交流借助网络方式，建立青年论坛等。

总之，开放"创新型"团支部的建立将推动传统团支部向现代团支部转化，更好地实现组织对青年的凝聚。

建立"开放式"和"创新型"基层团支部是新时代团支部建设的方向，可以在基层大胆尝试，总结提升，切实增强团组织基层细胞活力。

第三十一节

乡村振兴，团委争先

进入新时代，农村乡村振兴战略需要依靠青年的力量，团组织当大有作为，乡镇团组织格局创新是重要之举。乡镇团组织格局创新工作是新形势下丰富农村基层团委工作资源、拓展联系青年渠道、充实基层团组织工作力量的有益探索。自2009年全团组织开展乡镇团组织格局创新试点工作以来，各级团组织在团中央的统一领导和部署下，结合各地实际情况，稳妥推进基层团组织建设工作，积极探索了许多有效的工作办法，取得了丰富的经验。调研发现：乡镇团组织格局创新初步实现了增强工作力量、丰富工作资源、拓宽联系青年渠道的目标。

同时，我们也要清醒地认识到，农村团的基层组织相对薄弱的局面还没有根本改变，面上推进工作的长效机制还没有完全建立，工作中还存在不少困难和问题。特别是在推动各项重点工作中存在不够深入、不够科学、不够普遍、不够持久等问题。从调查来看，存在部分地区对乡镇团组织格局创新重视程度和工作力度不够；部分地区对配备乡镇团的委员会、建立乡镇团委工作运行机制、设计乡镇团委的工作内容这三项乡镇团组织格局创新任务不能统筹推进，对于工作机制建立、工作内容设计以及班子选配后的培训等环节有所忽视；推广典型尚未形成机制，工作创新的意识和办法仍待加强；重点工作督促落实的力度需要加大，重要工作数据统计的科学性、准确性仍需加强；对基层的指导和支持还要下更大气力；部分团组织克服困难、解决问题的能力不强，一些团干部作风还不够扎实，不能持续保持良好工作状态等问题。

乡镇团组织要真正活跃，就要深刻认识当代社会和农村的发展现状。青年在哪里，组织就应该能跟到哪里，这是乡镇团组织工作的理想方向。要建立适应青年流动性的组织形态是当前乡镇团组织格局创新的更高目标。在此基础上，要融入农村青年的日常生活，融入农村青年致富的有效途径，融入农村新的生产方式，创造组织载体和工作载体，才能真正将青年组织起来，让县及县以下团组织真正活跃起来。

一、乡镇团的组织结构

方向：基于青年流动性的规律，在组织建设上还需要进一步大胆解放思想，构建具有开放性、有机适应性、多样性、枢纽性、网络性的组织是乡镇团格局创新下一步的方向。在组织结构建设上一个重要的方面是要适应社会化、流动性的趋势，这种趋势现在看来是不可逆的，我们需要寻找新的组织结构单元。要建设跟着流动的青年的组织，这是现在组织建设的最大命题。

具体做法：

（1）赋予村团支部新内涵，将实体团支部和网络团支部结合。只要是原籍在本村的青年都编入村团支部（包括留在村里的、毕业外出打工的和考上大学的）从14岁后，都编入村团支部参加活动。活动包括线下活动和线上活动。包括平时的和过年、寒暑假的。这样的团支部可以一直跟着青年走。村团支部实行"1+3+2"（1是指留在本村的团支部书记；3是指副书记——留村务农+外出打工+外出读书大学生；2是指两委员，可根据实际情况挑选）的配备。强化村党支部的亲情和乡情的陪伴功能，外出务工的青年，处在流动状态的青年，不管你是上学的、打工的，他都是要回乡探亲的，所以在时间上、空间上，只有村这一级的组织能够实现对这些青年的联系，其他没有任何一个组织形态能够完全替代村这一级支部的作用。

（2）赋予乡镇团组织新内涵。乡镇团组织按照原来团格局创新的方法，同时在其外围建立振兴家乡青年联谊会（简称"振青会"），将乡情和振兴家乡紧紧相连。各村团支部同时是振兴家乡青年联谊会的分支机构。团组织成员可以保持在28岁以内，振青会却可以终生。以团组织为中心内核的振兴家乡青年联谊会承担着几个功能：一是帮助在家乡致富的青年农民致富（你不甘心，团组织来帮你）；二是帮助外出务工青年在外打工（在外打工不孤单，团组织来帮你）；三是帮助外出读书大学生社会实践（上大学爱国家从爱家乡开始）。由此形成系统的有序的农村青年致富组织、外出打工青年支持组织、大学生成才实践组织，并促成这三方面的互动。如做好农村外出就业和有组织的劳务输出，号召并鼓励外出务工的优秀成功青年返回家乡，支持家乡建设等。要调动青年及各种资源，吸纳优秀青年和农村青年能人，重视农民工和大学生两个群体。

（3）努力将乡镇团组织建成枢纽型组织。创造平台将合作社、读书联盟、婚姻恋爱组织、大学生村官发展组织、文体协会等社会组织纳入。这种社会组织团组织可以积极建设，满足农村青年多元化的需要。农村共青团工作乡镇为主要平台，村级可以充分发挥提供信息、联系青年等功能。

（4）在一个乡镇，强化乡镇团组织的团的工作主要阵地，同时在每个乡镇建立东、西、南、北工作区。即按照方向划分为东、西、南、北四大片区，每个片区中包含几个村团支部，片区构成可以根据农村青年人口状况进行调整，而片区长由各村协调竞争产生。这个层级的产生实质上是为了面对青年流动人口的需要。

（5）农村青年可按照属地团组织+产业职业团组织+兴趣团组织三种类型覆盖，全面服务农村青年各项发展。

（6）形成乡镇及村团组织的支持组织，包括共建激发组织（村校、村企共建等）、网络组织（网上团支部）、统筹组织（在城乡统筹中利用城市的资源的组织形态）。

二、乡镇团干部队伍建设

方向：高度重视乡镇团干部的工作和未来的发展的关系，发挥共青团政治录用的功能，树立团的干部发展和团的工作建设同等重要的观念。吸纳在全县领域青年中有影响力的方方面面代表人士进入团委的工作队伍。研究乡镇团组织岗位设置的席位制和代表功能。进一步打通团干部工作激励环节，加强团干部培训。

具体做法：

（1）强化对农村青年精英的吸纳，如把有致富帮富带富能力的人吸纳进团的组织，把优秀团员转化团干部，把优秀的团干部直接纳入村"两委"和乡镇重要岗位，努力吸纳在农村有威信、有影响力的人担任团的书记。吸纳可以扩大范围到全县。

（2）在乡镇团组织格局创新中，注意完善团干部设置的席位制和代表制。乡镇团委书记原则上从公职人员中选拔，力争推行由党政班子年轻成员兼任。副书记和委员可考虑从学校教师、大学生村官、致富带头人、青年志愿者，农村专业合作组织负责人、民营企业负责人，信用社干部，机关事业单位和青年事务相关的人员如民警等、农技推广人员，以及青年社会骨干中选拔，体现代表性，并能调动一定的社会资源帮助开展团的工作。其中副书记需包含外出务工青年代表、外出就读大学生代表等。

（3）在队伍建设中，要关注解决团干部流动快的问题。如何促进稳定？一是寻找稳定的青年领头人群体如致富带头人，二是寻找乡镇青年事务的具体功能（比如，将乡镇相关青年事务相关部门纳入团委副书记或者委员，使得青年事务在农村基层加以固化）的承担部门代表，三是寻找学校中的热心人，四是将振兴家乡的情结加以组织化。

（4）重视大学生队伍的建设。如开办相关大学生村官课程，推动大学生担任村团支部书记，支持学生返乡支农，成立大学生村官联谊会等。乡镇团组织格局创新中要注意吸收原籍本地的大学生骨干、出去打工的青年骨干和留村青年骨干担任乡镇团委副书记。

（5）要千方百计地解决乡镇干部的工作动机问题。体制外兼职团干部参与乡镇团组织工作的动力主要分为以下几方面：一是锻炼综合素质，青年能人不缺乏参与公益活动和公共事务的热情，他们需要团组织提供展示其才能的平台；二是追求荣誉感，担任乡镇团委副书记或委员的荣誉感；三是寻求政治待遇，如成为村"两委"后备干部或推优入党的预期；四是获取政策渠道，如致富带头人期望更加便利地从有关部门获取惠农政策信息；五是促进本职工作，如信贷员、派出所干警和中学德育副校长；六是专职团干部情感凝聚体制外兼职团干部。建立健全长期、有效的团干部奖励机制，实现精神上表彰、物质上奖励、社会上赞誉等方式，尽可能为其提供创业优惠、政策倾斜和畅通的晋升渠道，帮助体制外团干部发展个人事业，加强体制外团干部队伍的稳定性。关于这批干部的培养问题，应该纳入更好的制度。

（6）加大乡镇团的干部培训。充分利用远程教育网络开展培训。以领导力和魅力为核心打造乡镇团干部培训的核心理论体系。多组织基层团委成员外出学习，团中央可重点研究该队伍的培训和学习方式，举办交流活动等。充分利用网络平台，交流相关乡镇共青团工作创新案例，建立乡镇团组织格局创新工作案例排行榜。

三、乡镇团工作功能定位及具体内容

方向：进一步明确乡镇团组织功能和主要工作品牌，实现乡镇功能既保持全国上下一盘棋，也能够体现不同地区的不同特点，切实完成全团规定动作，同时也做好自选动作。建设好乡镇桥头堡，主要发挥乡镇团组织的先进性和群众性特点，推动乡镇青年政治社会化过程，巩固和扩大党在基层农村的青年群众基础和阶级基础。按照乡镇党政所急、青年所需、共青团能及的标准实现诸项功能，开展相关活动，发挥乡镇青年在经济建设、政治建设、文化建设、社会建设和生态建设过程中的积极作用。

具体做法：

1. 实现组织青年功能

组织青年功能主要包括：

建设组织、搭建平台。积极推进在非公有制企业、社会组织等领域和青年农民工中建立团的组织，负责推进乡镇内各村、基层企事业单位和各类团体、组织的建团工作，扩大对青年的组织覆盖。完善枢纽型组织的核心平台建设。

吸纳青年精英。配合基层党组织选配好基层团组织书记，进一步推动吸纳青年能人进入团的队伍，扩大乡镇团组织的代表性和影响力。

掌握青年基本信息。摸清本乡镇团员和青年能人基本情况，通过村团支部的工作及时掌握本村青年流动情况和具体需求，反映给上级团组织。

发展党员。大力开展农村精英人才入党工程，吸收优秀青年人才入党，为农村党员队伍充实高素质人才，培养乡镇级和村级后备干部。注重发展团员。

培训团青骨干。提升团干部和青年干部素质，激发团干部和青年干部工作动力。

2. 实现引导青年功能

引导青年功能主要包括：

了解青年思想动态。及时掌握本地区青年思想的基本状况，准确把握青年思想认识中的重大问题，找准本地区青年思想认识形成的关键点，及时向同级党组织和上级团组织汇报本地区青年的思想动态，努力做好青年思想引导工作。

开展政策宣讲活动。开展党的政策宣讲活动，评选优秀青年政策宣讲员，组织团干部和青年骨干利用多种方式开展政策宣讲活动，引导乡镇青年积极向上，坚定跟党走中国特色社会主义道路的理想信念。

开展思想大解放活动。以乡镇为组织核心，每年在过年和青年聚集的时候开展"思想大过年""思想大解放"活动。充分发挥外出就读大学生的知识优势、外出务工青年的市场感受和留村青年进行思想交流碰撞，相互启发，相互激荡。

选树乡镇优秀青年典型。采取丰富多彩的方式选树乡镇优秀青年典型。选树、举荐农村青年致富带头人及各行各业优秀青年人才，为他们展示风采搭建平台。

普及法律。加大法律普及力度，发挥乡镇中心学校、外出就读大学生的重要作用，促进法律思想在基层农村青年中的传播。

3. 实现服务青年功能

服务青年功能包括：

服务青年增收成才，服务青年就业。组织就业技能培训、提供就业岗位信息。服务青年创业。组织创业技能培训、提供创业项目和信息服务、帮助青年落实创业小额贷款、开展创业指导服务。研究全国农村创业扶持项目的统一化和规范化。服务青年发展现代农业。组织农村青年农业科技培训；引导农村青年示范推广农业新技术新品种、创建农村青年新品种新技术示范基地。

服务青年文化体育生活。开展乡村青年文化活动和保护母亲河、青年志愿者、扶贫济困等公益志愿服务。支持特色文化表演队的建设，举办登山活动、篮球比赛、广场舞比赛等，丰富青年业余生活。

服务青年交友婚恋。探索建立青年交友会，不断吸引青年广泛参与，真正做到促进青年交友、交流，倾听青年呼声，服务青年需求。

服务青年代际关系和谐。动员留村青年开展帮助留守儿童和留守老人的活动，为外出就读大学生、外出务工青年提供暖心服务，解决他们的后顾之忧。

服务青年生态环境。开展生态建设，推动青年参加保护母亲河等绿化美化活动。

4. 实现维护青少年合法权益功能

维护青少年合法权益功能包括：

反映青年普遍诉求。通过深入的调查研究和日常了解，准确把握本地青年的普遍诉求并及时向上级团组织反映，为上级团组织开展青年维权等工作提供依据。贯彻《中华人民共和国未成年人保护法》和《中华人民共和国预防未成年人犯罪法》的要求，配合有关部门做好未成年人保护和预防青少年违法犯罪工作。建立乡镇青年聚议会，吸纳各界青年代表人士商议乡镇维护青少年合法权益的重点领域。

协助乡级政府管理青年事务。维护青少年合法权益。开展关爱特殊青少年群体工作。开展青少年事务建言献策工作。

维护乡村安全稳定。积极投身社会建设，在维护乡镇稳定中发挥重要作用。参与危机处理、救灾防害等多种活动。

四、乡镇团组织资源和环境对策

方向：

进一步按照巩固党建带团建的成果，为乡镇团组织格局创新营造良好氛围和可持续发展基础。

具体做法：

（1）进一步加强顶层设计。针对乡镇团组织的基础性地位，进一步研究在此层面党建带团建的具体政策方针，形成长效机制。

（2）完善党政对乡镇团委的领导支持机制。包括：①领导机制。乡镇党政交付乡镇团组织工作任务制度，定期听取团的工作汇报、研究团的工作的制度，将团建纳入党建规划的制度，对乡镇团委工作进行考核的制度等。②支持机制。乡镇党政对乡镇团组织开展工作所需经费、资源的支持制度等。③促进乡镇团组织干部成长发展的制度。为体制外团干部提供发展平台，如定期选送学习、交流，优先推荐入党，担任人大代表、政协委员，推荐作为体制外团干部所在单位的后备干部等。以上制度的完善，关键在执行，抓落实。

（3）进一步扩大支持乡镇团组织工作的资源体系。将社会各种力量进一步融入乡镇团建设。继续坚持做好上级团组织领导蹲点，高校团干部挂职，大学生村官和志愿者等工作。真正营造中央支持地方、上级帮助下级、城市帮助农村、发达地区支持不发达地区的资源转移局面，全面激活乡镇团组织工作，在乡村振兴战略上发挥积极的生力军作用。

第三十二节

努力建设学习型团组织

共青团是什么组织？团章中第一句话明确指出："中国共产主义青年团是中国共产党领导的先进青年的群团组织，是广大青年在实践中学习中国特色社会主义和共产主义的学校，是中国共产党的助手和后备军。"本质上说，共青团是一所特殊的社会大学，学习是这所学校的主要任务，学习理应成为这个组织文化的基本色调，构建学习型组织理应是这个组织的根本任务。当前共青团组织推动学习型组织的建设，最重要是要解决学习动机、学习起点、学习路径等关键问题。并在解决这些问题上建立系统的机制，推进组织的学习色调和学习成效。

一、学习的动机：团干成长之需，组织发展之需

强化共青团组织学习功能的建设不仅必须，而且迫切。青年是学习的黄金时期，学习是青年的首要任务。当今时代，信息交流日益广泛，知识更新大大加快。形势逼人自强、催人奋进。青年要跟上时代和社会前进的步伐，始终把握未来发展的主动权，就必须学习学习再学习，打下坚实的知识功底。从共青团干部成长角度来说，团的岗位是学习的岗位、锻炼的岗位、奉献的岗位，说到底，学习始终是第一位的。团干部队伍相对比较年轻，加强学习是一项重要而紧迫的任务。学习能力是年轻干部能力结构中非常重要的能力，也是判断干部潜力的重要标志。由于学习原因导致年轻干部素质上存在的差异，短期内并不明显，但长期来看就会非常明显。

从推动团组织发展角度来讲，共青团工作本来跨度就很大，涉及社会生活各个领域，如果没有合理的知识结构，很难开展好工作。当前，在经济社会深刻变革的时代背景下，作为党的助手和后备军，共青团工作和建设面临着许多新情况新问题，这些新情况新问题对团干部不断提出新要求。要在着力把牢政治方向、提高服务青年能力、创新活动方式，夯实基层基础上下功夫，就需要不断面对工作中出现的新的问题，通过持续的学习不断提高解决问题的本领。

二、学习的起点：分析团涯、团域与团级

基层团干部学习知识，提升自己的知识储备，要从分析自己的团涯、团域、团级开始，确定学习重点。

团涯区分即指团干部学习要根据自身在团系统工作的经历和过去走上共青团岗位前的经历来确定自己的学习重点。不同的经历中知识缺陷和重点补充知识点有所不同。比如，对于新任职团干部：重点要学习专业知识，提高专业工作能力并了解共青团的优良传统和作风，更快地找准工作位置，更快地进入角色，开展工作。而在共青团岗位工作了一段时间的团干部，包括即将转业的团干部，针对工作的提升需要，面临转岗的需要，要有针对性地进行学习，促使自己成为合格的共青团干部和合格的党政后备干部。

团域区分是指团干部针对自己工作的农村、社区、企业、机关事业单位、大学、中学等不同工作领域，有侧重地了解该领域的党政中心工作和青年发展的特殊性及共青团工作的特殊性，有针对性地开展学习。例如，农村团干部学习要围绕新农村建设的根本任务，重点学习如何促进生产发展、帮助青年致富、培养凝聚青年带头人、推动乡村振兴等知识。企业团干部学习要围绕市场经济发展和企业发展，重点学习如何服务企业生产经营、解决青年职工思想问题、服务青年职工具体需求、增强企业团组织凝聚力等知识。高校团干部学习要围绕培养建设中国特色社会主义的中坚力量和高校育人的目标，重点学习如何促进青年学生全面发展、做好青年学生思想政治工作、引导学生社团和自组织发展、帮助学生设计学业规划和职业生涯等知识。社区团干部学习要围绕构建社会主义和谐社会的要求，重点学习和谐社区建设、政府青少年社会事务、青少年社会工作、志愿服务活动等知识。

团级区分主要指团省委、团地市委、团县（市、区）委、乡镇（街道）团委以及相应层级团组织的区分，从理论、知识、能力和作风层面，不同层级的团干部学习所需要的重点并不相同。如团的高层领导（决策层）代表一个组织，把握本组织的发展方向，确定长远目标，沟通与其他组织的关系。团的中层领导（执行层）贯彻、执行高层领导的意图，把任务落实到基层单位，并监督、检查、协调基层的工作，保证任务的完成。而基层团干部（操作层）是组织中最下层的管理者，直接面向在第一线的团员青年，组织他们按要求去完成各项任务。从理论和知识层面来讲越到高层越要重视政治理论的深层探讨、政策法规的全面介绍、各类知识的研究性学习、领导科学和历史科学的把握，从更宽的政治

视角、学术视角、世界视角和历史视角看待共青团工作,而越到基层则更多的是进行具体的理论和专业知识的学习。

三、学习的路径:读书、行路、交友、做事

学习有诀窍,路径最重要。共青团作为先进青年的群团组织,要清醒地认识到学习决定未来这一时代发展的趋势,采取多种措施,运用各种手段,盘活各类资源,树立"学习、学习、再学习"和终身学习的理念,大兴勤奋学习之风,形成人人致力创建全员学习、全程学习、全面学习的学习型组织,做到与时俱进,始终走在时代发展的前列。当前重点需要解决在读书中学习、行路中学习、交友中学习、做事中学习的问题。

1. 在读书中学习

读书应该是全面而广泛的,既要认真阅读与做好本职工作紧密相关的专业书籍,又要努力学习理论知识、文化知识、科学知识、社会知识、历史知识等书籍,特别要善于阅读包含各种新知识的书籍,以求知识的及时更新。

一是要围绕政治理论和政策法规开展阅读。认真学习政治科学理论,掌握马克思主义中国化和时代化的最新成果,用科学理论指导团的实践,推动团工作的新发展。认真学习党和国家重大部署与要求,特别是党和国家在新时期、新阶段根据形势和任务的要求作出的重大部署,使之体现在团的各项工作之中,增强大局意识、法治意识和依法办事的能力。

二是阅读相关业务书籍。努力学习履行岗位职责必备的基础团务和工作实务。基础团务包括青年学、共青团工作概论、中国共青团简史等。工作实务包括各条战线的共青团工作规律。要把系统读书与专题读书相结合。

三是要阅读相关主流科学的基本理论工具和方法的书籍,努力形成支持共青团工作的合理理论背景和知识结构。相关学科学习的重点是政治学、经济学、社会学、心理学、法学、公共管理、领导科学等学科的基础知识。通过这种学习,促使团干部能在工作中透过现象看本质,把握社会现象的本质属性,从本质上认识事物,并提出根源性的解决措施,避免做头痛医头、脚痛医脚的表面文章。

2. 在行路中学习

在行路中学习主要是指注重调查研究,深入基层、在基层行走中学习。

要注重理论学习和调查研究相结合。团干部学习知识的过程,应该是一个理论学习和调查研究相结合的过程。中国共产党把马克思主义的认识路线转化为从

群众中来、到群众中去的工作路线。共青团干部开展学习，也必须坚持这一路线，只有坚持走青年路线，尊重青年的创新精神，尊重青年的主体地位，深入基层，深入青年，到青年工作生活的第一线去，才能了解实际情况，把握客观规律，运用科学理论更好地指导实践。只有密切联系青年，才能使理论与实践结合好。如果不深入青年，就难以深入了解青年需要什么，青年群体存在什么问题，就不能熟悉青年赞成什么、反对什么、有什么难处，就难以实施正确的有的放矢的指导。同时，要深入了解国情，自觉到基层一线行走，到艰苦环境中去体验，在实践的熔炉中增长见识、砥砺品质、强化本领。要善于把所学的知识运用到改造客观世界和主观世界的活动中去，在实践中继续求得真知，增长才干。

3. 在交友中学习

在交友中学习主要是指在团组织成员的互动中提升学习效果，在团干部拜群众为师、向群众学习的过程中健康成长。

要将集体学习与个人自学相结合。集体学习时，同一部门、同一系统的团干部在一起，就工作中遇到的问题和困难进行讨论、交流，发表自己的观点，集思广益，将个人才智转化为集体优势，实行资源共享，提高学习实效性，从整体上提高学习的质量。

拜群众为师、向群众学习是推动青年群众工作的重要方面。判定一个青年是不是具有马克思主义的素养，不在资历的深浅、职位的高低，而主要是看对群众的态度、与群众的关系。要深刻认识人民群众是创造历史的真正英雄，扎根于人民群众这片沃土，善于从人民群众中汲取智慧和力量，善于把基层和人民群众创造的新鲜经验升华为理论成果，实践是最大的学校，群众是最好的老师。

4. 在做事中学习

在做事中学习主要是指要结合工作开展逐项学习，在推进工作中深化学习成果。

基层团干学习知识，提升自己的知识储备，要做到学习过程中加强学习与推动工作相结合。学习的目的全在于运用。只有同指导实践相结合，才能把理论学深学透，要结合工作加强学习。这是团干部最重要的基本学习方法，大量的知识需要团干部结合自身工作来学习思考，缺什么、补什么。当前，全团上下正积极开展学习型团组织建设，而强调工作学习化、学习工作化，推动学习成果向工作成果的转化，这是学习型组织的本质特征。基层团干部加强学习，要坚持理论联系工作实际，努力做到学以致用、用以促学、学用相长，把学习的体会和成果转化为促进共青团和青年工作的能力，以实际工作业绩作为检验学习成效的标准，积极促进本单位、本部门中心工作的开展。尤其要加强对共青团工作重大理论和现实课题的研究思考，努力推动共青团各项工作。

要既重视学习文化知识又努力掌握实用技能，不断充实自己、提高自己、丰富自己。要通过学习全方位关注共青团干部的能力提升。通过能力提升对团干部能力进行全面训练，更好地推动共青团工作的创新发展，适应未来党、政府、企业及社会工作的核心能力要求。能力可分为两部分。第一部分是基础性能力。主要包括逻辑思维能力、表达能力（演讲和书面表达能力）、调研能力、计划能力、决策能力、沟通协调能力、创新能力、应变能力等。第二部分是专业工作能力。主要包括群众工作能力（组织青年、引导青年、服务青年和维护青少年合法权益的能力）、活动策划能力、资源整合能力、活动实施能力、联系和动员青年能力以及组织建设能力等。

总之，虽然基层团干部工作任务性质相似，但每个人的情况不同，心态、身体、学习状态、学习基础、学习能力也往往不同。因此，不同的人，要制订不同的学习计划，而以上这些路径就是个人制订学习计划的重要根据。当务之急是要抽出学习时间。学习时间哪里来？要从应酬中找时间，从零散中找时间，从周末休闲中找时间。只有接受终身学习的理念并努力克服生活工作中的矛盾，学习型组织的建设才有最重要的基础。

各级团组织可以依据以上相关思想不断完善学习体系，真正使得学习推动本部门工作，推动团干部发展。

第三十三节

努力建设服务型团组织

建设服务型团组织是当前团组织改革的重要任务。无论是宏观角度提出的"建设服务型团组织"还是从基层角度提出的"建设基层服务型团组织",都在新时代强调了服务的重要性和组织发展方向。

一、服务在青年群众工作中的重要作用

1. 加强对青年群众的服务工作是源于政党工作的要求

我们党提出基层组织是全部工作和战斗力的基础。建设基层服务型组织,是建设学习型、服务型、创新型组织的基础工程。以服务群众、做群众工作为主要任务,加强基层服务型党组织建设。要转变工作方式、改进工作作风,把服务作为自觉追求和基本职责,寓领导和管理于服务之中,通过服务贴近群众、团结群众、引导群众、赢得群众。

要深刻理解服务在新时代的重要性,认识中国共产党面临的转型——从管理到服务。在社会转型期,要提高基层党建的针对性和有效性,必须把基层党组织从行政权力的结合中分离出来,强化服务功能。这是因为,基层党组织的生态环境已经发生了重大变化,基层党组织不再像过去那样直接行使行政权力和资源调配权力,权力性影响相对弱化。因此,基层党组织必须从传统的行政化的功能定位回归到政党化的功能定位。加上目前正处在社会矛盾的凸显期,群众各类利益诉求也在不断增加。面对构建服务型政府的新形势,作为执政党的基层组织,需要相应地调整运行机制和工作方法,改变单纯依靠组织资源进行垂直命令式的管理模式,更好地体现全心全意为人民服务的宗旨。

新时代,新的要求。基层组织要转变以往只对上负责的做法,从单纯执行上级任务的管理型组织,转向为群众提供各类需求的服务型组织;从高高在上关门办公,靠文山会海开展工作,转向开门服务,深入群众、深入基层一线开展工作,以此吸引和凝聚广大群众,形成靠服务吸引群众的新型基层组织。

做好服务工作就是要走好"最后一公里"。其着力点是,建强基层组织这个

龙头，充分调动各方面社会资源，包括蕴藏在基层的丰富群众资源，推动社会服务和管理重心下移，实现基层服务主体多元化、内容全面化、方式便捷化、资源整合化，真正解决好服务群众的"最后一公里"问题。

2. 加强对青年群众的服务工作是源于共青团自身改革的需要

党有号召，团有行动，共青团作为政党青年组织，要大力建设服务型团组织，这是共青团改革破局的关键环节。扩大团的工作有效覆盖面，关键是要把工作延伸到广大青年最需要的地方去。青年在哪里，团组织就建在哪里；青年有什么需求，团组织就要开展有针对性的工作，努力使团组织成为联系和服务青年的坚强堡垒。团组织要努力做广大青年值得信赖的贴心人，深入青年之中，倾听青年呼声，把青年安危冷暖挂在心上，发挥组织优势，调动社会资源，千方百计为青年排忧解难，使团组织成为广大青年遇到困难时想得起、找得到、靠得住的力量。

服务工作的加强也是源于共青团发展需要的新政治观，在新时代，我们要重新认识共青团的政治性。共青团的政治性在不同层级有不同表现。基层政治性应该如何体现？应该是干部层面"以红线相牵"，基层层面则"以七色表现"。其实我们应该去研究青年政治组织在基层政治性的体现，基层团组织的政治性不能大而空，而要重在吸引凝聚。在基层信息是政治（给组织提供青年信息），感情是政治（增强与青年的感情），服务是政治（提供切实的服务），有趣是政治（追求活动的趣味性），进步因素是政治，关键时候是政治（重大关头能影响青年）。要注意小与大的辩证法，小温暖成就大事业，大口号酿成小气候，建设服务型团组织特别是建设基层服务型团组织是解决基层团组织政治性的现代表达的关键。

二、提升服务青年的方法与技巧

提升服务青年群众工作的科学化水平主要要做好以下十方面的工作，提升十方面的技巧。

1. 青年服务发动

服务谁来发动？需要依靠团干部。

依靠什么样的团干部？依靠有动力的团干部。对团专职干部来说，如果完全用经济手段、物质待遇来刺激不会持久。关键要有一种更崇高的理想和精神，就是帮助那些遇到困难的人，帮助他人实现梦想，从而成就自己更美好的人生，共同实现中国梦。要鼓励团干部自觉树立正确的价值观,始终充满理想主义。

而对广大的兼职团干部来说,要树立"我是'头儿'"的信仰。"我是'头儿'"的信仰,对于基层,一种有力的解释是:我是组织选出的青年人的"头儿",我是我的团组织委员们追随的"头儿",我是感召我组织所有青年的"头儿",我是能带着组织青年们一起做些有意义事情的"头儿"。为了这个目标,我需要不断奋斗,不断提升魅力,我是想干事能干事干成事的人!把这种公益"头儿"的意识牢牢地渗透到团的基层干部思想中。

基于此,我们要好好研究团干部服务动机、公共服务意识培养等问题。

2. 青年服务方向

要明确青年服务方向,发现把握青年需要。要研究区域青年最需要的服务和区域党政最需要解决的问题。

要突出青年特点,抓住青年需要彰显共青团工作的特殊地位。

紧紧抓住青年的需要特点:抓住成家立业,抓住五大需求(身心健康、教育成才、就业创业、婚恋家庭、社会参与)等。要解决好青年最关心、最直接、最现实的利益问题,从看得见摸得着的事情入手。团要把握青年的需求才能更好地开展工作。主要是把握需求点——需求内容,需求量——多少人需要,需求聚集点——何时最需要。在需求聚集点上开展活动能吸引更多青年。在这一点上,团干部要有一些营销的理念,在最需要时提供服务产品。因此要建立青年需求系统,强化社会调研。

以共青团介入婚恋服务为例:很多基层团组织都在做介绍对象的工作。要做好就要发挥团组织优势。一是组织网络优势,二是身份可靠优势,三是活动设计优势,四是家庭恋爱观引导优势。目前,后两个优势研究得不够,使活动限于较低层次。其实共青团完全可把这件事情做大,"青年要成家,请找共青团"理应成为团的服务口号。

基于此,我们就要好好研究青年需要理论、了解青年需要的能力素质、分层分类工作方法、青年需要调查技巧、青年服务介入方法等。

3. 青年服务队伍

谁来做服务工作?以我为核心,扩大参与队伍是关键。要把服务青年的队伍搞大,要使社会上关心青少年的力量一点儿不浪费。

从服务主体上看,我们党面临着从一元到多元的变化,体现了党的领导理念从包办代替向执政为民、执政靠民的转变。服务主体由党、政府、干部、党员扩展到多种自治组织、民间组织、社会团体、志愿者组织,构建"我为人人服务,人人互相服务"的服务主体群。共青团也要与时俱进，开阔思路。

工作推动力量在哪里？例如，区域化团建核心工作推动力量和区域化团建的"发动机"是谁？毫无疑问，共青团内部的力量自然是区域化团建的推动力量和核心"发动机"。主要包括：

（1）各级专兼职团干部。街道团工委和社区团组织的干部、街道格局创新所吸纳的团干部、区域内团组织的干部应该成为主要力量。

（2）共青团系统的品牌活动所产生的品牌组织力量。如青年文明号、青年突击队等，可以根据具体情况引入区域，寻求双赢的局面。

（3）团组织所属的各类社团的力量。比如，大学生社团的力量如何引进区域化团建。

（4）各级团代会的代表。

（5）青年联合会的会员和理事。

（6）团的事业单位可以延伸触角。如各级团校、团的新闻宣传媒体、团的校外教育阵地（如青少年宫等）等。

谁来做工作？青年大众。例如，区域化团建最广大的同盟军和最可依靠的力量是谁？答案是要更广泛地调动青年自身的积极性。

当前最重要的力量是：

（1）社区中的各类单位青年的力量。要设计和青年紧密联系的项目共同开展，获得双赢。

（2）调动各类青年社会组织的积极性，成为区域化团建的鲜活力量，形成社会组织带动青年进入社区服务的生动局面。

（3）培养更多的青少年社会工作专业人才，壮大社区专职社工队伍。

（4）充分调动各类学生特别是大学生的积极性，成为区域社区工作的重要力量。既可以大学走进所在地城市社区开展活动，也可以在大学生返回原籍地由当地团组织召集建立组织，开展相关活动。

（5）注重调动区域内的青年自身力量，通过建立团员团干部双报到制度（在单位和社区都需要报到），构建团员覆盖的社区模式。目前在区域化团建中重点打在前面几点的较多，但实质上后面的点特别是第五点才是最能够调动更多青年积极性的思路。要重视社区内生动力，调动社区中居住的团员和青年自发的组织需求是下一步区域化团建需要重点突破的关键工作。要建立团干团员、社工、义工志愿者的系统队伍。推动青少年事务社会工作专业人才建设。

基于此，我们要好好研究社会公共治理的理论、青少年事务社会工作技巧、做好青少年工作力量分析。

4. 青年服务阵地

如何建设青年服务阵地，用什么组织形态服务？支部建在连上，支部建在单位中，支部建在社会中、产业链上、市场中、楼宇中，支部建在网上，支部建在兴趣利益上，从单位到社会，从单位团建到区域化建设这是一个必然的过程。

青年通过哪里找到团组织？最核心是他们的身边有组织。强化区域化团建的阵地建设，大力推进青少年综合服务型平台建设，丰富网络阵地，使得青年容易识别区域化团建的终端显示，方便进入团组织开展活动，真正实现团组织随时可找到、可进入的目标。

基于此，就要好好研究组织结构理论、组织覆盖技巧、区域化团建工作技巧。

5. 青年服务平台

青年服务的门市在哪里？要建设青少年综合服务平台，突破封闭、行政化的体制内服务，实施开放、社会化的服务，必须构建与之相适应的服务平台与载体。

在新的历史时期，工作重心要从"工作场所"转向"居住场所"，从"条强块弱"转向"条块结合、以块为主"。这些转变，不是简单的场所移位，而是思想观念、工作作风、人员配置、资金投入、场所再造等重大变革。

尤其要加强网络平台建设，使青年们更容易找到服务。

基于此，我们就要好好研究面向基层群众的窗口建设技巧、网络服务平台建设、青少年社区综合服务平台建设。

6. 青年服务资源

青年服务的资源从哪里来？要通过行政化（党建带团建、政府购买等）、市场化、社会化手段筹集资源。

扩大区域内的资源，要考虑区域单位能为青年共享什么、区域青年有什么普遍需要和重点需要、区域青年可以自发提供的服务有什么、能从外在引入什么资源。通过细致分析找到资源所在地。

基于此，就要好好研究资源整合技术、社会动员能力、项目策划与运行、志愿工作技巧，等等。

7. 青年服务项目

如何设计青年服务项目？要服务党政中心工作，同时也要服务青年，做好公转和自转。

当前，全党全国各族人民正在为实现党提出的奋斗目标而奋发努力，正在朝着实现中华民族伟大复兴的中国梦而奋勇迈进。这是党和国家的工作大局，也是中国青年运动的时代主题。团的工作要把握住根本性问题，把培养中国特色社会主义事业建设者和接班人作为根本任务，把巩固和扩大党执政的青年群众基础作为政治责任，把围绕中心、服务大局作为工作主线。围绕这个根本方向，服务要紧密围绕青年人才（服务青年）、青年干部（团干部队伍建设）、青年思想（引导青年）、青年力量（组织青年）加大共青团服务品牌研究。

要走出过去团建项目过分分散化和多元化的特点。紧紧关注青年身心健康、教育成才、就业创业、恋爱婚姻家庭、社会参与等的核心需要，统一设计常态稳定的品牌，加强上层支持和标准化管理，形成全国性合力，真正打造组织的影响力。

基于此，我们就要好好研究团组织服务品牌、项目管理技术等。

8. 青年服务提升

服务如何体现团组织的教育功能？在服务中渗透引导非常关键。要引导，但要改变引导逻辑。要在服务中强化感情，服务中要有价值引导包和感情链接包，真正实现在服务中引导。

例如，服务青年婚恋，可采取"团聚爱"主题，核心思想：在奉献爱中寻找爱，用"传统广场+现代公益"的形式进行。公益活动可集中在赡养老人、关爱孩子、保护环境上。这样就把婚恋活动的引导性提出来，更符合团的职能。

基于此，我们要好好研究青年价值观引导、服务引导、引导渗透等技术。

9. 青年服务评估

如何考核青年服务工作？如何评估？要开展绩效测量，探索评估的科学化。

基于此，我们就要好好研究团组织服务评估、评估技术等。

10. 青年服务宣传

服务完成后也要注意传播与宣传特别是典型宣传。

基于此，我们就要好好研究团组织宣传能力和政治传播技巧。

总之，要做好以下十方面的工作，分别是青年服务发动、青年服务方向、青年服务队伍、青年服务阵地、青年服务平台、青年服务资源、青年服务项目、青年服务提升、青年服务评估、青年服务宣传。

在此基础上提高团干部青年群众工作的服务素质。包括动机：服务心、公共意识、服务意识。能力：社会调查、社会动员、资源整合、项目运行、思想引导、评估能力、宣传能力。知识：青年需要理论、社会治理理论、项目管理理论、组织结构理论、团的品牌工作等。

三、完善服务型团组织的系统设计

到底构成一个怎样的服务系统优化的组织格局？主要包括以下几方面。

1. 服务领导掌舵

团机关（服务掌舵）要深入青年开展需求分析、确定重点方向，推动资源整合、开展项目指导，管理引导项目运行，设计典型选树创新挖掘等。

2. 服务专业指导

要依靠长期稳定的服务专业支持，推动相关服务专业化组织的发展。包括事业单位、团属社团、团属阵地、志愿者协会、信誉良好的其他组织等，做好专业发展、项目管理、骨干培养、感情联结等工作。

3. 服务执行运作

依靠众多的青年社会组织运行，开展项目运行、成员覆盖、活力构建等工作。

4. 服务主体力量

依靠广大团员青年（发挥主体性）自己服务自己。依靠志愿者组织、团支部及青年小组等，成为服务的主要力量。

5. 服务门市端口

建立服务门市、端口，更便捷地接近青年。可以依靠线上——网上终端，线下——社区青少年服务阵地等，建立起完善的服务窗口，吸引青年。

总之，有了服务的意识，有了服务的技能，有了服务的系统，共青团建设服务型组织就会不断结出硕果。

第三十四节

努力建设创新型团组织

推动创新型组织建设是当前改革的重要任务，创新型组织建设需要培养创新团干、激发创新过程、优化创新环境，从这三方面开展建设工作。

一、培养创新团干

建设创新型团组织关键在人，关键是要培养有创新精神，敢为天下先、敢想敢干的团干部，创新团干部有如下特点。

1. 创新团干部有责任感

团干部不仅要有对党和单位事业的责任感，同时也要有努力拼搏、上进的青年的责任感，能运用团组织这个群团组织的非行政化特质精心设计，为单位培养青年人才，使优秀的青年有更多的上升途径。同时本着为青年负责的态度，想方设法搭平台，帮助青年解决实际问题，不局限于表面活动，更要将活动下的工作也扎实、认真地开展起来，使得成功率大大增加，这种细心体贴、真正为青年解决实际问题的负责任的态度和作为，使得青年能够实实在在地感受到团组织的关心与帮助，也更能激发组织的创新品质。

2. 创新团干部有使命感

青年是社会主义事业的接班人和党的未来，团组织的青年工作不仅要为青年主体服务，更要为党的伟大事业服务，为社会主义事业团结、聚集青年人才，推动青年健康发展是团组织工作的核心任务，每个团干部在进行工作的时候只有心存这种高尚的使命感，才能够在日常的工作中有创新之举。在为青年服务的同时，考虑到党的工作，这是一种青年团干部的使命感，这种使命感督促着身处在基层的团干部们进行一个又一个的创新。

3. 创新团干部有情感

创新团干部要有责任感、使命感，这都是很重要的因素，但同时，一个优秀的创新团干部还要有情感，遵守党纪国法，同时有人情味，是一名优秀的团干部应具备的特质，同时也是团结青年的良方。利用团组织的职能或自身的能力，尽量帮助青年解决困难，只有和青年们打成一片，才能真正地为青年服务，了解他们的需要，得到他们的支持开展务实的工作。正是这种有情感的日常联络，使得他在工作中能够得到青年的支持，使团组织的工作开展得有声有色。

4. 创新团干部有魅力

团干部要有自身的魅力，要能够吸引周围的青年，团干部要"不做潮水做河床，竖堤坝""不为做活动而做活动，要以价值观为核心，要有点儿理想精神""我们搞的不是活动，是理想"，要做全身上下充满了独特的人格魅力的团干部。

二、激发创新过程

基层团建创新并不容易，除了团干部身上要有自身的创新素养，有几点基层团建创新过程阶段的必要因素。

1. 基层团建创新要知需要

知需要分成两大部分：一部分是要知道青年的需要，作为以青年为服务对象的群团组织，青年的需要是团工作的出发点和落脚点，了解新时代青年的时尚感及青年欢迎的宣传形式和生活需要；另一部分是要知道党对团工作的需要，团作为党的助手，必须深知党的需要。只有将青年主体的需要和党的需要结合起来，才能真正使基层团建创新有方向，有目标。

2. 基层团建创新要聚人气

创新需要人来做，同时也要吸引青年人来，有人气才有力量，有人气才能将更多的青年聚集起来，将青年团结在团组织周围，也是团的主要工作任务之一。

3. 基层团建创新要整合资源

团组织作为群团组织，在不具备行政职能的情况下要进行创新，要善于整合各方资源，党政机关、国企事业单位、民营企业和社会组织都是团工作需要寻觅的资源，将各方资源整合，善于跨界合作，才能有资源进行创新。

4. 基层团建创新要循序渐进

基层团建创新要坚持脚踏实地，从一点一滴做起。基层团组织资源有限，很难大规模地进行创新工作，人员、资金、政策支持都是问题，这就需要在创新的过程中循序渐进，做出些成绩，让社会各界看到项目的价值和意义，使得创新项目可以扩大化。

三、优化创新环境

共青团作为群团,没有自身的行政事务划分,也很难有充足的资金进行支持,一个良好的外在创新支持环境对于基层团建是否能够真正创新、落到实处十分重要。

1. 党的领导重视

团是党的助手,团的工作紧跟党的要求,团建工作能够创新,离不开党的领导的重视和支持。

2. 行政领导重视

营造创新文化,部分单位可能并不直接隶属于各级党政机关,行政领导的重视也显得尤为重要。

3. 上级团组织的重视

上级团组织对基层团建十分重视,要及时发现创新,提炼创新,推广创新。综合推动以上三方面环境优化,就能推动团组织不断创新。

四、大力推动创新型团组织建设

长期以来,共青团组织基层有丰富的创新,但存在着三个明显的问题——没有被发现、没有被提炼、没有被宣传,使得首创精神沉于基层,自生自灭,未能形成星火燎原的局面,实为可惜。在现在团干部流动比较快的情况下,各级团组织应下大气力抓基层团组织创新发现、创新提升和创新传播,这是团组织发展壮大的重要路径,也是推动改革加速前进的良方,应加以高度重视。既要抓工作,更要抓创新制度构建,才能真正建设充满活力的共青团。

第七章

放眼世界　理论担当

第三十五节

世界政党青年组织发展

青年发展的一个重要因素是政党的影响,政党要赢得青年就要通过各种方式展开工作,而政党青年组织就是其中的一个重要方面。政党青年组织是政党赢得青年的重要载体,在政党的发展战略中有着不可替代的作用。在世界上不同的国家有不同的政治制度,但依靠政党青年组织是一个较为普遍的经验。政党要赢得青年,就要关心青年的现实问题,同时也要关注青年组织的发展,更大程度地争取青年群众的支持。从世界各国的情况来看,政党青年组织呈现出组织多样化和组织领袖差异化的特点,但都围绕着所支持的政党开展工作,不少政党青年组织的领袖最后成为政党领袖。因此,政党青年组织的研究有着丰富的实践基础。

一、政党青年组织发展研究的基本框架

政党青年组织发展有何规律?组织开展工作的规律到底在哪里?在中文期刊数据库以"政党青年组织"为题查询,只有很少的文章。虽然国内有很多研究中国共产党的政党青年组织——中国共青团的文章,但能提到政党青年组织,寻求国际视野的普遍性的学理探讨的并不多见。

政党青年组织发展的研究亟须深化。可以努力的方向是:一是要加强对政党青年组织功能的研究。可以搜索到的政党青年组织研究资料表明,政党青年组织充当着政党的助手和后备军的角色,具有鲜明的阶级性、强烈的组织性和纪律性。政党青年组织的功能需要在政党和青年的关系中去把握,在整个青年政治社会化的系统中去把握。政党青年组织为政党所做的事情归根结底是两件事:其一是探索政党的政治和组织行为在青年中实现的路径,其二是探索政党的意识形态在青年中的传播路径。这是政党青年组织的最本质的功能,揭示了政党青年组织存在的最重要的价值,包含着政治学、政党学、新闻传播学、青年学和青年组织学的诸多重大理论问题。二是要揭示政党青年组织通过什么路径和方式在青年中实现政党政治和组织行为的具体规律。其中,政党政治和组织行为指的是一个政党成员所持的政治行为规范及政党组织的运行格局和制度构建,其中组织结构可

题、组织骨干问题和组织行为问题是最重要的三方面。三是要揭示政党青年组织如何在青年中传播政党意识形态的路径和方式的重要规律。政党意识形态是政党行动导向的信念体系，是一套以某种方式指导和激励政治行为的相互联系的思想观念。寻找合适的传播路径促进青年认可政党的核心政治价值观是政党赢得青年的首要前提，政党青年组织要将此当作首要任务。在这方面需要探索的主要包括以下问题：①深入研究青年的需要、利益与政治意识形态的接受关系；②深入研究不同层次类型的青年特点与意识形态的接受方式；③关注青年人的话语体系和语言路径等。

基于以上核心考虑，政党青年组织发展研究可以围绕以下方面展开：围绕产生论：政党青年组织的产生、政党青年组织目标。围绕组织论：政党青年组织结构、政党青年组织成员和骨干、政党青年组织资源。围绕功能论：政党青年组织价值传播、政党青年组织行为塑造。围绕环境论：政党青年组织与政党、政党青年组织与青年。围绕发展论：政党青年组织文化建设、政党青年组织发展与创新等。

二、政党青年组织发展的研究方法

以国别研究为基础是政党青年组织发展研究的重要方法。基于世界各国有不同的政治制度，政党和青年组织的关系呈现出不同的形态，只有深入研究不同环境下政党青年组织发展的现状和特点，在此基础上再开展比较和提炼，才能揭示出政党青年组织发展规律。

本节内容关注美国的政党青年组织。本书作者受国家留学基金支持，在美国访学一年，在美国相关地区开展了文献研究、网络研究、实际观察和现场调查。

本节内容选择研究的时间段是美国 2016 年大选的关键时期。2016 年 3 月，美国 2016 年大选的预选越来越白热化，除了民主、共和两党的激烈竞争，也有两党内部的激烈竞争。但是无论如何，美国这场竞选是靠选票说话，哪个候选人都知道，无论多么诱人的竞选演讲最后都要变化成在投票站中每一张静静投入票箱的选票。因此，如何让民众为其投票成了候选人及其团队、民主和共和两党最重要的"政治任务"。

投票的趋势值得关注，不同年龄、不同民族、不同阶层、不同职业、不同地区、不同性别都是要关注的变量。但年龄所导致的变化特别是千禧代（millinnial）所带来的政治观念的变化尤其引起关注。实际上，这些年的美国选举，青年人的选票越来越重要。奥巴马总统两次当选，青年票仓功不可没。

让青年人投自己的票也化作了各个政党及候选人的策略之一。青年人投票会存在各种因素的影响，首先是投谁？其次是投票日去不去投票站？这都成了最关键的问题，对青年来讲，投出这一票，一个重大的政治行动就产生了，不同的政治个体力量开始汇聚，最终的合成结果产生了重大的政治格局，对于投票的影响非常复杂。媒体也许起着重大的作用，但是最终结果一定是综合因素影响的，这方面，政治学者、社会学者、新闻媒体学者已经有很多研究成果。政党本身也会从各种协会、智库、基金会、俱乐部、媒体等组织中开展推进有利于本党选票的工作。

本部分研究关注和政党结合紧密的青年组织如何投入这场竞选及其基本发展模式。在美国，两个主要政党特别是几个主要的青年组织从事着这项工作。分别是，共和党方面：包括美国青年共和党（YRNF）、美国大学共和党（CRNC）、美国青少年共和党（TARS）；民主党方面：美国青年民主党（YDA）、美国大学民主党（CDA）、美国高中民主党（HSDA）。它们都在采取行动。

三、政党青年组织发展规律——来自美国的经验

通过研究，根据美国政党青年组织发展规律得出的主要结论有以下方面：

1. 政党青年组织的产生

观察美国两大政党的六个青年组织，可以看到，从美国政党青年组织产生和发展的情况看，有几个特点。

第一，政党选举推动。政党青年组织的产生很多与政党选举有关，同时如果这些组织能够推动政党选举，就能继续得到政党的各种支持。

第二，领袖倡议。这种组织建立后有很强的政党背景，有的是政党中重视青年的总统或重要政治人物推动，财力资源会获得政党的支持。

第三，能人自发。一个政党中的活跃青年政治领袖的自发行为，为了实现自己更大的政治抱负的组织化行为。

第四，经历转型。自美国对选举的法律和对组织的管理制度逐渐完善后，这些组织都脱离了政党，成了独立的组织。同时一些大学组织和高中组织原来是捆绑在美国青年共和党和青年民主党中，现在也独立出来。

第五，针锋相对。美国两个政党几个组织都是在不同年龄段相类似的组织，表现出争夺的态势。

2. 政党青年组织目标

青年人是政党的未来，政党青年组织充当着政党的助手和后备军的角色，其

目标和功能需要在政党和青年的关系中去把握，在整个青年政治社会化的系统中去把握。那么政党青年组织到底如何发挥作用呢？研究美国的政党青年组织发现其主要目标是通过助推选举开展一系列活动。

第一，以助推选举为核心目标。各个政党青年组织因选举而产生，因此不断推动政党的选举是这些组织的头等大事。这些组织都开展活动推动青年提升竞选能力和技巧。通过致力给新老成员提供政治知识，使其理解今天的政党生活，成为积极的选民和竞选推动工作者。

第二，以传播政党理念为基础。要产生选举的行动，就要对政党的理念有基本的认知。各个政党青年组织都传播政党的政治理念，并推动在实践中转化为政治行动。

第三，以培养未来政党领袖为愿景。通过多年的组织活动，美国政党青年组织培养了一批政党的领袖，包括政府、参议员、众议员，国家竞选顾问和社区领导等。

第四，以服务社区为手段。各组织都为青年提供政治参与、服务社区的机会。通过招聘、训练和活动，美国政党青年组织给许多年轻人提供了从事不寻常活动的机会，包括参与政治活动、从事慈善项目和参加竞选等。

第五，以提供青年人交友机会为延伸。政党青年组织为青年提供了大量的交友的机会，青年人在一起交流观点，抱团工作，培养一生的友谊。

3. 政党青年组织结构

总体来说，美国政党青年组织的结构有以下几个特点。

一是注重最容易覆盖的结构单元，即学校（高中和大学）、社区。

二是从全国到各州到基层，三个层面的形态基本完整，虽然不同层面的组织完善程度不同，但已具备了全国的组织框架。需要注意的是，全国组织对各州组织、各州组织对基层组织并没有直接的管理关系，更像一个贴着同样标签的松散组织。这和美国的政治制度有关。

三是在全国和各州层面的各个组织一般都有主席、副主席、财务负责人、秘书长、执行委员等设置，全国组织有时还设有各个大区的负责人。

四是自发组织。大部分政党青年组织和政党并没有上下级的管理关系，不同组织完全是由青年自发形成的。特别是基层的组织，只要你想成为一个地区的负责人，你就可以在网上申请，如果得到组织认可，就可以成为当地的组织领袖。

五是探索网络工具的利用。博客、Facebook、Twitter 已成为网络上聚集最重要的阵地。

4. 政党青年组织成员和骨干

对于组织成员的吸纳，在美国则相对宽松，可以自发成立组织，成为基层组织的领袖，自己开展活动，自生自灭。一方面活动都从总部设计；另一方面，这里成了青年风采的展示平台，想实现自己的政治梦想都可以进来体验。

加入组织和交纳会费紧密相关，高级会员、中级会员和初级会员所交纳的费用不同，享受的活动优惠也不同。

各个政党青年组织的全国领袖一般具有以下特点。一是青年政党领袖所学专业一般是政治学、公共管理学、公共政策、经济和管理学等。二是在该组织全国、各州或基层组织担任过主要领导职务，成绩显著，获得奖励。也有的是有过参与类似组织的经历，如在大学该政党组织担任领袖的曾在高中该政党组织担任过领袖，或者在该政党妇女组织担任过领袖。包括有过男孩女孩俱乐部或者大哥大姐等组织的青少年工作经历。三是许多成员有过从最基层的组织干起的经历，经历了完整的发起组织、吸收成员、获得募捐、开展活动的锻炼，熟悉政党青年事务的完整过程。四是大部分成员在全国、各州和基层地区都有丰富的助选经历，积累了丰富的选举经验。五是全国政党青年组织的领袖基本都是兼职。

5. 政党青年组织资源

研究发现，美国政党青年组织的资金情况对政党青年的活动影响重大，资金从哪里来？主要有以下几个特点。一是社会化。资金主要靠会员会费和个人捐款，还包括部分基金会的资金投入。二是法制化。不同的组织都有不同的筹款方法，但各类组织都要按照法律办事。在政党青年组织中，筹款能力是主要的能力，筹款技术是主要的生存技术，筹款工作是首要的工作。

6. 政党青年组织价值传播

美国政党青年组织传播其政党政治价值主要有以下几种方法。

一是靠同伴群体传播，在基层组织成立的时候，在发展会员时就已经获得了价值观的认同，在今后的发展及伙伴互动中，这种价值观还会得到进一步的强化。

二是依靠大众传媒传播。随着互联网的发展和社交媒体的广泛使用，大众传媒的作用越发重要。在美国，一方面通过传统报纸、电视等传统媒体传播保持影响，同时广泛利用 Twitter、Facebook、Youtube、Instagram 等成为各青年政治组织影响成员的最为便捷的方法。

三是靠青年文化特别是青年文艺传播。青年人对音乐、绘画等艺术形式喜爱备至，所以通过这些艺术形式传播会获得青年人的青睐并使其积极投入。

四是靠族群传播。在美国，各族群多元分化，对传播价值观众，通过族群影响是有效的途径。族群传播有难得的语言、文化和心理、感情优势，更容易产生相互之间的影响而获得价值观的认同。

7. 政党青年组织行为塑造

通过研究发现，政党青年组织不断致力塑造青年的政治参与行为，使其符合政党的政治纲领。

一是通过各种方式推动选举，为政党候选人获得选票。因此对选举进行深入研究，采取对策吸纳青年更广泛地参与是政党青年组织工作的最核心任务。

二是推动青年建立更多的基层青年组织。特别是标准化建设思路，让基层青年自发标准化建组织，标准化发展组织，从而影响组织成员的政治行为和选择。

三是通过各种方式开展政治表达。特别是通过网络和实体平台不断发表各种观点，营造气氛，为政党发出青年的声音。同时标准化设计政治参与活动，在全国统一开展。包括活动主题、活动形式、活动海报、活动宣传等。

四是不断推动公共政策，主要是与各级议员接触，宣传组织的观点，获得议员的支持，甚至是影响法律的制定。

8. 政党青年组织与政党

政党青年组织的发展离不开政党的呼应。因此，政党青年组织必须紧紧围绕政党的核心开展工作，接近群众，推动选举等。

总体来看，美国政党青年组织和政党之间关系松散。考察历史的发展，其刚开始的发展和政党紧密相关，后来就逐渐走向独立。因为政党更替的原因，每一个政党都对政党未来的定位模糊不清，因此也很难用常态开展相关工作，青年政党组织自我发展，而政党也可以具有更多的选择性而不必有负担。这是在政党更替和政党青年组织要发展的双重需要中生成的一种平衡，成为一种"若即若离"的关系。但无论如何，政党重视政党青年组织的前提是政党青年组织能在选举中发挥重要作用，否则政党就会"袖手旁观"而任其自生自灭。

9. 政党青年组织与青年

政党青年组织既然是青年组织，毫无疑问要关照青年的特点。

首先这些组织的发展需要迎合当代美国青年的新特点特别是其政治参与上的特点。00后青年的现状特别是政治参与的意愿需要重点研究。其次要在整个国家的青年需要满足体系中去理解政党青年组织的合理定位和需要满足机制。这需要在整个美国的青年工作体系中去理解政党青年组织可能的空间。最后要研究政党青年组织和美国其他青年组织的关系，才能更好地定位。

从宏观上看，美国政党青年组织的发展状况与其工作主体青年的状况紧密相关。当代青年的新特点特别是在价值观上所呈现出的新变化，在政治参与方式上的新的趋势决定了青年政治参与的状态。同时，青年的需要是在政府、市场、社会的多重满足中构成的，利益格局决定了青年政治组织的作为空间。同时，在众多美国青年组织发展的竞争中，政党青年组织要成为一个稳定的越来越大的组织很有难度，青年可以进行多元选择、变化选择和不予选择。

10. 政党青年组织文化建设

组织文化是青年组织吸引青年的根本。美国政党青年组织在以下几方面开展了一些工作，取得了成效。

一是努力打造自己的外在形象。特别是 LOGO 等可识别的组织用品，如 T 恤衫、旗帜、日常用品等，一些政党青年组织还有专门的商店，方便组织成员购买这些产品。

二是注重组织品牌建设。一般组织都有定期开展的培训、领导力、实习、社区服务等品牌，积极组织成员参加。

三是开展相关制度建设。组织手册是组织最重要的制度，包含了组织发展的各项内容。

四是注重组织人物榜样的打造。如每年开展表彰活动，表彰在政党活动中表现突出的集体和个人，树立个人和群体榜样。

五是注重价值观的建设。很多政党青年组织不遗余力地宣传政党的价值观。

整体来看，这些组织在组织文化建设上都有所涉及，但由于美国人的政治体系比较分化，因此建设力度还是比较有限，影响了政党青年组织在青年中的影响力。

11. 政党青年组织发展与创新

总体来看，美国政党青年组织建设呈现出松散化的特点。整体国家、州的组织合力弱化，呈现出一个松散的组织体系，更无组织化推动创新的体系，也无统一的考评体系。这很大程度上由美国的政治特点和文化特点所致，呈现出自生自灭的特点。这样的一种组织特点也给基层的组织负责人提供了最大的创新空间。除了建立分部组织的必需条件外，其余的组织发展全部由负责任人推动，极大地调动了组织基层组织负责人的积极性。

至于工作成效，比较引人关注的是对选举的推动。如果能有数据事实证明对选举投票大有作用，肯定会引起社会各界和政党的重视。

四、政党青年组织发展研究的国际比较

政党青年组织在美国是个很小的领域。对于这些组织，美国人和美国青年大部分都不是很清楚，可见其小众化，根本无法和中国共青团这种组织相提并论。然而，这些组织的存在也反映了一种思路：政党需要青年的力量，这种需要在不同制度下有不同的表现，但毕竟是一种普遍性的需要。

美国的政治社会、文化和政党有其独特的制度特点，决定了其制度的特殊性。美国的政党是"弱政党"，即政党在国家社会生活中作用有限，政党对社会的影响有限。美国政党高层玩的是政治家的游戏，但是政治家是在从事政治活动的过程中产生的，并不局限于一个单一的领域，这就是美国总统有多种来源的原因。这种政治活动主要是代表利益、反映利益的活动。因此只有很少的一部分人在开展他的本职工作的同时从事政治活动，成为议员，竞选各种层次的政治职位（非文官职位）。而一般的民众的政治行为主要体现在选举上，所以美国的政党并没有很多严密的草根组织，更没有从上往下安排的组织，最主要的还是围绕着选举的活动。即使有，也是有意愿成为职业政治家的人的自下而上的自发活动，并且该体系并不严格封闭，政党的老党员并不一定就能走到政党更高位，政党的吸纳和进入非常开放。

总体来看，美国有政治主张的青年群众团体主要是在社会组织的范围中，不用国家的财政税收，政党和政府主要是根据其绩效确定支持的方案，而这种支持又是在一定的法律规则中进行，公开透明。

至于社会组织本身，建立自由，合并自由，联合自由，完全由组织自己定，而这一点恰是这些组织活力的来源。更重要的是，这些组织本身也不承担对于政党和政府关键性的职责，所以政党和政府对其可观察，但也不是特别指望。

从政党青年组织研究角度来讲，跳出单一国家过重的个性特征而寻求普遍性的规律更为重要。从美国青年政党组织发展来看，有一些问题是全世界政党青年组织都呈现的发展趋势，这在研究中尤其需要加强提炼。如政党要开展组织设计扩大政党的群众和阶级基础；如要高度重视政治下一代的数量变化和政治参与特点，采取相应的措施凝聚青年，获得拥护；如要紧紧围绕着政党价值传递和行为塑造，推动青年符合政党的政治文化特点；如要建立更加先进的组织结构，使得这些组织更好地和青年走近，将个人积极性充分调动；如要重视组织青年骨干的培养，提升青年领导力，加强培训，提高青年政党组织的权威、影响力和公信力，及时了解青年脉搏；如要善于使用社会化动员手段收集资源等；如要善于把

握青年心理、文化的特点，更加生动地设计活动；如依靠网络开展工作；如加强服务，切实从利益上和感情上吸引青年；如更加注重组织的一体化建设，产生组织战斗力、凝聚力和创造力等；如注重组织文化建设，打造价值、制度、行为、品牌的外在吸引力；如处理好和政党与其他青年组织的关系等，这些都有着共同的规律，值得研究、比较。

只有对不同的政治制度下政党和青年的关系、政党和政党青年组织的关系进行进一步的思考，才能获得更宽的视野，才能找到政党青年组织发展的根本规律。

第三十六节

多学科视角与共青团工作

毫无疑问，共青团工作是有规律的，于是我们就把它称作共青团工作理论。然而团的工作究竟包括哪些理论、它可否上升为"共青团学"却始终存在争论。从实践的角度来讲，广大团干部对团的理论建设需求强烈，基层团干部到底需要什么样的理论，用多学科去开展共青团工作理论研究是我们可以探索的重要视角。

一、共青团工作理论研究的多学科源起

共青团工作发展需要理论指导。不注重理论，就会缺乏远见，缺乏对科学规律的认识，就会陷入工作盲目和忙乱。不进行理论深化与指导，改革的步伐就会受到阻碍，探索的成果就难以巩固，新鲜的经验就难以推广，实践中的问题就难以解决，全团的着力点就难以集中。

回顾起来，20世纪八九十年代是共青团工作理论的蓬勃发展阶段，之后则陷入沉寂。1981年中央团校主编《共青团工作理论学习纲要》，1983年黄志坚著《青年特点和共青团工作》，1985年中央团校青年工作教研室主编《共青团工作理论》，1989年丁耀民、李建一主编《共青团学》，1990年黄志坚主编《青年组织学》，1992年张保顺主编《马克思主义团学概论》、张修学主编《共青团学》，1993年黄志坚主编《共青团工作新走向》，1999年陈升主编《共青团工作新论》。而其后，有分量的介绍团的工作系统理论的著作就少了许多。

现在团的理论建设和团的事业发展速度及团的干部的要求有相当的差距。分析来看，理论上的缺乏主要有两个原因：一是对过去已经总结出来的规律学习不够，对一些根本性的问题研究的成果传承不够；二是理论分析就团论团、就工作论工作的现象比较突出。我们不缺团组织的现状描述，缺少有力的对策研究；我们不缺针对现存问题的研究，缺少前瞻性的判断。

到底理论建设出现了什么问题呢？原因有很多。从学术范式上探讨是其中重要的一个角度。当我们对团的理论建设进行思考的时候，我们不得不对曾经热过

而今又冷下来的"共青团学"加以评述，可以看到20世纪80年代有巨大的理论探索勇气但确实还没有能够构建出完善的学科体系，理论研究路径依然需要探讨。这些年来，在我们的印象中，一个学者如果能被称为团学专家，我们就可以满怀信心地认为他能够解决团组织的所有问题并促进团组织的发展，而事实上我们没有看到这种景象，真正对团研究有深刻认识、提出独到见解的研究的人少之又少，而更多在别的领域卓有成就的学者恰恰会在团的某项工作上很活跃，这是一种反差，这种反差也对共青团学的研究模式提出了挑战。在现实过程中我们发现把团组织当作一个组织而让各方面专家对它的发展作综合的"诊断"方法可能更为有效，而不可能指望单学科发展或者单独几个人的研究贡献。

因此，一种可以探索的研究方法是多学科的视野。共青团建设需要理论支持，这种理论应该是基于团生动实践中问题导向的多学科综合研究。吸收各学科最新发展的理论成果，与实际中的问题有机结合，提出更符合规律和具有前瞻性的对策。我们可以继续探索"共青团学"学科体系，但更为现实的方向应该是将与共青团组织相关联的学科的最新成果加以研究并有选择和创造性地加以应用，真正做到用社会科学的主流理论综合性地开展研究。

二、共青团工作理论研究的多学科方向

共青团要科学发展，就要服从学科规律。要在社会科学主流理论中寻找共青团发展的逻辑和创新之路。以下学科领域是和共青团工作紧密相关的领域，其中的一些重要问题是共青团工作理论研究展开的多学科方向。

1. 马克思主义理论及思想政治教育视角与共青团工作

核心研究问题包括：当代中国马克思主义大众化（青年中传播）基本规律研究，新时期党的青年群众工作规律研究，团干部群众工作能力研究，青年马克思主义者工程效果研究，中国青年核心价值体系建设研究，青年分类引导研究，青年思想政治工作实效性研究，各类青年需求、发展与思想状况研究等。

2. 政治学行政学视角与共青团工作

核心研究问题包括：政党与青年、青年组织关系研究，政党执政的青年基础研究，青年政党认同研究，共青团组织在青年政治文化形成与政治参与和政治社会化过程中的作用研究，当代青年政治意识表达方式的变化及其引导问题研究，政府公共事务转移和共青团协助政府管理青年事务趋势研究，群团组织目标性质和功能研究等。

3. 社会学视角与共青团工作

核心研究问题包括：共青团在社会管理创新中的作用研究、共青团在维护青年稳定方面所发挥的作用研究、青年在社会建设中发挥作用研究、青年社会学视角下的我国青年民生问题研究、青年社会流动与社会阶层固化问题研究、青年志愿活动研究、青少年社会工作人才培养研究等。

4. 法学视角与共青团工作

核心研究问题包括：青少年权益需求研究、青年权益代言人机制研究、团组织利益表达和利益诉求机制建设研究、预防青少年犯罪系统优化研究、重点群体青少年现状及法制教育路径研究、共青团参政议政研究、青年有序政治参与研究、青少年保护法律和政策完善研究等。

5. 经济学视角与共青团工作

核心研究问题包括：经济发展与青年流动规律研究、青年就业创业服务研究、青年基层就业发展研究、企业发展与政治组织研究、企业创新与青年文化研究等。

6. 教育学及心理学视角与共青团工作

核心研究问题包括：青年教育规律研究，民族精神在青年中的培养研究，通过历史、理论、国情进行理想信念教育研究、身边的榜样教育研究、民族团结教育研究、责任与担当意识研究、青年幸福观研究、青年文化与教育研究等。

7. 新闻传播学视角与共青团工作

核心研究问题包括：政治传播与青年发展、现代网络传播对青年的影响和青年工作格局创新研究，新媒体在团青融合中的功能和作用研究，新通信工具发展对青少年的影响及应对研究，网络生存及共青团的应对研究，青年网络意见领袖研究，共青团使用新媒体工具研究等。

8. 管理学领导学视角与共青团工作

核心研究问题包括：转轨期覆盖青年组织形态研究，建立以共青团组织为枢纽的青年组织体系研究，非公团建研究，新兴领域团建研究、网络团组织建设研究，青年自组织、青年兴趣小组、农村青年专业合作社研究，层级化和非层级化组织建设研究，共青团对青年自组织的凝聚问题研究，组织基层活力理论研究，团组织凝聚力、创造力、战斗力研究，共青团创新动力和创新系统建设研究，共青团不同层级重点功能研究，各类青年人才培养研究，青年创新创业人才队伍建设问题研究，青年成长成才成功规律研究，共青团工作的科学化研究等。

以上所列是多学科研究中最重要的一些研究课题，需要稳定方向并加以长期研究关注，只有培养核心研究力量，共青团工作理论研究才能奠定更扎实的基础。

三、共青团工作理论研究的多学科应用

如何将多学科的视野在团的工作中加以利用呢？可以努力的方向是建立多学科的团组织学习体系，建立多学科的团工作智囊体系，建立多学科的团干部培训体系。

1. 建立多学科的团组织学习体系

团组织如何开展学习活动？在开展学习活动时要有多学科的设计。要重视相关学科的学习特别是政治学、经济学、社会学、心理学、法学、公共管理学、领导学等学科的基础知识。

2009 年，团中央曾下发的团的领导干部学习大纲所推荐的书目就体现了这种要求。推荐书目包括：中共中央宣传部编《中国特色社会主义理论体系学习读本》，中共中央宣传部编《科学发展观学习读本》，共青团中央办公厅编《近年来共青团工作重要文件选编》，王浦劬主编《政治学基础》，梁小民译《经济学原理》，王思斌主编《社会学教程》，彭聃龄主编《普通心理学》，全国干部培训教材编审指导委员会组织编《社会主义法制理论读本》，全国干部培训教材编审指导委员会组织编《公共行政概论》，全国干部培训教材编审指导委员会组织编《领导科学概论》等，体现了多学科的关照，今天我们还可以继续补充完善。

2. 建立多学科的团工作智囊体系

团组织的智库如何建立？多年以来，我们一直存在一个矛盾：有的专家了解团的工作，但社会科学主流理论训练不够，虽然把握了现状，但无法提出有深度和符合规律的工作对策，就事论事；有的专家有着很好的社会科学主流理论训练，但不了解现实工作，理论无的放矢，不知所云，同时从单学科角度进行的分析难免缺乏全面性考虑。因此要建设好共青团组织的智库需要考虑两个重要的问题：一是要培养吸纳一批既把握社会科学主流理论，同时又了解团的工作实际的专家学者；二是要让不同学科的专家坐在一起讨论团的重大现实问题，从不同角度对该问题进行解剖分析，最后由决策部门判断选择。共青团智库建立是选择专家的过程，更是实践和理论结合的过程，同时也是现场的碰撞和交融过程。

3. 建立多学科的团干部培训体系

团干部应该如何培训？引入多学科的培训方法是我们可以采取的一个路径。

近年来，在实践培训过程中，中央团校．共青团工作理论研究所开发的多学科视角下的共青团工作课程深受学员欢迎，特别是在理解问题的深刻性、把握问题的规律性上有不可替代的作用。在全团新任团市委书记轮训上，我们邀请了马克思主义理论、政治学、新闻传播学领域三位专家与团市委书记交流。分上下半场，上半场三位专家分别从核心价值观的理论体系、政党认同、传播学的基本原理角度给大家作了介绍，体现了各自学科的本质认识，由理论出发，让学员们自己在实践中对照。下半场，团市委书记们提出了工作中关心的问题，由三位专家从不同的角度给予回答，由实践出发，但又让不同理论来应答，这种实践问题和不同学科之间的同场对照、讨论，甚至是辩论，极大地拓宽了学员认识问题的视野，增强了学员全面把握问题的深刻性。印象较深的是，有的学员提出团组织要提高吸引力和凝聚力这一课题各位专家如何看的时候，马克思主义理论专家回答是"发挥青年的主体性不够"，政治学专家回答是"关照青年的利益问题不够"，新闻传播学专家回答是"寻找联系青年的载体不够准确"，都说到了问题的根本，让现场的团市委书记醍醐灌顶。

总之，共青团工作理论建设要走出困境，需要对团的理论的构建方式重新认识，需要在相关学科上结合团的工作实际开展有深度的研究，需要组建一个跨学科的研究团队，大力培养既懂社会科学主流理论又了解团情的学者，这样团组织的发展才能建立在科学设计的基础之上，基层团组织的建设才会有更强的理论指导。